SI MU LA ÇÃO

EDITORA
AlfaCon
Concursos Públicos

Proteção de direitos

Diretor Presidente	Evandro Guedes
Diretor Editorial	Javert Falco
Diretor de Marketing	Jadson Siqueira
Gerente Editorial	Mariana Passos
Gerente de Produtos	Fábio Oliveira
Equipe Editorial	Fátima Moraes
	Patricia Quero
Assistente Editorial	Dayane Ribeiro da Silva
Coordenação Editoração	Alexandre Rossa
Arte e Produção	Natalia Pires
	Nara Azevedo
Capa	Alexandre Rossa

Autores

Português	Larissa Carvalho
Física e Matemática	Livian Carvalho
Química	André Callegari
Geografia e História	Gabriel Michilin
Inglês	Bruna Assis

Dados Internacionais de Catalogação na Publicação (CIP)
Jéssica de Oliveira Molinari CRB-8/9852

S21

    Simuladão EsPCEx / Equipe de professores Alfacon. -- Cascavel, PR : AlfaCon, 2021.
    488 p.

Bibliografia
ISBN 978-65-5918-128-5

1. Serviço público - Concursos – Brasil 2. Brasil -Exército 3. Ciências humanas 4. Ciências exatas 5. Língua portuguesa

21-3294		CDD 351.81076

Índices para catálogo sistemático:
1. Serviço público - Brasil - Concursos

Atualizações e erratas

 Data de fechamento 1ª impressão:
28/08/2021

 Dúvidas?
Acesse: www.alfaconcursos.com.br/atendimento
Rua: Paraná, nº 3193, Centro – Cascavel/PR
CEP: 85810-010

 SAC: (45) 3037-8888

APRESENTAÇÃO

Quer tornar-se uma pessoa de sucesso? O que você acha de começar a mudar a sua vida?

A oportunidade é o concurso para a Escola Preparatória de Cadetes do Exército – EsPCEx.

Você sabia que esse processo seletivo costuma ser muito procurado e concorrido? Por esse motivo, é essencial que a preparação seja feita antecipadamente e de forma eficaz, com bons materiais. Ou seja, nesse jogo da vida que é o mundo dos concursos públicos, estar bem preparado faz toda a diferença.

Sabemos que, para você entrar nessa disputa por uma vaga, seu caminho deve trilhar três passos: preparação, conhecimento e aprovação.

Por isso, a Editora AlfaCon, sempre atenta aos concursos públicos e preocupada com nossos concurseiros, apresenta uma obra diferente e perfeita para você: Simuladão EsPCEx.

Os simulados apresentam as provas de 2016 a 2020, na íntegra. Na sequência, são disponibilizados os comentários e os gabaritos de cada questão, para que possa conferir o seu desempenho e reforçar o estudo, compreendendo cada resolução.

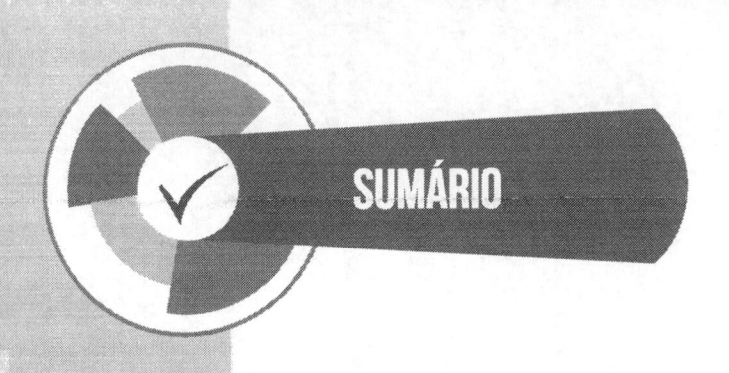

SUMÁRIO

CONCURSO EsPCEx 7

SIMULADOS 13

Simulado 1 - 2020 EsPCEx 15
Simulado 2 - 2019 EsPCEx 63
Simulado 3 - 2018 EsPCEx 116
Simulado 4 - 2017 EsPCEx 168
Simulado 5 - 2016 EsPCEx 218

RESPOSTAS 269

Respostas - Simulado 1 - 2020 ESPCEX 271
Respostas - Simulado 2 - 2019 ESPCEX 317
Respostas - Simulado 3 - 2018 ESPCEX 358
Respostas - Simulado 4 - 2017 ESPCEX 405
Respostas - Simulado 5 - 2016 ESPCEX 444

SIMULADÃO
CONCURSO EsPCEx

Concurso EsPCEx

O Concurso é realizado em 2 etapas:

- 1ª etapa: Exame Intelectual (EI), de caráter eliminatório e classificatório.
- 2ª etapa: composta das seguintes fases, todas de caráter eliminatório: Inspeção de Saúde (IS), Exame de Aptidão Física (EAF) e Avaliação Psicológica (Avl Psc).

Para entrar no mundo dos concursos militares, é muito importante ficar atento a como a banca do seu concurso age, pensa e elabora as questões, e a melhor maneira de entender isso é treinando bastante o jeito como as últimas provas aplicadas. Essa é a importância desse material.

O Concurso da EsPCEx (Escola Preparatória de Cadetes do Exército) é do DECEX (Departamento de Ensino de Concursos do Exército), sendo que há uma comissão interna que formula provas para concursos militares.

EXAME INTELECTUAL

A prova é estruturada em modelo de múltipla escolha. São dois dias de aplicação e o total, somadas as duas provas, é de **100 questões objetivas** e uma redação.

PROVA OBJETIVA

1º dia

Disciplina	Número de questões	Peso	Total de pontos
Português	20	2	40
Física	12	1,5	18
Química	12	1	12
Redação	-	-	100

2º dia

Disciplina	Número de questões	Peso	Total de pontos
Matemática	20	2	40
História	12	1	12
Geografia	12	1	12
Inglês	12	1,5	18

PROVA DISCURSIVA

A prova discursiva (redação) da EsPCEx é realizada no primeiro dia de avaliações.

A nota mínima para que o candidato seja classificado como apto é de 50,00 pontos, metade da pontuação total (100,00).

Os critérios considerados nessa avaliação são tema, linguagem, apresentação, gramática e quantidade de linhas.

INFORMAÇÕES DE CONCURSOS ANTERIORES

Universo	Concurso de admissão 2020			Concurso de admissão 2019			Concurso de admissão 2018		
	Conc.*	Clas.**	Média***	Conc.*	Clas.**	Média***	Conc.*	Clas.**	Média***
Masculino/ ampla	71,18	535º	72,6	103,23	583º	79,3	92,2	585º	69,8
Feminino/ ampla	222,66	78º	72,2	268,05	99º	78,5	303,4	100º	69,4
Masculino/ cota	100,07	1004º	64,4	91,42	1042º	72,4	102,6	997º	62,4
Feminino/ cota	329,25	169º	66,3	229,5	193º	72,2	347,6	188º	58,3

*Conc.: Concorrência candidato/vaga
** Clas.: Classificação do último matriculado
*** Média: Média do último matriculado

O CURSO

Durante o primeiro ano, o curso será ministrado na sede da **EsPCEx**, em Campinas, no interior de São Paulo. Do segundo ao quinto anos, os estudos terão continuidade na Academia Militar das Agulhas Negras (AMAN), localizada em Resende, no Rio de Janeiro.

No decorrer do curso na AMAN, após o término do segundo ano de formação, os homens poderão optar pelas armas de infantaria, cavalaria, artilharia, engenharia, comunicações, intendência e material bélico, enquanto as mulheres terão de escolher entre intendência ou material bélico.

SIMULADOS

SIMULADOS

Simulado 1 - 2020 EsPCEx

PORTUGUÊS

Após a leitura atenta do texto apresentado a seguir, responda às questões propostas.

Sobre a importância da ciência

Parece paradoxal que, no início deste milênio, durante o que chamamos com orgulho de "era da ciência", tantos ainda acreditem em profecias de fim de mundo. Quem não se lembra do *bug do* milênio ou da enxurrada de absurdos ditos todos os dias sobre a previsão maia de fim de mundo no ano 2012?

Existe um cinismo cada vez maior com relação à ciência, um senso de que fomos traídos, de que promessas não foram cumpridas. Afinal, lutamos para curar doenças apenas para descobrir outras novas. Criamos tecnologias que pretendem simplificar nossas vidas, mas passamos cada vez mais tempo no trabalho. Pior ainda: tem sempre tanta coisa nova e tentadora no mercado que fica impossível acompanhar o passo da tecnologia.

Os mais jovens se comunicam de modo quase que incompreensível aos mais velhos, com *Facebook, Twitter e* textos em celulares. Podemos ir à Lua, mas a maior parte da população continua malnutrida.

Consumimos o planeta com um apetite insaciável, criando uma devastação ecológica sem precedentes. Isso tudo graças à ciência? Ao menos, é assim que pensam os descontentes, mas não é nada disso.

Primeiro, a ciência não promete a redenção humana. Ela simplesmente se ocupa de compreender como funciona a natureza, ela é um corpo de conhecimento sobre o Universo e seus habitantes, vivos ou não, acumulado através de um processo constante de refinamento e testes conhecido como método científico.

A prática da ciência provê um modo de interagir com o mundo, expondo a essência criativa da natureza. Disso, aprendemos que a natureza é transformação, que a vida e a morte são parte de uma cadeia de criação e destruição perpetuada por todo o cosmo, dos átomos às estrelas e à vida. Nossa existência é parte desta transformação constante da matéria, onde todo elo é igualmente importante, do que é criado ao que é destruído.

A ciência pode não oferecer a salvação eterna, mas oferece a possibilidade de vivermos livres do medo irracional do desconhecido. Ao dar ao indivíduo a autonomia de pensar por si mesmo, ela oferece a liberdade da escolha informada. Ao transformar mistério em desafio, a ciência adiciona uma nova dimensão à vida, abrindo a porta para um novo tipo de espiritualidade, livre do dogmatismo das religiões organizadas.

A ciência não diz o que devemos fazer com o conhecimento que acumulamos. Essa decisão é nossa, em geral tomada pelos políticos que elegemos, ao menos numa sociedade democrática. A culpa dos usos mais nefastos da ciência deve ser dividida por toda a sociedade. Inclusive, mas não exclusivamente, pelos cientistas. Afinal, devemos culpar o inventor da pólvora pelas mortes por tiros e explosivos ao longo da história? Ou o inventor do microscópio pelas armas biológicas?

A ciência não contrariou nossas expectativas. Imagine um mundo sem antibióticos, TVs, aviões, carros. As pessoas vivendo no mato, sem os confortos tecnológicos modernos, caçando para comer. Quantos optariam por isso?

A culpa do que fazemos com o planeta é nossa, não da ciência. Apenas uma sociedade versada na ciência pode escolher o seu destino responsavelmente. Nosso futuro depende disso.

Marcelo Gleiser é professor de física teórica no Dartmouth College (EUA).

Fonte: www.ufrgs.br /blogdabc/sobre-importancia-da-ciencia/ (postado em 18/10/2010). Acesso em 5 de abril de 2020.

01. De acordo com o texto, nesta chamada "era da ciência" em que nos orgulhamos de viver, pode-se inferir que é paradoxal acreditar em profecias de fim de mundo porque a ciência:

a) se ocupa de compreender como funciona a natureza, mas não promete a redenção humana.

b) é um corpo de conhecimento sobre o universo e seus habitantes, vivos ou não.

c) provê um modo de interagir com o mundo, expondo a essência criativa da natureza.

d) oferece a possibilidade de vivermos livres do medo irracional do desconhecido.

e) não diz o que devemos fazer com o conhecimento que acumulamos.

02. Ao comentar sobre o cinismo, o autor faz menção a uma falta de compreensão geral em relação à ciência, que consiste, de acordo com o texto, em:

a) entender a ciência como uma espécie de religião, que faz promessas de cura e redenção.

b) acreditar que a ciência deveria ter se ocupado das profecias de fim do mundo com o objetivo de evitar as consequências ali descritas.

c) julgar a ciência pelo método científico por ela utilizado.

d) reduzir a ciência a um número limitado de respostas que ela pode dar sobre a natureza.

e) culpar os seres humanos pelos usos indevidos e desastrosos da ciência.

03. Na frase "A culpa dos usos mais <u>nefastos</u> da ciência deve ser dividida por toda a sociedade", a palavra sublinhada, dentro do contexto, significa:

   a) recorrentes.

   b) elementares.

   c) benéficos.

   d) prejudiciais.

   e) constantes.

04. Depois de ler o texto, compreende-se que a importância da ciência está, principalmente, em poder:

   a) escolher, enquanto sociedade, nosso destino de forma responsável.

   b) estabelecer as diferenças principais entre a ciência e o charlatanismo.

   c) explicar que a ciência não pode oferecer a salvação eterna, porque não prova a existência divina.

   d) abrir a porta para um novo tipo de espiritualidade.

   e) direcionar a conduta humana em relação ao conhecimento obtido.

05. Em "tem sempre tanta coisa nova e tentadora no mercado <u>que fica impossível acompanhar o passo da tecnologia</u>", a oração subordinada sublinhada é:

   a) adverbial causal.

   b) adverbial consecutiva.

   c) substantiva objetiva direta.

   d) adjetiva explicativa.

   e) substantiva subjetiva.

06. Assinale a alternativa que apresenta o núcleo do sujeito do seguinte período: "Apenas uma sociedade versada na ciência pode escolher o seu destino responsavelmente".

   a) Ciência.

   b) Versada.

   c) Sociedade.

   d) Escolher.

   e) Destino.

07. Assinale a opção que apresenta um emprego adequado ao padrão culto da língua.

    a) A prática da ciência provê um modo de interagir com o mundo. Expondo a essência criativa da natureza.

    b) Consumindo o planeta com um apetite insaciável, criamos uma devastação ecológica sem precedentes.

    c) Nossa existência é parte desta transformação constante da matéria, onde todo elo é igualmente importante.

    d) Transformando mistério em desafio, adicionando uma nova dimensão à vida, abrindo a porta para um novo tipo de espiritualidade.

    e) Ao dar ao indivíduo a autonomia de pensar por si mesmo, oferecendo a ele a liberdade da escolha informada.

08. Assinale a opção que apresenta o grupo de vocábulos acentuados graficamente pelo mesmo motivo:

    a) início – milênio – ciência.

    b) insaciável – ecológica – através.

    c) traídos – indivíduo – pólvora.

    d) existência – provê – cônsul.

    e) átomos – microscópio – destruído.

09. As palavras "paradoxal" e "orgulho" contêm, respectivamente, o mesmo número de fonemas de:

    a) inexorável e início

    b) promessas e jovens

    c) habitantes e cinismo

    d) compreender e através

    e) liberdade e prática

10. Assinale a opção que corresponde à função do "**que**" na frase a seguir.

    "Não vão a uma festa **que** não voltem cansados."

    a) Parece paradoxal **que ainda** acreditem em profecias do fim do mundo.

    b) Criamos tecnologias **que** pretendem simplificar nossas vidas.

    c) Os mais jovens se comunicam de modo quase **que** incompreensível.

    d) Tem tanta coisa nova no mercado **que** fica impossível acompanhar.

    e) Existe um senso de **que** as promessas não foram cumpridas.

11. Em "a ciência adiciona uma nova dimensão à vida", o acento grave é usado porque houve a fusão de preposição "a", exigida pelo objeto indireto do verbo adicionar, e o artigo que define o substantivo "vida". A frase em que o uso do acento grave ocorre pelo mesmo motivo está na alternativa.

a) Há, hoje, cura para muitas doenças e muita tecnologia graças à ciência.

b) Muitos preferem o romantismo do imprevisível à ciência dos números.

c) A oposição da religião à ciência é, em grande parte, um mito.

d) Uma das motivações presentes nos pesquisadores é o amor à ciência.

e) A comunicação pode melhorar o acesso das pessoas à ciência.

12. "Os mais jovens se comunicam de modo quase que incompreensível aos mais velhos, com *Facebook*, *Twitter* e textos em celulares." O termo sublinhado complementa uma ideia presente em qual palavra da frase?

a) Jovens.

b) Comunicam.

c) Modo.

d) Quase.

e) Incompreensível.

13. No trecho "Existe um cinismo cada vez maior com relação à ciência, um senso de que fomos traídos, de que promessas não foram cumpridas", as orações sublinhadas são classificadas, respectivamente, como:

a) oração subordinada substantiva objetiva indireta, oração subordinada substantiva objetiva indireta.

b) oração subordinada substantiva subjetiva, oração subordinada substantiva subjetiva.

c) oração subordinada substantiva objetiva direta, oração subordinada substantiva objetiva indireta.

d) oração subordinada substantiva completiva nominal, oração subordinada substantiva completiva nominal.

e) oração subordinada substantiva completiva nominal, oração subordinada substantiva objetiva indireta.

19

14. No fragmento "A ciência não contrariou nossas expectativas. Imagine um mundo sem antibióticos, TVs, aviões, carros", temos:

    a) um período composto por subordinação substantiva subjetiva e objetiva direta.

    b) duas orações absolutas, num período composto por coordenação assindética.

    c) duas orações absolutas, num período composto, com verbos transitivos e seus adjuntos.

    d) dois períodos simples, com um verbo transitivo direto, outro indireto e seus complementos.

    e) dois períodos simples, com verbos transitivos e seus respectivos objetos diretos.

15. O verbo sublinhado no trecho "enxurrada de absurdos ditos" é:

    a) defectivo.

    b) particípio.

    c) gerúndio.

    d) infinitivo.

    e) reflexivo.

16. A personificação é uma figura pela qual se faz os seres inanimados ou irracionais agirem e sentirem como pessoas humanas. Por meio dessa figura, também chamada prosopopeia e animização, empresta-se vida e ação a seres inanimados. A hipérbole é uma figura de pensamento que consiste em uma afirmação exagerada, uma deformação da verdade que visa a um efeito expressivo. A alternativa que contém os dois tipos de figura, uma em cada período, respectivamente, é:

    a) Quem não se lembra da enxurrada de absurdos ditos sobre a previsão maia de fim de mundo em 2012? / Parece paradoxal que tantos acreditem em profecias de fim de mundo.

    b) Criamos uma devastação ecológica sem precedentes. / Primeiro, a ciência não promete a redenção humana.

    c) Nossa existência é parte desta transformação constante da matéria. / A ciência não contrariou nossas expectativas.

    d) Apenas uma sociedade versada na ciência pode escolher seu destino responsavelmente. / A culpa do que fazemos com nosso planeta é nossa.

    e) A ciência abre a porta para um novo tipo de espiritualidade. / Consumimos o planeta com um apetite insaciável.

17. "Indefiníveis músicas supremas,

    Harmonias da Cor e do Perfume...

    Horas do Ocaso, trêmulas, extremas,

    Réquiem do Sol que a Dor da Luz resume..."

    Nos versos apresentados, há um exemplo de "imagem plurissensorial", uma figura de linguagem conhecida pelo nome de _____ e característica marcante da estética literária

    Assinale a alternativa que completa os espaços:

    a) silepse / romântica

    b) polissíndeto / parnasiana

    c) aliteração / simbolista

    d) eufemismo / romântica

    e) sinestesia / simbolista

18. "Esses gerais sem tamanho. Enfim, cada um o que quer aprova, o senhor sabe: pão ou pães, é questão de opiniães... O sertão está em toda parte".

    O fragmento apresentado, de Guimarães Rosa, marca:

    a) os limites do regional.

    b) o determinismo do meio.

    c) o sertão universal.

    d) o sertanejo e sua cor local.

    e) sofrimento regional.

19. Dividida em três partes, a "Lira dos Vinte Anos" revela as diferentes faces literárias de Álvares de Azevedo. Sobre esse conjunto de poemas, é correto afirmar que é uma obra:

    a) típica dos ultrarromânticos, marcada pelo sentimentalismo e egocentrismo.

    b) marcante da escola modernista, iniciada por vários poetas jovens e questionadores.

    c) importante da terceira fase romântica, com temática social e libertária.

    d) característica da primeira fase romântica, com intenso sentimento de brasilidade.

    e) significativa da escola barroca, que funde temas divinos e humanos.

20. Os primeiros anos da República foram agitados no Brasil. A Região Nordeste do país enfrentava o crônico problema da seca. Vivendo de forma precária, muitos aderiram à pregação messiânica de Antônio Conselheiro. Essa temática está claramente retratada no livro:

a) O sertanejo, de José de Alencar.

b) Triste fim de Policarpo Quaresma, de Lima Barreto.

c) Os sertões, de Euclides da Cunha.

d) Canaã, de Graça Aranha.

e) O alienista, de Machado de Assis.

FÍSICA

21. Um lápis está posicionado perpendicularmente ao eixo principal e a 30 cm de distância do centro óptico de uma lente esférica delgada, cuja distância focal é –20 cm. A imagem do lápis é:

OBSERVAÇÃO: Utilizar o referencial de Gauss.

a) real e invertida.

b) virtual e aumentada.

c) virtual e reduzida.

d) real e aumentada.

e) real e reduzida.

22. Dois blocos A e B, livres da ação de quaisquer forças externas, movem-se separadamente em um plano horizontal cujo piso é perfeitamente liso, sem atrito. (<u>antes da colisão</u>)

O bloco A tem massa $m_A = 1$ kg e move-se com uma velocidade $V_A = 1$m/s, na direção do eixo y, no sentido indicado no desenho.

O bloco B tem massa $m_B = 1$ kg e move-se com velocidade $V_B = 2$m/s fazendo um ângulo de 60° com eixo y, no sentido indicado no desenho. Após a colisão movimentam-se juntos em outro piso, só que agora rugoso, com o coeficiente de atrito cinético $\mu_c = 0,1$, conforme o desenho a seguir. (<u>depois da colisão</u>)

O conjunto dos blocos A e B, agora unidos, percorreu até parar a distância de:

DADOS: aceleração da gravidade $g = 10$m/s².

Sem 60° $= \dfrac{\sqrt{3}}{2}$ e cos 60° $= \dfrac{1}{2}$.

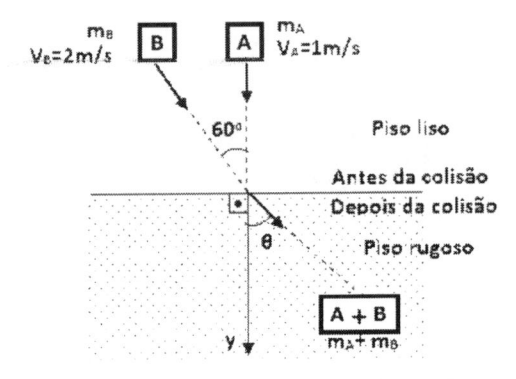

Desenho Ilustrativo - Fora de Escala

a) 0,200 m.

b) 0,340 m.

c) 0,650 m.

d) 0,875 m.

e) 0,950 m.

23. Se um corpo descreve um movimento circular uniforme, então:

O módulo da força que age sobre o corpo é _____(I) zero;

O vetor quantidade de movimento _____(II) com o tempo;

O trabalho realizado pela força é _____(III);

A energia cinética é _____(IV).

A opção que corresponde ao preenchimento correto das lacunas (I), (II), (III) e (IV) é:

a) I – diferente de, II – não muda, III – nulo, IV – constante.

b) I – diferente de, II – muda, III – diferente de zero, IV – variável.

c) I – igual a, II– muda, III – nulo, IV – constante.

d) I – diferente de, II – muda, III – nulo, IV – constante.

e) I – igual a, II – não muda, III – constante, VI – variável.

24. Um ponto material oscila em torno da posição de equilíbrio O, em Movimento Harmônico Simples (MHS), conforme o desenho a seguir. A energia mecânica total do sistema é de 0,1 J, a amplitude da oscilação é de 10,0 cm e o módulo da máxima velocidade é de 1 m/s. Os extremos da trajetória desse movimento têm velocidade igual a zero (v=0).

Desprezando as forças dissipativas a frequência da oscilação em Hertz (Hz) é:

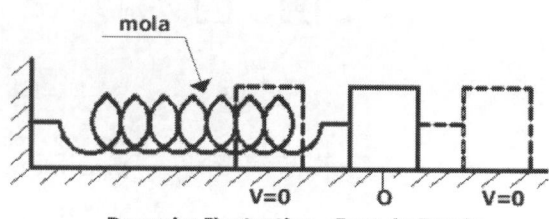

Desenho Ilustrativo - Fora de Escala

a) $\dfrac{\sqrt{2}}{3\pi}$.

b) $\dfrac{\sqrt{5}}{\pi}$.

c) $\dfrac{5}{\pi}$.

d) $\dfrac{\sqrt{\pi}}{3}$.

e) $\dfrac{1}{2\pi}$.

25. Um campo elétrico é gerado por uma partícula de carga puntiforme $Q = 5,0 \cdot 10^{-6}$ C no vácuo. O trabalho realizado pela força elétrica para deslocar a carga de prova $q = 2 \cdot 10^{-8}$ C do ponto X para o ponto Y, que estão a 0,20 m e 1,50 m da carga Q, respectivamente, conforme o desenho a seguir é:

Dado: Constante eletrostática do vácuo $k_0 = 9 \cdot 10^9$ N m²/C².

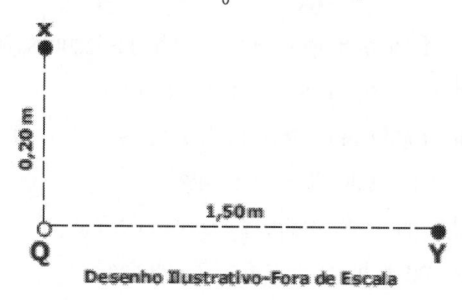

Desenho Ilustrativo-Fora de Escala

a) $4,3 \cdot 10^{-3}$ J.

b) $5,4 \cdot 10^{-3}$ J.

c) $6,3 \cdot 10^{-6}$ J.

d) $6,0 \cdot 10^{-3}$ J.

e) $3,9 \cdot 10^{-3}$ J.

26. Considere uma máquina térmica que opera um ciclo termodinâmico que realiza trabalho. A máquina recebe 400 J de uma fonte quente cuja temperatura é de 400 K e rejeita 200 J para uma fonte fria, que se encontra a 200 K. Neste ciclo a máquina térmica realiza um trabalho de 200 J.

Analisando o ciclo termodinâmico exposto conclui-se que a máquina térmica é um _____(I).

Essa máquina térmica _____(II) a 1ª Lei da Termodinâmica.

O rendimento desta máquina é _____(III) a 50%.

A opção que corresponde ao preenchimento correto das lacunas (I), (II) e (III) é:

a) I – refrigerador; II – não atende; III – maior que.

b) I – refrigerador; II – atende; III – igual a.

c) I – motor térmico; II – atende; III – menor que.

d) I – motor térmico; II – não atende; III – maior que.

e) I – motor térmico; II – atende; III – igual a.

27. O desenho a seguir mostra um semicírculo associado a uma rampa, em que um objeto puntiforme de massa m, é lançado do ponto X e que inicialmente descreve uma trajetória circular de raio R e centro em O.

Se o módulo da força resultante quando o objeto passa em Y é $\sqrt{5}$ mg, sendo a distância de Y até a superfície horizontal igual ao valor do raio R, então a altura máxima (h_{max}) que ele atinge na rampa é:

DADOS: Despreze as forças dissipativas.

Considere g a aceleração da gravidade.

a) 2 R

b) R $\sqrt{2}$.

c) 5 R.

d) 3 R.

e) R $\sqrt{3}$.

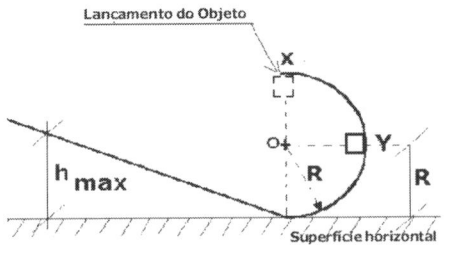

Desenho Ilustrativo-Fora de Escala

28. Considere as seguintes afirmações:

    I. No interior de uma esfera metálica condutora em equilíbrio eletrostático, o campo elétrico é nulo.

    II. Um campo elétrico uniforme é formado entre duas placas paralelas, planas e eletrizadas com cargas opostas. Uma carga negativa é abandonada em repouso no interior dessas placas, então esta carga deslocar-se-á da região de maior potencial elétrico para a de menor potencial elétrico.

    III. Um objeto eletrostaticamente carregado, próximo a um objeto em equilíbrio eletrostático, induz neste uma carga uniformemente distribuída.

    IV. Uma carga puntiforme $q = 1\mu C$ é deslocada de um ponto A até um ponto B de um campo elétrico. A força elétrica que age sobre q realiza um trabalho $\zeta_{AB} = 1 \cdot 10^{-5}$ J, então a diferença de potencial elétrico entre os pontos A e B é 100 V.

    Das afirmações, é (são) correta(s) somente:

    a) I.

    b) I, II e III.

    c) I, II e IV.

    d) I e IV.

    e) II.

29. Um fio condutor no trecho KLM, sendo KL = 8,0 m e LM = 6,0 m, está dobrado em ângulo reto está ortogonalmente inserido em um campo magnético uniforme de intensidade B = 0,40 T. Este fio está conectado a um circuito resistivo que é composto por um gerador ideal de ddp (diferença de potencial) E = 40 V e resistências ôhmicas de $R_1 = 8\ \Omega$, $R_2 = 12\Omega$ e $R_3 = 24\Omega$, conforme desenho a seguir. A intensidade da força resultante de origem magnética que atuará sobre o fio condutor no trecho KLM é:

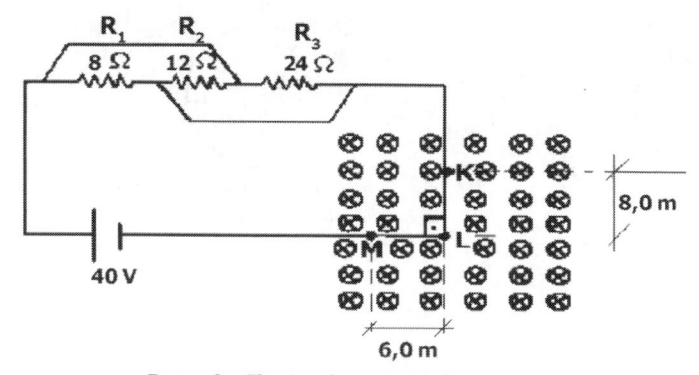

Desenho Ilustrativo - Fora de Escala

a) 35,0 N.

b) 40,0 N.

c) 45,0 N.

d) 85,0 N.

e) 95,0 N.

30. Considere o círculo elétrico ABCD a seguir, que é formado por 4 (quatro) resistores ôhmicos sendo R_1= 0,5 Ω, R_2 = 1Ω, R_3 = 2 Ω, R_4= 4 Ω e 2 (dois) geradores ideais E_1 e E_2.

Sabendo que a diferença de potencial entre os terminais do resistor R_1 é zero, isto é, (V_{CD}=0) e que o valor da ddp (diferença de potencial) de E_2=4 V então a ddp de E_1 vale:

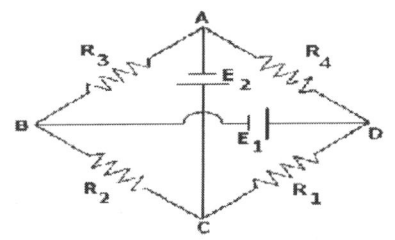

Desenho Ilustrativo - Fora de Escala

a) 1 V.

b) 2 V.

c) 5 V.

d) 8 V.

e) 10 V.

31. Um bloco homogêneo A de peso 6 N está sobre o bloco homogêneo B de peso 20 N ambos em repouso. O bloco B está na iminência de movimento.

O bloco A está ligado por um fio ideal tracionado ao solo no ponto X, fazendo um ângulo θ com a horizontal enquanto o bloco B está sendo solicitado por uma força horizontal $\vec{F}$, conforme o desenho a seguir.

Os coeficientes de atrito estático entre o bloco A e o bloco B é 0,3 e do bloco B e o solo é 0,2.

A intensidade da força horizontal $|\vec{F}|$ aplicada ao bloco B nas condições apresentadas, capaz de tornar iminente o movimento é:

Dados: cos θ = 0,6

sen θ = 0,8

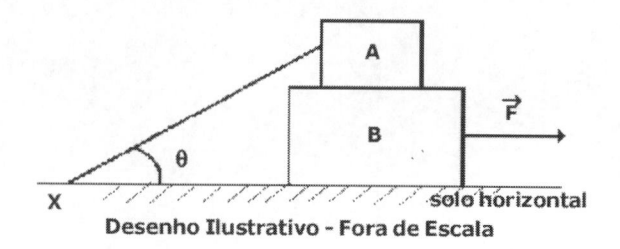

Desenho Ilustrativo - Fora de Escala

a) 2,0 N.

b) 9,0 N.

c) 15,0 N.

d) 18,0 N.

e) 20,0 N.

32. O desenho a seguir apresenta uma barra metálica ABC em formato de L de peso desprezível com dimensões AB = 0,8 m e BC = 0,6 m, articulado em B por meio de um pino sem atrito e posicionada a 45° em relação à linha horizontal.

Na extremidade A é presa uma esfera homogênea de volume igual a 20 L e peso igual a 500 N por meio de um fio ideal tracionado. A esfera está totalmente imersa, sem encostar no fundo de um recipiente com água, conforme o desenho. O valor do módulo da força $|\vec{F}|$ que faz 90° com o lado BC e mantém o sistema em equilíbrio estático, como o desenho apresentado é:

Dados: densidade da água: 1000 kg/m³·

Aceleração da gravidade: 10 m/s²·

$\text{sen } 45° = \dfrac{\sqrt{2}}{2}$ e $\cos 45° = \dfrac{\sqrt{2}}{2}$.

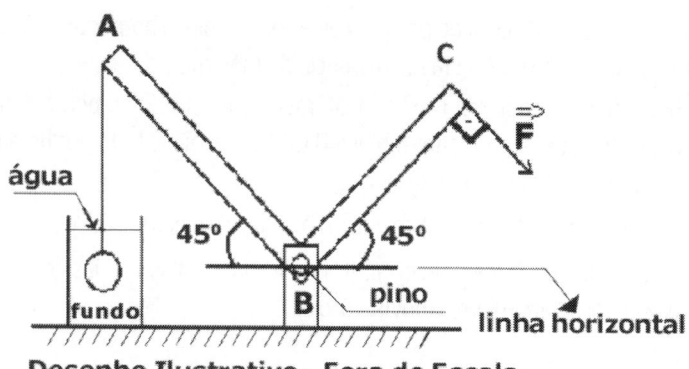

Desenho Ilustrativo - Fora de Escala

a) $200\sqrt{2}N$.

b) $150\sqrt{2}N$.

c) $130\sqrt{2}N$.

d) $80\sqrt{2}N$.

e) $45\sqrt{2}N$.

QUÍMICA

33. Em química orgânica existem várias apresentações de fórmulas, como fórmulas moleculares e percentuais. A fórmula molecular indica o número de átomos de cada elemento em uma molécula da substância. A fórmula percentual indica a porcentagem, em massa, de cada elemento que constitui a substância. Uma maneira de determinação dessa fórmula é a partir da fórmula molecular, aplicando-se conceitos de massa atômica e massa molecular.

FONSECA, Martha Reis Marques da, Química Geral, São Paulo, Ed FTD, 2007, Pág. 114

Tratando-se da estrutura e fórmula molecular, aldeídos são substâncias orgânicas que apresentam em sua estrutura o grupo carbonila ligado a um átomo de hidrogênio, na ponta de uma cadeia carbônica.

Considere os seguintes aldeídos: metanal; etanal; propanal; 3-metilbutanal e 2-metilbutanal.

Baseado nas fórmulas moleculares dos compostos citados, o aldeído que apresenta, em sua fórmula percentual, aproximadamente 54,5 % em massa de carbono (C) na sua estrutura é o:

a) metanal.

b) etanal.

c) propanal.

d) 3-metilbutanal.

e) 2-metilbutanal.

34. O oxalato de cálcio é oxidado por permanganato de potássio em meio ácido. A equação não balanceada dessa reação é representada a seguir:

$$CaC_2O_4 + KMnO_4 + H_2SO_4 \rightarrow CaSO_4 + K_2SO_4 + MnO_2 + H_2O + CO_2$$

A soma dos coeficientes da equação da reação corretamente balanceada (menores números inteiros) e o volume de CO_2 liberado quando se faz reagir 384 g de oxalato de cálcio por reação completa, na condição ambiente (25 °C e 1 atm), são, respectivamente:

Dados:

- volume molar nas condições ambiente de temperatura e pressão (25 °C e 1 atm): $24,5\,L \cdot mol^{-1}$; e

- constante universal dos gases $R = 0,082\,L \cdot atm \cdot mol^{-1} \cdot K^{-1}$.

a) 25 e 168 L.

b) 22 e 202 L.

c) 25 e 147 L.

d) 25 e 344 L.

e) 22 e 98 L.

35. O fósforo branco, de fórmula P_4, é uma substância bastante tóxica. É utilizado para fins bélicos como arma química de guerra em granadas fumígenas. Pode ser obtido a partir do aquecimento do fosfato de cálcio, areia e coque em um forno especial, conforme mostrado na equação balanceada da reação:

$$2\,Ca_3(PO_4)_2\,(s) + 6\,SiO_2\,(s) + 10\,C\,(s) \rightarrow 6\,CaSiO_3\,(s) + 1\,P_4\,(s) + 10\,CO\,(g)$$

A respeito da reação de obtenção do fósforo branco, seus participantes e suas características são feitas as seguintes afirmativas.

I. O fósforo branco é classificado como uma substância iônica polar.

II. O fósforo branco (P_4) é classificado como uma substância simples.

III. A geometria da molécula do gás monóxido de carbono é angular.

IV. A massa de fósforo branco obtida quando se aquece 1860 g de fosfato de cálcio com rendimento de 80% é de 297,6 g.

V. A distribuição eletrônica do átomo de cálcio no estado fundamental é: $1s^2\,2s^2\,2p^6\,3s^2\,3p^5$.

Das afirmativas feitas estão corretas apenas:

a) I, II, III e V.

b) II e IV.

c) II, IV e V.

d) III e V.

e) I, III e IV.

36. O carbeto de cálcio, de fórmula CaC_2, é muito comum em equipamentos usados por exploradores de cavernas para fins de iluminação. Ele reage com água e gera como um dos produtos o gás acetileno (etino), de fórmula C_2H_2, conforme mostra a equação, não balanceada, a seguir.

$$CaC_2 \text{ (s)} + H_2O \text{ (l)} \rightarrow C_2H_2 \text{ (g)} + Ca(OH)_2 \text{ (s)} \quad \text{(equação 1)}$$

Sequencialmente, esse gás inflamável pode sofrer uma reação de combustão completa, liberando intensa energia, conforme a equação, não balanceada, a seguir:

$$C_2H_2 \text{ (g)} + O_2 \text{ (g)} \rightarrow CO_2 \text{ (g)} + H_2O \text{ (g)} + \text{calor} \quad \text{(equação 2)}$$

Uma massa de 512 g de carbeto de cálcio com pureza de 50% (e 50% de materiais inertes) é tratada com água, obtendo-se uma certa quantidade de gás acetileno. Esse gás produzido sofre uma reação de combustão completa.

Considerando a reação de combustão completa do acetileno nas condições ambientes (25°C e 1 atm), o volume de <u>gases obtidos</u> e o valor da <u>energia liberada</u> como calor nessa reação, a partir da massa original de carbeto de cálcio, são, respectivamente,

Dados:

* volume molar na condição ambiente = $24,5 \text{ L} \cdot \text{mol}^{-1}$ (25°C e 1 atm); calor de combustão do etino = $-1298 \text{ kJ} \cdot \text{mol}^{-1}$; e

* constante universal dos gases $R = 0,082 \text{ L} \cdot \text{atm} \cdot \text{mol}^{-1} \cdot \text{K}^{-1}$.

a) 294 L e 3240 kJ.

b) 156 L e 2320 kJ.

c) 294 L e 4480 kJ.

d) 156 L e 6660 kJ.

e) 294 L e 5192 kJ.

37. "<u>Solução saturada</u>: solução que contém a quantidade máxima de soluto em determinada quantidade de solvente, a determinada temperatura; a relação entre quantidades máximas de soluto e quantidade de solvente é denominada de coeficiente de solubilidade".

"<u>Solução insaturada</u>: quando a solução contém uma quantidade de soluto inferior ao seu coeficiente de solubilidade, na temperatura em que se encontra a solução".

"<u>Solução supersaturada</u>: quando a solução contém uma quantidade de soluto dissolvido superior ao seu coeficiente de solubilidade, na temperatura em que se ela se encontra. É instável".

USBERCO, João e SALVADOR, Edgard, Físico-química, São Paulo, Ed Saraiva, 2009, Pág. 18. FONSECA, Martha Reis Marques da, Química Geral, São Paulo, Ed FTD, 2007, Pág. 18 e 19.

Considere o gráfico da curva de solubilidade em função da temperatura para um sal hipotético *A*. No gráfico, a linha contínua representa a solubilidade máxima do soluto (sal A) em 100 g de água na temperatura correspondente.

Acerca desse gráfico e processo de solubilidade são feitas as seguintes afirmativas:

I. Na temperatura de 20 °C, misturando-se 50 g do sal A em 100 g de água, ter-se-á um sistema heterogêneo.

II. Na temperatura de 40 °C, a adição de 50 g do sal A em 100 g de água produzirá uma solução insaturada.

III. 200 g de água dissolvem totalmente 90 g do sal A a 30 °C.

IV. Uma solução contendo 60 g do sal A em 100 g de água será saturada em 60°C.

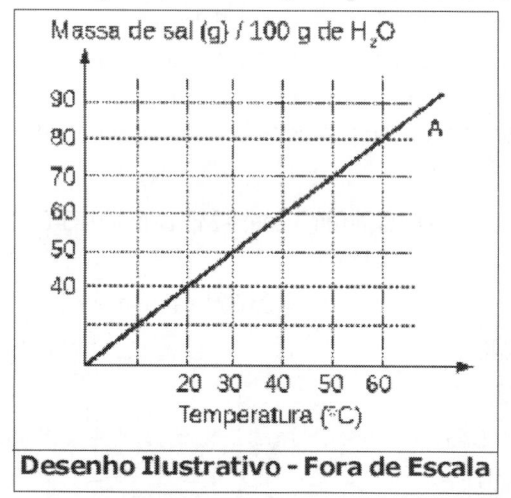

Das afirmativas feitas estão corretas apenas:

a) I, II e IV.

b) II e III.

c) I e IV.

d) III e IV.

e) I, II e III.

38. "No fenômeno físico, a composição da matéria é preservada, ou seja, permanece a mesma antes e depois da ocorrência do fenômeno".

"Reação química é toda transformação que modifica a natureza da matéria (fenômenos químicos)".

"No fenômeno químico, a composição da matéria é alterada: sua composição antes de ocorrer o fenômeno é diferente da que resulta no final".

FONSECA, Martha Reis Marques da, Química Geral, São Paulo, Ed FTD, 2007, pág. 24 e 61.

Considere os conceitos supracitados e as transformações representadas pelas equações químicas a seguir:

I. $CaCO_3$ (s) $\rightarrow$ CaO (s) + CO_2 (g).

II. H_2O (l) $\rightarrow$ H_2O (g).

III. H_2 (g) + O_2 (g) $\rightarrow$ H_2O (g).

IV. $C_{(grafite)}$ + O_2 (g) $\rightarrow$ CO_2 (g).

Correspondem a reações químicas apenas as transformações:

a) I e III.

b) II e IV.

c) II, III e IV.

d) I, III e IV.

e) I, II e III.

39. Gases apresentam um fenômeno chamado de difusão de gases.

"Difusão gasosa é o movimento espontâneo das partículas de um gás de se espalharem uniformemente em meio das partículas de um outro gás ou de atravessarem uma parede porosa. Quando gases diferentes (A e B) estão a uma mesma temperatura, para uma quantidade de matéria igual a 1 mol de gás A e 1 mol de gás B, tem-se que a massa do gás A (m_a) será igual à massa molar do gás A (M_a), e a massa do gás B (m_b) será igual à massa molar do gás B (M_b)."

FONSECA, Martha Reis Marques da, Química Geral, São Paulo, Ed FTD, 2007, Pág. 110

Considere que, em determinadas condições de temperatura e pressão, a velocidade de difusão de 1 mol do gás hidrogênio (H_2) seja de 28 km/min. Nestas mesmas condições a velocidade (em km/h) de 1 mol do gás metano (CH_4) é de:

Dado: $\sqrt{2} = 1,4$.

a) 600 km/h.

b) 729 km/h.

c) 1211 km/h.

d) 422 km/h.

e) 785 km/h.

40. Em épocas distintas, os cientistas Dalton, Rutherford e Bohr propuseram, cada um, seus modelos atômicos. Algumas características desses modelos são apresentadas na tabela a seguir:

Modelo	Características do modelo
I	Átomo contém espaços vazios. No centro do átomo existe um núcleo muito pequeno e denso. O núcleo do átomo tem carga positiva. Para equilíbrio de cargas, existem elétrons ao redor do núcleo.
II	Átomos maciços e indivisíveis.
III	Elétrons movimentam-se em órbitas circulares em torno do núcleo atômico central. A energia do elétron é a soma de sua energia cinética (movimento) e potencial (posição). Essa energia não pode ter um valor qualquer, mas apenas valores que sejam múltiplos de um quantum (ou de um fóton). Os elétrons percorrem apenas órbitas permitidas.

A alternativa que apresenta a correta correlação entre o cientista proponente e o modelo atômico por ele proposto é:

a) Rutherford – Modelo II; Bohr – Modelo I e Dalton – Modelo III.

b) Rutherford – Modelo III; Bohr – Modelo II e Dalton – Modelo I.

c) Rutherford – Modelo I; Bohr – Modelo II e Dalton – Modelo III.

d) Rutherford – Modelo I; Bohr – Modelo III e Dalton – Modelo II.

e) Rutherford – Modelo III; Bohr – Modelo I e Dalton – Modelo II.

41. O ácido etanoico, também denominado usualmente de ácido acético, é um ácido orgânico e uma das substâncias componentes do vinagre. Considerando-se a substância ácido etanoico, pode-se afirmar que:

I. É um composto cuja fórmula molecular é C_2H_6O.

II. Possui apenas ligações covalentes polares entre seus átomos.

III. Possui um carbono com hibridização sp^2.

IV. Possui dois carbonos assimétricos (quiral).

V. O anidrido etanoico (acético) é isômero de cadeia do ácido etanoico (acético).

VI. Pode ser obtido pela oxidação enérgica do but-2-eno em presença do permanganato de potássio e ácido concentrado.

VII. Em condições adequadas, sua reação com sódio metálico produz etanoato de sódio e libera H_2.

Das afirmativas feitas, estão corretas apenas:

a) III, VI e VII.

b) I, II, IV e V.

c) II, IV e VII.

d) I, III, V e VI.

e) III, IV, V, VI e VII.

42. Diagramas de fases são gráficos construídos para indicar uma condição de temperatura e pressão de uma substância e suas mudanças de estado. Cada uma das curvas do diagrama indica as condições de temperatura e pressão nas quais as duas fases de estado estão em equilíbrio.

Modificado de USBERCO, João e SALVADOR, Edgard, Físico-química, São Paulo, Ed Saraiva, 2009, Pág. 98

Considere o diagrama de fases da água, representado na figura:

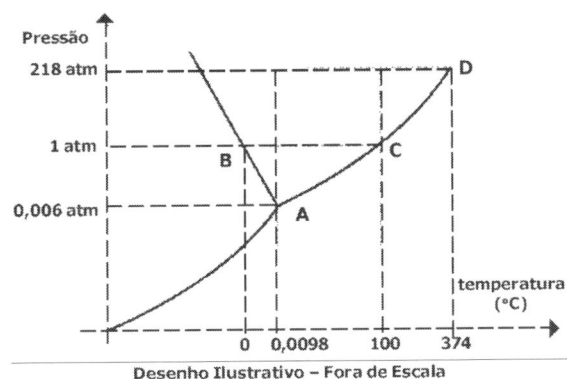

Desenho Ilustrativo – Fora de Escala

Baseado no diagrama e nos processos químicos envolvidos são feitas as seguintes afirmativas:

I.   A temperatura de fusão da água aumenta com o aumento da pressão.

II. Na temperatura de 100°C e 218 atm a água é líquida.

III. A água sólida (gelo) sublima a uma pressão de vapor superior a 1 atm.

IV. Na temperatura de 0 °C e pressão de 0,006 atm, a água encontra-se na fase sólida.

Das afirmativas feitas, estão corretas apenas:

a) I, II e IV.

b) I e II.

c) II e IV.

d) II e III.

e) III e IV.

43. Ao emitir uma partícula Alfa (α), o isótopo radioativo de um elemento transforma-se em outro elemento químico com número atômico e número de massa menores. A emissão de uma partícula beta (β) por um isótopo radioativo de um elemento transforma-o em outro elemento de mesmo número de massa e número atômico uma unidade maior.

Baseado nessas informações são feitas as seguintes afirmativas:

I.   Na desintegração $^{238}_{92}U \rightarrow$ partícula + $^{234}_{92}U$ ocorre com a emissão de uma partícula β.

II. Na desintegração $^{234}_{91}Pa \rightarrow$ partícula + $^{234}_{92}U$ ocorre com a emissão de uma partícula β.

III. A partícula alfa (α) é composta por 2 prótons e 4 nêutrons.

IV. Uma partícula beta (β) tem carga negativa e massa comparável a do próton.

V.   O urânio-238 $^{238}_{92}U$, pode naturalmente sofrer um decaimento radioativo emitindo sequencialmente 3 partículas alfa e 2 beta, convertendo-se em rádio ($^{226}_{88}Ra$).

Das afirmativas feitas, estão corretas apenas:

a) I, II e IV.

b) I e V.

c) II e III.

d) II e V.

e) III, IV e V.

44. Nestes últimos anos, os alunos da EsPCEx têm realizado uma prática no laboratório de química envolvendo eletrólise com <u>eletrodos inertes</u> de grafite. Eles seguem um procedimento experimental conforme a descrição:

Num béquer de capacidade 100 mL (cuba eletrolítica) coloque cerca de 50 mL de solução aquosa de sulfato de zinco ($ZnSO_4$) de concentração 1 mol·L^{-1}. Tome como eletrodos duas barras finas de grafite. Ligue-as com auxílio de fios a uma fonte externa de eletricidade (bateria) com corrente de 2 Ampères. Esta fonte tem capacidade para efetuar perfeitamente esse processo de eletrólise. Uma das barras deve ser ligada ao polo negativo da fonte e a outra barra ao polo positivo da fonte. Mergulhe os eletrodos na solução durante 32 minutos e 10 segundos e observe.

Considere o arranjo eletrolítico (a 25 °C e 1 atm), conforme visto na figura a seguir:

Dados: 1 Faraday (F) = 96500 Coulomb (C) / mol de elétrons.

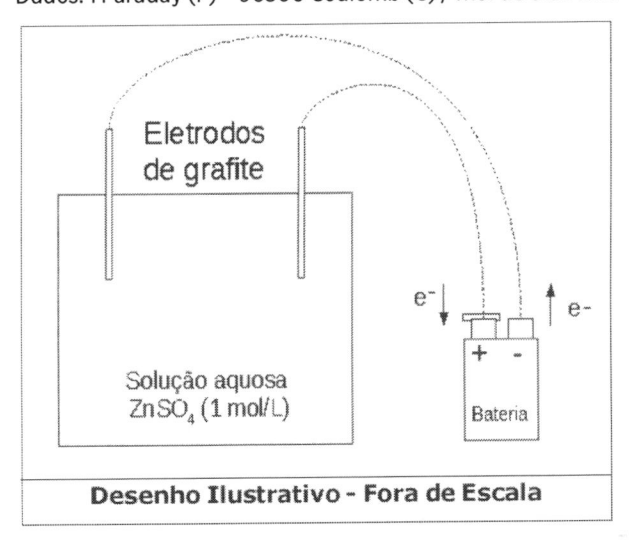

Acerca do experimento e os conceitos químicos envolvidos são feitas as seguintes afirmativas:

I. Na superfície da barra de grafite ligada como cátodo da eletrólise ocorre a eletrodeposição do zinco metálico.

II. A semirreação de oxidação que ocorre no ânodo da eletrólise é $Zn\ (s) \rightarrow Zn^{2+}\ (aq) + 2\ e^-$.

III. Durante o processo a barra de grafite ligada ao polo positivo da bateria se oxida.

IV. No ânodo da eletrólise ocorre uma reação de oxidação da hidroxila com formação do gás oxigênio e água.

V. A massa de zinco metálico obtida no processo de eletrólise será de 0,83 g.

Das afirmativas feitas, estão corretas apenas:

a) I e IV.

b) I, III e IV.

c) I e V.

d) II e III.

e) III, IV e V.

MATEMÁTICA

45. Para fabricar uma mesa redonda que comporte 8 pessoas em sua volta, um projetista concluiu que essa mesa, para ser confortável, deverá considerar, para cada um dos ocupantes, um arco de circunferência com 62,8 cm de comprimento. O tampo redondo da mesa será obtido a partir de uma placa quadrada de madeira compensada. Adotando $\pi = 3,14$, a menor medida do lado dessa placa quadrada que permite obter esse tampo de mesa é:

a) 72 cm.

b) 80 cm.

c) 144 cm.

d) 160 cm.

e) 180 cm.

46. Qual o valor de n, no binômio $(x+3)^n$ para que o coeficiente do 5º termo nas potências decrescentes de x seja igual a 5670?

a) 5.

b) 6.

c) 7.

d) 8.

e) 9.

47. Se o polinômio $p(x) = x^3 + ax^2 - 13x + 12$ tem $x=1$ como uma de suas raízes, então é correto afirmar que:

   a) $x = 1$ é raiz de multiplicidade 2.

   b) as outras raízes são complexas não reais.

   c) as outras raízes são negativas.

   d) a soma das raízes é igual a zero.

   e) apenas uma raiz não é quadrado perfeito.

48. A função real definida por $f(x) = (k_2 - 2k - 3)x + k$ é crescente se, e somente se:

   a) $k > 0$.

   b) $-1 < k < 3$.

   c) $k \neq -1$ ou $k \neq 3$.

   d) $k = -1$ ou $k = 3$.

   e) $k < -1$ ou $k > 3$.

49. Os pontos $A(3,-2)$ e $C(-1,3)$ são vértices opostos de um quadrado ABCD. A equação da reta que contém a diagonal BD é:

   a) $5x + 4y - 7 = 0$.

   b) $8x - 10y - 3 = 0$.

   c) $8x + 10y - 13 = 0$.

   d) $4x - 5y + 3 = 0$.

   e) $4x + 5y - 7 = 0$.

50. Na figura a seguir, *ABCD* é um quadrado, *E* é o ponto médio de *BC* e *F* é o ponto médio de *DE*.

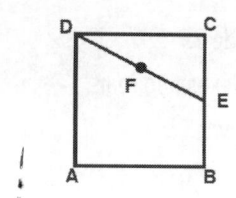

A razão entre as áreas do quadrado ABCD e do triângulo AEF, nessa ordem, é:

a) 1.

b) 2.

c) 3.

d) 4.

e) 5.

51. Dois dados cúbicos não viciados, um azul e outro vermelho, são lançados. Os dois dados são numerados de 1 a 6. Qual a probabilidade da soma dos números que saírem nos dois dados dar 7, sabendo-se que no dado azul saiu um número par?

a) $\dfrac{1}{12}$.

b) $\dfrac{1}{2}$.

c) $\dfrac{1}{6}$.

d) $\dfrac{1}{3}$.

e) $\dfrac{1}{18}$.

52. Oito alunos, entre eles Gomes e Oliveira, são dispostos na primeira fileira do auditório da EsPCEx, visando assistirem a uma palestra. Sabendo-se que a fileira tem 8 poltronas, de quantas formas distintas é possível distribuir os 8 alunos, de maneira que Gomes e Oliveira não fiquem juntos?

a) 8!

b) 7·7!

c) 7!

d) 2·7!

e) 6·7!

53. A figura a seguir mostra um reservatório com 6 metros de altura. Inicialmente esse reservatório está vazio e ficará cheio ao fim de 7 horas. Sabe-se também que, após 1 hora do começo do seu preenchimento, a altura da água é igual a 2 metros. Percebeu-se que a altura, em metros, da água, "t" horas após começar o seu preenchimento, é dada por $h(t) = \log_2(at^2 + bt + c)$, com $t \in [0,7]$, onde a, b e c são constantes reais. Após quantas horas a altura da água no reservatório estará com 4 metros?

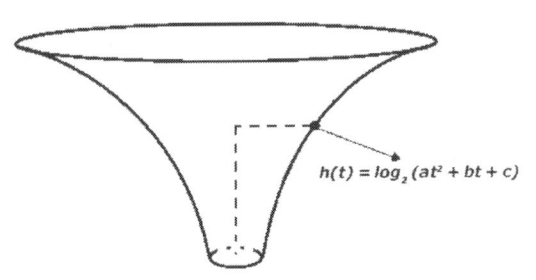

Desenho Ilustrativo-Fora de Escala

a) 3 horas e 30 minutos.

b) 3 horas.

c) 2 horas e 30 minutos.

d) 2 horas.

e) 1 hora e 30 minutos.

54. No ano de 2010, uma cidade tinha 100.000 habitantes. Nessa cidade, a população cresce a uma taxa de 20% ao ano. De posse dessas informações, a população dessa cidade em 2014 será de:

a) 207.360 habitantes.

b) 100.160 habitantes.

c) 180.000 habitantes.

d) 172.800 habitantes.

e) 156.630 habitantes.

55. Sabendo-se que a equação $2x^2 + ay^2 - bxy - 4x + 8y + c = 0$ representa uma circunferência de raio 3, a soma a+b+c é igual a:

a) −10.

b) −6.

c) −2.

d) 2.

e) 6.

56. Um poliedro possui 20 vértices. Sabendo-se que de cada vértice partem 3 arestas, o número de faces que poliedro possui é igual a:

a) 12.

b) 22.

c) 32.

d) 42.

e) 52.

57. Os lados AB, AC e BC de um triângulo ABC medem, respectivamente, 4cm, 4cm e 6cm. Então a medida, em cm, da mediana relativa ao lado AB é igual a:

a) $\sqrt{14}$.

b) $\sqrt{17}$.

c) $\sqrt{18}$.

d) $\sqrt{21}$.

e) $\sqrt{22}$.

58. Dado o triângulo equilátero MNP de lado x e a reta r que passa pelo vértice M e é paralela ao lado NP, o volume do sólido gerado pela rotação desse triângulo em torno da reta r é igual a:

a) $\dfrac{\pi x^3}{3}$

b) πx^3

c) $\dfrac{\pi x^3}{2}$

d) $\dfrac{3\pi x^3}{4}$

e) $2\pi x^3$

59. Se θ é um arco do $4°$ quadrante tal que $\cos\theta = \dfrac{4}{5}$, então $\sqrt{2\sec\theta + 3\,tg\,\theta}$ é igual a:

a) $\dfrac{\sqrt{2}}{2}$.

b) $\dfrac{1}{2}$.

c) $\dfrac{5\sqrt{2}}{2}$.

d) $\dfrac{3}{2}$.

e) $\dfrac{\sqrt{19}}{2}$.

60. Sejam $f(x)=4x^2 - 12x + 5$ e $g(x) = x + 2$ funções reais. O menor inteiro para o qual $f(g(x)) < 0$ é:

a) −2.

b) −1.

c) 0.

d) 1.

e) 2.

61. Sejam as matrizes $A=\begin{bmatrix} 1 & 1 & 1 \\ 2 & 1 & -3 \\ 1 & 1 & -1 \end{bmatrix}$, $B=\begin{bmatrix} X \\ Y \\ Z \end{bmatrix}$ e $C=\begin{bmatrix} 0 \\ -12 \\ -4 \end{bmatrix}$. Se $AB=C$, então $x + y + z$ é igual a:

a) −2.

b) −1.

c) 0.

d) 1.

e) 2.

62. Na figura a seguir está representado o plano de Argang-Gauss com os afixos de 12 números complexos. Sabe-se que esses afixos dividem a circunferência em 12 partes iguais e que $Z_0 = 1$.

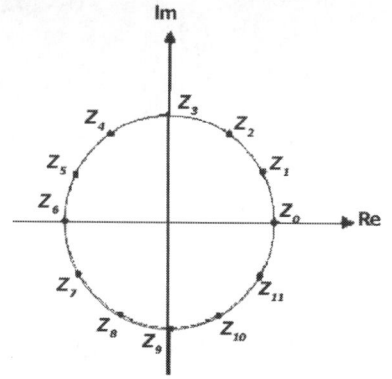

Desenho Ilustrativo Fora de Escala

Sobre o número complexo dado por $\dfrac{(Z_2)^2 \cdot Z_5}{Z_3}$ é correto afirmar que o número:

a) real e negativo.

b) real e positivo.

c) imaginário com parte real negativa e parte imaginária positiva.

d) imaginário com parte real positiva e parte imaginária negativa.

e) imaginário puro com parte imaginária negativa.

63. Uma reta tangente à curva de equação $y = x^2$ é paralela à reta $6x - y + 5 = 0$. As coordenadas do ponto de tangência são:

a) (3,9).

b) (6,5).

c) (5,6).

d) (5,9).

e) (9,3).

64. Se a medida do raio da circunferência circunscrita a um octógono regular é R, então a medida do raio da circunferência inscrita a esse octógono é igual a:

a) $\dfrac{R}{2}\sqrt{1+\sqrt{2}}$

b) $\dfrac{R}{2}\sqrt{1+\sqrt{3}}$

c) $\dfrac{R}{2}\sqrt{2+\sqrt{2}}$

d) $\dfrac{R}{2}\sqrt{2+\sqrt{3}}$

e) $\dfrac{R}{2}\sqrt{2-\sqrt{3}}$

GEOGRAFIA

65. Em fevereiro de 2019, o mundo foi surpreendido com um ataque de aviões indianos em solo paquistanês. A animosidade entre esses dois países asiáticos é expressa territorialmente (vide desenho a seguir). Assim, é fundamentado o temor de uma escalada da crise. Sobre a conflituosa relação indo-paquistanesa, é correto afirmar que:

I. Apesar de serem considerados, segundo a ONU, países em desenvolvimento, ambos dispõem de artefatos de destruição em massa.

II. Mahatma Gandhi, líder que organizou diversas campanhas anticoloniais, ciente das incontornáveis divergências entre muçulmanos e hindus, apoiou a transformação da fronteira entre esses dois países, que passou de religiosa para política.

III. Perdura até hoje o rígido padrão de alianças construído durante a Guerra Fria, colocando em campos opostos o eixo Nova Délhi–Moscou e Islamabad–Pequim.

IV. A rivalidade indo-paquistanesa tem como um de seus principais focos a disputa pelo controle da Caxemira, região habitada por maioria muçulmana e encravada no Himalaia, na fronteira entre os dois países.

Assinale a alternativa que apresenta todas as afirmativas corretas.

a) I e II.

b) II e IV.

c) II e III.

d) I e IV.

e) III e IV.

66. O Mercosul tem sido muito criticado nos últimos anos pela perda de dinamismo, apesar dos importantes avanços obtidos desde sua criação. Sobre esse bloco econômico regional, é correto afirmar que:

I. Promoveu a chamada distensão geopolítica entre Brasil e Argentina, que historicamente disputavam a hegemonia na Bacia do Prata.

II. O incremento da cooperação diplomática entre o Brasil e a Argentina, durante a década de 1980, contribuiu para a formação do bloco.

III. A adoção da Tarifa Externa Comum (TEC) transformou o Mercosul em uma união aduaneira perfeita, visto que os países-membros são obrigados a aplicar a mesma alíquota de importação para todos os produtos.

IV. O Protocolo de Ouro Preto inseriu a "cláusula democrática" no Tratado de Assunção e ajudou a criar um ambiente de maior estabilidade política no âmbito regional.

V. O Mercosul foi, na verdade, uma resposta ao esgotamento dos modelos de desenvolvimento baseados na substituição de importações adotados pelas duas principais economias do bloco.

Assinale a alternativa que apresenta todas as afirmativas corretas.

a) I, II e III.

b) I, II e V.

c) II, III e IV.

d) II, IV e V.

e) III, IV e V.

67. O censo demográfico realizado pelo Instituto Brasileiro de Geografia e Estatística (IBGE), em 1970, revelou pela primeira vez uma importante mudança no perfil da população brasileira: passamos a ser um país predominantemente urbano. A respeito da urbanização nacional, é correto afirmar que:

   I. A urbanização ocorreu de forma acelerada, concentrada e apoiada no êxodo rural, simultaneamente ao vigoroso processo de industrialização verificado no Pós-Segunda Guerra.

   II. Problemas em comum de infraestrutura viária, abastecimento de água, saneamento básico, coleta de lixo, dentre outros, resultaram na criação das regiões metropolitanas no início da década de 1970.

   III. Atualmente, o Centro-Oeste é a terceira região mais urbanizada do País, basicamente em função de três fatores: a fundação de Brasília, a construção de grandes eixos rodoviários de integração nacional e a acentuada mecanização das lavouras.

   IV. Os critérios adotados pelo IBGE para definir o grau de urbanização seguem padronização internacional, não havendo, portanto, divergência em relação aos utilizados pelos países da Organização para a Cooperação e Desenvolvimento Econômico (OCDE).

   Assinale a alternativa que apresenta todas as afirmativas corretas, dentre as listadas.

   a) I e II.

   b) I e III.

   c) II e III.

   d) II e IV.

   e) III e IV.

68. A Amazônia é a maior floresta tropical do mundo. Estende-se por mais de 8 milhões de km^2 e por diversos países sul-americanos. Sobre esse bioma, é correto afirmar que:

   I. No Brasil, a floresta ocupa áreas de nove estados da federação: AC, AM, AP, MA, MS, PA, RO, RR e TO.

   II. A variação topográfica é responsável pela existência de três estratos de vegetação de mata: de igapó, de várzea e de terra firme.

   III. A exuberância da vida vegetal da Amazônia reflete a alta fertilidade dos solos, em geral de textura argilosa e com elevado teor de matéria orgânica.

   IV. Trata-se de uma floresta latifoliada, perene e higrófila, que abriga também "enclaves" de campos, cerrado e até mesmo de caatinga.

Assinale a alternativa que apresenta todas as afirmativas corretas.

a) I e II.

b) I e III.

c) II e III.

d) II e IV.

e) III e IV.

69. Fome, guerras, miséria, exploração predatória e vida selvagem configuram um quadro que o imaginário coletivo associa, geralmente, à África. No entanto, esse espaço não se resume apenas a tal quadro. Com relação ao continente africano, é correto afirmar:

I. Os últimos anos têm registrado um expressivo incremento das trocas comerciais entre a África e a China. Esse país asiático interessa-se, principalmente, pelas *commodities* minerais e pelo suprimento energético.

II. A Nigéria tem se desenvolvido e diversificado sua economia investindo no setor de telecomunicações, apesar de o petróleo ainda ser importante na economia do país.

III. Melhorias na infraestrutura urbana e redução do *déficit* de moradias têm contribuído para o significativo aumento da população urbana no continente, que já ultrapassa a rural.

IV. Alguns regimes ditatoriais foram derrubados devido aos protestos desencadeados pela Primavera Árabe. Atualmente, governos mais representativos renovam as esperanças no fortalecimento da democracia em países como Líbia, Egito, Tunísia e Argélia.

Assinale a alternativa que apresenta todas as afirmativas corretas, dentre as listadas.

a) I e II.

b) II e III.

c) I e IV.

d) II e IV.

e) III e IV.

70. Um professor de Geografia, ao iniciar sua aula sobre o Continente Europeu, apresentou o seguinte mapa aos alunos:

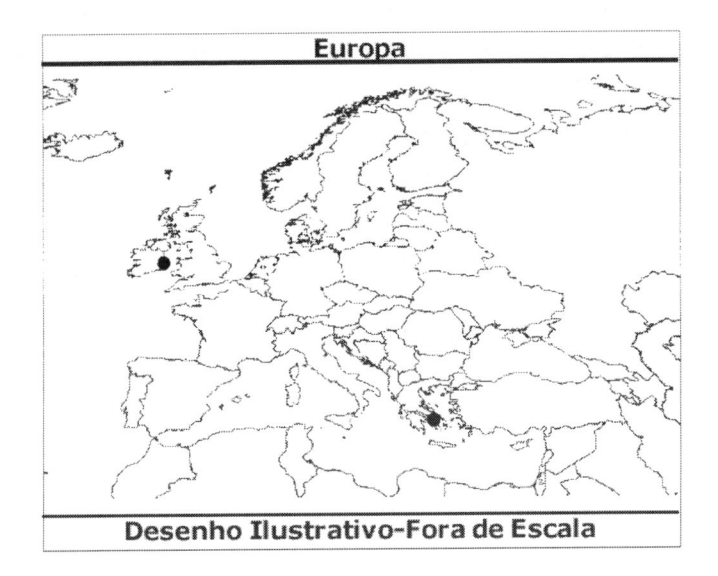

Após a observação do mapa, o professor pediu para a classe levantar diferentes informações relacionadas a dois países europeus – e suas respectivas capitais, assinaladas no mapa. Analise as alternativas a seguir e marque a opção correta:

I. Apesar de localizada na zona temperada boreal, Atenas apresenta clima mediterrâneo, ao passo que Dublin está na zona de influência do clima temperado oceânico.

II. As duas capitais estão situadas em uma zona de instabilidade tectônica.

III. Dublin localiza-se no hemisfério ocidental, enquanto a capital grega encontra-se no hemisfério oriental.

IV. Tanto a Grécia quanto a Irlanda não integram o Espaço Schengen.

Assinale a alternativa que apresenta todas as afirmativas corretas.

a) I e II.

b) I e III.

c) II e III.

d) II e IV.

e) III e IV.

71. O conflito árabe-israelense contribui, inequivocamente, para tornar o Oriente Médio uma das regiões mais instáveis do mundo. Sobre esse importante foco de tensão, é correto afirmar:

   I. A guerra do Yom Kippur, em 1967, marcou o ápice da expansão territorial de Israel.

   II. A cidade de Jerusalém é sagrada para as três principais religiões monoteístas da atualidade (cristianismo, judaísmo e islamismo), o que é decisivo para gerar instabilidade na região.

   III. A geopolítica da água desempenha um papel destacado no conflito, tendo em vista o controle exercido por Israel sobre os principais mananciais da região.

   IV. Pelos Acordos de Oslo (1993), a Organização pela Libertação da Palestina (OLP) e o Hamas reconheceram o Estado de Israel, que se comprometeu a devolver os territórios ocupados, nos quais seria criado um Estado Palestino.

   Assinale a alternativa que apresenta todas as afirmativas corretas.

   a) I e II.

   b) I e III.

   c) II e III.

   d) II e IV.

   e) III e IV.

72. Em meados da década de 1930, o então Capitão do Exército Brasileiro Mário Travassos publicou a obra *"Projeção Continental do Brasil"*, que até hoje inspira o pensamento geopolítico nacional. Dentre os postulados geopolíticos do autor, podemos destacar:

   I. A América do Sul como um espaço caracterizado por dois "antagonismos geográficos": a oposição entre a vertente do Atlântico e a do Pacífico e entre as bacias hidrográficas do Amazonas e do Prata.

   II. A influência polarizadora de Buenos Aires, que limitava o poder brasileiro sobre a extensa vertente atlântica.

   III. A necessidade de atração do Paraguai e da Bolívia para a esfera de influência política e comercial do Brasil.

   IV. O projeto do Brasil como grande potência sul-americana, empreendendo a "marcha para o Oeste" com o objetivo de erguer um polo de poder econômico e demográfico na porção central do subcontinente.

   Assinale a alternativa que apresenta todas as afirmativas corretas, dentre as listadas.

   a) I e II.

   b) I e III.

   c) II e III.

   d) II e IV.

   e) Todas as alternativas estão corretas.

73. "Em um novo capítulo do acirramento das tensões entre Estados Unidos e Irã, Teerã anunciou nesta quinta-feira que derrubou um *drone* americano que teria invadido seu território. Washington alega que o equipamento estava em espaço aéreo internacional, e o governo iraniano respondeu levando o caso à ONU".

Desenho Ilustrativo-Fora de Escala

Fonte: O GLOBO, 20 jun. 2019. Disponível em: <https://oglobo.globo.com/ mundo/ira-derruba-drone-america-no-no-golfo- persico-trump-chama-de-erro-grande-mas-de- pois-ameniza-23753187>. Acesso em: 16 abr. 2020.

O incidente relatado ocorreu no Estreito de Ormuz (vide desenho), no Golfo Pérsico. Sobre as características gerais dos países banhados por esse estratégico golfo, é correto afirmar que:

I. Somadas, as reservas existentes nos países banhados pelo Golfo Pérsico perfazem a maior concentração de hidrocarbonetos do mundo.

II. A implantação de um regime democrático, com eleições diretas, foi o maior legado da ocupação dos EUA, que devolveu a estabilidade ao Iraque.

III. Com uma população de aproximadamente 24 milhões, os curdos estão localizados majoritariamente nos territórios ocupados pelo Iraque e pelo Irã, onde contam com um elevado grau de autonomia política.

IV. O Irã não é um país árabe, e a sua população é de maioria xiita. Em 1979, a Revolução Islâmica transformou-o em um dos principais opositores dos Estados Unidos e de Israel.

Assinale a alternativa que apresenta todas as afirmativas corretas.

a) I e II.

b) I e III.

c) II e III.

d) III e IV.

e) I e IV.

74. A Coreia do Sul faz parte do grupo dos "NICs", sigla em inglês que representa os países de industrialização recente. Podemos destacar, como fundamentais para o processo de industrialização desse país, os seguintes fatores:

I. Existência de abundantes recursos minerais metálicos e fósseis, que garantiram o indispensável suprimento de energia e os insumos necessários à indústria de base.

II. Maciços investimentos na educação e na melhoria da infraestrutura de transporte e de energia.

III. Concessão de incentivos à exportação, tais como redução de impostos e controle da política cambial.

IV. Grandes estímulos ao consumo interno, via expansão de crédito subsidiado às famílias, com o objetivo de expandir o mercado doméstico.

Assinale a alternativa que apresenta todas as afirmativas corretas, dentre as listadas.

a) I e II.

b) I e III.

c) II e III.

d) II e IV.

e) III e IV.

75. O continente americano estende-se desde as tundras canadenses até o Cabo Horn, na Terra do Fogo. Sua imensa variedade de paisagens comporta sociedades altamente diferenciadas. Sobre esse grande conjunto, é correto afirmar que:

I. A costa ocidental apresenta extensos dobramentos modernos, como os Andes e as Montanhas Rochosas, e faz parte do Anel ou Círculo de Fogo do Pacífico.

II. A porção oriental continental, tanto da América do Norte quanto da América do Sul, é marcada por estruturas geológicas antigas e de grande estabilidade.

III. A condição bioceânica caracteriza todos os países da América Anglo-Saxônica e da América Central ístmica.

IV. É o único continente que possui terras em todas as zonas climáticas.

Assinale a alternativa que apresenta todas as afirmativas corretas, dentre as listadas.

a) I e II.

b) I e III.

c) I e IV.

d) II e III.

e) III e IV.

76. A fronteira pode ser definida como a epiderme do Estado. Dependendo do contexto e dos meios disponíveis, ela apresenta uma permeabilidade maior ou menor. Considerando aspectos como as características gerais do território nacional, a legislação em vigor e os programas governamentais implementados nas fronteiras, analise as alternativas a seguir:

    I. O Sistema Integrado de Monitoramento das Fronteiras (Sisfron) tem como objetivo, dentre outros, aumentar a presença do Estado nas faixas de fronteira marítima e terrestre, especialmente na Amazônia.

    II. A Constituição Federal de 1988 proibiu a demarcação de terras indígenas na faixa de fronteira por razões de segurança nacional.

    III. Grande extensão territorial, povoamento rarefeito, carência de recursos econômicos e humanos e dificuldade de acesso são fatores que concorrem para a porosidade das nossas fronteiras e a ocorrência de inúmeros ilícitos.

    IV. Fundamental à defesa do território, a faixa de fronteira do Brasil tem uma largura de 100km e é regulada por legislação federal específica, que normatiza a propriedade, o uso do solo e a exploração econômica.

    Assinale a alternativa que apresenta todas as afirmativas corretas, dentre as listadas.

    a) I e II.

    b) I e III.

    c) II e III.

    d) III e IV.

    e) I e IV.

HISTÓRIA

77. No período do Renascimento, durante os séculos XV e XVI, ocorreram mudanças na qualidade e na quantidade da produção cultural. Dentre os fatores que influenciaram essas mudanças, destacam-se o/a:

    I. Absolutismo monárquico.

    II. Desenvolvimento da imprensa.

    III. Advento do "Século das Luzes".

    IV. Ação dos Mecenas.

    V. Empirismo e liberalismo político de John Locke.

    Assinale a alternativa que apresenta todos os fatores corretos, dentre os listados.

a) Somente a I.

b) I e III.

c) II e IV.

d) Somente a III.

e) III e V.

78. A formação dos Estados modernos fez desaparecer os laços de suserania e vassalagem e, com isso, foram formados(as), na Europa:

a) os exércitos nacionais.

b) os burgos.

c) as Cruzadas.

d) os Cavaleiros da Luz.

e) as Capitanias Hereditárias.

79. Alguns humanistas cristãos, a partir do século XI, condenaram o distanciamento do clero católico do que chamavam de "espírito do Evangelho". Qual o nome do francês que criou uma vertente do Protestantismo que foi adotada na França, na Suíça, na Inglaterra, na Escócia e nos Países Baixos?

a) Martinho Lutero.

b) Rei Henrique VIII.

c) Zwinglio.

d) Calvino.

e) Pedro Valdo.

80. No Brasil do final do século XVIII, houve a decadência da mineração e a reanimação da produção agrícola. Para isso, contribuíram:

I. O aumento da população europeia, com a ampliação dos mercados consumidores de gêneros tropicais.

II. A extinção dos Estados do Brasil, do Grão-Pará e Rio Negro e do Maranhão e Piauí.

III. A Revolução Industrial.

IV. A abertura dos portos às nações amigas.

V. Fundação do Banco do Brasil.

Assinale a alternativa que apresenta todas as contribuições corretas, dentre as listadas.

a) I e II.

b) Somente a II.

c) I e III.

d) III e IV.

e) IV e V.

81. Na Inglaterra do final do século XVIII, com relação à divisão social do trabalho, as mudanças advindas da Revolução Industrial nos meios de produção foram analisadas e publicadas sob o título "A Riqueza das Nações", cujo autor foi:

a) Thomas Morus.

b) Adam Smith.

c) John Locke.

d) Peter Burke.

e) Marc Bloch.

82. Alguns historiadores distinguem dois modelos de colonização inglesa adotados na América do Norte. Qual conjunto de colônias inglesas assemelhava-se ao modelo de colonização português no Brasil – produção agrícola dedicada à exportação e realizada em grandes propriedades rurais?

a) Não houve semelhança.

b) O conjunto de colônias do Pacífico.

c) O conjunto de colônias do Norte.

d) O conjunto de colônias do Sul.

e) O conjunto de colônias do Centro-Sul.

83. Após a Batalha de Waterloo, em 1815, Napoleão Bonaparte foi novamente derrotado militarmente, resultando no seu exílio na ilha de Elba. Qual foi esta segunda batalha decisiva?

a) Batalha do Marne.

b) Batalha de Tannenberg.

c) Batalha de Verdun.

d) Batalha de Caporetto.

e) Batalha das Nações.

84. Em 1844, no Brasil, foi criada uma nova tarifa alfandegária sobre produtos importados, que, variando entre 30% e 60%, favoreceu a criação de indústrias, bancos, ferrovias, mineradoras etc. Ela ficou conhecida pelo nome de seu criador, que era, então, o Ministro da Fazenda:

a) Rui Barbosa.

b) Alves Branco.

c) Barão de Mauá.

d) Eusébio de Queirós.

e) Barão de Tefé.

85. Durante a Primeira República, o domínio dos "coronéis" no campo era quase absoluto. Contudo, mostrou-se insuficiente para impedir que muitos trabalhadores rurais seguissem líderes messiânicos, que acenavam com a promessa de uma sociedade justa e fraterna. Vale a pena destacar o seguinte líder religioso desse período:

a) Padre Cícero.

b) Padre Diogo de Feijó.

c) Padre João Ribeiro.

d) Frei Caneca.

e) Raimundo Gomes, o "Cara Preta".

86. O *New Deal*, de 1933, foi um plano posto em prática pelo Presidente dos Estados Unidos da América – Franklin Delano Roosevelt –, que articulava as ações do governo com os da iniciativa privada. Para tanto, foram adotadas as seguintes medidas:

I. Supervalorização do dólar para tornar as importações mais competitivas.

II. Empréstimo do governo aos bancos para evitar mais falências.

III. Implantação de um sistema de seguridade social, com a criação do seguro-desemprego.

IV. Não intervenção na economia, pois o próprio mercado resolveria a crise.

V. Criação de um vasto programa de obras públicas, com o intuito de gerar novos empregos.

Assinale a alternativa que apresenta todas as medidas corretas, dentre as listadas.

a) Somente a I.

b) I e IV.

c) II, III e V.

d) IV e V.

e) Somente a IV.

87. Durante a Guerra Fria, de 1945 a 1991, a Coexistência Pacífica serviu como canal de entendimento entre capitalistas e socialistas, contudo não foi capaz de mitigar novos focos de tensão, tais como:

   a) o conflito separatista de Kosovo.

   b) a Revolução do Veludo.

   c) a Guerra Civil Espanhola.

   d) o Massacre de Katyn.

   e) a descolonização africana.

88. Em 2007, a China já estava entre as quatro maiores economias do mundo. Para 2020, previsões colocam-na como a segunda ou a primeira. Entretanto, essa geração de riqueza não se refletirá na:

   a) alteração do seu poderio militar.

   b) capacidade de investimento externo.

   c) evolução científico-tecnológica do país.

   d) na renda "per capita" dos chineses, que continuará relativamente baixa.

   e) alteração do estilo de vida de toda a sua população, que dá prioridade ao consumo sem limite.

INGLÊS

Leia o texto a seguir e responda às próximas 3 questões.

Computer says no: Irish vet fails oral English test needed to stay in Australia

Louise Kennedy is an Irish veterinarian with degrees in history and politics – both obtained in English. She is married to an Australian and has been working in Australia as an equine vet on a skilled worker visa for the past two years. As a native English speaker, she <u>has</u> excellent grammar and a broad vocabulary, but has been unable to convince a machine she can speak English well enough to stay in Australia.

But she is now scrambling for other visa options after a computer-based English test – scored by a machine – essentially <u>handed</u> her a fail in terms of convincing immigration officers she can fluently speak her own language.

Earlier this year, Kennedy <u>decided</u> she would seek permanent residency in Australia. She <u>knew</u> she would have to sit a mandatory English proficiency test but was shocked when she <u>got</u> the results. While she passed all other components of the test including writing and reading, (...). She got 74 when the government requires 79. "There's obviously a flaw

in their computer software, when a person with perfect oral fluency cannot get enough points," she said.

The test providers have categorically denied there is anything wrong with its computer-based test or the scoring engine trained to analyse candidates' responses. "We do not offer a pass or a fail, simply a score and the immigration department set the bar very high for people seeking permanent residency", they say.

Kennedy, who is due to have a baby in October, says she will now have to pursue a bridging visa, while she seeks a more expensive spouse visa so she can remain with her Australian husband.

Adapted from https://www.theguardian.com/australia-news/2017/aug/08/computer-says-no-irish-vet-fails-
-oral-english-test-needed-to-stay-in-australia

89. Which one from the underlined verbs in the text conveys a different verb tense?
a) Has.
b) Handed.
c) Decided.
d) Knew.
e) Got.

90. Choose the alternative that has the same meaning as the word <u>mandatory</u> in the sentence "*She knew she would have to sit a mandatory English proficiency test...*" (paragraph 3).
a) Difficult.
b) Reasonable.
c) Compulsory.
d) Useful.
e) Comprehensive.

91. According to the context, the missing part of paragraph 3 is ...
While she passed all other components of the test including writing and reading, (...).
a) she got more than necessary to pass the oral test.
b) she couldn't get the results on the computer software.
c) she didn't have enough time to take the listening test.
d) she failed to reach the minimum score in oral fluency.
e) she was not able to write a composition.

Leia o texto a seguir e responda às próximas 3 questões.

Are any foods safe to eat anymore? The fears and the facts

Food was once seen as a source of sustenance and pleasure. Today, the dinner table can instead begin to feel like a minefield. Is bacon really a risk factor of cancer? Will coffee or eggs give you a heart attack? Does wheat contribute to Alzheimer's disease? Will dairy products clog up your arteries? Worse still, the advice changes continually. As TV-cook Nigella Lawson recently put it: "You can guarantee that what people think will be good for you this year, they won't next year."

This may be somewhat inevitable: evidence-based health advice should be constantly updated as new studies explore the nuances of what we eat and the effects the meals have on our bodies. But when the media (and ill-informed health gurus) exaggerate the results of a study without providing the context, it can lead to unnecessary fears that may, ironically, push you towards less healthy choices.

The good news is that "next year" you may be pleased to learn that many of your favourite foods are not the ticking time bomb you have been led to believe...

Adapted from http://www.bbc.com/future/story/20151029-are-any-foods-safe-to-eat-anymore-heres-the-truth

92. Choose the statement in which the word _minefield_ has been used in a figurative way just like in paragraph 1.
   a) I've heard stories about a ghost town that has a secret minefield.
   b) Princess Diana walked through an active minefield in Angola.
   c) The rhetoric of the legal system is a minefield for the ordinary person.
   d) A minefield located in the rear of the battle area must be marked.
   e) Placing a minefield without marking it for later removal is a war crime.

93. In the sentence "... _ill_-informed health gurus..." (paragraph 2), the prefix _ill_ means:
   a) finely.
   b) badly.
   c) sadly.
   d) highly.
   e) gladly.

94. In the text, the word _ironically_ (paragraph 2) introduces:
    a) a situation that is irreversible.
    b) a situation that ends the problem.
    c) a situation that is not true.
    d) a situation that carries a contradiction.
    e) a situation that carries the solution.

Leia o texto a seguir e responda às próximas 3 questões.

OXFAM AMERICA

Oxfam stands for the Oxford Committee for Famine Relief. It was started in Oxford, England in 1942 in response to the European famine-related issues resulting from the Second World War. Ten other countries worldwide, including the United States and Australia, have started chapters of Oxfam. They make up what is known as Oxfam International.

Oxfam America is dedicated to creating lasting solutions to hunger, poverty, and social injustice through long-term partnerships with poor communities around the world. As a privately funded organization, we can speak with conviction and integrity as we challenge the structural barriers that foster conflict and human suffering and limit people from gaining the skills, resources, and power to become self-sufficient.

Oxfam implements various global projects that target areas particularly affected by hunger. The projects focus on developing self-sufficiency of the communities in which they are based, as opposed to merely providing relief in the form of food aid. Oxfam's projects operate on the communal level, and are developed by evaluating issues causing poverty and hunger in the community and subsequently the possible infrastructure that could end hunger and foster the attainment of self-sufficiency. Examples of projects in which Oxfam America has been or is involved range from a women's literacy program in India to providing microloans and agriculture education programs for small-scale organic farmers in California.

Adapted from http://students.brown.edu/Hourglass_Cafe/Pages/about.htm

95. In the sentences "...barriers that _foster_ conflict and human suffering..." (paragraph 2) and "...end hunger and _foster_ the attainment of self-sufficiency." (paragraph 3), the word _foster_ means:
    a) promote.
    b) expel.
    c) minimize.
    d) finish.
    e) decrease.

96. In the sentence "The projects focus on developing self-sufficiency of the communities *in which they* are based." (paragraph 3), the words *in which* and *they* consecutively refer to:
    a) Oxfam and the projects.
    b) The projects and food aid.
    c) The communities and food aid.
    d) Self-sufficiency and the communities.
    e) The communities and the projects.

97. According to the text, choose the correct alternative.
    a) Oxfam helps poor people only giving food to them.
    b) Famine was one of the consequences of Second World War in Europe.
    c) Oxfam's money comes from the government.
    d) Oxfam's projects are not supposed to go beyond Europe.
    e) Oxfam believes that the causes of poverty and hunger are impossible to overcome.

Leia o texto a seguir e responda às próximas 3 questões.

Native English speakers are the world's worst communicators

It was just one word in one email, but it caused huge financial losses for a multinational company. The message, written in English, was sent by a native speaker to a colleague for whom English was a second language. Unsure of the word, the recipient found two contradictory meanings in his dictionary. He acted on the wrong one.

Months later, senior management investigated why the project had failed, costing hundreds of thousands of dollars. "It all traced back to this one word," says Chia Suan Chong, a UK-based communications skills and intercultural trainer, who didn't reveal the tricky word because it is highly industry-specific and possibly identifiable. "Things spiralled out of control because both parties were thinking the opposite."

When such misunderstandings happen, it's usually the native speakers who are to blame. Ironically, they are worse at delivering their message than people who speak English as a second or third language, according to Chong. "A lot of native speakers are happy that English has become the world's global language. They feel they don't have to spend time learning another language."

The non-native speakers, it turns out, speak more purposefully and carefully, trying to communicate efficiently with limited, simple language, typical of someone speaking a second or third language. Anglophones, on the other hand, often talk too fast for others to follow, and use jokes, slang, abbreviations and references specific to their own culture,

says Chong. "The native English speaker is the only one who might not feel the need to adapt to the others," she adds.

Adapted from http://www.bbc.com/capital/story/20161028-native-english-speakers-are-the-worlds-worst-
communicators

98. Choose the alternative that correctly substitutes *SPIRALLED OUT OF CONTROL* in the sentence "Things *spiralled out of control* because both parties were thinking the opposite." (paragraph 2).

   a) Quickly got worse in an unmanageable way.

   b) Got better after a phone call about the word.

   c) Were intentionally unprofessionally handled.

   d) Went on the way everybody wanted them to go.

   e) Started to reach a common sense for them.

99. About the words *purposefully*, *carefully* and *efficiently* (paragraph 4) , it is correct to say that

   a) They are adjectives.

   b) They are nouns.

   c) They are verbs.

   d) They are prepositions.

   e) They are adverbs.

100. According to the text, read the statements and choose the correct alternative.

   I. The company had a profit of hundreds of thousands of dollars.

   II. The tricky word that caused the problem isn't mentioned in the text.

   III. Native speakers don't usually think they should adapt in order to make themselves understood.

   IV. Using abbreviations in emails facilitates the communication.

   V. Non-native speakers choose language from a limited repertoire.

   a) I, II and III are correct.

   b) II, III and IV are correct.

   c) I, IV and V are correct.

   d) II, IV and V are correct.

   e) II, III and V are correct.

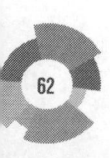

Simulado 2 - 2019 EsPCEx

PORTUGUÊS

Após a leitura atenta do texto apresentado a seguir, responda às questões propostas.

O fim do canudinho de plástico

Por Devorah Lev-Tov / Quinta-feira, 5 de Julho de 2018

Em 2015, um vídeo perturbador de uma tartaruga marinha oliva sofrendo com um canudo plástico preso em sua narina viralizou, mudando a atitude de muitos espectadores quanto ao utensílio plástico tão conveniente para muitos.

Mas, como pode o canudo plástico, um item insignificante utilizado brevemente antes de ser descartado, causar tanto estrago? Primeiramente, ele consegue chegar facilmente aos oceanos devido a sua leveza. Ao chegar lá, o canudo não se decompõe. Pelo contrário, ele se fragmenta lentamente em pedaços cada vez menores, conhecidos como microplásticos, que são frequentemente confundidos com comida pelos animais marinhos.

E, em segundo lugar, ele não pode ser reciclado. "Infelizmente, a maioria dos canudos plásticos são leves demais para os separadores manuais de reciclagem, indo parar em aterros sanitários, cursos d'água e, por fim, nos oceanos", explica Dune Ives, diretor executivo da organização Lonely Whale. A ONG viabilizou uma campanha de marketing de sucesso chamada "Strawless in Seattle" (ou "Sem Canudos em Seattle") em apoio à iniciativa "Strawless Ocean" (ou "Oceanos Sem Canudos").

Nos Estados Unidos, milhões de canudos de plástico são descartados todos os dias. No Reino Unido, estima-se que pelo menos 4,4 bilhões de canudos sejam jogados fora anualmente. Hotéis são alguns dos piores infratores: o Hilton Waikoloa Village, que se tornou o primeiro resort na ilha do Havaí a banir os canudos plásticos no início deste ano, utilizou mais de 800 mil canudos em 2017.

Mas é claro que os canudos são apenas parte da quantidade monumental de resíduos que vão parar em nossos oceanos. "Nos últimos 10 anos, produzimos mais plástico do que em todo o século passado e 50% do plástico que utilizamos é de uso único e descartado imediatamente", diz Tessa Hempson, gerente de operações do Oceans Without Borders, uma nova fundação da empresa de safáris de luxo & Beyond. "Um milhão de aves marinhas e 100 mil mamíferos marinhos são mortos anualmente pelo plástico nos oceanos. 44% de todas as espécies de aves marinhas, 22% das baleias e golfinhos, todas as espécies de tartarugas, e uma lista crescente de espécies de peixes já foram documentados com plástico dentro ou em volta de seus corpos".

Mas, agora, o próprio canudo plástico começou a finalmente se tornar uma espécie ameaçada, com algumas cidades nos Estados Unidos (Seattle, em Washington; Miami Beach e Fort Myers Beach, na Flórida; e Malibu, Davis e San Luis Obispo, na Califórnia) banindo seu uso, além de outros países que limitam itens de plástico descartável, o que inclui os canudos. Belize, Taiwan e Inglaterra estão entre os mais recentes países a proporem a proibição.

Mesmo ações individuais podem causar um impacto significativo no meio ambiente e influenciar a indústria: a proibição em uma única rede de hotéis remove milhões de canudos em um único ano. As redes Anantara e AVANI estimam que seus hotéis tenham utilizado 2,49 milhões de canudos na Ásia em 2017, e a AccorHotels estima o uso de 4,2 milhões de canudos nos Estados Unidos e Canadá também no último ano.

Embora utilizar um canudo não seja a melhor das hipóteses, algumas pessoas ainda os preferem ou até necessitam deles, como aqueles com deficiências ou dentes e gengivas sensíveis. Se quiser usar um canudo, os reutilizáveis de metal ou vidro são a alternativa ideal. A Final Straw, que diz ser o primeiro canudo retrátil reutilizável do mercado, está arrecadando fundos através do Kickstarter.

"A maioria das pessoas não pensa nas consequências que o simples ato de pegar ou aceitar um canudo plástico tem em suas vidas e nas vidas das futuras gerações" diz David Laris, diretor de criação e chef do Cachet Hospitality Group, que não utiliza canudos de plástico. "A indústria hoteleira tem a obrigação de começar a reduzir a quantidade de resíduos plásticos que gera".

Adaptado de https://www.nationalgeographicbrasil.com/planeta-ou-plastico/2018/07/fim-canudinho- plasti-co-canudo-poluicao-oceano . Acesso em: 14 de março de 2019.

01. Marque a alternativa correta de acordo com o texto.

   a) Em nossos oceanos, os resíduos plásticos são compostos praticamente por canudos.

   b) Pessoas com deficiências ou indivíduos com dentes e gengivas sensíveis são o fator responsável por ainda não ter ocorrido proibição do uso de canudos plásticos.

   c) O descarte indiscriminado de canudos plásticos constitui uma ameaça para a vida marinha, mas já existem iniciativas para a solução desse problema.

   d) Estados Unidos e Reino Unido são os países que mais lançam canudos plásticos nos oceanos.

   e) Os canudos vão parar nos oceanos por serem uma quantidade monumental de resíduos plásticos.

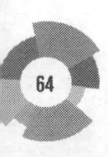

02. Assinale a alternativa correta.

"Mas é claro que os canudos são apenas parte da quantidade monumental de resíduos plásticos que vão parar em nossos oceanos".

O fragmento, transcrito do texto "O fim do canudinho de plástico", permite concluir que:

a) além dos canudos, há outros resíduos plásticos que vão parar em nossos oceanos.

b) os canudos caracterizam a maior parte dos resíduos plásticos que vão parar em nossos oceanos.

c) apenas os canudos que se tornam resíduos plásticos vão parar em nossos oceanos.

d) os resíduos plásticos que vão parar em nossos oceanos são compostos essencialmente por canudos.

e) há uma quantidade monumental de canudos plásticos em nossos oceanos que são compostos de resíduos plásticos.

03. Marque a alternativa correta de acordo com o texto.

a) O vídeo da tartaruga marinha oliva foi o que levou as grandes redes hoteleiras a proporem o fim dos canudos de plástico.

b) Os canudos plásticos são muito leves e, por isso, acabam escapando dos separadores manuais de reciclagem.

c) Nos Estados Unidos, estima-se que pelo menos 4,4 bilhões de canudos sejam jogados fora anualmente.

d) Pessoas com alguma deficiência ou com gengivas sensíveis são os principais causadores da epidemia de uso de canudos plásticos.

e) David Laris, principal produtor de canudos plásticos no mundo, pensa nas consequências de sua atitude.

04. No trecho a seguir, a oração adjetiva sublinhada refere-se a qual elemento, de acordo com o entendimento proporcionado pelo texto?

"A maioria das pessoas não pensa nas consequências que o simples ato de pegar ou aceitar um canudo plástico tem em suas vidas e nas vidas das futuras gerações" diz David Laris, diretor de criação e chef do Cachet Hospitality Group, que não utiliza canudos de plástico.

a) David Laris.

b) Diretor de criação.

c) Chef.

d) A maioria das pessoas.

e) Cachet Hospitality Group.

05. "As redes Anantara e AVANI estimam <u>que seus hotéis tenham utilizado 2,49 milhões de canudos na Ásia em 2017.</u>"

Assinale a alternativa em que a oração sublinhada a seguir tem a mesma função daquela destacada na frase apresentada.

a) Ele se fragmenta em pedaços cada vez menores, <u>que são frequentemente confundidos com comida pelos animais marinhos.</u>

b) É claro que os canudos são apenas parte da quantidade monumental de resíduos <u>que vão parar em nossos oceanos.</u>

c) Nos últimos 10 anos, produzimos mais plástico do <u>que em todo o século passado.</u>

d) As empresas não precisam esperar <u>que o governo institua a proibição antes de implementarem a sua própria.</u>

e) Redes hoteleiras <u>que estão eliminando os canudos plásticos</u> já testaram diversas alternativas descartáveis.

06. Assinale a alternativa em que todos os vocábulos são acentuados pela mesma regra.

a) Plástico, últimos, mamíferos, único.

b) Contrário, hipóteses, sensíveis, hotéis.

c) Indústria, países, além, já.

d) Reutilizáveis, através, início, resíduos.

e) Próprio, sanitários, lá, descartável.

07. "Mas é claro que os canudos são apenas parte da quantidade monumental de resíduos que vão parar em nossos oceanos".

Assinale a alternativa em que a reescrita do fragmento está de acordo com as regras de pontuação da norma gramatical.

a) "Está claro que os canudos são apenas parte, da quantidade monumental, de resíduos que vão parar em nossos oceanos".

b) "Isto está claro: os canudos são apenas parte da quantidade monumental de resíduos que vão parar em nossos oceanos".

c) "Está claro que os canudos são apenas parte: da quantidade monumental de resíduos, que vão parar em nossos oceanos".

d) "Está claro, que os canudos são, apenas parte da quantidade monumental de resíduos que vão parar em nossos oceanos".

e) "Isto está claro, os canudos são apenas parte da quantidade monumental. de resíduos que vão parar em nossos oceanos".

08. No excerto "A maioria das pessoas não <u>pensa</u> nas consequências que o simples ato de pegar ou aceitar um canudo plástico tem em suas vidas", o verbo sublinhado está no singular porque o autor:

a) quis colocar-se como o único que pensa nas consequências da utilização de canudos plásticos.

b) preferiu a concordância enfática com a ideia de pluralidade sugerida pelo sujeito.

c) efetuou a concordância erroneamente, já que o núcleo do sujeito anteposto está no plural.

d) optou por uma concordância ideológica, já que se refere a um número pequeno de pessoas.

e) efetuou a concordância estritamente gramatical com o coletivo singular.

09. "A Final Straw, que diz ser o primeiro canudo retrátil reutilizável do mercado, está arrecadando fundos através do Kickstarter." A vírgula colocada depois do sujeito está:

a) incorreta, pois não se deve separar o sujeito de seu complemento.

b) incorreta, porque não se separa a oração subordinada adjetiva restritiva.

c) correta, porque separa uma oração subordinada adjetiva explicativa.

d) correta, porque separa a oração subordinada adverbial temporal.

e) correta, porque separa o vocativo, final straw, no início do período.

10. "Embora utilizar um canudo não seja a melhor das hipóteses, algumas pessoas ainda os preferem ou até necessitam deles...".

Assinale a alternativa em que a reescrita do fragmento mantém as relações de sentido e de subordinação indicadas no texto original.

a) "Utilizar um canudo não é a melhor das hipóteses, ainda que algumas pessoas os prefiram ou até necessitem deles..."

b) "Visto que a utilização de um canudo não é a melhor das hipóteses, algumas pessoas ainda os preferem ou até necessitam deles..."

c) "Mesmo que a utilização de um canudo não seja a melhor das hipóteses, algumas pessoas ainda os preferem ou até necessitam deles..."

d) "Considere-se que utilizar um canudo não seja a melhor das hipóteses, porque ainda há algumas pessoas que os preferem ou até necessitam deles..."

e) "Concluindo-se que utilizar um canudo não seja a melhor das hipóteses, consideremos algumas pessoas que ainda os preferem ou até necessitam deles...".

11. Marque a alternativa correta quanto à concordância verbal.

    a) Um milhão de canudos plásticos são mais do que os oceanos podem suportar.

    b) Descarta-se ainda milhares de canudos plásticos anualmente.

    c) Haverão montanhas de resíduos plásticos nos oceanos dos quais os canudos são apenas parte.

    d) Mais de um hotel já deixaram de consumir canudos descartáveis.

    e) Se quiser usar um canudo, os reutilizáveis de metal ou vidro são a alternativa ideal.

12. Marque a alternativa na qual a palavra destacada funciona como adjetivo.

    a) Os canudos poluem <u>bastante</u>.

    b) Ações individuais são <u>bastante</u> significativas.

    c) Algumas pessoas preferem ou necessitam <u>bastante</u> dos canudos.

    d) Foi encontrada uma lista <u>bastante</u> grande de espécies afetadas.

    e) Não há atitude <u>bastante</u> para resolver o problema.

13. Em "um item <u>insignificante</u> utilizado <u>brevemente</u> antes de ser descartado", as palavras sublinhadas são formadas, respectivamente, por:

    a) sufixação; derivação imprópria.

    b) prefixação; derivação prefixal e sufixal.

    c) aglutinação; hibridismo.

    d) parassíntese; sufixação.

    e) derivação prefixal e sufixal; parassíntese.

14. Em "...estima-se que pelo menos 4,4 bilhões de canudos <u>sejam jogados</u> fora anualmente.", o verbo auxiliar está conjugado no:

    a) futuro do subjuntivo.

    b) presente do indicativo.

    c) imperativo afirmativo.

    d) presente do subjuntivo.

    e) futuro do presente do indicativo.

15. Analise o período a seguir e marque a alternativa correta.

"Se quiser usar canudo, os reutilizáveis de metal ou vidro são a alternativa ideal."

a) O termo "se quiser usar canudo" é a oração principal do período e estabelece uma condição em relação a outra oração.

b) A expressão "os reutilizáveis de metal ou vidro" é um termo com valor substantivo classificado sintaticamente como sujeito composto.

c) O termo "a alternativa ideal" é um predicativo do sujeito que tem como núcleo o vocábulo "ideal".

d) O vocábulo "canudo" é um termo com valor adverbial que modifica o valor semântico da locução verbal "quiser usar".

e) A expressão "de metal ou vidro" é um termo com valor adjetivo classificado sintaticamente como adjunto adnominal.

16. "Belize, Taiwan e Inglaterra foram os países que recentemente _____ a proibição de canudos."

Em consonância com as ideias do texto, o verbo que completa a lacuna corretamente é:

a) propunham.

b) proporam.

c) propuseram.

d) proporiam.

e) proporão.

17. Influenciados pelo poeta latino Horácio, os poetas árcades costumam reaproveitar dois temas da tradição clássica: o *fugere urbem* e o *aurea mediocritas*. Assinale o trecho de Cláudio Manuel da Costa que apresenta essas características:

a) "Como, ó Céus, para os ver terei constância, / Se cada flor me lembra a formosura / Da bela causadora de minha ânsia?"

b) "Se o bem desta choupana pode tanto, / Que chega a ter mais preço, e mais valia, / Que da cidade o lisonjeiro encanto;"

c) "Enfim serás cantada, Vila Rica, / Teu nome alegre notícia, e já clamava; / Viva o senado! viva! repetia / Itamonte, que ao longe o eco ouvia."

d) "Já rompe, Nise, a matutina aurora / O negro manto, com que a noite escura, / Sufocando do Sol a face pura, / Tinha escondido a chama brilhadora."

e) "Destes penhascos fez a natureza / O berço, em que nasci: oh quem cuidara, / Que entre penhas tão duras se criara / Uma alma terna, um peito sem dureza."

18. Em relação ao Classicismo, que se desenvolveu durante o século XVI, marque a alternativa correta.

    a) Esse movimento literário possibilita a expressão da condição individual, da riqueza interior do ser humano que se defronta com sua inadequação à realidade.

    b) A poesia dessa época adota convenções do bucolismo como expressão de um sentimento de valorização do ser humano.

    c) Os poetas pertencentes a esse período literário perseguiam uma expressão equilibrada, sóbria, capaz de transmitir o domínio que a razão exercia sobre a emoção individual, colocando o homem como centro de todas as coisas.

    d) Os autores dessa estética literária procuraram retratar a vida como é e não como deveria ou poderia ser. Perseguem a precisão nas descrições, principalmente pela harmonização de detalhes que, somados, reforçam a impressão de realidade.

    e) A poesia desse período passa a ser considerada um esforço de captação e fixação das sutis sensações produzidas pela investigação do mundo interior de cada um e de suas relações com o mundo exterior.

19. "Além, muito além daquela serra, que ainda azula no horizonte, nasceu Iracema.

    Iracema, a virgem dos lábios de mel, que tinha os cabelos mais negros que a asa da graúna, e mais longos que seu talhe de palmeira.

    O favo da jati não era doce como seu sorriso; nem a baunilha recendia no bosque como seu hálito perfumado.

    Mais rápida que a ema selvagem, a morena virgem corria o sertão e as matas do Ipu, onde campeava sua guerreira tribo, da grande nação tabajara. O pé grácil e nu, mal roçando, alisava apenas a verde pelúcia que vestia a terra com as primeiras águas."

    Marque a alternativa que aponta a característica do Romantismo presente no fragmento do Romance "Iracema", de José de Alencar.

    a) Idealização da personagem mediante a associação entre aspectos humanos e elementos da natureza.

    b) Valorização do regionalismo por meio do registro de palavras e expressões típicas do vocabulário regional.

    c) Enaltecimento do indígena com o emprego do *locus amoenus* exigível em cenas da natureza das narrativas clássicas.

    d) Empoderamento de minorias marginalizadas por meio da escolha de uma mulher morena e indígena para o protagonismo da narrativa.

    e) Reflexão crítica sobre a formação do povo brasileiro mediante a identificação de uma mulher como verdadeira representante de nossas origens indígenas.

20. Leia as estrofes a seguir e responda o que se pede.

Quando Ismália enlouqueceu

Pôs-se na torre a sonhar...

Viu uma lua no céu,

Viu outra lua no mar. (...)

As asas que Deus lhe deu

Ruflaram de par em par...

Sua alma subiu ao céu,

Seu corpo desceu ao mar...

Quanto às estrofes apresentadas é correto afirmar que:

a) as antíteses articulam-se em torno de desejos contraditórios e dividem-se entre a realidade espiritual e concreta, atingindo o desejo simbolista de transcendência espiritual.

b) o pessimismo constitui-se em torno do desejo de morrer, característica da segunda geração romântica, marcada pelo "mal do século".

c) se registra a dicotomia do homem do século XVII, crise espiritual (teocentrismo) e paganismo (antropocentrismo), característica barroca.

d) há um resgate do racionalismo e do equilíbrio do classicismo como forma de combater a influência do barroco, por isso a presença de opostos: lua no céu, lua no mar, alma e céu, corpo e mar.

e) há uma preocupação formal, própria dos parnasianos que resgatam a poesia clássica, cultivando, por exemplo, o soneto, forma fixa da estrutura desta poesia.

FÍSICA

21. O circuito de um certo dispositivo elétrico é formado por duas pilhas ideais, possuindo cada uma tensão "V", quatro lâmpadas incandescentes, que possuem resistências elétricas constantes e de mesmo valor, L_1, L_2, L_3 e L_4, e fios condutores de resistências desprezíveis, conforme o desenho a seguir.

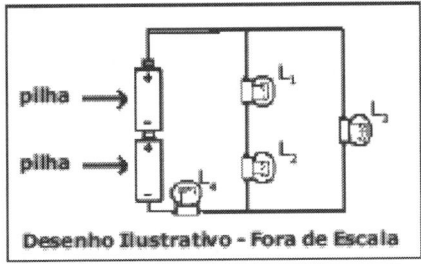

Desenho Ilustrativo - Fora de Escala

71

Considerando que as lâmpadas não se queimam, pode-se afirmar que:

a) a lâmpada L_1 brilha mais que a L_2.

b) todas as lâmpadas têm o mesmo brilho.

c) as lâmpadas L_1, L_2 e L_3 têm o mesmo brilho.

d) a lâmpada L_3 brilha mais que L_2.

e) nenhuma das lâmpadas tem brilho igual.

22. Duas espiras circulares, concêntricas e coplanares de raios $R_1 = 2\pi$ m e R2 = 4π m são percorridas, respectivamente, por correntes de intensidades $i_1 = 6$ A e $i_2 = 8$ A, conforme mostra o desenho.

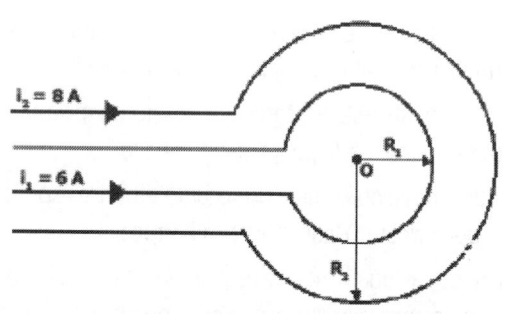

Desenho Ilustrativo - Fora de Escala

A intensidade (módulo) do vetor indução magnética no centro das espiras "O" é:

Dado: o meio é o vácuo e a permeabilidade magnética do vácuo $\mu_0 = 4\pi \cdot 10^{-7} \dfrac{T.m}{A}$.

a) $2 \cdot 10^{-7}$ T.

b) $3 \cdot 10^{-7}$ T.

c) $6 \cdot 10^{-7}$ T.

d) $8 \cdot 10^{-7}$ T.

e) $9 \cdot 10^{-7}$ T.

23. Duas polias, A e B, ligadas por uma correia inextensível têm raios $R_A = 60$ cm e $R_B = 20$ cm, conforme o desenho a seguir. Admitindo que não haja escorregamento da correia e sabendo que a frequência da polia A é $f_A = 30$ rpm, então a frequência da polia B é:

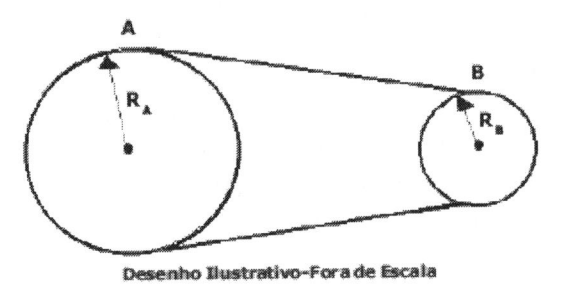

Desenho Ilustrativo-Fora de Escala

a) 10 rpm.

b) 20 rpm.

c) 80 rpm.

d) 90 rpm.

e) 120 rpm.

24. O sistema de polias, sendo uma fixa e três móveis, encontra-se em equilíbrio estático, conforme mostra o desenho. A constante elástica da mola, ideal, de peso desprezível, é igual a 50 N/cm e a força $\vec{F}$ na extremidade da corda é de intensidade igual a 100 N. Os fios e as polias, iguais, são ideais.

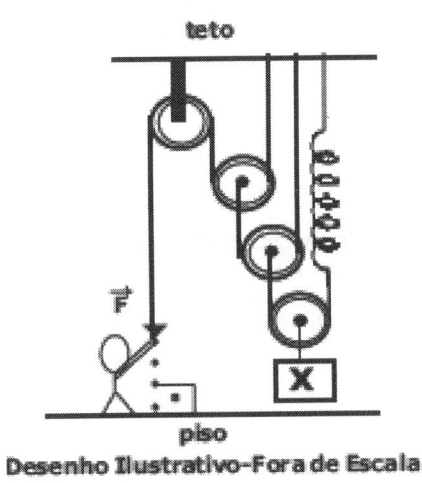

Desenho Ilustrativo-Fora de Escala

O valor do peso do corpo X e a deformação sofrida pela mola são, respectivamente:

a) 800 N e 16 cm.

b) 400 N e 8 cm.

c) 600 N e 7 cm.

d) 800 N e 8 cm.

e) 950 N e 10 cm.

25. Uma viga rígida homogênea Z com 100 cm de comprimento e 10 N de peso está apoiada no suporte A, em equilíbrio estático. Os blocos X e Y são homogêneos, sendo que o peso do bloco Y é de 20 N, conforme o desenho a seguir.

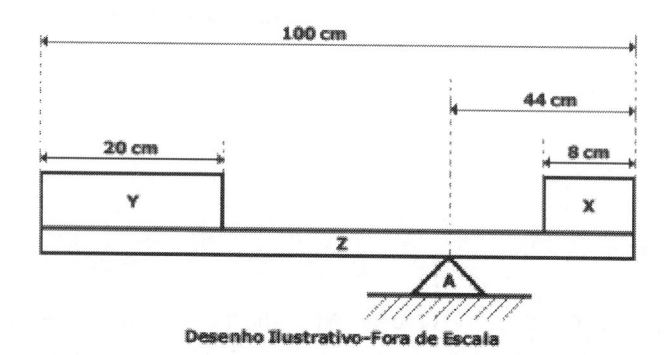

Desenho Ilustrativo-Fora de Escala

O peso do bloco X é:

a) 10,0 N.

b) 6,5 N.

c) 18,0 N.

d) 14,5 N.

e) 24,5 N.

26. Um gás ideal é comprimido por um agente externo, ao mesmo tempo em que recebe calor de 300 J de uma fonte térmica.

Sabendo-se que o trabalho do agente externo é de 600 J, então a variação de energia interna do gás é:

a) 900 J.

b) 600 J.

c) 400 J.

d) 500 J.

e) 300 J.

27. Um objeto retilíneo e frontal $\overline{XY}$, perpendicular ao eixo principal, encontra-se diante de uma lente delgada convergente. Os focos F e F', os pontos antiprincipais A e A' e o centro óptico "O" estão representados no desenho a seguir. Com o objeto $\overline{XY}$ sobre o ponto antiprincipal A, pode-se afirmar que a imagem $\overline{X'Y'}$, desse objeto é:

Dados: $\overline{OF} = \overline{FA}$ e $\overline{OF'} = \overline{F'A'}$

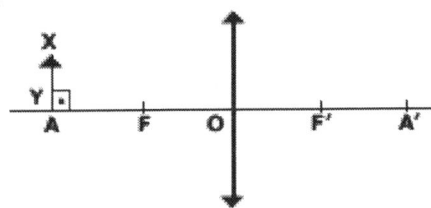

Desenho Ilustrativo - Fora de Escala

a) real, invertida, e do mesmo tamanho que $\overline{XY}$.

b) real, invertida, maior que $\overline{XY}$.

c) real, direita, maior que $\overline{XY}$.

d) virtual, direita, menor que $\overline{XY}$.

e) virtual, invertida, e do mesmo tamanho que $\overline{XY}$.

28. No triângulo retângulo isósceles XYZ, conforme desenho a seguir, em que XZ = YZ = 3,0 cm, foram colocadas uma carga elétrica puntiforme Qx = +6 nC no vértice X e uma carga elétrica puntiforme Qy = +8 nC no vértice Y.

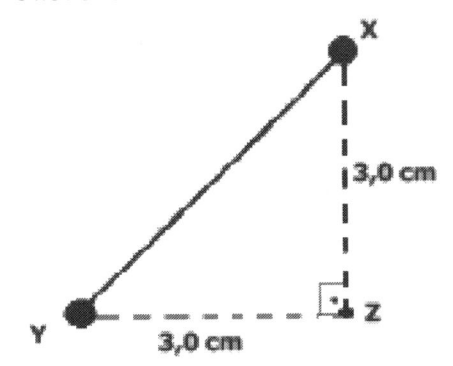

Desenho Ilustrativo - Fora de Escala

A intensidade do campo elétrico resultante em Z, devido às cargas já citadas é:

Dados: o meio é o vácuo e a constante eletrostática do vácuo é $k_0 = 9.10 \dfrac{N \cdot m^2}{C^2}$.

a) $2 \cdot 10^5$ N/C.

b) $6 \cdot 10^3$ N/C.

c) $8 \cdot 10^4$ N/C.

d) 10^4 N/C.

e) 10^5 N/C.

29. No plano inclinado a seguir, um bloco homogêneo encontra-se sob a ação de uma força de intensidade F=4 N, constante e paralela ao plano. O bloco percorre a distância AB, que é igual a 1,6 m, ao longo do plano com velocidade constante.

Desprezando-se o atrito, então a massa do bloco e o trabalho realizado pela força peso quando o bloco se desloca do ponto A para o ponto B são, respectivamente,

Dados: adote a aceleração da gravidade g = 10 m/s²

$$\operatorname{sen} 60^\circ = \frac{\sqrt{3}}{2} \text{ e } \cos 60^\circ = \frac{1}{2}$$

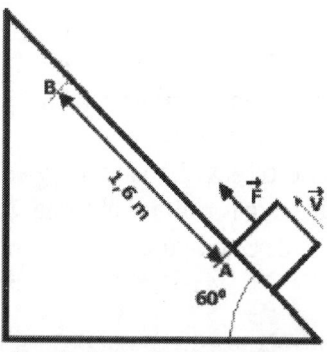

Desenho Ilustrativo - Fora de Escala

a) $\dfrac{4\sqrt{3}}{15}$ kg e –8,4 J.

b) $\dfrac{4\sqrt{3}}{15}$ kg e –6,4 J.

c) $\dfrac{2\sqrt{3}}{5}$ kg e – 8,4 J.

d) $\dfrac{8\sqrt{3}}{15}$ kg e 7,4 J.

e) $\dfrac{4\sqrt{3}}{15}$ kg e 6,4 J.

30. Um ponto material realiza um movimento harmônico simples (MHS) sobre um eixo Ox, sendo a função horária dada por:

$x = 0,08 \cdot \cos\left(\dfrac{\pi}{4} t + \pi\right)$ para x em metros e t em segundos.

A pulsação, a fase inicial e o período do movimento são, respectivamente:

a) $\dfrac{\pi}{4}$ rad/s, 2π rad, 6 s.

b) 2π rad, $\dfrac{\pi}{4}$ rad/s, 8 s.

c) $\dfrac{\pi}{4}$ rad/s, π rad, 4 s.

d) π rad/s, 2π rad, 6 s.

e) $\dfrac{\pi}{4}$ rad/s, π rad, 8 s.

31. Considere um objeto que se desloca em movimento retilíneo uniforme durante 10 s. O desenho a seguir representa o gráfico do espaço em função do tempo.

O espaço do objeto no instante $t = 10$ s, em metros, é:

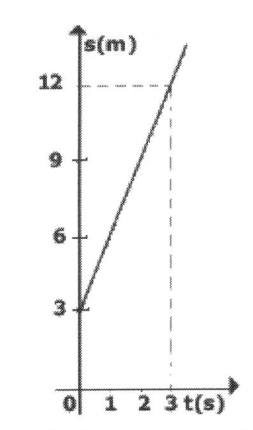

Desenho Ilustrativo - Fora de Escala

a) 25 m.

b) 30 m.

c) 33 m.

d) 36 m.

e) 40 m.

32. Um corpo homogêneo de massa 2 kg desliza sobre uma superfície horizontal, sem atrito, com velocidade constante de 8 m/s no sentido indicado no desenho, caracterizando a *situação 1*. A partir do ponto *A*, inicia a subida da rampa, onde existe atrito. O corpo sobe até parar na *situação 2*, e, nesse instante, a diferença entre as alturas dos centros de gravidade (*CG*) nas situações 1 e 2 é 2,0 m.

A energia mecânica dissipada pelo atrito durante a subida do corpo na rampa, da *situação 1* até a *situação 2*, é:

Dado: adote a aceleração da gravidade g=10 m/s^2

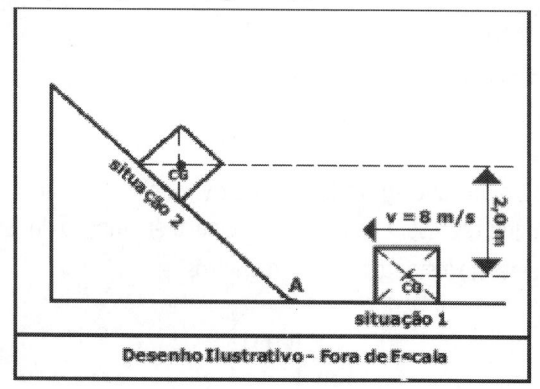

Desenho Ilustrativo - Fora de Escala

a) 10 J.

b) 12 J.

c) 24 J.

d) 36 J.

e) 40 J.

QUÍMICA

33. Considerando a distribuição eletrônica do átomo de bismuto ($_{83}$Bi) no seu estado fundamental, conforme o diagrama de Linus Pauling, pode-se afirmar que seu subnível mais energético e o período em que se encontra na tabela periódica são, respectivamente:

a) $5d^5$ e 5° período.

b) $5d^9$ e 6° período.

c) $6s^2$ e 6° período.

d) $6p^5$ e 5° período.

e) $6p^3$ e 6° período.

34. O critério utilizado pelos químicos para classificar as substâncias é baseado no tipo de átomo que as constitui. Assim, uma substância formada por um único tipo de átomo é dita simples e a formada por mais de um tipo de átomo é dita composta. Baseado neste critério, a alternativa que contém apenas representações de substâncias simples é:

    a) HCl, CaO e MgS.

    b) Cl_2, CO_2 e O_3.

    c) O_2, H_2 e I_2.

    d) CH_4, C_6H_6 e H_2O.

    e) NH_3, $NaCl$ e P_4.

35. Devido ao intenso calor liberado, reações de termita são bastante utilizadas em aplicações militares como granadas incendiárias ou em atividades civis como solda de trilhos de trem. A reação de termita mais comum é a aluminotérmica, que utiliza como reagentes o alumínio metálico e o óxido de ferro III.

    A reação de termita aluminotérmica pode ser representada pela equação química não balanceada:

    $$Al\ (s) + Fe_2O_3\ (s) \rightarrow Fe\ (s) + Al_2O_3\ (s) + Calor$$

    Dados: valores arredondados de entalpias padrão de formação das espécies

    $\Delta H_f^o Al_2O_3 = -1676 KJ/mol;$

    $\Delta H_f^o Fe_2O_3 = -826\ KJ/mol.$

    Acerca desse processo, são feitas as seguintes afirmativas:

    I. Após correto balanceamento, o coeficiente do reagente alumínio na equação química é 2.

    II. Essa é uma reação de oxidorredução e o agente oxidante é o óxido de ferro III.

    III. Na condição padrão, o ΔH da reação é - 503 kJ para cada mol de óxido de alumínio produzido.

    IV. Na condição padrão, para a obtenção de 56 g de ferro metálico, o calor liberado na reação é de 355 kJ.

    Assinale a alternativa que apresenta todas as afirmativas corretas, dentre as listadas.

    a) I, II e IV.

    b) II, III e IV.

    c) I e II.

    d) I e III.

    e) III e IV.

36. Um analista químico realizou um experimento em que utilizou 200 mL de uma solução de concentração 2 mol/L de ácido clorídrico (HCl) para reagir com uma certa massa de bicarbonato de sódio (também denominado de hidrogenocarbonato de sódio). Notou que nem todo o ácido reagiu com essa massa de bicarbonato de sódio, restando um excesso de ácido. Ao final do experimento, ele obteve um volume de 6,15 L de gás carbônico, medidos a <u>27°C e 1 atm</u>. Esse gás carbônico é oriundo da decomposição do ácido carbônico produzido na reação.

Dados: R = 0,082 atm·L·mol⁻¹·K⁻¹

T (Kelvin) = t (Celsius) + 273

Esse analista fez as seguintes afirmativas:

I. A equação química balanceada que descreve corretamente a reação citada é:

$$Na_2CO_3 + 2\ HCl \rightarrow H_2CO_3 + 2\ NaCl$$

II. Para a formação de 6,15 L de CO_2, foram consumidos 21 g de bicarbonato de sódio.

III. É uma reação de oxidorredução e o ácido clorídrico é o agente oxidante.

IV. Se todo esse ácido clorídrico fosse consumido numa reação completa com bicarbonato de sódio suficiente, o volume de gás carbônico produzido seria de 9,84 L.

Assinale a alternativa que apresenta <u>todas</u> as afirmativas corretas, dentre as listadas.

a) I, II e III.

b) II e III.

c) III e IV.

d) II e IV.

e) II, III e IV.

37. Muitas sínteses orgânicas podem ser realizadas como uma sequência de reações químicas. Considere a sequência de reações químicas representada a seguir, como a monocloração de alcanos (1ª etapa) e a reação de haletos orgânicos com compostos aromáticos (2ª etapa).

$$``A" + Cl_2 \xrightarrow{\lambda \text{ (luz)}} CH_3CH_2Cl + HCl \qquad \text{(1ª etapa – cloração)}$$

$$CH_3CH_2Cl + \bigcirc \xrightarrow[\Delta]{AlCl_3} ``B" + HCl \qquad \text{(2ª etapa – alquilação Friedel-Crafts)}$$

Para obtenção de um haleto orgânico, na primeira etapa é feita uma reação de halogenação ("substituição de hidrogênios de compostos orgânicos por átomos de haletos como o cloro, denominada de reação de cloração").

Em seguida, na segunda etapa, é feito um processo conhecido por reação de alquilação Friedel-Crafts ("reação de haletos orgânicos com compostos aromáticos ou, simplesmente, a ligação de grupos alquil à estrutura de compostos orgânicos como anéis aromáticos").

Acerca das substâncias correspondentes, representadas genericamente pelas letras "A" e "B", são feitas as seguintes afirmativas:

I. O nome (aceito pela IUPAC) da substância "A" é cloroetano.

II. O nome (aceito pela IUPAC) da substância "B" é o etilbenzeno.

III. Todos os carbonos da substância "B" apresentam hibridização sp^2.

IV. A fórmula molecular da substância "B" é C_8H_{10}.

V. O processo de alquilação, representado pela equação da reação na segunda etapa, pode ser classificado como reação de substituição.

Assinale a alternativa que apresenta todas as afirmativas corretas, dentre as listadas.

a) I, II e III.

b) II, III, IV e V.

c) I, IV e V.

d) II, IV e V.

e) III e IV.

38. Um experimento usado nas aulas práticas de laboratório da EsPCEx para compreensão da reatividade química é pautado na reação entre magnésio metálico (Mg⁰) e ácido clorídrico (HCl). Experimentalmente consiste em mergulhar uma fita de magnésio metálico numa solução de concentração 0,1 mol/L de ácido clorídrico.

Acerca do processo descrito e considerando-se ocorrência de reação, são feitas as seguintes afirmativas:

I. A ocorrência da reação é evidenciada pela formação de bolhas do gás oxigênio.

II. Um dos produtos formados na reação é o óxido de magnésio.

III. O coeficiente estequiométrico do ácido clorídrico, após a escrita da equação da reação corretamente balanceada, é 2.

IV. O agente oxidante dessa reação de oxidorredução é o ácido clorídrico.

V. Considerando a solução inicial do ácido clorídrico de concentração 0,1 mol/L como 100 % ionizado (ácido forte), o pH dessa solução é 2.

Assinale a alternativa que apresenta todas as afirmativas corretas, dentre as listadas.

a) I, II e III.

b) III e IV.

c) III, IV e V.

d) I, II e V.

e) II e V.

39. Em algumas operações militares, grupos especiais utilizam artefatos explosivos, como granadas de mão, denominadas de *Luz e Som* (ou atordoantes). Após sua deflagração, a granada gera como efeitos um estampido muito alto e um intenso flash de luz, que atordoam o oponente. Algumas granadas deste tipo podem possuir como reagente componente principal o magnésio metálico em pó. Considerando a luz emitida por esta granada como resultado da reação química entre o magnésio metálico pulverizado e o oxigênio do ar, tem-se a equação da reação:

$$Mg\ (s) + O_2\ (g) \rightarrow MgO\ (s) + luz$$

Acerca do magnésio e da reação descrita, são feitas as seguintes afirmativas:

I. Essa é uma reação de simples troca.

II. Nesta reação ocorre a oxidação do magnésio metálico.

III. Após a deflagração da granada com reação do magnésio metálico (conforme a equação da reação descrita), há formação de um sal de magnésio.

IV. Conforme o diagrama de Linus Pauling, a distribuição eletrônica do cátion magnésio (Mg^{2+}) é: $1s^2$, $2s^2$, $2p^6$.

V. Após a deflagração da granada com reação do magnésio metálico (conforme a equação da reação descrita), ocorre a formação de óxido de magnésio e gás hidrogênio como produtos.

VI. As ligações químicas existentes entre os átomos de magnésio metálico são denominadas de metálicas e as ligações químicas existentes entre os átomos no óxido de magnésio são denominadas de iônicas.

Assinale a alternativa que apresenta todas as afirmativas corretas, dentre as listadas.

a) I, III, IV e VI.

b) II, IV e V.

c) II, IV e VI.

d) I, II, III e IV.

e) I, II e VI.

40. Muitas sínteses químicas são baseadas em reações orgânicas que, dependendo dos reagentes e dos catalisadores, podem gerar uma infinidade de produtos.

Uma relevante questão em sínteses orgânicas está no fato de que, quando se efetuam substituições em anéis aromáticos que já contêm um grupo substituinte, verifica-se experimentalmente que a posição do segundo grupo substituinte depende da estrutura do primeiro grupo, ou seja, o primeiro ligante do anel determinará a posição preferencial do segundo grupo substituinte. Esse fenômeno denominado *dirigência* ocasionará a formação preferencial de alguns compostos, com relação a outros isômeros. Usa-se comumente as nomenclaturas *orto* (posições 1 e 2 dos grupos substituintes no anel aromático), *meta* (posições 1 e 3) e *para* (posições 1 e 4) em compostos aromáticos para a indicação das posições dos grupos substituintes no anel aromático.

A reação expressa na equação I demonstra a síntese orgânica alquilação de compostos aromáticos, denominada de alquilação de Friedel-Crafts.

$$\text{``A''} + 1\ CH_3Cl \xrightarrow[\Delta]{AlCl_3} \underset{}{\bigcirc}\!\!-\!CH_3 + HCl \qquad \textbf{(equação I)}$$

Na alquilação aromática, ocorre a ligação de grupos alquil (estrutura carbônica como os grupos -CH3) à estrutura de anéis aromáticos, pela substituição de um hidrogênio do anel. O catalisador mais comum nesse processo é o cloreto de alumínio ($AlCl_3$).

A reação expressa na equação II é a mononitração de aromáticos e demonstra uma nitração, em que apenas um grupo nitro é adicionado à estrutura orgânica, pela substituição de um hidrogênio do anel. Usa o reagente ácido nítrico (HNO_3) e o catalisador ácido sulfúrico (H_2SO_4).

$$\text{"A"} + 1\ \text{HO-NO}_2 \xrightarrow[\Delta]{H_2SO_4} \text{"B"} + H_2O \quad \text{(equação II)}$$

A reação expressa na equação III é a de haletos orgânicos com compostos aromáticos monossubstituídos e mostra outro processo químico denominado halogenação, no qual um átomo de halogênio é adicionado à estrutura orgânica, pela substituição de um hidrogênio do anel. Esse processo pode ser catalisado pelo $FeBr_3$.

$$\text{"B"} + 1\ Br_2 \xrightarrow{FeBr_3} \text{"C"} + HBr \quad \text{(equação III)}$$

A alternativa que apresenta respectivamente o nome (aceito pela IUPAC) correto das substâncias "<u>A</u>", "<u>B</u>" e o composto "<u>C</u>", é:

a) tolueno, ortonitrobenzeno e *orto*-bromonitrotolueno.

b) benzeno, (mono)nitrotolueno e 1,2-dibromobenzeno.

c) tolueno, (mono)nitrobenzeno e 1,2-dibromonitrobenzeno.

d) benzeno, (mono)nitrobenzeno e *meta*-bromonitrobenzeno.

e) benzeno, (mono)nitrobenzeno e *para*-bromonitrotolueno.

41. Neste ano de 2019, foi realizada pelos alunos da EsPCEx uma prática no laboratório de química envolvendo eletrólise com <u>eletrodos ativos</u> conforme a descrição experimental: Num béquer de capacidade 100 mL (cuba eletrolítica) coloque cerca de 50 mL de solução aquosa de sulfato de cobre II de concentração 1 mol.L⁻¹. Tome como eletrodos uma barra fina de cobre e um prego de ferro. Ligue-os com auxílio de fios a uma fonte externa de eletricidade com uma corrente contínua de intensidade de 3 amperes. Esta fonte tem capacidade para efetuar perfeitamente esse processo de eletrólise. O prego deve ser ligado ao polo negativo da fonte e a barra de cobre ao polo positivo da fonte. Mergulhe os eletrodos na solução durante 16 minutos e 5 segundos e observe.

Considere o arranjo eletrolítico (a 25 °C e 1 atm) e o sal completamente dissociado, conforme visto na figura a seguir:

Dado: 1 Faraday (F) = 96500 Coulomb (C) / mol de elétrons.

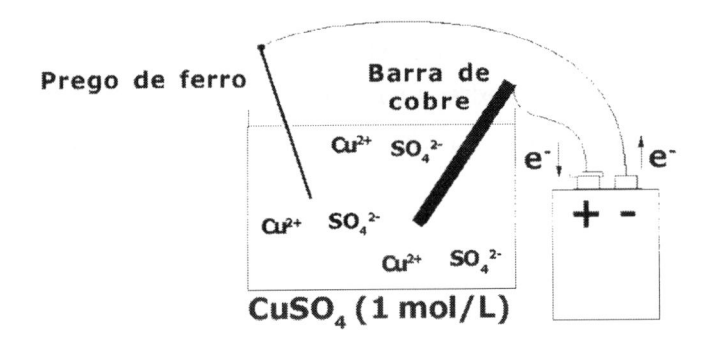

Na discussão apresentada nos relatórios dos diversos grupos de alunos, surgiram as seguintes afirmativas:

I.   Na superfície do prego ocorreu a deposição de cobre metálico.

II. Durante o processo a barra de cobre se oxida.

III. A massa de cobre metálico que se depositou na superfície do prego foi de 2,45 g.

IV. A semirreação de redução que ocorre no cátodo é $Cu^{2+} + 2\,e^- \rightarrow Cu^0$.

V.   A reação global é $Fe^{2+} + Cu^0 \rightarrow Fe^0 + Cu^{2+}$.

Assinale a alternativa que apresenta todas as afirmativas corretas, dentre as listadas.

a) I, II e IV.

b) II, III e V.

c) I, IV e V.

d) I, II, III e IV.

e) I, II e V.

42. O fósforo branco, substância química cuja estrutura é representada pela fórmula P_4, é utilizado em algumas munições fumígenas (munições que produzem fumaça). Ele pode ser obtido a partir da fosforita ($Ca_3(PO_4)_2$), um mineral de fosfato de cálcio, por meio da reação com sílica (dióxido de silício - SiO_2) e carvão coque (C) num forno especial a 1300 °C. A equação não balanceada da reação é:

$$Ca_3(PO_4)_2\ (s) + SiO_2\ (s) + C\ (s) \rightarrow CaSiO_3\ (s) + CO\ (g) + P_4\ (s)$$

Acerca deste processo, são feitas as seguintes afirmativas:

I. Após o balanceamento da equação por oxidorredução, a soma dos coeficientes estequio-métricos é igual a 35.

II. O dióxido de silício é uma molécula que apresenta estrutura de geometria molecular angular.

III. O agente redutor do processo é o dióxido de silício.

IV. Neste processo ocorre a oxidação do carbono.

Assinale a alternativa que apresenta todas as afirmativas corretas, dentre as listadas.

a) I, II e III.

b) I, III e IV.

c) II e IV.

d) III e IV.

e) I e IV.

43. Um aluno, durante uma aula de química orgânica, apresentou um relatório em que indicava e associava alguns compostos orgânicos com o tipo de isomeria plana correspondente que eles apresentam. Ele fez as seguintes afirmativas acerca desses compostos e da isomeria correspondente:

I. Os compostos butan-1-ol e butan-2-ol apresentam entre si isomeria de posição.

II. Os compostos pent-2-eno e 2 metilbut-2-eno apresentam entre si isomeria de cadeia.

III. Os compostos propanal e propanona apresentam entre si isomeria de compensação (metameria).

IV. Os compostos etanoato de metila e metanoato de etila apresentam entre si isomeria de função.

Das afirmativas feitas pelo aluno, as que apresentam a correta relação química dos compostos orgânicos citados e o tipo de isomeria plana correspondente são apenas:

a) I e II.

b) I, II e III.

c) II e IV.

d) I, II e IV.

e) III e IV.

44. *"Houston, temos um problema"* - Esta frase retrata um fato marcante na história das viagens espaciais, o acidente com o veículo espacial Apollo 13. Uma explosão em um dos tanques de oxigênio da nave causou a destruição parcial do veículo, obrigando os astronautas a abandona rem o módulo de comando e ocuparem o módulo lunar, demovendo-os do sonho de pisar na lua nessa missão espacial.

    Não foram poucos os problemas enfrentados pelos astronautas nessa missão. Um específico referiu-se ao acúmulo de gás carbônico (dióxido de carbono - CO_2) exalado pelos astronautas no interior do módulo lunar. No fato, os astronautas tiveram que improvisar um filtro com formato diferente do usado comumente no módulo. Veículos espaciais são dotados de filtros que possuem hidróxidos que reagem e neutralizam o gás carbônico exalado pelos tripulantes. Para neutralização do gás carbônico, o hidróxido mais utilizado em veículos espaciais é o hidróxido de lítio. Em sua reação com o dióxido de carbono, o hidróxido de lítio forma carbonato de lítio sólido e água líquida.

    Considerando o volume de 246 L de gás carbônico produzido pelos astronautas (a 27 °C e 1 atm), a massa de hidróxido de lítio necessária para reagir totalmente com esse gás é de:

    Dados: R = 0,082 atm·L·mol^{-1}·K^{-1}

    T (Kelvin) = t (Celsius) + 273

    a) 54 g.

    b) 85 g.

    c) 121 g.

    d) 346 g.

    e) 480 g.

MATEMÁTICA

45. Se a equação polinomial $x^2 +2x+8=0$ tem raízes a e b e a equação $x^2 +mx+n=0$ tem raízes (a+1) e (b+1), então m+n é igual a:

    a) −2.

    b) −1.

    c) 4.

    d) 7.

    e) 8.

46. Dividindo-se o polinômio $P(x) = 2x^4 - 5x^3 + k\,x - 1$ por $(x-3)$ e $(x+2)$, os restos são iguais. Neste caso, o valor de k é igual a:

    a) 10.

    b) 9.

    c) 8.

    d) 7.

    e) 6.

47. Considere a função quadrática $f: IR \to IR$ definida por $f(x) = x^2 + 3x + c$, com $c \in IR$, cujo gráfico no plano cartesiano é uma parábola. Variando-se os valores de c, os vértices das parábolas obtidas pertencem à reta de equação:

    a) $y = 2x - \dfrac{9}{2}$

    b) $x = -\dfrac{3}{2}$

    c) $x = -\dfrac{9}{2}$

    d) $y = -\dfrac{9}{2}$

    e) $x = \dfrac{3}{2}$

48. Sabe-se que as raízes da equação $x^3 - 3x^2 - 6x + k = 0$ estão em progressão aritmética. Então podemos afirmar que o valor de $\dfrac{k}{2}$ é igual a:

    a) $\dfrac{5}{2}$

    b) 4

    c) $\dfrac{7}{2}$

    d) 3

    e) $\dfrac{9}{2}$

49. O Sargento encarregado de organizar as escalas de missão de certa organização militar deve escalar uma comitiva composta por um capitão, dois tenentes e dois sargentos. Estão aptos para serem escalados três capitães, cinco tenentes e sete sargentos. O número de comitivas distintas que se pode obter com esses militares é igual a:

    a) 630.

    b) 570.

    c) 315.

    d) 285.

    e) 210.

50. O conjunto solução da inequação $2\cos^2 x + \text{sen } x > 2$, no intervalo $[0, \pi]$, é:

    a) $]0, \dfrac{\pi}{6}[$

    b) $]0, \dfrac{5\pi}{6}, \pi[$

    c) $]0, \dfrac{\pi}{3}[u] \dfrac{2\pi}{3}, \pi[$

    d) $]0, \dfrac{\pi}{3}$

    e) $]0, \dfrac{\pi}{6}[u] \dfrac{5\pi}{6}, \pi[$

51. Um trapézio ABCD, retângulo em A e D, possui suas diagonais perpendiculares. Sabendo-se que os lados AB e CD medem, respectivamente, 2 cm e 18 cm, então a área, em cm², desse trapézio mede:

    a) 120.

    b) 60.

    c) 180.

    d) 30.

    e) 240.

52. O Exército Brasileiro pretende construir um depósito de munições, e a seção transversal da cobertura desse depósito tem a forma de um arco de circunferência apoiado em colunas de sustentação que estão sobre uma viga. O comprimento dessa viga é de 16 metros e o comprimento da maior coluna, que está posicionada sobre o ponto médio da viga, é de 4 metros, conforme a figura a seguir.

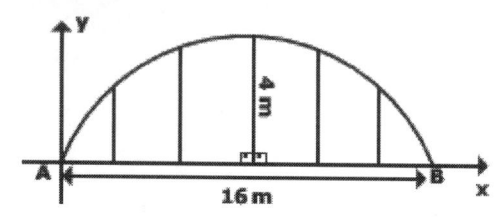

Desenho Ilustrativo-Fora de Escala

Considerando um plano cartesiano de eixos ortogonais xy, com origem no ponto A, de modo que o semieixo x esteja na direção de AB, é correto afirmar que a função que modela o arco AB da seção trans versal do telhado, com relação ao plano cartesiano de eixos xy, é dada por:

a) $y = \sqrt{100 - (x - 8)^2} - 6$, se $0 \leq x \leq 8$.

b) $y = \sqrt{100 - (x - 6)^2} - 8$, se $0 \leq x \leq 8$.

c) $y = \sqrt{100 - (x + 8)^2} + 6$, se $0 \leq x \leq 16$.

d) $y = \sqrt{100 + (x - 8)^2} - 6$, se $0 \leq x \leq 16$.

e) $y = \sqrt{100 - (x - 8)^2} - 6$, se $0 \leq x \leq 16$.

53. Considere um tronco de pirâmide quadrangular regular. Sobre esse sólido, é correto afirmar:

   a) Se r e s são retas suporte de arestas laterais distintas, então r e s são reversas.

   b) Se r é a reta suporte de uma diagonal da base menor e s é a reta suporte de uma aresta lateral, então r e s são reversas.

   c) Se r é a reta suporte de um lado da base maior e s é a reta suporte de um lado da base menor, então r e s são paralelas.

   d) Se r é a reta suporte de uma diagonal da base maior e s é a reta suporte de um lado da base menor, então r e s são retas reversas.

   e) Se r é a reta suporte de uma diagonal da base maior e s é reta suporte da diagonal de uma face, então r e s são reversas.

54. Na figura a seguir está representado um trecho do gráfico de uma função real da forma $y = m \cdot sen\ (nx) + k$, com $n > 0$.

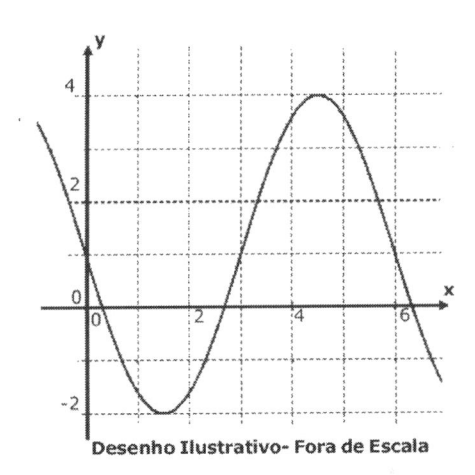

Desenho Ilustrativo- Fora de Escala

Os valores de m, n e k, são, respectivamente,

   a) $3, \dfrac{\pi}{3}$ e -1.

   b) $6, \dfrac{\pi}{6}$ e 1.

   c) $-3, \dfrac{\pi}{6}$ e 1.

   d) $-3, \dfrac{\pi}{3}$ e 1.

   e) $3, \dfrac{\pi}{6}$ e -1.

55. Na figura a seguir ABCDEF é um hexágono regular de lado igual a 1, ABMN e CDVU são quadrados.

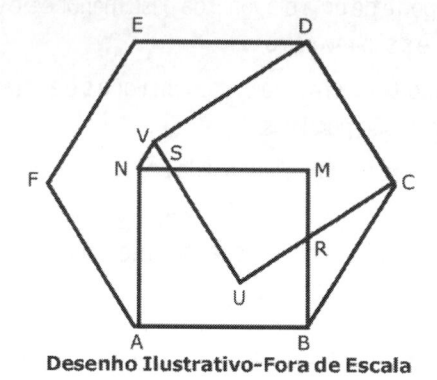

Desenho Ilustrativo-Fora de Escala

Com base nessas informações, a medida do segmento VN é igual a:

a) $2 - \sqrt{3}$.

b) $2 - \dfrac{\sqrt{3}}{3}$.

c) $1 - \dfrac{\sqrt{3}}{3}$.

d) $\sqrt{3} - 1$.

e) $\dfrac{\sqrt{3}}{3}$.

56. As equações das retas paralelas à reta r: $3x+4y-1=0$, que cortam a circunferência λ: $x^2+y^2-4x-2y-20=0$ e determinam cordas de comprimento igual a 8, são, respectivamente:

a) $3x + 4y + 5 = 0$ e $3x + 4y + 25 = 0$.

b) $3x + 4y - 5 = 0$ e $3x + 4y - 25 = 0$.

c) $3x - 4y + 5 = 0$ e $3x - 4y + 25 = 0$.

d) $3x + 4y - 5 = 0$ e $3x + 4y + 25 = 0$.

e) $3x + 4y + 5 = 0$ e $3x + 4y - 25 = 0$.

57. A partir de um cubo de aresta 1, inscreve-se uma esfera; nessa esfera inscreve-se um novo cubo e neste, uma nova esfera. Repetindo essa operação indefinidamente, a soma das áreas totais desses cubos é igual a:

a) 7.

b) 8.

c) 9.

d) 10.

e) 11.

58. Duas cidades A e B têm suas áreas urbanas divididas em regiões Comercial, Residencial e Industrial. A tabela 1 fornece as áreas dessas regiões em hectares para as duas cidades. A tabela 2, por sua vez, fornece os valores anuais médios de arrecadação, em milhões de reais por hectare, referentes ao Imposto Predial e Territorial Urbano (IPTU), ao fornecimento de energia elétrica e ao fornecimento de água.

Tabela I

	Área comercial	Área Residencial	Distrito industrial
Cidade A	10	25	42
Cidade B	8	12	18

Tabela II

	Área comercial	Área Residencial	Distrito industrial
IPTU	12	6	5
Energia elétrica	25	12	60
Água	15	10	50

Considere as matrizes T_1 e T_2, associadas respectivamente às tabelas 1 e 2.

$$T_1 = \begin{bmatrix} 10 & 25 & 42 \\ 8 & 12 & 18 \end{bmatrix} \quad T_2 = \begin{bmatrix} 12 & 6 & 5 \\ 25 & 12 & 60 \\ 15 & 10 & 50 \end{bmatrix}$$

Seja aij os elementos da matriz resultante do produto $T_1 \cdot T_2^t$. Nessas condições, a informação contida no termo de ordem a_{22} desse produto de matrizes é o valor total arrecadado com:

a) fornecimento de energia elétrica nas áreas residenciais.

b) fornecimento da água da cidade A.

c) fornecimento da água nas áreas residenciais.

d) IPTU nos distritos industriais.

e) Fornecimento de energia elétrica na cidade B.

59. Seja f a função quadrática definida por $f(x)=2x^2+(\log_{\frac{1}{3}} k)\, x+2$, com $k \in IR$ e $k>0$.
O produto dos valores reais de k para os quais a função f (x) tem uma raiz dupla é igual a:

a) 1.

b) 2.

c) 3.

d) 4.

e) 5.

60. A condição para que o sistema $\begin{cases} ax + y + z = 0 \\ x + 2y + z = 0 \\ x + y + z = 0 \end{cases}$, $a \in R$, tenha solução única é:

a) $a \neq 1$.

b) $a \neq -1$.

c) $a \neq 2$.

d) $a \neq -2$.

e) $a \neq 0$.

61. Um poliedro convexo, com 13 vértices, tem uma face hexagonal e 18 faces formadas por polígonos do tipo P. Com base nessas informações, pode-se concluir que o polígono P é um:

a) dodecágono.

b) octógono.

c) pentágono.

d) quadrilátero.

e) triângulo.

62. Uma esfera de raio 10 cm está inscrita em um cone equilátero. O volume desse cone, em cm^3, é igual a:

a) 1000π.

b) 1500π.

c) 2000π.

d) 2500π.

e) 3000π.

63. A área da região compreendida entre o gráfico da função f(x)=||x−4|−2|, o eixo das abscissas e as retas x=0 e x=6 é igual a (em unidades de área):

a) 2.

b) 4.

c) 6.

d) 10.

e) 12.

64. Numa sala existem duas caixas com bolas amarelas e verdes. Na caixa 1, há *3* bolas amarelas e 7 bolas verdes. Na caixa 2, há 5 bolas amarelas e 5 bolas verdes. De forma aleatória, uma bola é extraída da caixa 1, sem que se saiba a sua cor, e é colocada na caixa 2. Após esse procedimento, a probabilidade de extrair uma bola amarela da caixa 2 é igual a:

a) $\dfrac{49}{110}$

b) $\dfrac{51}{110}$

c) $\dfrac{53}{110}$

d) $\dfrac{57}{110}$

e) $\dfrac{61}{110}$.

GEOGRAFIA

65. "Brexit é uma abreviação para "British exit" (saída britânica, na tradução literal para o português). Esse é o termo mais comumente usado quando se refere à decisão do Reino Unido de deixar a União Europeia".

Fonte: BBC News Brasil. O que é o Brexit? Entenda a polêmica saída do Reino Unido da União

Europeia com esta e outras 10 questões. In: www.bbc.com/portuguese (acesso em 29 mar 19).

Considerando a composição do Reino Unido, escolha aquela que melhor expressa a representação cartográfica do Brexit dentre as alternativas:

a)

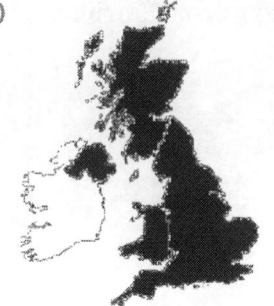

d)

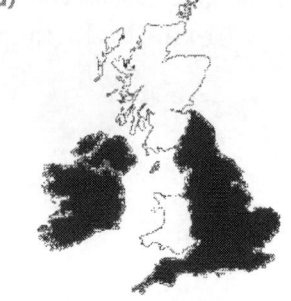

b)

e)

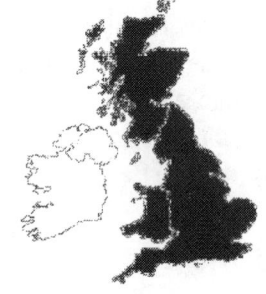

c)

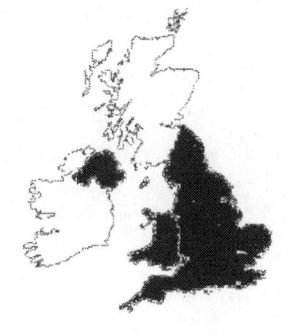

66. Recentemente o governo brasileiro resolveu abolir o "horário de verão", uma medida que tinha por finalidade economizar energia no período do ano em que a maior parte do território nacional recebe mais luminosidade natural ao longo do dia. A duração dessa luminosidade varia de acordo com a localidade, dependendo da latitude e da estação do ano. O gráfico a seguir apresenta a duração média de luminosidade natural em três localidades (I, II e III) ao longo de um período do ano.

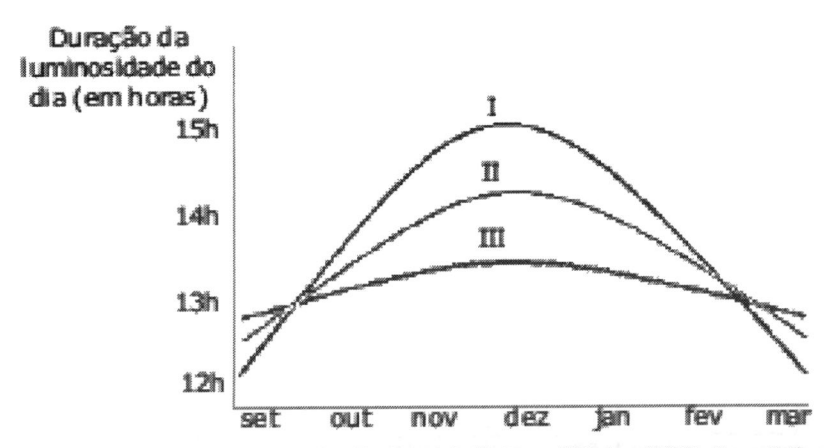

Adaptado de Operador Nacional do Sistema Elétrico (ONS). Expectativa dos benefícios com a integração do horário de verão 2007-2008. p5. Disponível em www.ons.org.br/analise_carga_demanda/horario_verao.aspx (acesso em 9 abr 19).

Considerando as características geográficas do território brasileiro, é possível concluir que as localidades I, II e III podem representar, respectivamente, a variação da luminosidade natural das seguintes cidades:

a) Porto Alegre, Brasília e Recife.

b) Curitiba, Belém e Salvador.

c) São Paulo, Florianópolis e Manaus.

d) Cuiabá, Campo Grande e Rio de Janeiro.

e) Palmas, Natal e Belo Horizonte.

67. A figura a seguir representa as placas tectônicas que compõem a crosta terrestre. O movimento dessas placas está indicado por setas. Na figura estão plotados alguns pontos geográficos (de I a V).

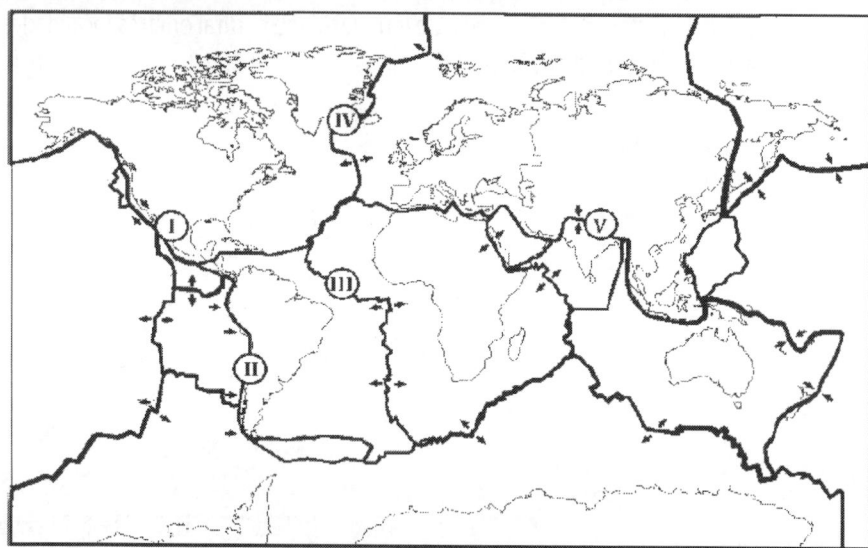

Adaptado de MOREIRA, João Carlos; SENE, Eustáquio de. Projeto Múltiplo: Geografia. Volume único, parte 1. São Paulo: Scipione, 2014. p. 104.

Considerando as consequências advindas da deriva dos continentes (dinâmica tectônica) e a localização geográfica dos pontos I a V, assinale a afirmativa correta.

a) O ponto I se refere à falha de San Andres e é resultado do movimento entre as placas convergentes de Nazca e a Norte-americana.

b) O ponto II se refere à Cordilheira dos Andes e é resultado do movimento entre as placas conservativas do Pacífico e a Sul-americana.

c) O ponto III se refere à Dorsal Mesoatlântica e é resultado do movimento entre as placas divergentes Africana e a Sul-americana.

d) O ponto IV se refere à fossa abissal do Atlântico Norte e é resultado do movimento entre as placas convergentes de Norte-americana e a Europeia.

e) O ponto V se refere ao Himalaia e é resultado do movimento entre as placas divergentes Arábica e Indiana.

68. Irregular distribuição dos recursos hídricos, uso compartilhado de bacias hidrográficas, ineficientes sistemas de tratamento, desmatamento, construção de barragens, despejo de lixo, diversidade climática, expansão da urbanização, pressão demográfica, geração de energia, projetos de irrigação, dentre outros, são fatores que potencializam o estresse hídrico e originam situações hidroconflitivas. Sobre esse último termo, considere as seguintes afirmações:

    I. Um exemplo de situação hidroconflitiva é o caso da construção de barragens para projetos de irrigação na bacia do rio Nilo pelo governo Sudanês, o que tem provocado tensões com o vizinho Egito.

    II. O Brasil, por dispor de uma região extremamente rica em recursos hídricos, não tem registrado problemas dessa natureza com seus vizinhos ao longo de sua história republicana.

    III. O Rio Ganges atravessa quase todo o território de Bangladesh antes de se abrir no largo delta, em território indiano. A construção de barragens a montante, pelo primeiro, tem provocado desavenças entre esses dois países.

    IV. No conflito entre israelenses e palestinos, há um importante componente hídrico, evidenciado pela posse e controle das escassas fontes existentes na região.

    Assinale a alternativa que apresenta todas as afirmativas corretas, dentre as listadas.

    a) I e II.

    b) I e III.

    c) II e III.

    d) I e IV.

    e) II e IV.

69. Numa sala de aula, um professor de Geografia apresentou o seguinte texto aos seus alunos: "Quase todo mundo conhece alguém que tem certeza de que o pouso da Apolo 11 na lua, assim como os pequenos grandes passos de Neil Armstrong foram uma farsa. São pessoas que garantem que tudo foi uma produção de Hollywood (...). Agora mesmo estamos diante de gente que garante que a Terra, diferentemente de todos os outros planetas e satélites do nosso sistema solar, é na verdade plana. São os terraplanistas (...). Mas tem gente pior que os terraplanistas. Por exemplo, a sociedade que acredita – e divulga – que a Terra é oca. E habitada. Lá estariam vikings, nazistas e até uma raça superior que viveria num lugar chamado Agharta, iluminado por um sol interior."

    Fonte: Paulo Pestana. A ficção na vida real. Jornal Correio Braziliense, 27 de janeiro de 2019.

    Após a leitura, o professor pediu aos seus alunos que, com base em evidências científicas, refutassem a ideia de que a Terra é oca. Três alunos apresentaram seus argumentos:

João: "Essa ideia de que a Terra é oca é um absurdo do ponto de vista da Ciência. Por meio de sismógrafos, é possível medir a velocidade de propagação das ondas no interior da Terra. Esses estudos revelam que o interior do Planeta é formado por diversas camadas, com densidade e composição de materiais variados."

Carlos: "Impossível! As evidências científicas deixam claro que a maior parte do interior da Terra é composta por uma mistura Níquel e Ferro em estado líquido, onde a temperatura média está acima de 5.000°C."

José: "Como a Terra poderia ser oca se já sabemos que os terremotos e os vulcões, por exemplo, originam-se da pressão exercida pelo magma encontrado na astenosfera?"

Considerando a estrutura da Terra, pode-se afirmar que são plausíveis apenas os argumentos apresentados por:

a) João.

b) Carlos.

c) José.

d) Carlos e João.

e) João e José.

70. A figura a seguir é uma representação dos principais climas que atuam no Brasil.

Considere os seguintes climogramas. Eles representam as médias anuais de temperatura e pluviosidade de três cidades brasileiras entre os anos de 1961-1990.

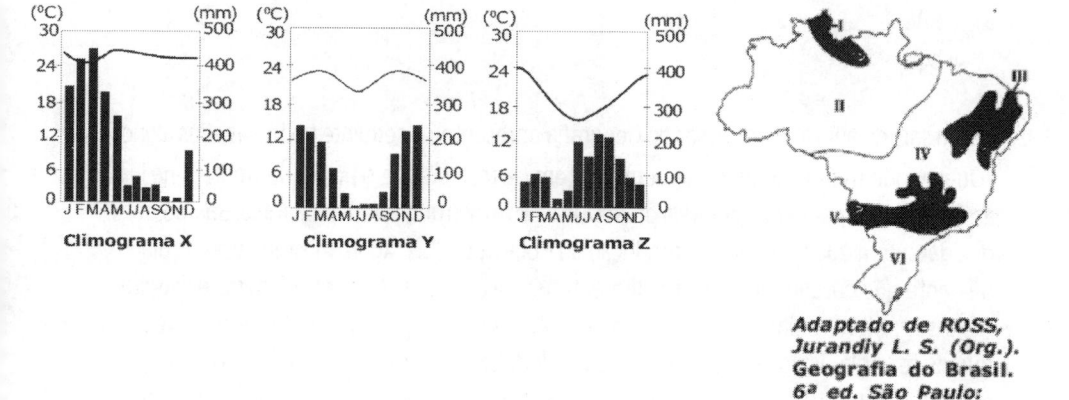

Adaptado de ROSS, Jurandiy L. S. (Org.). Geografia do Brasil. 6ª ed. São Paulo: Edusp, 2011. p. 107.

Considerando as características climáticas brasileiras, pode-se afirmar que:

a) o climograma X é representativo do clima I (Tropical de Altitude) e pode representar a cidade de Boa Vista.

b) o climograma Y é representativo do clima III (Semiárido) e pode representar a cidade de Petrolina.

c) o climograma Z é representativo do clima VI (Subtropical) e pode representar a cidade de Porto Alegre.

d) o climograma X é representativo do clima IV (Tropical) e pode representar a cidade de Goiânia.

e) o climograma Y é representativo do clima II (Equatorial Úmido) e pode representar a cidade de Manaus.

71. China e Índia são dois gigantes que possuem inúmeras semelhanças, como, por exemplo, o fato de serem os países mais populosos do mundo e fazerem parte dos chamados BRICS. Apesar disso, guardam inúmeras características que os diferenciam entre si.

Sobre as diferenças entre esses dois gigantes, podemos citar os fatos de que, enquanto:

I. A Índia baseia sua matriz energética no petróleo e na energia nuclear, a China prioriza o gás natural e o carvão mineral.

II. A China implantou um rígido programa de controle de natalidade, a Índia não tem demonstrado a mesma preocupação ao longo das últimas décadas.

III. A China dispõe de uma maior diversidade cultural, a Índia possui uma cultura milenar, o que lhe garante maior homogeneidade étnica e linguística.

IV. O modelo econômico chinês privilegiou a produção industrial, a Índia está se convertendo numa economia de serviços, na qual se destacam setores como tecnologia da informação e biotecnologia.

Assinale a alternativa que apresenta todas as afirmativas corretas, dentre as listadas.

a) I e II.

b) I e III.

c) II e III.

d) II e IV.

e) I e IV.

72. Desde os primitivos rabiscos em uma placa de argila ou em peles de animais até a difusão maciça de aplicativos de localização e de navegação em *smartphones*, o uso de mapas é uma necessidade vital para o homem. Sobre esse assunto, considere as seguintes afirmativas:

I. Diferentemente dos meridianos, que possuem sempre o mesmo diâmetro, os círculos que representam os paralelos diminuem de tamanho à medida que se afastam do Equador em direção aos polos.

II. As escalas podem ser gráficas ou numéricas. As representações em escala pequena mostram áreas pequenas e com muitos detalhes.

III. A distorção (de áreas, de formas ou de distâncias) pode ser eliminada quando as projeções afiláticas são empregadas na confecção de um mapa.

IV. Anamorfose é uma forma de representação cartográfica utilizada em mapas temáticos na qual as áreas dos países, estados ou regiões são mostradas proporcionalmente à importância de sua participação no fenômeno representado.

Assinale a alternativa que apresenta todas as afirmativas corretas, dentre as listadas.

a) I e II.

b) I e III.

c) I e IV.

d) II e III.

e) III e IV.

73. É inequívoca a influência do clima sobre as mais variadas atividades humanas, na diferenciação da paisagem e na biogeografia. Analise as afirmativas:

I. A célula tropical (também chamada célula de Hadley) é responsável pela transferência de calor e umidade entre as latitudes equatoriais e subtropicais. Nela podem-se identificar os ventos alísios e os contra-alísios.

II. O *El Niño* é uma anomalia climática com desdobramentos globais. Na costa ocidental da América do Sul, o fenômeno provoca a elevação da temperatura da água do mar e, consequentemente, um aumento da atividade pesqueira no litoral peruano.

III. No Sul e Sudeste da Ásia, a agricultura tradicional é muito influenciada pelo regime das monções, cujo mecanismo básico de alternância de centros de pressão é semelhante ao que regula as brisas marinhas e terrestres, ressalvadas a duração e as respectivas escalas de abrangência.

IV. O clima mediterrâneo, típico do sul da Europa, das extremidades norte e sul da África, de parte do litoral chileno e californiano e da porção meridional da Austrália, apresenta duas estações bem distintas: um verão quente e chuvoso e um inverno frio e seco.

Assinale a alternativa que apresenta todas as afirmativas corretas, dentre as listadas.

a) I e II.

b) I e III.

c) II e III.

d) II e IV.

e) III e IV.

74. "O deslocamento de pessoas entre países, regiões, cidades etc. é um fenômeno antigo, amplo e complexo, pois envolve as mais variadas classes sociais, culturas e religiões".

SENE, Eustáquio & MOREIRA, J.C. - Geografia Geral e do Brasil: Espaço Geográfico e Globalização (3).

2ª ed. S Paulo: Moderna, 2012.

Sobre os fluxos migratórios contemporâneos, considere as seguintes afirmações:

I. Em termos quantitativos, a maior parte dos deslocamentos humanos se refere à saída de migrantes dos países pobres e emergentes em direção aos desenvolvidos.

II. Na última década, a América Latina e o Caribe contribuíram com o maior contingente de emigrantes, seguidos pela África setentrional.

III. Países do Oriente Médio, como Catar, Emirados Árabes Unidos, Arábia Saudita e Kuwait recebem muitos migrantes oriundos do sul da Ásia (Paquistão, Índia e Filipinas).

IV. A "drenagem de cérebros" é um grande problema para os países de origem desses fluxos, pois afeta a sua capacidade tecnológica, comprometendo o seu desenvolvimento.

Assinale a alternativa que apresenta todas as afirmativas corretas, dentre as listadas.

a) I e II.

b) I e III.

c) II e III.

d) II e IV.

e) III e IV.

75. Segundo o geógrafo Aziz Ab'Sáber, existem grandes extensões do território brasileiro em que vários elementos naturais (clima, vegetação, relevo, hidrografia e solo) interagem de forma singular, caracterizando uma unidade paisagística: são os chamados domínios morfoclimáticos. Entre eles ocorrem faixas de transição.

Sobre os domínios morfoclimáticos e as faixas de transição, considere as seguintes afirmações:

I. A exuberância da Floresta Amazônica contrasta com a pobreza de grande parte de seus solos, geralmente ácidos, intemperizados e de baixa fertilidade.

II. Tipicamente associados à Campanha Gaúcha, os campos apresentam um relevo com suaves ondulações, cobertas principalmente por gramíneas. Neste domínio, há um preocupante processo de desertificação advindo de anomalias climáticas observadas nas últimas décadas.

III. O Cerrado, adaptado à alternância do clima tropical, ocupa mais de 3 milhões de km² e apresenta solos pobres. É uma formação tipicamente latifoliada que, dentre outras características, perde as folhas durante o período de seca.

IV. A Mata dos Cocais é uma faixa de transição situada entre os domínios da Floresta Amazônica, do Cerrado e da Caatinga. Predominam as palmeiras, com destaque para o babaçu, a carnaúba e o buriti.

Assinale a alternativa que apresenta todas as afirmativas corretas, dentre as listadas.

a) I e II.

b) I e III.

c) I e IV.

d) II e III.

e) II e IV.

76. O mundo moderno é um voraz consumidor de energia. Atender a essa demanda, pressionada cada vez mais pelas economias emergentes, bem como observar as exigências de um mercado balizado pelo paradigma da eficiência, são desafios incontornáveis. Sobre as características e a participação das diversas fontes de energia, considere as seguintes afirmativas:

I. O drástico aumento do preço do petróleo causado pelas crises internacionais de 1973 e 1979/1980 teve um duplo efeito: viabilizou sua extração em locais de difícil acesso (Sibéria, Alasca e plataformas continentais) e estimulou a pesquisa de fontes alternativas.

II. Impulsionado pelas políticas de redução das emissões de CO_2 adotadas pela China, o gás natural já é, desde 2010, a segunda fonte de energia mais utilizada no mundo.

III. Fontes de energia como o etanol e o biodiesel despontam atualmente como excelentes alternativas, pois apresentam os seguintes benefícios: poluem menos que os combustíveis fósseis, geram vários empregos no campo e dinamizam a economia por conta do seu efeito multiplicador.

IV. Isenta de impactos ambientais, a energia eólica vem conquistando cada vez mais espaço na matriz energética de países como China, EUA, Alemanha, Espanha e Índia.

V. Países como França, Ucrânia, Japão e Coreia do Sul continuam a ter nas usinas nucleares uma importante fonte energia, mesmo com problemas relacionados à destinação dos seus rejeitos, à pressão da opinião pública e aos altos custos de construção e manutenção.

Assinale a alternativa que apresenta todas as afirmativas corretas, dentre as listadas.

a) I, II e III.

b) I, III e V.

c) I, IV e V.

d) II, III e IV.

e) II, IV e V.

HISTÓRIA

77. O Mundo Feudal baseava-se em uma sociedade rigidamente hierarquizada, na qual os indivíduos encontravam-se subordinados uns aos outros por laços de dependência pessoal. Havia uma grande massa de camponeses presos à terra, que viviam sob o domínio dos senhores feudais e que se dividiam em dois grupos com características particulares:

a) suseranos e vassalos.

b) cavaleiros e soldados.

c) servos e baixo clero.

d) servos e vilões.

e) vilões e salteadores.

78. Que monarca francês representou o ponto culminante do Absolutismo em seu país e cujo ministro, Colbert, lançou as bases do Mercantilismo, no período de 1643 a 1715?

a) Cardeal Richelieu.

b) Henrique VIII.

c) Luís XVI.

d) Felipe II.

e) Luís XIV.

79. Muitos europeus acreditavam que, em direção ao sul, o mar seria habitado por monstros e estaria sempre em chamas. Se arriscassem cruzar o oceano Atlântico, à época conhecido como mar Tenebroso, iriam se deparar com o fim do mundo.

Mesmo assim, os portugueses se lançaram às Grandes Navegações, no final do século XV. Considerando:

I. A Tomada de Constantinopla pelos turcos otomanos.

II. A Criação da Companhia das Índias Ocidentais.

III. A existência de um poder centralizador e de um Estado unificado.

IV. A descoberta da imensa mina de prata em Potosí pelos lusitanos.

V. A invenção da bússola pelos portugueses na Escola de Sagres.

Assinale a alternativa que apresenta as causas que levaram à Expansão Marítima Portuguesa.

a) I e II.

b) I e III.

c) I, II e III.

d) III e IV.

e) IV e V.

80. No começo do século XVI, interessado em construir a basílica de São Pedro, em Roma, o Papa Leão X negociou com o banqueiro Jacob Függer a venda das indulgências, que garantiriam o perdão dos pecados àqueles fiéis que as comprassem. Esse abuso do poder exercido pelo Papa causou profunda revolta em um monge do Sacro Império Romano--Germânico chamado:

a) Erasmo de Roterdã.

b) Thomas Morus .

c) Pieter Bruegel.

d) Martinho Lutero.

e) Nicolau Copérnico.

81. Na segunda metade do século XVIII, durante a administração do marquês de Pombal (1750 a 1777), foram adotadas medidas que objetivavam tornar mais ágil e eficiente a administração da colônia portuguesa do Brasil, dentre as quais se destaca:

a) a elevação do Estado do Brasil à categoria de Reino Unido a Portugal e Algarve.

b) o reconhecimento da importância das Regiões do Sul e Sudeste, em função do incremento do ciclo econômico do café.

c) a transferência da capital do estado do Brasil, de Salvador para o Rio de Janeiro.

d) o estado do Grão-Pará e Maranhão recebeu a denominação de estado do Maranhão.

e) a restauração do sistema de Capitanias Hereditárias.

82. Assim como os fenômenos físicos – diziam os iluministas -, as relações entre os indivíduos são regidas pelas leis da natureza. Os pensadores iluministas podem ser divididos em dois grupos: os filósofos e os economistas. Respectivamente, são representantes desses dois grupos:

a) Voltaire e Adam Smith.

b) Diderot e Montesquieu.

c) Piaget e François Quesnay.

d) Vincent de Gournay e Voltaire.

e) François Quesnay e Sartre.

83. A industrialização da segunda metade do século XVIII, particularmente na Inglaterra, iniciou-se com a mecanização do setor têxtil, cuja produção tinha amplos mercados nas colônias inglesas. Qual tratado abriu as portas das colônias portuguesas para as manufaturas inglesas?

a) Tratado de Utrecht, de 1713.

b) Tratado de Methuen, de 1703.

c) Tratado de Paris, de 1763.

d) Tratado de Madri, de 1750.

e) Tratado de Utrecht, de 1715.

84. Embora estivessem subordinadas às leis inglesas, as Treze Colônias norte-americanas gozavam de certa autonomia no que dizia respeito aos assuntos internos. No século XVIII, as relações entre as Colônias e Londres se deterioraram pouco a pouco. Os conflitos se acirraram em 1773, levando o Parlamento britânico a aprovar medidas restritivas em relação à Assembleia de Massachusetts, nas Treze Colônias, que foram denominadas como:

a) Atos de Navegação de Cromwell.

b) Pacto do Mayflower.

c) Leis Intoleráveis.

d) Primeiro Congresso Continental.

e) Leis Townshend.

85. Ideias republicanas estavam presentes entre os brasileiros há tempos. No século XVIII, inspiraram movimentos contra o domínio português. Em 1870, um grupo de políticos lançou, no Rio de Janeiro, o Manifesto Republicano. Os seguintes episódios, ocorridos na segunda metade do século XIX, abalaram o Império Brasileiro. Considerando os seguintes fatos:

    I. Questão Militar.

    II. Questão de Fronteiras.

    III. Questão Religiosa.

    IV. Questão da Cisplatina.

    V. Questão Abolicionista.

    Assinale a alternativa em que todas as proposições estão corretas no que se refere às questões que contribuíram para o fim do período Imperial Brasileiro.

    a) I e II.

    b) I, II e III.

    c) I, III e V.

    d) III, IV e V.

    e) IV e V.

86. O ano de 1930 foi difícil para os cafeicultores brasileiros. De acordo com o historiador Boris Fausto, o volume de vendas do café caiu mais de 35% naquele ano. O motivo fundamental para a queda nas exportações do produto foi a crise mundial do capitalismo. A principal causa dessa crise mundial foi:

    a) a desindustrialização da economia norte-americana, que acabou por desabastecer o mercado internacional.

    b) a superprodução da indústria dos Estados Unidos da América, que cresceu além das necessidades dos mercados interno e internacional.

    c) a vigorosa industrialização da União Soviética, que supriu satisfatoriamente os mercados interno e internacional.

    d) o excesso do capital financeiro na Europa, que afetou diretamente o surgimento de governos democráticos na Península Ibérica.

    e) a quebra da Bolsa de Moscou, que acabou por induzir falências de empresas e de bancos e milhões de desempregados nos Estados Unidos.

87. Se, por um lado, a Guerra Fria significou a inexistência de um conflito direto entre as super-potências, por outro, a disputa entre elas por áreas de influência em todo o mundo deu-se de forma intensa. Uma conferência internacional, que reuniu 29 nações africanas e asiáticas, em 1955, teve a intenção de ser uma alternativa à bipolarização mundial entre os Estados Unidos e União Soviética. Esta conferência foi realizada em:

    a) Bandung.

    b) Teerã.

    c) Yalta.

    d) Pan Munjon.

    e) Varsóvia.

88. Em 1985, a inflação brasileira chegou a 235% ao ano. Para corrigir essa situação, o governo Sarney anunciou, em fevereiro do ano seguinte, um plano de estabilização econômica, conhecido como Plano Cruzado. Observe as afirmativas.

    I. Instituição da moeda chamada Real.

    II. Congelamento de preços.

    III. "Gatilho" salarial, determinando que os salários seriam reajustados sempre que a inflação chegasse a 20% ao mês.

    IV. Substituição da moeda corrente no país, o cruzeiro, pelo cruzeiro novo.

    V. Introdução da Unidade Real de Valor (URV).

    Assinale a alternativa em que todas as afirmativas estão relacionadas ao plano econômico supracitado.

    a) I e II.

    b) I e V.

    c) II e III.

    d) III e V.

    e) IV e V.

 **SIMULADÃO**

INGLÊS

Leia o texto a seguir e responda às próximas 3 questões.

Teaching English in the Brazilian countryside

"In Brazil, countryside youth want to learn about new places, new cultures and people. However, <u>they</u> think their everyday lives are an obstacle to that, because they imagine that country life has nothing to do with other parts of the world", says Rafael Fonseca. Rafael teaches English in a language school in a cooperative coffee cultivation in Paraguaçu. <u>His</u> learners are the children of rural workers.

Rafael tells <u>us</u> that the objective of the project being developed in the cooperative is to give the young people more opportunities of growth in the countryside, and that includes the ability to communicate with international buyers. "In the future, our project may help overcome the lack of succession in countryside activities because, nowadays, rural workers' children become lawyers, engineers, teachers, and sometimes even doctors, but those children very rarely want to have a profession related to rural work", says Rafael.

"That happens", he adds, "because their parents understand that life in the countryside can be hard work and they do not want to see <u>their</u> children running the same type of life that they have. Their children also believe that life in the country does not allow <u>them</u> to have contact with other parts of the world, meet other people and improve cultural bounds. The program intends to show them that by means of a second language they can travel, communicate with new people and learn about new cultures as a means of promoting and selling what they produce in the country, and that includes receiving visitors in their workplace from abroad."

Rafael's strategy is to contextualize the English language and keep learners up-to-date with what happens in the global market. "Integrating relevant topics about countryside living can be transformative in the classroom. The local regional and cultural aspects are a great source of inspiration and learning not only for the young, but for us all."

Adapted from http://www.cambridge.org/elt/blog/2019/01/21/teaching-english-in-the-brazilian-classroom/

89. In the sentence "... our project may help <u>overcome</u> the lack of succession in countryside activities..." (paragraph 2), the word <u>overcome</u> means:

   a) Increase a problem.

   b) Hide a problem.

   c) Control a problem.

   d) Start a problem.

   e) Neglect a problem.

90. Choose the alternative with the correct reference for the underlined words from the text.

   a) They (paragraph 1) = countryside youth.

   b) His (paragraph 1) = paraguaçu.

   c) Us (paragraph 2) = workers.

   d) Their (paragraph 3) = rural workers' children.

   e) Them (paragraph 3) = other parts of the world.

91. According to the text, read the statements and choose the correct alternative.

   I. Rafael tries to show them that their everyday lives are not an obstacle.

   II. Those children's parents don't want them to attend university.

   III. Rafael brings classroom topics close to what the children see and live.

   IV. Those children may replace their parents in the future as rural workers.

   V. The language school reaffirms that country life has nothing to do with other parts of the world.

   a) I, II and IV are correct.

   b) II, IV, and V are correct.

   c) All of them are correct.

   d) I, III, IV and V are correct

   e) I, III and IV are correct.

Leia o texto a seguir e responda às próximas 3 questões.

(Título omitido propositadamente)

Italian children have been told not to turn up to school unless they can prove they have been properly vaccinated. The deadline follows months of national debate over compulsory vaccination. The new law came amid a surge in measles cases - but Italian officials say vaccination rates have improved since it was introduced. Children must receive a range of mandatory immunisations before attending school. They include vaccinations for chickenpox, polio, measles, mumps and rubella.

Children up to the age of six years will be excluded from nursery and kindergarten without proof of vaccination under the new rules. Those aged between six and 16 cannot be banned from attending school, but their parents face fines if they do not complete the mandatory course of immunisations.

Italian media report that regional authorities are handling the situation in a number of different ways. In Bologna, the local authority has set letters of suspension to the parents of

some 300 children, and a total of 5,000 children do not have their vaccine documentation up to date. In other areas there have been no reported cases, while still others have been given a grace period of a few days beyond the deadline.

The new law was passed to raise Italy's dropping vaccination rates from below 80% to the World Health Organisation's 95% target.

Adapted from https://www.bbc.com/news/world-europe-47536981

92. Choose the most appropriate title for the text.
   a) Italy bans unvaccinated children from school.
   b) Italian vaccination rates increased to 80% this year.
   c) National debate over compulsory vaccination has no deadline.
   d) Parents to face fines if they are not immunised in Italy.
   e) Italy prohibits immunisation campaigns in schools.

93. Choose the statement in which the word _range_ is used with the same meaning as in paragraph 1.
   a) It came within my range of vision.
   b) The bomb was tested on a missile range in the desert.
   c) Prices range between £7 and £10.
   d) There is a wide range of opinions on this issue.
   e) She was cooking soup on the range.

94. In the sentence "...while still others have been given a grace period of a few days..." (paragraph 3), the expression grace period means:
   a) tiebreak.
   b) dead end.
   c) extra time.
   d) target.
   e) timetable.

Leia o texto a seguir e responda às próximas 3 questões.

Lego wants to replace plastic blocks with sustainable materials

The Lego Group wants to replace the plastic in their products with a "sustainable material" by 2030, the company announced.

The world's largest toy company will invest $1 billion in their new LEGO Sustainable Materials Centre in Denmark, which _____**(1)** devoted to finding and implementing new sustainable alternatives for their current building materials. Lego plans on hiring 100 specialists for the center. There is no official definition of a sustainable material.

Legos _____**(2)** made with a strong plastic known as acrylonitrile butadiene styrene since 1963. The company uses more than 6,000 tons of plastic annually to manufacture its products, according to NBC News.

Changing the raw material could have a large effect on Lego's carbon footprint, especially considering that only 10% of the carbon emissions from Lego products come from its factories. The other 90% is produced from the extraction and refinement of raw materials, as well as distribution from factories to toy stores.

The company _____**(3)** already taken steps to lower its carbon footprint, including a reduction of packaging size and an investment in an offshore wind farm.

Adapted from http://time.com/3931946/lego-sustainable-materials/

95. In the sentence "Changing the raw material could have a large effect on Lego's <u>carbon footprint</u>..." (paragraph 4), the expression <u>carbon footprint</u> means:
    a) carbon dioxide separation technology for industrial and gas treating applications.
    b) estimation of soil carbon saturation that indicates its potential to store more carbon.
    c) the amount of carbon dioxide produced by the activities of a company.
    d) species that are particularly sensitive and disappear after a pollution event.
    e) long-term rise in the average temperature of the Earth's climate system.

96. Choose the alternative containing the correct verb forms to complete gaps (1), (2) and (3) in paragraphs 2, 3 and 5 respectively.
    a) have, will be, have.
    b) are, have been, have.
    c) will be, has been, hasn't.
    d) will be, have been, has.
    e) will be, haven't been, has.

97. According to the text, choose the correct statement.

    a) A new sustainable material has already been chosen.

    b) Lego has already reduced the size of their packaging.

    c) Lego is planning to reduce the size of their products.

    d) Lego's raw material will continue to be the same.

    e) They are going to hire 100 specialists in 2030.

Leia o texto a seguir e responda às próximas 3 questões.

Prison without guards or weapons in Brazil

Tatiane Correia de Lima is a 26-year-old mother of two who is serving a 12-year sentence in Brazil. The South American country has the world's fourth largest prison population and its jails regularly come under the spotlight for their poor conditions, with chronic overcrowding and gang violence provoking deadly riots.

Lima had just been moved from a prison in the mainstream penitential system to a facility run _____**(1)** the Association for the Protection and Assistance to Convicts (APAC) in the town of Itaúna, in Minas Gerais state. Unlike in the mainstream system, "which steals your femininity", as Lima puts it, at the APAC jail she is allowed to wear her own clothes and have a mirror, make-up and hair dye. But the difference between the regimes is far more than skin-deep.

The APAC system has been gaining growing recognition as a safer, cheaper and more humane answer to the country's prison crisis. All APAC prisoners must have passed through the mainstream system and must show remorse and be willing to follow the strict regime of work and study which is part of the system's philosophy. There are no guards or weapons and visitors are greeted by an inmate who unlocks the main door to the small women's jail.

Inmates are known as *recuperandos (recovering people), reflecting the APAC focus* _____**(2)** restorative justice and rehabilitation. They must study and work, sometimes in collaboration with the local community. If they do not - or if they try to abscond - they risk being returned to the mainstream system. There have been physical fights but never a murder at an APAC jail.

Adapted from https://www.bbc.com/news/world-latin-america-44056946

98. Choose the alternative containing the correct words to respectively complete gaps (1) and (2):
    a) to, in
    b) in, of
    c) at, on
    d) by, from
    e) by, on

99. In the sentence "But the difference between the regimes is far more than skin-deep." (paragraph 2), the expression skin-deep means:
    a) Protective..
    b) Extreme.
    c) Shocking.
    d) profound.
    e) Superficial.

100. According to the text, choose the correct statement.
    a) Brazil's prison system is the most populous in the world.
    b) The prisoners must regret their previous crimes to be relocated to an APAC jail.
    c) There have been no cases of aggression inside APAC facilities.
    d) Lima has a child who is 12 years old.
    e) Brazil is known for its poverty and street protests.

Simulado 3 - 2018 EsPCEx

PORTUGUÊS

Após a leitura atenta do texto apresentado a seguir, responda às questões propostas.

TEXTO DE APOIO 1:

Política pública de saneamento básico: as bases do saneamento como direito de cidadania e os debates sobre novos modelos de gestão

Ana Lucia Britto Professora Associada do PROURB-FAU-UFRJ Pesquisadora do INCT Observatório das Metrópoles

A Assembleia Geral da ONU reconheceu em 2010 que o acesso à água potável e ao esgotamento sanitário é indispensável para o pleno gozo do direito à vida. É preciso, para tanto, fazê-lo de modo financeiramente acessível e com qualidade para todos, sem discriminação. Também obriga os Estados a eliminarem progressivamente as desigualdades na distribuição de água e esgoto entre populações das zonas rurais ou urbanas, ricas ou pobres.

No Brasil, dados do Ministério das Cidades indicam que cerca de 35 milhões de brasileiros não são atendidos com abastecimento de água potável, mais da metade da população não tem acesso à coleta de esgoto, e apenas 39% de todo o esgoto gerado são tratados. Aproximadamente 70% da população que compõe o déficit de acesso ao abastecimento de água possuem renda domiciliar mensal de até ½ salário-mínimo por morador, ou seja, apresentam baixa capacidade de pagamento, o que coloca em pauta o tema do saneamento financeiramente acessível.

Desde 2007, quando foi criado o Ministério das Cidades, identificam-se avanços importantes na busca de diminuir o déficit já crônico em saneamento e pode-se caminhar alguns passos em direção à garantia do acesso a esses serviços como direito social. Nesse sentido destacamos as Conferências das Cidades e a criação da Secretaria de Saneamento e do Conselho Nacional das Cidades, que deram à política urbana uma base de participação e controle social.

Houve também, até 2014, uma progressiva ampliação de recursos para o setor, sobretudo a partir do PAC 1 e PAC 2; a instituição de um marco regulatório (Lei 11.445/2007 e seu decreto de regulamentação) e de um Plano Nacional para o setor, o PLANSAB, construído com amplo debate popular, legitimado pelos Conselhos Nacionais das Cidades, de Saúde e de Meio Ambiente, e aprovado por decreto presidencial em novembro de 2013.

Esse marco legal e institucional traz aspectos essenciais para que a gestão dos serviços seja pautada por uma visão de saneamento como direito de cidadania: a) articulação da política de saneamento com as políticas de desenvolvimento urbano e regional, de habitação, de combate à pobreza e de sua erradicação, de proteção ambiental, de promoção

da saúde; e b) a transparência das ações, baseada em sistemas de informações e processos decisórios participativos institucionalizados.

A Lei 11.445/2007 reforça a necessidade de planejamento para o saneamento, por meio da obrigatoriedade de planos municipais de abastecimento de água, coleta e tratamento de esgotos, drenagem e manejo de águas pluviais, limpeza urbana e manejo de resíduos sólidos. Esses planos são obrigatórios para que possam ser estabelecidos contratos de delegação da prestação de serviços e para que possam ser acessados recursos do governo federal (OGU, FGTS e FAT), com prazo final para sua elaboração terminando em 2017. A Lei reforça também a participação e o controle social, através de diferentes mecanismos como: audiências públicas, definição de conselho municipal responsável pelo acompanhamento e fiscalização da política de saneamento, sendo que a definição desse conselho também é condição para que possam ser acessados recursos do governo federal.

O marco legal introduz também a obrigatoriedade da regulação da prestação dos serviços de saneamento, visando à garantia do cumprimento das condições e metas estabelecidas nos contratos, à prevenção e à repressão ao abuso do poder econômico, reconhecendo que os serviços de saneamento são prestados em caráter de monopólio, o que significa que os usuários estão submetidos às atividades de um único prestador.

FONTE: adaptado de http://www.assemae.org.br/artigos/item/1762-saneamento-basico-como-direito-de-cidadania

01. No texto, a fundamentação que desencadeia todo o debate proposto é o:
   a) Abastecimento de água potável própria e de qualidade, como direito de todos.
   b) Aumento do tratamento do esgoto coletado, que chega a apenas 39% do total.
   c) Acesso à coleta de esgoto nas zonas rurais ou urbanas, ricas ou pobres.
   d) Saneamento financeiramente acessível para a população mais pobre.
   e) Reconhecimento em 2010 do direito ao esgotamento sanitário como indispensável à vida.

02. De acordo com o texto, o Plano Nacional para o setor de saneamento tem sua gênese no:
   a) Reconhecimento do direito humano à água potável.
   b) Estabelecimento de um marco regulatório, aprovado por decreto em 2013.
   c) Amplo debate popular, legitimado pelos conselhos nacionais das cidades.
   d) Progressivo aumento de recursos para o setor de saneamento básico.
   e) Estabelecimento da lei 11.445/2007 e respectivo decreto de regulamentação.

03. No quinto parágrafo, a pesquisadora afirma que o marco regulatório para o setor de saneamento "traz aspectos essenciais para que a gestão dos serviços seja pautada por uma visão de saneamento como direito de cidadania". Assinale a alternativa que, segundo o texto, traz um aspecto que evidencia essa visão.

a) Transparência de processos decisórios específicos em relação à promoção da saúde dentro de uma sistemática informacional.

b) Desenvolvimento de ações decisórias em processos participativos de saneamento básico e sua erradicação das políticas públicas urbanas e regionais.

c) Necessidade de planejamento para o saneamento, com ações de coleta e tratamento de esgotos, além de manejo de resíduos sólidos.

d) Estabelecimento de relações entre as políticas de habitação, de combate à pobreza e de proteção ambiental e a política de saneamento.

e) Ampliação de recursos para o setor de saneamento básico, legitimada pelos Conselhos Nacionais das Cidades, de Saúde e de Meio Ambiente.

04. Segundo a pesquisadora, o tema do saneamento financeiramente acessível é colocado em pauta porque:

a) Uma parcela equivalente a setenta por cento da população compõe o déficit de acesso ao abastecimento de água.

b) Mais da metade da população não tem acesso à coleta de esgoto e apenas trinta e nove por cento de todo o esgoto gerado são tratados.

c) Trinta e cinco milhões de brasileiros não são atendidos com abastecimento de água potável e mais da metade da população não dispõe de saneamento básico.

d) Aproximadamente dois terços da população que não têm acesso regular ao abastecimento de água ganham até meio salário-mínimo.

e) Dispor a água potável própria e de instalações sanitárias é um direito do homem, indispensável para o pleno gozo do direito à vida.

05. Assinale a opção que identifica corretamente o processo de formação das palavras a seguir:

a) Qualidade – sufixação; saneamento – sufixação.

b) Igualdade – sufixação; discriminação – parassíntese.

c) Avanços – derivação imprópria; acesso – derivação regressiva.

d) Acessível – prefixação; felizmente – sufixação.

e) Planejamento – sufixação; combate – derivação regressiva.

06. Em "A Assembleia Geral da ONU reconheceu em 2010 que o acesso à água potável (...)", a palavra "QUE" encontra emprego correspondente em:

   a) "(...) os serviços de saneamento são prestados em caráter de monopólio, o que significa (...)".

   b) "Esses planos são obrigatórios para que possam ser estabelecidos (...)".

   c) "(...) o que significa que os usuários estão submetidos às atividades de um único prestador."

   d) "(...) 70% da população que compõe o déficit de acesso ao abastecimento (...)".

   e) "(...) e do Conselho Nacional das Cidades, que deram à política urbana (...)".

07. Assinale a alternativa em que todos os vocábulos do enunciado são acentuados pela mesma regra.

   a) Uma sólida política de saneamento tem que levar em conta os problemas econômicos da população.

   b) Há um sistema acessível, mas também regulatório.

   c) Pressente-se um crônico sentimento de impotência, resíduo da própria história.

   d) Os termos de privacidade do sistema construído pelos estagiários são inaceitáveis.

   e) As audiências públicas são realizadas em caráter extraordinário.

08. Analise as duas frases a seguir:

   I. Os ladrões estão roubando! Prendam-nos!

   II. Somos os assaltantes! Prendam-nos!

   Assinale a alternativa cuja descrição gramatical dos termos sublinhados está correta.

   a) Em I, "nos" é pronome pessoal oblíquo da 1ª pessoa do plural. Em II, "nos" é pronome pessoal oblíquo da 3ª pessoa do plural.

   b) Ambos são pronomes pessoais oblíquos referentes à 1ª pessoa do plural.

   c) Em I, "nos" é pronome reto da 3ª pessoa do plural. Em II, "nos" é pronome reto da 1ª pessoa do plural.

   d) Em I, "nos" é pronome pessoal oblíquo da 3ª pessoa do plural. Em II, "nos" é pronome pessoal oblíquo da 1ª pessoa do plural.

   e) Ambos são pronomes pessoais retos referentes à 1ª pessoa do plural.

09. "Desde 2007, quando foi criado o <u>Ministério das Cidades</u>, identificam-se a<u>vanços importantes</u> na busca de diminuir o déficit já crônico em saneamento".

As expressões sublinhadas desempenham, respectivamente, as funções sintáticas de:

a) Sujeito paciente e objeto direto.

b) Sujeito agente e sujeito paciente.

c) Objeto direto e sujeito paciente.

d) Objeto direto e objeto direto.

e) Sujeito paciente e sujeito paciente.

10. Marque a alternativa que mostra a voz passiva pronominal.

a) Necessita-se de água potável para 35 milhões de brasileiros.

b) Acredita-se que a coleta de esgoto, em todo o mundo, seja um problema grave.

c) Trata-se de apenas 39% de todo o esgoto gerado pela população.

d) Identificou-se importante avanço na questão do saneamento.

e) Pode-se caminhar alguns passos em direção à garantia do acesso a esses serviços.

11. No enunciado: "No Brasil, dados do Ministério das Cidades indicam <u>que cerca de 35 milhões de brasileiros não são atendidos com abastecimento de água potável</u> (...)", a oração sublinhada tem a função sintática de:

a) Objeto direto da oração principal.

b) Complemento nominal da oração principal.

c) Sujeito da oração principal.

d) Objeto indireto da oração principal.

e) Predicativo da oração principal.

12. Assinale a alternativa em que a palavra "boca" apresenta sentido denotativo.

a) Em boca fechada não entra mosquito.

b) Não contem nada a ninguém! Boca de siri!

c) Vestirei minha calça boca de sino.

d) Na boca da noite tudo acontece.

e) É proibido fazer boca de urna.

13. "Nesse sentido destacamos as Conferências das Cidades e a criação da Secretaria de Saneamento e do Conselho Nacional das Cidades, que deram à política urbana uma base de participação e controle social".

No fragmento, o pronome relativo exerce a função sintática de:

a) Objeto direto e introduz uma explicação.

b) Objeto direto e introduz uma restrição.

c) Objeto indireto e introduz uma explicação.

d) Sujeito e introduz uma restrição.

e) Sujeito e introduz uma explicação.

14. Em "Esse marco legal e institucional traz aspectos essenciais para que a gestão dos serviços seja pautada por uma visão de saneamento como direito de cidadania", a oração sublinhada exerce a mesma função sintática em qual das alternativas a seguir?

a) O problema do saneamento básico é mundial, desde 2010 reconhecido pela ONU, ou seja, é muito grande para que seja resolvido com apenas uma lei.

b) Foi muito importante a criação da Secretaria de Saneamento e do Conselho Nacional das Cidades, que deram à política urbana uma base de participação e controle social.

c) A Lei 11.445/2007 reforça a necessidade de planejamento para o saneamento, porque obriga a criação de planos municipais para tratamento de esgoto.

d) A definição de um conselho municipal de fiscalização é condição para que possam ser acessados recursos do governo federal.

e) As desigualdades sociais eram tantas, com falta de acesso por parte da população à moradia, transporte e saneamento, que foi criado, em 1º de janeiro de 2003, o Ministério das Cidades.

15. "Mais da metade da população não tem acesso à coleta de esgoto".

No fragmento, é correto afirmar que há:

a) Sujeito simples e predicado nominal.

b) Verbo intransitivo e predicado verbal.

c) Verbo transitivo e objetos direto e indireto.

d) Sujeito composto e objeto indireto.

e) Sujeito simples e complemento nominal.

16. Assinale a alternativa correta, quanto ao emprego do acento grave.

a) As nações juntam-se a Assembleia da ONU, para eliminarem progressivamente os problemas de gestão do serviço.

b) A Secretaria de Saneamento e as Conferências das Cidades foram criadas com vistas à diminuir as desigualdades de acesso a esse serviço.

c) Pode-se caminhar alguns passos no sentido de garantir que a essa tarefa alinhe-se a participação social.

d) A gestão dos serviços deve ser acrescentada uma visão de saneamento básico como direito à cidadania.

e) O marco legal estabelece que a prestação dos serviços tem como foco à garantia do cumprimento das metas.

17. Os parnasianos acreditavam que, apoiando-se nos modelos clássicos, estariam combatendo os exageros de emoção e fantasia do Romantismo e, ao mesmo tempo, garantindo o equilíbrio que almejavam. Propunham uma poesia objetiva, de elevado nível vocabular, racionalista, bem-acabada do ponto de vista formal e voltada para temas universais. Esse racionalismo, que enfrentava os "exageros de emoção" e fixava-se no formalismo, fica bem claro na seguinte estrofe parnasiana de Olavo Bilac:

a) E eu vos direi: "Amai para entendê-las!/Pois só quem ama pode ter ouvido/Capaz de ouvir e de entender estrelas."

b) Não me basta saber que sou amado,/Nem só desejo o teu amor: desejo/Ter nos braços teu corpo delicado,/Ter na boca a doçura de teu beijo.

c) Pois sabei que é por isso que assim ando:/Que é dos loucos somente e dos amantes/Na maior alegria andar chorando.

d) Mas que na forma se disfarce o emprego/Do esforço; e a trama viva se construa/De tal modo, que a imagem fique nua, /Rica, mas sóbria, como um templo grego.

e) Esta melancolia sem remédio, /Saudade sem razão, louca esperança/Ardendo em choros e findando em tédio.

18. "Retórica dos namorados, dá-me uma comparação exata e poética para dizer o que foram aqueles olhos de Capitu. Não me acode imagem capaz de dizer, sem quebra da dignidade do estilo, o que eles foram e me fizeram. Olhos de ressaca? Vá, de ressaca. É o que me dá ideia daquela feição nova. Traziam não sei que fluido misterioso e enérgico, uma força que arrastava para dentro, como a vaga que se retira da praia, nos dias de ressaca. Para não ser arrastado, agarrei-me às outras partes vizinhas, às orelhas, aos braços, aos cabelos

espalhados pelos ombros; mas tão depressa buscava as pupilas, a onda que saía delas vinha crescendo, cava e escura, ameaçando envolver-me, puxar-me e tragar-me."

ASSIS. Machado de. Dom Casmurro. São Paulo: Ática,1999. p.55 (fragmento)

Com Dom Casmurro, obra publicada em 1899, depois de Memórias Póstumas de Brás Cubas (1881) e de Quincas Borba (1891), Machado de Assis deixa marcas indeléveis de que a Literatura Brasileira vivia um novo período literário, bem diferente do Romantismo. Nessas obras, nota-se uma forma diferente de sentir e de ver a realidade, menos idealizada, mais verdadeira e crítica: uma perspectiva realista. O trecho apresentado representa essa perspectiva porque o narrador:

a) Exagera nas imagens poéticas traduzidas por "fluido misterioso", "praia", "cabelos espalhados pelos ombros" em uma realização imagética da mulher que o tragava como fazem as ondas de um mar em ressaca.

b) Deixa-se levar pelas ondas que saíam das pupilas de Capitu em um fluido, misterioso e enérgico, que o arrasta depressa como uma vaga que se retira da praia em dias de ressaca, não adiantando agarrar- se nem aos braços nem aos cabelos da moça.

c) Retira-se da praia como as vagas em dias de ressaca por não ser capaz de dizer a Capitu o que está sentindo ao olhá-la nos olhos sem quebrar a dignidade mínima daquele momento em que duas pessoas apaixonam-se.

d) Solicita à "retórica dos namorados" uma comparação que seja, ao mesmo tempo, exata e poética capaz de descrever os olhos de Capitu, revelando a dificuldade de apresentar uma verdade que não estrague a idealização romântica.

e) Ridiculariza a retórica dos românticos ao afirmar que os olhos de Capitu pareciam com uma ressaca do mar e, por isso, não seria capaz de descrevê-los de maneira poética, traduzindo, assim, o realismo literário de sua época.

19. Leia o trecho a seguir, retirado de I-Juca Pirama, obra de Gonçalves Dias.

Da tribo pujante,

Que agora anda errante

Por fado inconstante,

Guerreiros, nasci:

Sou bravo, sou forte,

sou filho do norte,

Meu canto de morte,

Guerreiros, ouvi.

Trata-se de um:

a) Poema lírico.

b) Poema épico.

c) Cantiga de amigo.

d) Novela de cavalaria.

e) Auto de fundo religioso.

20. Leia as afirmações a seguir sobre Carlos Drummond de Andrade:

I. Preferiu não participar da Semana de Arte Moderna, mas enviou seu famoso poema "Os Sapos", que, lido por Ronald de Carvalho, tumultuou o Teatro Municipal.

II. Sua fase "gauche" caracterizou-se pelo pessimismo, pelo individualismo, pelo isolamento e pela reflexão existencial. A obra mais importante foi o "Poema de Sete Faces".

III. Na fase social, o eu lírico manifesta interesse pelo seu tempo e pelos problemas cotidianos, buscando a solidariedade diante das frustrações e das esperanças humanas.

IV. A última fase foi marcada pela poesia intimista, de orientação simbolista, prezando o espiritualismo e orientalismo e a musicalidade, traços que podem ser notados no poema "O motivo da Rosa".

Estão corretas as afirmações:

a) I, II e III.

b) II, III e IV.

c) II e III.

d) II e IV.

e) III e IV.

FÍSICA

21. Considere uma máquina térmica X que executa um ciclo termodinâmico com a realização de trabalho. O rendimento dessa máquina é de 40% do rendimento de uma máquina Y que funciona segundo o ciclo de Carnot, operando entre duas fontes de calor com temperaturas de 27 °C e 327 °C. Durante um ciclo, o calor rejeitado pela máquina X para a fonte fria é de 500 J, então o trabalho realizado neste ciclo é de:

a) 100 J.

b) 125 J.

c) 200 J.

d) 500 J.

e) 625 J.

22. Dois fios longos e retilíneos 1 e 2, fixos e paralelos entre si, estão dispostos no vácuo, em uma direção perpendicular a um plano α. O plano α contém o ponto C conforme representado no desenho a seguir. Os fios são percorridos por correntes elétricas constantes, de mesmo sentido, saindo do plano α para o observador. O fio 1 é percorrido por uma corrente elétrica de intensidade $i_1 = 6$ A e o fio 2 por uma corrente de intensidade $i_2 = 8$ A. O módulo do vetor indução magnética resultante no ponto C devido às correntes i_1 e i_2 é:

Dado: considere a permeabilidade magnética do vácuo igual a $4 \cdot \pi \cdot 10^{-7}$ T·m/A.

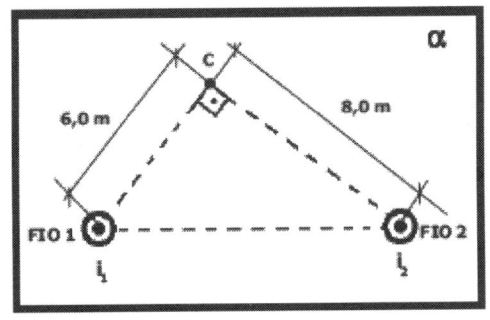

Desenho Ilustrativo Fora de Escala

a) $8 \cdot 10^{-7}$ T.

b) $6 \cdot \sqrt{2} \cdot 10^{-7}$ T.

c) $4 \cdot \sqrt{2} \cdot 10^{-7}$ T.

d) $4 \cdot 10^{-7}$ T.

e) $2 \cdot \sqrt{2} \cdot 10^{-7}$ T.

23. No circuito desenhado a seguir, temos três pilhas ideais ligadas em paralelo que fornecem uma ddp igual a 25 V cada uma. Elas alimentam três resistores ôhmicos: $R_1=10\ \Omega$, $R_2=R_3=20\ \Omega$. O amperímetro, o voltímetro e os fios condutores inseridos no circuito são todos ideais. As leituras indicadas no amperímetro (A) e no voltímetro (V) são, respectivamente,

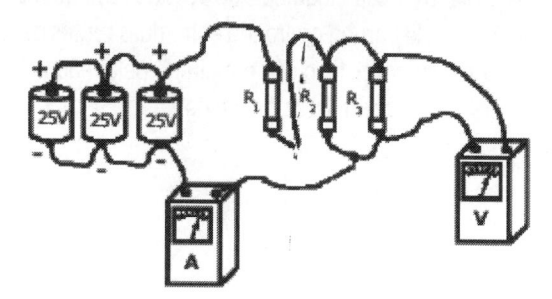

Desenho Ilustrativo Fora de Escala

a) 5,00 A e 25,00 V.

b) 0,50 A e 20,00 V.

c) 2,50 A e 16,66 V.

d) 1,25 A e 12,50 V

e) 3,75 A e 37,50 V.

24. O ponto C de uma haste homogênea AB, de seção reta uniforme com massa desprezível, está preso, através de uma mola ideal, ao ponto D de uma parede vertical. A extremidade A da haste está articulada em O. A haste sustenta pesos de 20 N, 40 N e 60 N e está em equilíbrio estático, na horizontal, conforme representado no desenho a seguir. Sabendo que a deformação na mola é de 10 cm, então o valor da constante elástica da mola é:

Dados: sen 30° = cos 60° = $\dfrac{1}{2}$

cos 30° = sen 60° = $\dfrac{\sqrt{3}}{2}$

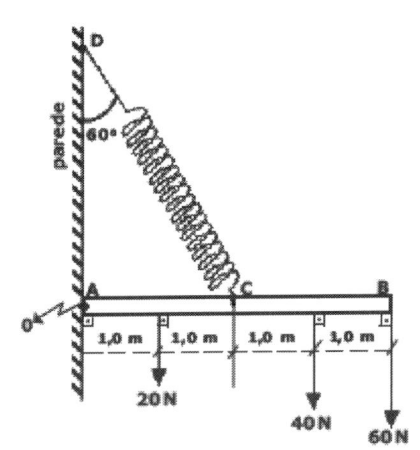

Desenho Ilustrativo Fora de Escala

a) 1900 N/m.

b) 2400 N/m.

c) 3800 N/m.

d) 4300 N/m.

e) 7600 N/m.

25. Dois fios inextensíveis, paralelos, idênticos e de massas desprezíveis suspendem um bloco regular de massa 10 kg formando um pêndulo vertical balístico, inicialmente em repouso. Um projetil de massa igual a 100 g, com velocidade horizontal, penetra e se aloja no bloco e, devido ao choque, o conjunto se eleva a uma altura de 80 cm, conforme figura a seguir. Considere que os fios permaneçam sempre paralelos. A velocidade do projetil imediatamente antes de entrar no bloco é:

Dados: despreze a resistência do ar e considere a aceleração da gravidade igual a 10 m/s².

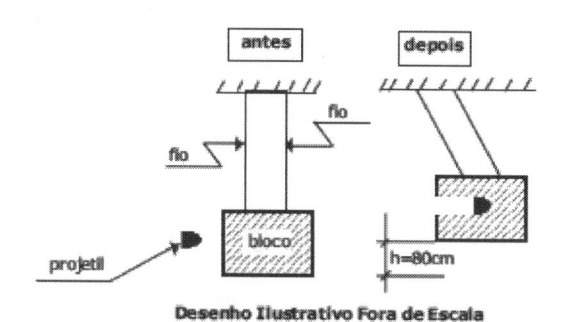

Desenho Ilustrativo Fora de Escala

a) 224 m/s.

b) 320 m/s.

c) 370 m/s.

d) 380 m/s.

e) 404 m/s.

26. Considere uma esfera metálica de massa igual a 10^{-6} kg e carga positiva de 10^{-3} C. Ela é lançada verticalmente para cima com velocidade inicial $v_0 = 50$ m/s, em uma região onde há um campo elétrico uniforme apontado verticalmente para baixo, de módulo $E = 10^{-2}$ N/C. A máxima altura que a esfera alcança, em relação ao ponto de onde foi lançada, é de:

Dado: considere a aceleração da gravidade igual a 10 m/s².

a) 32,5 m.

b) 40,5 m.

c) 62,5 m.

d) 70,0 m.

e) 82,7 m.

27. Uma jovem, para fazer sua maquiagem, comprou um espelho esférico de Gauss. Ela observou que, quando o seu rosto está a 30 cm do espelho, a sua imagem é direita e três vezes maior do que o tamanho do rosto.

O tipo de espelho comprado pela jovem e o seu raio de curvatura são, respectivamente,

a) Côncavo e maior do que 60 cm.

b) Convexo e maior do que 60 cm.

c) Côncavo e igual a 30 cm.

d) Côncavo e menor do que 30 cm.

e) Convexo e menor do que 30 cm.

28. Duas esferas homogêneas A e B, unidas por um fio ideal na posição vertical, encontram-se em equilíbrio estático completamente imersas em um líquido homogêneo em repouso de densidade 1 kg/dm³, contido em um recipiente apoiado na superfície da Terra, conforme desenho a seguir. As esferas A e B possuem, respectivamente, as massas m_A=1 kg e m_B=5 kg. Sabendo que a densidade da esfera B é de 2,5 kg/dm³, o volume da esfera A é de:

Dado: considere a aceleração da gravidade igual a 10 m/s².

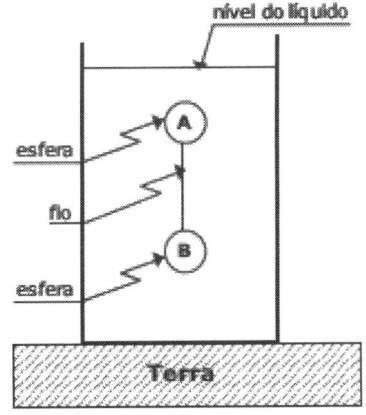

Desenho Ilustrativo Fora de Escala

a) 2 dm³.

b) 3 dm³.

c) 4 dm³.

d) 5 dm³.

e) 6 dm³.

29. Um motor tem uma potência total igual a 1500 W e eleva de 15 m um volume de $9\cdot10^4$ L de água de um poço artesiano durante 5 horas de funcionamento. O rendimento do motor, nessa operação, é de:

Dados: considere a aceleração da gravidade igual a 10 m/s² e a densidade da água igual a 1 Kg/L.

a) 30%.

b) 50%.

c) 60%.

d) 70%.

e) 80%.

30. Com relação às ondas, são feitas as seguintes afirmações:

I. As ondas mecânicas propagam-se somente em meios materiais.

II. As ondas eletromagnéticas propagam-se somente no vácuo.

III. As micro-ondas são ondas que se propagam somente em meios materiais.

Das afirmações, está(ão) correta(s) apenas a(s):

a) I.

b) II.

c) I e III.

d) I e II.

e) II e III.

31. O gráfico a seguir está associado ao movimento de uma motocicleta e de um carro que se deslocam ao longo de uma estrada retilínea. Em t=0 h ambos se encontram no quilômetro 0 (zero) dessa estrada.

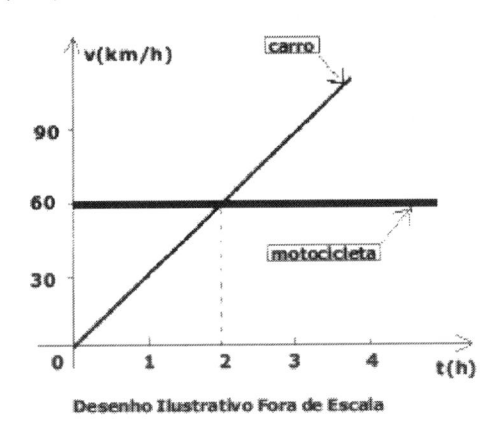

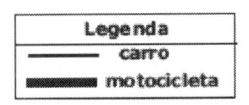

Desenho Ilustrativo Fora de Escala

Com relação a esse gráfico, são feitas as seguintes afirmações:

I. A motocicleta percorre a estrada em movimento uniformemente retardado.

II. Entre os instantes 0 h e 2 h, o carro e a motocicleta percorreram, respectivamente, uma distância de 60 km e 120 km.

III. A velocidade do carro aumenta 30 km/h a cada hora.

IV. O carro e a motocicleta voltam a estar na mesma posição no instante t=2 h.

Das afirmações, está(ão) correta(s) apenas a(s):

a) IV.

b) II, III e IV.

c) I, III e IV.

d) II e III.

e) I e III.

32. Com relação a um ponto material que efetua um movimento harmônico simples linear, podemos afirmar que:

a) Ele oscila periodicamente em torno de duas posições de equilíbrio.

b) A sua energia mecânica varia ao longo do movimento.

c) O seu período é diretamente proporcional à sua frequência.

d) A sua energia mecânica é inversamente proporcional à amplitude.

e) O período independe da amplitude de seu movimento.

QUÍMICA

33. Quando ocorre a combustão completa de quaisquer hidrocarbonetos, há a produção dos compostos gás carbônico (CO_2) e água (H_2O). Acerca dessas substâncias afirma-se que:

I. As moléculas CO_2 e H_2O apresentam a mesma geometria molecular.

II. A temperatura de ebulição da água é maior que a do CO_2, pois as moléculas de água na fase líquida se unem por ligação de hidrogênio, interação intermolecular extremamente intensa.

III. A molécula de CO_2 é polar e a de água é apolar.

IV. A temperatura de fusão do CO_2 é maior que a da água, pois, diferentemente da água, a molécula de CO_2 apresenta fortes interações intermoleculares por apresentar geometria angular.

V. O número de oxidação (Nox) do carbono na molécula de CO_2 é +4.

Estão corretas apenas as afirmativas:

a) I, II e IV.

b) II, III e IV.

c) I, III e V.

d) III e IV.

e) II e V.

34. Os carbetos pertencem aos chamados compostos de transição, isto é, possuem o elemento carbono, mas, devido às suas características, nos carbetos o carbono forma ânions simples que estabelecem ligações com metais ou semimetais. Os carbetos são compostos que apresentam um dos seguintes ânions: metaneto (C^{4-}) ou acetileto (C^{2-}).

(FONSECA, Martha Reis Marques da, Química Geral, São Paulo: Ed FTD, 2007, pág 330)

O carbeto de cálcio (CaC_2), também denominado de carbureto ou acetileto de cálcio, é um sólido duro que reage com a água para produção do gás acetileno (C_2H_2). A reação que se processa é representada pela seguinte equação não balanceada: $CaC_2 + H_2O \rightarrow C_2H_2 + Ca(OH)_2$

Com relação a esta reação, seus reagentes e produtos, são feitas as seguintes afirmativas:

I. O carbeto de cálcio é um composto iônico.

II. A nomenclatura oficial da união internacional de química pura e aplicada (IUPAC) para o acetileno (C_2H_2) é etino.

III. O $Ca(OH)_2$ é classificado como uma base de arrhenius e tem nomenclatura de hidróxido de cálcio.

IV. A soma dos coeficientes da equação corretamente balanceada é 5.

V. Todos os reagentes e produtos são classificados como substâncias simples.

Dado: número atômico (Z) H = 1; O = 8; Ca = 20; C = 6

Estão corretas apenas as afirmativas:

a) I, II e V.

b) II, III e IV.

c) I, II, III e IV.

d) II, III, IV e V.

e) I, II, IV e V.

35. Na ração operacional do Exército Brasileiro, é fornecida uma cartela contendo cinco comprimidos do composto dicloro isocianurato de sódio, também denominado de dicloro-s-triazinotriona de sódio ou trocloseno de sódio, dentre outros. Essa substância possui a função de desinfecção da água, visando a potabilizá-la. Instruções na embalagem informam que se deve adicionar um comprimido para cada 1 L água a ser potabilizada, aguardando-se o tempo de 30 minutos para o consumo. A estrutura do dicloro isocianurato de sódio é representada a seguir:

dicloro isocianurato de sódio

Considerando a estrutura apresentada e o texto, são feitas as seguintes afirmativas:

I. Em sua estrutura encontra-se o grupo funcional representativo da função nitrocomposto.

II. Todos os carbonos apresentados na estrutura possuem hibridização sp^2.

III. Sua fórmula molecular é $C_3C\ell_2N_3NaO_3$.

IV. Considerando-se um cantil operacional contendo 1000 mL de água, será necessário mais que uma unidade do comprimido para desinfecção completa dessa água.

Das afirmativas feitas estão corretas apenas:

a) I e II.

b) III e IV.

c) II e III.

d) I, III e IV.

e) I, II e III.

36. A uma solução aquosa de 100 mL de ácido clorídrico (HCl) de concentração 1 mol·L⁻¹ foram adicionados 400 mL de uma solução aquosa de hidróxido de sódio (NaOH) de concentração 0,75 mol·L⁻¹.

Considerando que:

* A solução básica foi parcialmente neutralizada pela solução do ácido;

* O ácido clorídrico é um ácido forte (α=100%);

* O hidróxido de sódio é uma base forte (α=100%).

O pH da mistura resultante dessa reação de neutralização é:

Dado: $\log 4 = 0,60$

a) 13,6.

b) 11,4.

c) 9,8.

d) 7,5.

e) 4,3.

37. A representação a seguir corresponde à parte superior da tabela periódica, na qual as letras não correspondem aos verdadeiros símbolos dos elementos.

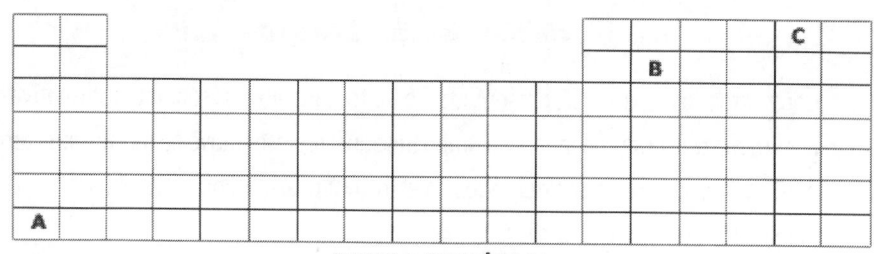

TABELA PERIÓDICA

Considere as afirmativas acerca dos elementos hipotéticos (A, B, C) apresentados na Tabela Periódica.

I. Dentre os elementos hipotéticos, o elemento A é o de maior afinidade eletrônica ("energia liberada quando um átomo isolado, no estado gasoso, captura um elétron").

USBERCO, João e SALVADOR, Edgard. Química, Vol. 2: Físico-Química. 12ª ed. Reform - São Paulo: Ed. Saraiva, 2009, pág. 202.

II. Dentre os elementos hipotéticos, pode-se afirmar que o elemento B é o de maior Eletropositividade ("capacidade de um átomo perder elétrons, originando cátions").

USBERCO, João e SALVADOR, Edgard. Química, Vol. 2: Físico-Química. 12ª ed. Reform - São Paulo: Ed. Saraiva, 2009, pág. 203.

III. Dentre os elementos hipotéticos, pode-se afirmar que o elemento C é o mais Eletronegativo ("força de atração exercida sobre os elétrons de uma ligação").

USBERCO, João e SALVADOR, Edgard. Química, Vol. 2: Físico-Química. 12ª ed. Reform - São Paulo: Ed. Saraiva, 2009, pág. 202.

Das afirmativas feitas está(ão) correta(s) apenas:

a) I.

b) II.

c) III.

d) I e II.

e) II e III.

38. "O tungstênio é encontrado em vários minerais, como óxidos de volframita – (Fe, Mn) WO_4, e a scheelita – $CaWO_4$. É usado em filamentos de lâmpadas incandescentes, em tanques de guerra, balas de revólver e em ferramentas de corte e perfuração".

FONSECA, Martha Reis Marques da, Química Geral, São Paulo: Ed FTD, 2007, pág 207.

Acerca da espécie química $CaWO_4$ e seus átomos constituintes, são feitas as seguintes afirmativas:

I. No composto $CaWO_4$ o número de oxidação (Nox) do tungstênio é +6. II O composto $CaWO_4$ é considerado um peróxido.

II. O $CaWO_4$ é uma substância que possui apenas ligações do tipo covalente.

III. O tungstênio (Z=74) é um metal de transição externa ("elementos com configuração eletrônica terminando em ns^2 $(n-1)d^{1\ \text{até}\ 10}$").

FONSECA, Martha Reis Marques da, Química Geral, São Paulo: Ed FTD, 2007, pág 206.

Das afirmativas feitas estão corretas apenas:

a) I e II.

b) II e III.

c) III e IV.

d) I e IV.

e) I, II e III.

39. Acidulantes são substâncias utilizadas principalmente para intensificar o gosto ácido de bebidas e outros alimentos. Diversos são os ácidos empregados para essa finalidade. Alguns podem ser classificados como ácidos orgânicos e outros como ácidos inorgânicos. Dentre eles, estão os quatro descritos pelas fórmulas moleculares e estruturais a seguir.

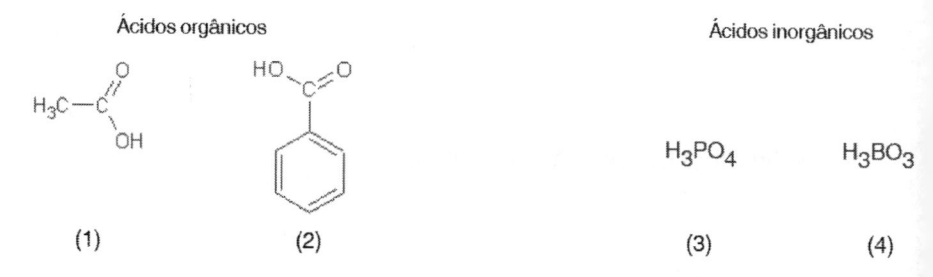

| Ácidos orgânicos | | Ácidos inorgânicos | |
| (1) | (2) | (3) | (4) |

A alternativa que descreve, respectivamente, a correta nomenclatura oficial destes ácidos é:

a) 1 - Ácido etânico; 2 - Ácido fenoico;   3 - Ácido fosfórico; 4 - Ácido bórico.

b) 1 - Ácido etanoico; 2 - Ácido benzoico; 3 - Ácido fosfórico; 4 - Ácido bórico.

c) 1 - Ácido etanoico; 2 - Ácido benzílico; 3 - Ácido fosforoso; 4 - Ácido borático.

d) 1 - Ácido propílico; 2 - Ácido benzílico; 3 - Ácido fosfático; 4 - Ácido boroso.

e) 1 - Ácido etanoso; 2 - Ácido benzoico; 3 - Ácido fosforoso; 4 - Ácido bárico.

40. "As reações químicas ocorrem sempre em uma proporção constante, que corresponde ao número de mol indicado pelos coeficientes da equação química. Se uma das substâncias que participa da reação estiver em quantidade maior que a proporção correta, ela não será consumida totalmente. Essa quantidade de substância que não reage é chamada excesso (...). O reagente que é consumido totalmente, e por esse motivo determina o fim da reação, é chamado de reagente limitante."

USBERCO, João e SALVADOR, Edgard. Química, Vol. 1: Química Geral. 14ª ed. Reform - São Paulo: Ed. Saraiva, 2009, pág. 517.

Um analista precisava neutralizar uma certa quantidade de ácido sulfúrico (H_2SO_4) de seu laboratório e tinha hidróxido de sódio (NaOH) à disposição para essa neutralização. Ele realizou a mistura de 245 g de ácido sulfúrico com 100 g de hidróxido de sódio e verificou que a massa de um dos reagentes não foi completamente consumida nessa reação. Sabendo-se que o reagente limitante foi completamente consumido, a massa do reagente que sobrou como <u>excesso</u> após a reação de neutralização foi de:

Dado: massa atômica do H= 1 u; O= 16 u; Na= 23 u; Cl=35,5 u

a) 52,4 g.

b) 230,2 g.

c) 384,7 g.

d) 122,5 g.

e) 77,3 g.

41. No ano de 2018, os alunos da EsPCEx realizaram, na aula prática de laboratório de química, um estudo sobre revestimento de materiais por meio da eletrólise com eletrodos ativos, visando ao aprendizado de métodos de proteção contra corrosão. Nesse estudo, eles efetuaram, numa cuba eletrolítica, o cobreamento de um prego, utilizando uma solução de sulfato de cobre II e um fio de cobre puro como contraeletrodo. Para isso, utilizaram uma bateria como fonte externa de energia, com uma corrente contínua de intensidade constante de 100 mA e gastaram o tempo de 2 minutos. Considerando-se não haver interferências no experimento, a massa aproximada de cobre metálico depositada sobre o prego foi de:
Dados: massa molar do cobre = 64 g · mol^{-1}; 1 Faraday = 96500 C · mol^{-1}

a) 6,50 mg.

b) 0,14 mg.

c) 20,42 mg.

d) 12,01 mg.

e) 3,98 mg.

42. O estudo da velocidade das reações é muito importante para as indústrias químicas, pois conhecê-la permite a proposição de mecanismos para uma maior produção. A tabela a seguir apresenta os resultados experimentais obtidos para um estudo cinético de uma reação química genérica elementar.

$$\alpha A + \beta B + \chi C \rightarrow D + E$$

Experimento	[A]	[B]	[C]	Velocidade (mol·L⁻¹·s⁻¹)
1	0,10	0,10	0,10	$4·10^{-4}$
2	0,20	0,10	0,10	$8·10^{-4}$
3	0,10	0,20	0,10	$8·10^{-4}$
4	0,10	0,10	0,20	$1,6·10^{-3}$

A partir dos resultados experimentais apresentados na tabela, pode se afirmar que a expressão da equação da lei da velocidade (V) para essa reação química é:

a) $V=k[A]^1[B]^1[C]^2$.

b) $V=k[A]^2[B]^1[C]^2$.

c) $V=k[A]^2[B]^2[C]^1$.

d) $V=k[A]^1[B]^1[C]^1$.

e) $V=k[A]^0[B]^1[C]^1$.

43. A reação de combustão completa do etanol (C_2H_5OH) produz gás carbônico (CO_2) e água (H_2O). Dada a tabela a seguir, de calores de formação das espécies químicas, e considerando a reação de combustão completa desse álcool, são feitas as seguintes afirmativas:

Composto	Δ_f^0(kJ.mol⁻¹) (25°C, 1atm)
C_2H_5OH (l)	-278
Co_2(g)	-394
H_2O (l)	-286

I. O agente oxidante dessa reação é o O_2.

II. O coeficiente estequiométrico da água, após o balanceamento da equação, é 2.

III. Considerando a densidade do etanol 0,8 g/mL (25°C; 1 atm), a combustão completa de 1150 mL desse composto libera aproximadamente 27360 kJ.

IV. A quantidade de calor liberada na combustão de 1 mol de etanol é de 278 kJ·mol⁻¹.

Das afirmativas feitas estão corretas apenas:

a) II, III e IV.

b) I e II.

c) III e IV.

d) II e IV.

e) I e III.

44. Considere que a reação de cobre metálico com ácido nítrico diluído produz, nas CNTP, um volume gasoso de 181,6 L de óxido de nitrogênio II (NO), água e nitrato de cobre II.

Nesse caso, a soma dos coeficientes estequiométricos da equação corretamente balanceada dessa reação completa e a massa de cobre consumida são, respectivamente,

Dados: massa atômica de cobre 64 u; volume molar nas CNTP: 22,7 L

a) 18 e 1222 g.

b) 20 e 768 g.

c) 16 e 154 g.

d) 20 e 650 g.

e) 18 e 402 g.

MATEMÁTICA

45. O volume de uma esfera inscrita em um cubo com volume 216 cm^3 é igual a:

a) 38π cm^3.

b) 36π cm^3.

c) 34π cm^3.

d) 32π cm^3.

e) 30π cm^3.

46. Dentre as alternativas a seguir, aquela que apresenta uma função trigonométrica de período 2π, cujo gráfico está representado na figura a seguir é:

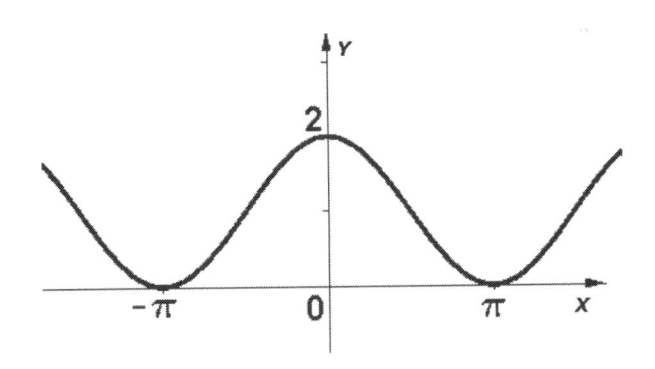

Desenho Ilustrativo Fora de Escala

a) f(x)=1-sen(π-x).

b) f(x)=1+cos(π-x).

c) f(x)=2-cos(π+x).

d) f(x)=2-sen (π+x).

e) f(x)=1-cos(π-x).

47. Seja *A* o maior subconjunto de *IR* no qual está definida a função real

$$f(x) = \sqrt{\dfrac{X^3 - 5x^2 - 25x + 125}{x + 5}}$$.Considere, ainda, *B* o conjunto das imagens de f.

Nessas condições:

a) A= *IR*– {-5} e B= *IR* $_+$ – {10}.

b) A= *IR* – {-5} e B= *IR* $_+$.

c) A= *IR* –{-5} e B= *IR* .

d) A= *IR*–{-5,5} e B= *IR* $_+$.

e) A= *IR* – {-5,5} e B= *IR* $_+$– {10}.

48. Enrico guardou moedas em um cofrinho por um certo período de tempo e, ao abri-lo, constatou que:

I. O cofrinho contém apenas moedas de R$ 0,25, R$ 0,50 e R$ 1,00.

II. A probabilidade de retirar uma moeda de R$ 0,25 é o triplo da probabilidade de retirar uma moeda de R$ 0,50.

III. Se forem retiradas 21 moedas de R$ 0,25 desse cofrinho, a probabilidade de retirar uma moeda de R$ 0,50 passa a ser $\dfrac{9}{40}$.

IV. Se forem retiradas 9 moedas de R$ 0,50 desse cofrinho, a probabilidade de retirar uma moeda de R$ 1,00 passa a ser $\dfrac{1}{4}$.

Diante dessas constatações, podemos afirmar que a quantidade de moedas de R$ 0,25 nesse cofrinho era:

a) 27.

b) 32.

c) 33.

d) 81.

e) 108.

49. A equação $\log_3 x = 1 + 12\log_{x^2} 3$ tem duas raízes reais. O produto dessas raízes é:

   a) 0.

   b) $\dfrac{1}{3}$.

   c) $\dfrac{3}{2}$.

   d) 3.

   e) 9.

50. A equação da reta tangente ao gráfico da função $f(x) = x^2 - 6x + 1$, no ponto $(4,-7)$, é igual a:

   a) $y = -2x + 1$.

   b) $y = 3x - 19$.

   c) $y = x - 11$.

   d) $y = -3x + 5$.

   e) $y = 2x - 15$.

51. Na figura a seguir, a equação da circunferência é $x^2+y^2=3$ e a reta suporte do segmento MN tem coeficiente angular igual a $\sqrt{3}$.

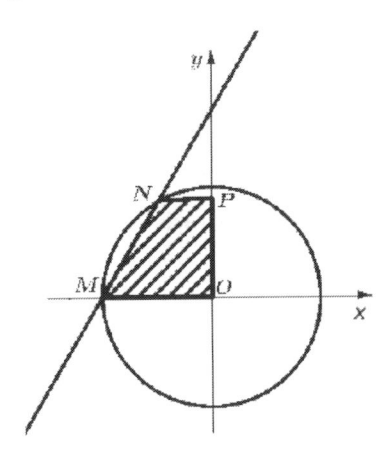

Desenho Ilustrativo Fora de Escala

O volume do sólido gerado pela rotação do trapézio MNPO em relação ao eixo y é:

b) $\dfrac{21\pi}{8}$.

c) $\dfrac{9\pi\sqrt{3}}{8}$.

d) $\dfrac{24\pi\sqrt{3}}{8}$.

e) $\dfrac{63\pi\sqrt{3}}{8}$.

52. Os pontos $M(0, y)$, com $y \geq 0$ e $N(\sqrt{3}, 4)$ pertencem a uma circunferência de centro $C(0, 2)$. Considere o ponto P, do gráfico de $f(x)=\sqrt{x} +2$, que possui ordenada y igual à do ponto M.

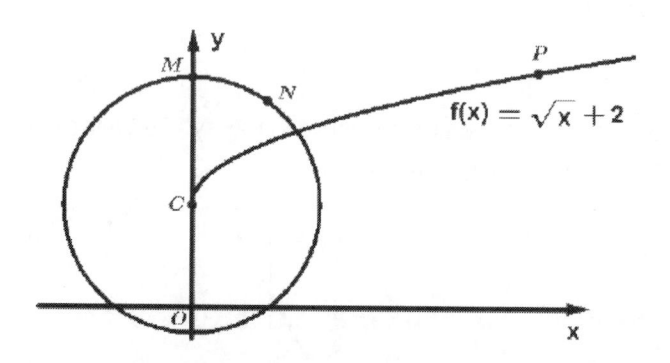

Desenho Ilustrativo Fora de Escala

A abscissa x do ponto P é igual a:

a) $\sqrt{7}$.

b) $\sqrt{7} + 2$.

c) 7.

d) 9.

e) 12.

53. Sabendo que o gráfico a seguir representa a função real $f(x)=|x-2| + |x+3|$, então o valor de $a + b +c$ é igual a:

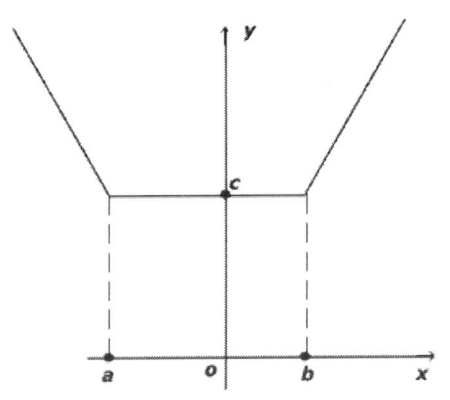

Desenho Ilustrativo Fora de Escala

a) –7.

b) –6.

c) 4.

d) 6.

e) 10.

54. O número de raízes reais da equação $2\cos^2 x + 3\cos x + 1=0$ no intervalo $]0,2\pi[$ é:

a) 0.

b) 1.

c) 2.

d) 3.

e) 4.

55. A figura mostra um esboço do gráfico da função $f(x)=a^x+b$, com a e b reais, a>0, a≠1 e b≠0. Então, o valor de f(2)-f(-2) é igual a:

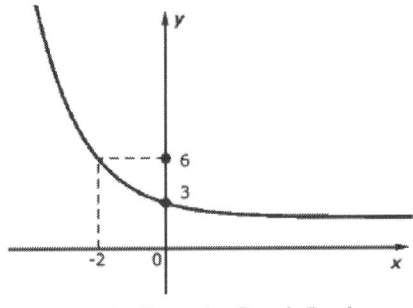

Desenho Ilustrativo Fora de Escala

143

a) $-\dfrac{3}{4}$.

b) $-\dfrac{15}{4}$.

c) $-\dfrac{1}{4}$.

d) $-\dfrac{7}{6}$.

e) $-\dfrac{35}{6}$.

56. Considere a função f: $IR \to IR$ definida por $f(x)=\sqrt{3}^{\,4+2sen3x}$ e a função $IR \to IR$, definida por $g(x)=\left(\dfrac{\sqrt{3}}{3}\right)^{1+3cos2x}$. O produto entre o valor mínimo de f e o valor máximo de g é igual a:

a) $\dfrac{1}{81}$.

b) $\dfrac{1}{9}$.

c) 1.

d) 9.

e) 81.

57. Uma fábrica de tratores agrícolas, que começou a produzir em 2010, estabeleceu como meta produzir 20.000 tratores até o final do ano de 2025. O gráfico a seguir mostra as quantidades de tratores produzidos no período 2010-2017.

Admitindo que a quantidade de tratores produzidos evolua nos anos seguintes segundo a mesma razão de crescimento do período 2010-2017, é possível concluir que a meta prevista:

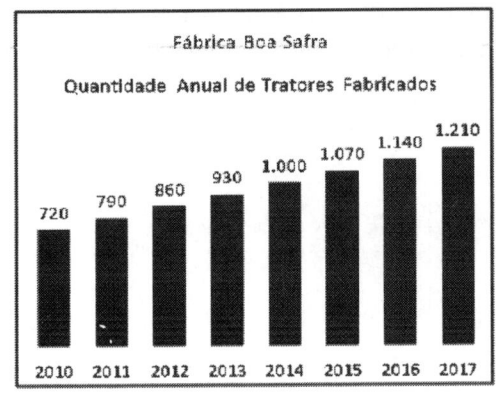

Fábrica Boa Safra

Quantidade Anual de Tratores Fabricados

Desenho Ilustrativo Fora de Escala

a) deverá ser atingida, sendo superada em 80 tratores.

b) deverá ser atingida, sendo superada em 150 tratores.

c) não deverá ser atingida, pois serão produzidos 1.850 tratores a menos.

d) não deverá ser atingida, pois serão produzidos 150 tratores a menos.

e) não deverá ser atingida, pois serão produzidos 80 tratores a menos.

58. Os centros de dois círculos distam 25 cm. Se os raios desses círculos medem 20 cm e 15 cm, a medida da corda comum a esses dois círculos é:

a) 12 cm.

b) 24 cm.

c) 30 cm.

d) 32 cm.

e) 36 cm.

59. Em um triângulo ABC, $\overline{BC}$ =12 cm e a mediana relativa a esse lado mede 6 cm. Sabendo-se que a mediana relativa ao lado AB mede 9 cm, qual a área desse triângulo?

a) $\sqrt{35}$ cm².

b) $2\sqrt{35}$ cm².

c) $6\sqrt{35}$ cm².

d) $\dfrac{\sqrt{35}}{2}$ cm².

e) $3\sqrt{35}$ cm².

60. Uma hipérbole tem focos $F_1(-5,0)$ e $F_2(5,0)$ e passa pelos pontos $P(3,0)$ e $Q(4,y)$, com $y>0$. O triângulo com vértices em F_1, P e Q tem área igual a:

a) $\dfrac{16\sqrt{7}}{3}$.

b) $\dfrac{16\sqrt{7}}{5}$.

c) $\dfrac{32\sqrt{7}}{3}$.

d) $\dfrac{8\sqrt{7}}{3}$.

e) $\dfrac{8\sqrt{7}}{5}$.

61. Considere o conjunto de números naturais {1,2, ..., 15}. Formando grupos de três números distintos desse conjunto, o número de grupos em que a soma dos termos é ímpar é:

a) 168.

b) 196.

c) 224.

d) 227.

e) 231.

62. Sabendo que o número complexo i (sendo i a unidade imaginária) é raiz do polinômio $p(x)=x^5-2x^4-x+2$, podemos afirmar que $p(x)$ tem:

a) duas raízes iguais a i, uma raiz racional e duas raízes irracionais.

b) i e $-i$ como raízes complexas e três raízes irracionais.

c) uma raiz complexa i e quatro raízes reais.

d) i e $-i$ como raízes complexas e três raízes inteiras.

e) três raízes simples e uma raiz dupla.

63. No plano complexo, temos uma circunferência λ de raio 2 centrada na origem. Sendo ABCD um quadrado inscrito à λ, de acordo com a figura a seguir, podemos afirmar que o número complexo que representa o vértice B é:

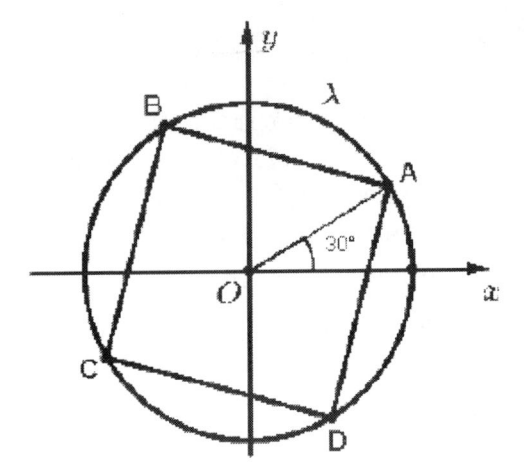

Desenho Ilustrativo Fora de Escala

a) $-\dfrac{1}{2}+\dfrac{\sqrt{3}}{2}\,i.$

b) $-\sqrt{3}-i.$

c) $-1+\sqrt{3}-i.$

d) $-\dfrac{1}{2}-\dfrac{\sqrt{3}}{2}\,i.$

e) $-\dfrac{\sqrt{3}}{2}+\dfrac{1}{2}\,i.$

64. Considere uma circunferência de centro O e raio 1 cm tangente a uma reta r no ponto Q. A medida do ângulo $M\hat{O}Q$ é $30°$, onde M é um ponto da circunferência. Sendo P o ponto da reta r tal que PM é paralelo a OQ, a área (em cm^2) do trapézio OMPQ é:

a) $\dfrac{1}{2}-\dfrac{\sqrt{3}}{8}.$

b) $2-\dfrac{\sqrt{3}}{2}.$

c) $1+\dfrac{\sqrt{3}}{2}.$

d) $2-\dfrac{\sqrt{3}}{8}.$

e) $\dfrac{\sqrt{3}}{2}.$

GEOGRAFIA

65. "Ao longo do século XX, a demanda global de água doce dobrou a cada 20 anos. Se mantidos os padrões de consumo atuais, em 2025 cerca de 2/3 da população mundial experimentarão escassez moderada ou severa de água."

MAGNOLI, D. Geografia para o Ensino Médio. 1ª. ed. São Paulo: Atual, 2012, p.90.

Dentre as causas da escassez de água no mundo, podemos destacar:

I. A água doce disponível no mundo é muito inferior às necessidades de consumo atuais.

II. Além dos recursos hídricos apresentarem uma distribuição geográfica muito desigual, os países mais pobres carecem de sistemas adequados de fornecimento e tratamento de água.

III. A contaminação de mananciais, o uso excessivo e o desperdício desse recurso provocam a escassez de água para o consumo e fazem dela, em determinados locais, um recurso finito.

IV. Significativas alterações no ciclo hidrológico, sobretudo nas áreas urbanas, onde a retirada da vegetação e a impermeabilização do solo dificultam a infiltração da água e o consequente abastecimento dos aquíferos.

V. O uso excessivo e o desperdício desse recurso, principalmente pela atividade industrial, é responsável pela maior parte da demanda global de água.

Assinale a alternativa que apresenta todas as afirmativas corretas.

a) I, II e IV.

b) I, III e V.

c) I, IV e V.

d) II, III e IV.

e) II, IV e V.

66. O relevo terrestre não é estático, mas dinâmico. As constantes transformações que ocorrem na crosta são provocadas por forças endógenas e exógenas que atuam sobre o modelado terrestre. Sobre a ação dos agentes internos e externos do relevo podemos afirmar que:

a) as cadeias orogênicas resultam de movimentos tectônicos de curta duração geológica, que, exercendo pressão em sentido horizontal na crosta, originam grandes cordilheiras, como a dos Andes.

b) o intemperismo químico é um agente esculpidor do relevo muito característico das regiões desérticas, em virtude da elevada amplitude térmica diária nessas áreas.

c) a Falha de San Andréas, provocada pelo rebaixamento da Placa de Nazca em relação à Placa do Pacífico, é um exemplo de força endógena que atua na construção e modelagem do relevo.

d) as planícies aluviais, detentoras de grande fertilidade, são exemplos de alteração no modelado do relevo provocada principalmente pelo processo de sedimentação pluvial.

e) a Dorsal Mesoatlântica resulta da expansão do assoalho oceânico devido ao movimento convergente entre as Placas Africana e Sul-Americana.

67. No atual estágio de desenvolvimento do capitalismo mundial, no qual se globalizam não só os mercados, mas também a produção, a palavra de ordem é competitividade. O modelo de produção flexível que vem sendo adotado pelas empresas traz significativos reflexos não apenas nas formas de organização produtiva, mas também nas relações de trabalho e nas políticas econômicas dos países. Dentre esses reflexos podem-se destacar:

I. O apelo das indústrias pela intervenção do Estado na economia, sem interferir nas empresas privadas, de modo a criar condições para a melhoria do padrão de vida da população e, por conseguinte, fomentar o consumo.

II. A implementação gradual da economia de escala em substituição à economia de escopo, visando a reduzir o custo de produção a partir da fabricação de itens padronizados e em grande quantidade.

III. A implementação do *just-in-time*, método de organização da produção que visa a eliminar ou reduzir drasticamente os estoques de insumos, reduzindo custos e postos de trabalho e disponibilizando capital para novos investimentos.

IV. A disseminação, em diversos países desenvolvidos, de propostas de flexibilização da legislação trabalhista, com a redução dos salários e dos benefícios sociais, acarretando, em consequência, o enfraquecimento do movimento sindical.

Assinale a alternativa em que todas as afirmativas estão corretas.

a) I e II.

b) I e III.

c) II e III.

d) II e IV.

e) III e IV.

68. Observe o gráfico a seguir, que mostra a evolução da participação dos grupos de idade na população brasileira no período de 1940 a 2050.

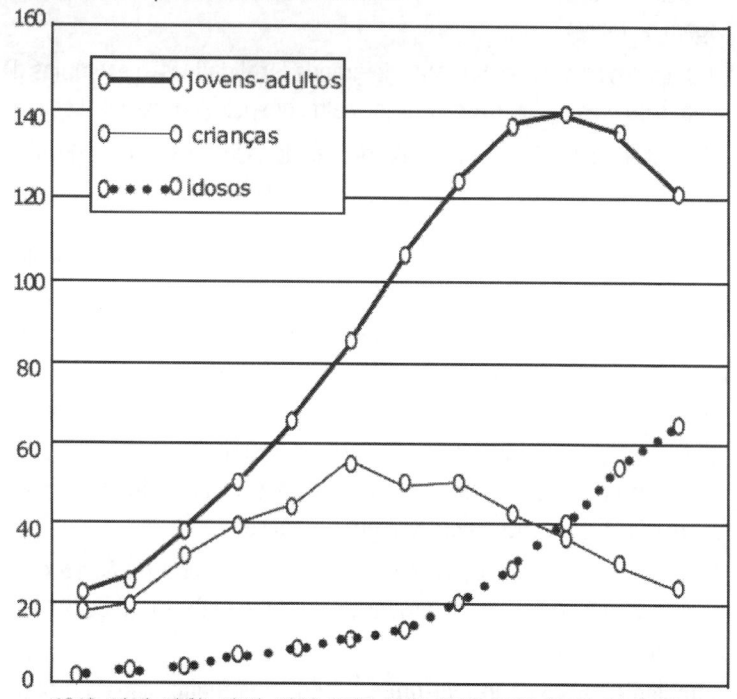

IBGE Indicadores sociodemográficos e de saúde no Brasil. Disponível em <www.ibge.gov.br>. Acesso em 12 fevereiro de 2012.

Com base no gráfico e nos conhecimentos sobre a demografia brasileira, pode-se afirmar que:

I. O aumento da participação de adultos e idosos no conjunto total da população é fruto da redução do número de óbitos.

II. A queda da proporção de crianças no conjunto total da população brasileira está fortemente relacionada às elevadas taxas de mortalidade infantil que assolam o País.

III. Do ponto de vista demográfico, o Brasil vive uma fase favorável ao crescimento econômico, pois, com a redução das taxas de natalidade, houve uma redução da razão de dependência, isto é, do peso econômico das crianças e dos idosos sobre a população economicamente ativa do País.

IV. Ao final da década de 2030, a população brasileira deverá parar de crescer e logo sofrer redução, pois o número de óbitos tenderá a ser maior do que o número de nascimentos.

V. A pressão demográfica observada atualmente no crescimento populacional revela a necessidade de aumento do número de vagas nas escolas e de leitos hospitalares.

Assinale a alternativa em que todas as afirmativas estão corretas.

a) I e III.

b) I e II.

c) III e IV.

d) III e V.

e) II, IV e V.

69. As fronteiras políticas internacionais definem limites entre diferentes soberanias, contudo a soberania do Estado não se circunscreve apenas ao território terrestre. A respeito da soberania do Estado brasileiro, tanto em território terrestre como marítimo, pode-se afirmar que:

I. A faixa de fronteira terrestre, definida na Constituição, corresponde à área de 150 Km de largura ao longo dos limites terrestres, e cabe aos governos de cada estado da federação executar as ações de polícia de fronteira nessa faixa.

II. O Estado brasileiro possui soberania quase que total sobre seu Mar Territorial, com exceção apenas de ter que respeitar o direito de passagem inofensiva de embarcações de outros países nessa área, conforme convenção da ONU em vigor desde 1994.

III. Embora a Zona Econômica Exclusiva (ZEE) esteja limitada a uma faixa de 200 milhas náuticas de largura da costa, a plataforma continental, em diversos trechos, ultrapassa esse limite, o que pode ampliar as fronteiras de exploração econômica da chamada "Amazônia Azul".

IV. A soberania brasileira sobre a Zona Econômica Exclusiva distingue-se da soberania sobre o Mar Territorial, uma vez que na ZEE países estrangeiros têm completa liberdade de navegação, sobrevoo e exploração dos recursos naturais da plataforma continental.

Assinale a alternativa em que todas as afirmativas estão corretas.

a) I e II.

b) I e III.

c) II e III.

d) II e IV.

e) III e IV.

70. "Desde o início da década de 1980, a China tem sido a economia que mais cresce no mundo, a uma taxa média de 10% ao ano [...]. Como consequência desse impressionante crescimento, entre 1980 e 2010 o PIB chinês aumentou 2.810% e se tornou o segundo maior do planeta."

SENE, Eustáquio & MOREIRA, J.C. - Geografia Geral e do Brasil: Espaço Geográfico e Globalização (2). 2ª ed. São Paulo: Moderna, 2012, p.199.

Dentre os fatores associados a esse avanço econômico podem-se destacar:

I. A presença de enormes reservas de minérios e combustíveis fósseis no subsolo chinês que concede ao País autossuficiência em termos de matéria-prima e fontes de energia e o caracteriza como grande exportador mundial de petróleo.

II. O modelo de economia planificada que, promovendo crescimento econômico com equilibrada distribuição de renda, amplia o mercado consumidor interno chinês, um dos mais gigantescos do mundo, e elimina as desigualdades sociais.

III. A liberalização econômica e os baixos custos da mão de obra, principal fator de competitividade da indústria chinesa, têm sido fundamentais para o crescimento econômico do País.

IV. O esforço chinês em atrair indústrias intensivas em capital para as chamadas zonas de desenvolvimento econômico e tecnológico, fazendo com que nas últimas décadas o País esteja entre os maiores receptores de investimentos produtivos do mundo.

Assinale a alternativa em que todas as afirmativas estão corretas.

a) I e II.

b) I e III.

c) I e IV.

d) II e III.

e) III e IV.

71. Leia os trechos a seguir:

"17/07/2017- Canela, Gramado e Caxias do Sul, [...] registraram o fenômeno. Frio chegou com intensidade ao estado e temperatura deve cair ainda mais ao longo do dia."

(https://g1.globo.com)

"31/03/2016- Com chances de neve já no outono, o frio em Gramado promete chegar com tudo [...]"

(https://www.dicasdegramado.com.br)

Nos últimos anos, temos observado na mídia uma série de notícias evidenciando o rigor do inverno na região referida. Esta região tem atraído inúmeros turistas que gostam de contemplar o frio, as comidas típicas locais e têm o anseio de conhecer, ao vivo, a neve

e o congelamento das águas em pleno Brasil. A associação de dois importantes fatores climáticos justificam a ocorrência de tais fenômenos meteorológicos nesta região. São eles:

a) latitude e altitude.

b) maritimidade e latitude.

c) continentalidade e maritimidade.

d) altitude e longitude.

e) correntes marítimas e massas de ar.

72. As sucessivas crises no abastecimento de energia elétrica no Brasil, ocorridas nos anos de 2001 e 2009, fizeram com que o governo brasileiro investisse em projetos para a solução dos problemas relacionados à produção e distribuição de energia elétrica no País. Dentre as principais ações governamentais para superar essa problemática, podem-se destacar:

I. A construção de novas usinas hidrelétricas, com prioridade para as usinas de grande porte e com grandes reservatórios, sobretudo no Sudeste, a fim de aumentar a geração de energia elétrica na Região de maior demanda energética do País.

II. A interligação do sistema de transmissão de energia elétrica entre as regiões do País, de modo a permitir o direcionamento de energia das usinas do Sul e do Norte para as demais regiões nos momentos de pico no consumo.

III. A expansão do parque nuclear brasileiro, visando não apenas a ampliar a oferta de energia elétrica, mas também a honrar os compromissos assumidos pelo País no Acordo de Quioto, não obstante as polêmicas existentes em torno do programa nuclear brasileiro.

IV. A instalação de novas usinas termelétricas movidas a carvão mineral, as quais, aproveitando-se da abundante produção carbonífera de alto poder calorífico do País, geram energia mais barata que a gerada pelas usinas hidrelétricas.

Assinale a alternativa em que todas as afirmativas estão corretas.

a) I e III.

b) II e III.

c) I e IV.

d) I, II e IV.

e) II, III e IV.

73. Observe o esquema topográfico a seguir:

A partir da análise e interpretação do esquema, é correto afirmar que:

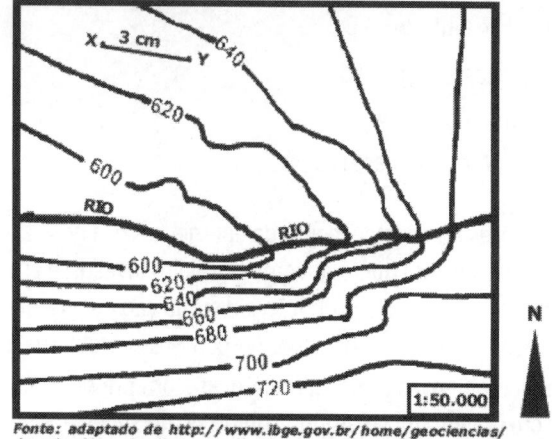

Fonte: adaptado de http://www.ibge.gov.br/home/geociencias/download/arquivo/index1_pdf.shtm. Carta Topográfica Folha SF.22-C-II-4

I. A porção norte é a mais favorável ao emprego da mecanização agrícola.

II. As menores altitudes estão localizadas na porção nordeste do esquema.

III. As encostas mais íngremes e, portanto, mais sujeitas aos processos erosivos são observadas à margem esquerda do rio.

IV. A jusante do rio encontra-se na direção oeste do esquema.

V. A distância real entre os pontos X e Y traçados no esquema é de 15 Km.

Assinale a alternativa em que todas as afirmativas estão corretas.

a) I, II e III.

b) I, II e V.

c) I, III e IV.

d) II, IV e V.

e) III, IV e V.

74. Analise a tabela a seguir referente à participação das regiões brasileiras no valor da transformação industrial:

Participação das regiões no valor da transformação industrial (%)							
	1969	1979	1990	1995	1996	2001	2008
Sudeste	80,3	73,4	70,8	70,9	68,4	64,6	62,2
Sul	11,7	15,3	16,8	16,4	17,4	19,2	18,3
Nordeste	5,9	7,4	7,8	7,4	7,5	8,6	9,7
Norte	1	2	3,4	3,8	4,5	5	6,2
Centro-Oeste	0,7	1,3	1,1	1,6	2,2	2,6	3,7

Disponível: http://www.ibge.gov.br/home/presidencial/noricia_visualiza.php?id_noticia=1653&rid_pagina1>

Tendo por base as características da industrialização brasileira e considerando os dados apresentados na tabela, é correto afirmar que:

I. A partir da década de 1970, constata-se a perda de participação da Região Sudeste no valor total da produção industrial do País, como reflexo direto do desvio dos investimentos empresariais para novas localizações, longe das chamadas deseconomias de aglomeração daquela Região.

II. O significativo aumento do valor da produção industrial da Região Centro-Oeste pode ser explicado pela migração de indústrias de bens de capital de São Paulo, em busca de vantagens econômicas de produção nessa Região.

III. Empresas inovadoras de alta tecnologia reforçaram sua concentração industrial na Região Sudeste, especialmente no estado de São Paulo, tendo em vista estarem ligadas aos centros de pesquisas avançadas, fundamentais à garantia da competitividade nos mercados interno e externo.

IV. A indústria automobilística tem se destacado no cenário da desconcentração espacial no País, buscando condições mais competitivas de produção, principalmente nas Regiões Norte e Nordeste, que apresentam menores custos de mão de obra.

Assinale a alternativa em que todas as afirmativas estão corretas.

a) I e III.

b) II e III.

c) I e IV.

d) I, II e IV.

e) II, III e IV.

75. O Brasil possui destaque mundial na exportação de minérios. Os minérios de ferro, manganês e a bauxita, importantes matérias-primas para as indústrias siderúrgicas e metalúrgicas, estão entre as principais *commodities* do País. A seguir estão numeradas no mapa algumas das mais importantes áreas de extração mineral no Brasil. Assinale a alternativa que expressa a correta relação entre o minério e a sua localização no território brasileiro.

a) A área 1 refere-se à extração de ferro no Quadrilátero Ferrífero.

b) Na área 2 situa-se uma das maiores reservas de manganês do mundo, no Maciço de Urucum.

c) Na área 3 destacam-se as imensas reservas de bauxita.

d) Na área 4 situam-se as maiores jazidas de ferro do mundo, na Serra de Carajás.

e) A área 5 refere-se ao Vale do Aço, no Planalto das Guianas, principal área produtora de manganês no País.

76. "Os produtos da agricultura ocupam posição estratégica na inserção do Brasil na economia globalizada. Atualmente o Brasil é uma grande potência agrícola [...] e figura entre os principais exportadores mundiais de uma série de *commodities* agrícolas".

MAGNOLI, D.- Geografia para o Ensino Médio. 1ª ed. São Paulo: Atual, 2012, p.317.

Sobre as características da agropecuária brasileira, pode-se afirmar que:

I. Com a modernização da agricultura na Região Nordeste, as práticas agrícolas tradicionais foram excluídas e substituídas, na Região, pela fruticultura irrigada e pela moderna agricultura da soja, voltadas para exportação.

II. As áreas de pastagens apresentam redução na maior parte do País, mas aumentam consideravelmente nas Regiões Centro-Oeste e Norte, as quais apresentam produção de gado bovino que já supera a produção da Região Sul do País, tradicional área de pecuária bovina.

III. A produção canavieira nordestina, inicialmente restrita à Zona da Mata, já suplanta a produção da Região Centro-Sul, pois, impulsionada pelas boas perspectivas dos biocombustíveis, vem expandindo-se rumo ao oeste baiano e ao sul do Piauí.

IV. Na agroindústria da laranja e do fumo no Centro-Sul, pequenos e médios proprietários familiares participam ativamente da cadeia global do agronegócio, fornecendo matérias--primas para as indústrias processadoras.

V. As modernas propriedades rurais passam a integrar cadeias produtivas que envolvem uma rede de estabelecimentos ligados aos setores primário, secundário e terciário da economia, transformando a matéria-prima, animal ou vegetal, em produtos de maior valor agregado.

Assinale a alternativa em que todas as afirmativas estão corretas.

a) I, II e III.

b) I, II e IV.

c) I, III e V.

d) II, IV e V.

e) III, IV e V.

HISTÓRIA

77. Portugal foi um dos primeiros países europeus a pôr em prática uma eficiente centralização político-administrativa. Em 1383, para solucionar problemas relacionados a sua sucessão dinástica e, também, para evitar a sua anexação pelo reino de Castela, deflagrou-se um movimento que ficou conhecido como Revolução de Avis. Esta levou ao poder Dom:

a) Manuel.

b) João.

c) Afonso Henriques.

d) Dinis.

e) Fernando.

78. No período do Renascimento, ocorreram mudanças significativas na produção cultural europeia. Considerando:

I. O desenvolvimento da Teoria do Heliocentrismo.

II. O desenvolvimento da imprensa.

III. A estratificação da sociedade.

IV. A ação dos mecenas.

Assinale a seguir o item que apresenta os aspectos que influenciaram o aumento da produção cultural renascentista, assim como da sua qualidade.

a) I e II.

b) I e III.

c) II e III.

d) II e IV.

e) III e IV.

79. Do ponto de vista econômico, o sistema de capitanias, implantado em 1534, não alcançou os resultados esperados pelos portugueses. Entre as poucas capitanias que progrediram e obtiveram lucros, principalmente com a produção de açúcar, estavam as de:

a) Rio Grande e Itamaracá.

b) São Vicente e Rio Grande.

c) Santana e Ilhéus.

d) Maranhão e Pernambuco.

e) São Vicente e Pernambuco.

80. Durante o período conhecido por União Ibérica, ocorreu o Embargo Espanhol ao comércio das colônias portuguesas com os holandeses. Isto motivou a Holanda a atacar o Nordeste brasileiro com a finalidade de romper o embargo e reativar as rotas comerciais entre o Brasil e a Europa. É fato relacionado à primeira investida dos holandeses ao Brasil, ocorrida em 08 de maio de 1624, a (o)(s):

a) conquista de Porto Calvo por Matias de Albuquerque.

b) ocupação de Salvador.

c) governo de Maurício de Nassau.

d) fundação do Arraial do Bom Jesus.

e) Batalhas de Guararapes.

81. Durante a Idade Moderna, ocorreu o fortalecimento gradual dos governos das monarquias nacionais em grande parte da Europa. Desse processo resultou o absolutismo monárquico. Dentre os argumentos usados para se justificar tal condição, havia um que definia o poder absoluto como condição necessária para a manutenção da paz e do progresso. Assinale a alternativa a seguir que apresenta o responsável por tal pensamento.

    a) Thomas Hobbes.

    b) Immanuel Kant.

    c) John Locke.

    d) Jean Le Rond D' Alembert.

    e) Jacques Bossuet.

82. A partir de 1764, o governo inglês adotou medidas que aumentaram a arrecadação fiscal e restringiram a autonomia das 13 colônias norte-americanas. Nas alternativas a seguir, assinale a medida que provocou o protesto dos representantes das 13 colônias que realizaram o Primeiro Congresso da Filadélfia.

    a) Leis Intoleráveis.

    b) Lei do Chá.

    c) Lei dos Alojamentos.

    d) Lei do Selo.

    e) Lei do Açúcar.

83. Procurando colocar em prática a política de solidariedade esboçada no Congresso de Viena, Alexandre I propôs, em 1815, a criação de uma organização militarizada, denominada Santa Aliança entre as monarquias europeias tradicionais e cristãs. Participaram da Santa Aliança o:

    a) Reino da Prússia, Império Francês e Império Britânico.

    b) Império Austríaco, Império Britânico e Reino da Prússia.

    c) Império da Rússia, Império Austríaco e Reino da Prússia.

    d) Império da Rússia, Império Francês e Império Britânico.

    e) Império Britânico, Império Austríaco e Império Francês.

84. Quase duas décadas depois da Conjuração Baiana, durante a estada da Família Real portuguesa no Brasil e o governo de D. João VI, ocorreu um levante emancipacionista em Pernambuco que ficaria conhecido como Revolução Pernambucana. Um dos motivos desta revolta foi:

a) o fim do monopólio comercial de Portugal sobre a colônia.

b) a grande seca de 1816.

c) a elevação do Brasil a Reino Unido a Portugal e Algarves.

d) a liberação da atividade industrial no Brasil.

e) a cobrança forçada de impostos atrasados.

85. Em 1834, numa tentativa de harmonizar as diversas forças em conflito no País, grupos políticos, como o dos moderados, promoveram uma reforma na Constituição do Império, mediante a promulgação do Ato Adicional. Observe os enunciados a seguir.

I. Criação do Conselho de Estado.

II. Criação das Assembleias Legislativas provinciais.

III. A regência deixava de ser trina para se tornar una.

IV. Fundação do Clube da Maioridade.

Assinale a opção em as afirmativas estão relacionadas ao Ato Adicional.

a) I e II.

b) II e IV.

c) II e III.

d) I e IV.

e) III e IV.

86. O início do período republicano no Brasil foi marcado por uma série de conflitos que culminaram com a Revolução de 1930, que levou Getúlio Vargas ao poder. A seguir estão listados atos e fatos relacionados a nossa história.

I. Modelo econômico agroexportador.

II. Comissão Verificadora de Poderes.

III. Possibilidade do Presidente nomear Interventores estaduais.

IV. Criação da Consolidação das Leis Trabalhistas.

Assinale a opção que apresenta elementos relacionados à Primeira República.

a) I e II.

b) I e III.

c) II e III.

d) II e IV.

e) III e IV.

87. No início do século XX, os trabalhadores brasileiros se organizaram para defenderem seus direitos. Duas ideologias oriundas do século XIX predominavam nesta época: o comunismo e o anarquismo. Avalie as afirmações a seguir.

I. Defendia a conquista do Estado e o estabelecimento de uma ditadura.

II. Era contraria a existência do Estado.

III. Valorizava o partido político como meio de organizar as lutas.

IV. Não concordava com as eleições pois viam nestas um meio de manipulação do povo.

A opção que apresenta os fatos relacionados à doutrina do Anarquismo é:

a) I e II.

b) II e IV.

c) I e IV.

d) II e III.

e) I e III.

88. Entre 1945 e 1964, existiam no Brasil dois projetos de Nação que disputavam a preferência dos eleitores, o nacional estatismo, liderado por Getúlio Vargas, e o liberalismo conservador, liderado por Carlos Lacerda. Avalie as informações a seguir listadas.

I. O Estado devia intervir na economia.

II. Abertura total às empresas e aos capitais estrangeiros.

III. O Brasil deveria alinhar-se com os EUA incondicionalmente.

IV. Criação das empresas estatais em áreas estratégicas.

A alternativa que apresenta propostas do liberalismo conservador é:

a) I e II.

b) I e III.

c) II e III.

d) II e IV.

e) III e IV.

INGLÊS

Leia o texto a seguir e responda às próximas 3 questões.

Learn to code, it's more important than English as a second language

Apple CEO Tim Cook <u>says</u> coding is the best foreign language that a student in any country can learn. The tech executive <u>made</u> the remarks to French outlet Konbini while in the country for a meeting with French President Emmanuel Macron. The tech leader gave some brief thoughts on education:

"If I were a French student and I were 10 years old, I <u>think</u> it would be more important for me to learn coding than English. I'm not telling people not to learn English in some form – but I think you understand what I am saying is that this is a language that you can use to express yourself to 7 billion people in the world. I think that coding should be required in every public school in the world."

Of course, it's in Cook's best interest to have the world learning how to code. He <u>runs</u> a tech company that depends on access to a constantly growing pipeline of talent. But it could be in your interest too: studying coding could increase your chances of pulling in a big salary. A computer-science education, at least in countries like the US, is one of the most viable and lucrative career paths open to young people today.

But, Cook says, the benefits go beyond that. "It's the language that everyone <u>needs</u>, and not just for the computer scientists. It's for all of us". He added that programming encourages students of all disciplines to be inventive and experimental: "Creativity is the goal. Coding is just to allow that. Creativity is in the front seat; technology is in the backseat. With the combination of both of these you can do such powerful things now."

Adapted from https://www.cnbc.com/2017/10/12/apple-ceo-tim-cook-learning-to-code-is-so-important.html

89. The sentence *"The tech leader gave some brief thoughts on education"* (paragraph 1) can be correctly paraphrased in the following terms:

a) The tech leader created regulations on education.

b) The tech leader underestimated education.

c) The tech leader was concerned about private education.

d) The tech leader has been studying coding.

e) The tech leader stated his opinion about education.

90. Which one from the underlined verbs in the text conveys a verb tense that is different from the others?
    a) says (paragraph 1).
    b) made (paragraph 1).
    c) think (paragraph 2).
    d) runs (paragraph 3).
    e) needs (paragraph 4).

91. According to the text, choose the correct statement.
    a) Creativity is not a big issue for Tim Cook.
    b) Coding is going to be required in every public school.
    c) Cook went to France to learn how to code.
    d) Cook and people in general can benefit from coding.
    e) Coding and creativity don't make a good combination.

Leia o texto a seguir e responda às próximas 3 questões.

(Título omitido propositadamente)

German explosives experts defused a massive Second World War bomb in the financial capital of Frankfurt on Sunday after tens of thousands of people evacuated their homes.

About 60,000 people were ordered to leave in what was Germany's biggest evacuation since the war, with more than 1,000 emergency service workers helping to clear the area around the bomb, which was discovered on a building site last week. Police set up cordons around the evacuation area, which covered a radius of just under a mile (1.5km), as residents dragged suitcases with them and many families left by bicycle.

The fire service said the evacuation of two hospitals, including premature babies and patients in intensive care, had been completed and they were helping about 500 elderly people to leave residences and care homes.

More than 2,000 tonnes of live bombs and munitions are found each year in Germany, even under buildings. In July, a kindergarten was evacuated after teachers discovered an unexploded Second World War bomb on a shelf among some toys. British and American warplanes pummelled Germany with 1.5 million tonnes of bombs that killed 600,000 people. Officials estimate that 15% of the bombs failed to explode.

Frankfurt police said they rang every doorbell and used helicopters with heat-sensing cameras to make sure nobody was left behind before they began defusing the bomb on Sunday.

Adapted from https://www.theguardian.com/world/

92. Choose the most appropriate title for the text.
    a) Discovery of Germany's biggest evacuation since the war forces bombs to explode.
    b) Kindergarten was evacuated after a World War II bomb exploded among the toys.
    c) Discovery of unexploded bomb in German financial capital forces evacuation.
    d) 15% of World War II bombs were discovered on a building site.
    e) Emergency service workers exploded American warplanes and killed 600,000 people in Germany.

93. Choose the alternative with the correct reference for the underlined words from the text.
    a) their (paragraph 1) = experts.
    b) which (paragraph 2) = the area.
    c) them (paragraph 2) = suitcases.
    d) they (paragraph 3) = the fire service.
    e) that (paragraph 4) = warplanes.

94. According to the text, choose the alternative that correctly substitutes *"was left behind"* in the sentence "*...to make sure nobody was left behind before they began...*" (paragraph 5).
    a) remained in the evacuation area.
    b) exploded in the evacuation area.
    c) destroyed buildings in the evacuation area.
    d) discovered bombs in the evacuation area.
    e) entered kindergarten in the evacuation area.

Leia o texto a seguir e responda às próximas 3 questões.

Many graduates earn 'paltry returns' for their degree

Mr Halfon, a former skills minister, stated in his speech that the nation has "become obsessed_____(1) full academic degrees".

"We are creating a higher education system that overwhelmingly favours academic degrees, while intermediate and higher technical offerings are comparatively tiny. The labour market does not need an ever-growing supply of academic degrees. Between a fifth and a third of our graduates take non-graduate jobs. The extra return for having a degree varies wildly according to subject and institution. For many, the returns are paltry."

Mr Halfon said that there is a strong need for intermediate skills. "There are skills shortages in several sectors. And there are millions _____ _____ (2) people who want to get on in life – preferably without spending

£50,000 on academic degrees," he added. "There has been growing concern about the amount of debt students are accumulating and the interest being charged on that debt."

A spokesman for UUK (a representative organisation for the UK's universities) said: "Official figures are clear that, on average, university graduates continue to earn substantially more than non-graduates and are more likely to be in employment. A university degree remains an excellent investment."

"We must, however, be careful to avoid using graduate salaries as the single measure of success in higher education. Many universities specialise in fields such _____(3) the arts, the creative industries, nursing and public sector professions that, despite making an essential contribution to society and the economy, pay less on average."

Adapted from http://www.bbc.co.uk/news/education-42923529

95. In the title "Many graduates earn 'paltry returns' for their degree", the word paltry means:
    a) big enough.
    b) huge.
    c) very small.
    d) expected.
    e) satisfactory.

96. Choose the alternative containing the correct words to respectively complete gaps (1), (2) and (3).
    a) at, of, to.
    b) to, on, a.
    c) by, on, that.
    d) in, with, na.
    e) with, of, as.

97. According to the text, read the statements and choose the correct alternative.

   I. Fifty percent of the graduates take non-graduate jobs.

   II. Having a degree doesn't necessarily mean having great salaries.

   III. The labour market lacks intermediate skills.

   IV. Many people would rather not spend £50,000 on academic degrees.

   V. In every single case, university graduates make more money than non-graduates.

   a) All of them are correct.

   b) I and V are correct.

   c) III, IV and V are correct.

   d) II, III and IV are correct.

   e) I and III are correct.

Leia o texto a seguir e responda às próximas 3 questões.

The photography exercise book *by Bert Krages*
Training your eye to shoot like a pro

A while ago I was asked if I'd like to have a look at Bert Krages' book. My initial thought was that it would pretty much be a list of 'try this' exercises. Well in a way it is, in that you really need to go out and try the exercises, not just read about them. In much the same way that my piano playing won't improve by just buying more books about playing the piano...

Try the technical exercises – a desk lamp and an egg really can teach you an enormous amount about the realities of lighting, shadows and reflected light. I've been a pro photographer since 2004 and taking the time to do some of the exercises has been of real benefit.

A well-written book that is packed with useful images to illustrate the matters at hand. It's nice to see the author didn't fall into the trap of only including 'perfect' photos – you will look at some and think 'I could do better than that' – good!

It's a book for people who want to take more photos and increase their satisfaction from doing so. Definitely one to try if you feel you're perhaps clinging to some of the technical aspects of photography as a bit of a safety blanket, to avoid the fluffy artsy stuff.

Book Author Info.

Bert Krages is a photographer and attorney who is the author of two previous photography books, *Legal Handbook for Photographers* and *Heavenly Bodies: The Photographer's Guide to Astrophotography*.

Adapted from http://www.northlight-images.co.uk/

98. What kind of text is this?

   a) Autobiography.

   b) Book review.

   c) Letter.

   d) Recipe.

   e) Contract.

99. What is the question the author refers to when he says: "...*I was asked if I'd like to have a look at Bert Krages' book.*"? (paragraph 1).

   a) Did you like to have a look at Bert Krages' book?

   b) Should you like to have a look at Bert Krages' book?

   c) Need you like to have a look at Bert Krages' book?

   d) Would you like to have a look at Bert Krages' book?

   e) Do you like to have a look at Bert Krages' book?

100. In the sentence "... the author didn't <u>fall into the trap</u> of only including 'perfect' photos..." (paragraph 3), the expression <u>fall into the trap</u> means.

   a) make a mistake.

   b) give instructions.

   c) write clearly.

   d) include extra lessons.

   e) improve his abilities.

Simulado 4 - 2017 EsPCEx

PORTUGUÊS

Após a leitura atenta do texto apresentado a seguir, responda às questões propostas.

Noruega como modelo de reabilitação de criminosos

O Brasil é responsável por uma das mais altas taxas de reincidência criminal em todo o mundo. No país, a taxa média de reincidência (amplamente admitida mas nunca comprovada empiricamente) é de mais ou menos 70%, ou seja, 7 em cada 10 criminosos voltam a cometer algum tipo de crime após saírem da cadeia.

Alguns perguntariam "Por quê?". E eu pergunto: "Por que não?". O que esperar de um sistema que propõe reabilitar e reinserir aqueles que cometerem algum tipo de crime, mas nada oferece, para que essa situação realmente aconteça? Presídios em estado de depredação total, pouquíssimos programas educacionais e laborais para os detentos, praticamente nenhum incentivo cultural, e, ainda, uma sinistra cultura (mas que diverte muitas pessoas) de que bandido bom é bandido morto (a vingança é uma festa, dizia Nietzsche).

Situação contrária é encontrada na Noruega. Considerada pela ONU, em 2012, o melhor país para se viver (1º no *ranking* do IDH) e, de acordo com levantamento feito pelo Instituto Avante Brasil, o 8º país com a menor taxa de homicídios no mundo, lá o sistema carcerário chega a reabilitar 80% dos criminosos, ou seja, apenas 2 em cada 10 presos voltam a cometer crimes; é uma das menores taxas de reincidência do mundo. Em uma prisão em Bastoy, chamada de ilha paradisíaca, essa reincidência é de cerca de 16% entre os homicidas, estupradores e traficantes que por ali passaram. Os EUA chegam a registrar 60% de reincidência e o Reino Unido, 50%. A média europeia é 50%.

A Noruega associa as baixas taxas de reincidência ao fato de ter seu sistema penal pautado na reabilitação e não na punição por vingança ou retaliação do criminoso. A reabilitação, nesse caso, não é uma opção, ela é obrigatória. Dessa forma, qualquer criminoso poderá ser condenado à pena máxima prevista pela legislação do país (21 anos), e, se o indivíduo não comprovar estar totalmente reabilitado para o convívio social, a pena será prorrogada, em mais 5 anos, até que sua reintegração seja comprovada.

O presídio é um prédio, em meio a uma floresta, decorado com grafites e quadros nos corredores, e no qual as celas não possuem grades, mas sim uma boa cama, banheiro com vaso sanitário, chuveiro, toalhas brancas e porta, televisão de tela plana, mesa, cadeira e armário, quadro para afixar papéis e fotos, além de geladeiras. Encontra-se lá uma ampla biblioteca, ginásio de esportes, campo de futebol, chalés para os presos receberem os familiares, estúdio de gravação de música e oficinas de trabalho. Nessas oficinas são

oferecidos cursos de formação profissional, cursos educacionais, e o trabalhador recebe uma pequena remuneração. Para controlar o ócio, oferecer muitas atividades, de educação, de trabalho e de lazer, é a estratégia.

A prisão é construída em blocos de oito celas cada (alguns dos presos, como estupradores e pedófilos, ficam em blocos separados). Cada bloco tem sua cozinha. A comida é fornecida pela prisão, mas é preparada pelos próprios detentos, que podem comprar alimentos no mercado interno para abastecer seus refrigeradores.

Todos os responsáveis pelo cuidado dos detentos devem passar por no mínimo dois anos de preparação para o cargo, em um curso superior, tendo como obrigação fundamental mostrar respeito a todos que ali estão. Partem do pressuposto que, ao mostrarem respeito, os outros também aprenderão a respeitar.

A diferença do sistema de execução penal norueguês em relação ao sistema da maioria dos países, como o brasileiro, americano, inglês, é que ele é fundamentado na ideia de que a prisão é a privação da liberdade, e pautado na reabilitação e não no tratamento cruel e na vingança.

O detento, nesse modelo, é obrigado a mostrar progressos educacionais, laborais e comportamentais, e, dessa forma, provar que pode ter o direito de exercer sua liberdade novamente junto à sociedade.

A diferença entre os dois países (Noruega e Brasil) é a seguinte: enquanto lá os presos saem e praticamente não cometem crimes, respeitando a população, aqui os presos saem roubando e matando pessoas. Mas essas são consequências aparentemente colaterais, porque a população manifesta muito mais prazer no massacre contra o preso produzido dentro dos presídios (a vingança é uma festa, dizia Nietzsche).

LUIZ FLÁVIO GOMES, jurista, diretor-presidente do Instituto Avante Brasil e coeditor do Portal atualidadesdodireito.com.br. Estou no blogdolfg.com.br.

** Colaborou Flávia Mestriner Botelho, socióloga e pesquisadora do Instituto Avante Brasil.

FONTE: Adaptado de http://institutoavantebrasil.com.br/noruega-como-modelo-de-reabilitacao-de-criminosos/ Acessado em 17 de março de 2017.

01. Em dois momentos do texto, o redator cita Nietzsche, que teria afirmado: *"a vingança é uma festa"*. A partir do que se depreende da leitura, essa *"festa"* significa:

a) uma notória satisfação das pessoas em geral em relação às matanças e às condições humilhantes a que são submetidos os presos no Brasil.

b) um presídio cujas celas contenham uma cama, vaso sanitário, chuveiro, toalhas brancas, televisão de tela plana, composto, ainda, por ampla biblioteca, ginásio de esportes e chalés para os presos receberem seus familiares.

c) uma sinistra cultura de nada oferecer para que um criminoso possa se reabilitar e ser reinserido em uma sociedade que conta com presídios em estado de depredação total e pouquíssimos programas educacionais para os detentos.

d) a situação de ser considerada, a Noruega, o melhor país para se viver, com a menor taxa de homicídios do mundo, onde o sistema carcerário chega a reabilitar cerca de 80% dos criminosos.

e) a atitude dos presos no Brasil que, após o cumprimento da pena, exercem sua liberdade roubando e matando as pessoas, comprovando que o sistema poderia ser melhor se aderisse ao adágio "bandido bom é bandido morto".

02. Em *"Alguns perguntariam 'Por quê?'. E eu pergunto: 'Por que não?"*, as perguntas retóricas constituem:

a) crítica ao senso comum, por meio do discurso subjetivo.

b) linguagem apelativa, com intuito de persuadir o leitor.

c) verossimilhança, por meio do discurso direto.

d) diálogo entre textos, fazendo alusão ao discurso alheio.

e) estratégia argumentativa, ponto de partida da análise do autor.

03. *"(...) uma sinistra cultura de que bandido bom é bandido morto."*
O adjetivo em destaque apresenta, no texto, o significado de:

a) errada.

b) maligna.

c) desprezível.

d) forte.

e) correta.

04. *"Mas essas são consequências aparentemente colaterais, porque a população manifesta muito mais prazer no massacre contra o preso produzido dentro dos presídios ".*
Há um trecho, dentro do período destacado, que provoca ambiguidade. Marque-o:

a) aparentemente colaterais.

b) produzido dentro dos presídios.

c) contra o preso.

d) manifesta mais prazer.

e) no massacre.

05. Assinale o período que contém agente da passiva.

   a) O Brasil é responsável por uma das mais altas taxas de reincidência criminal em todo o mundo.

   b) Há pouquíssimos programas educacionais e laborais para os detentos.

   c) A comida é oferecida pela prisão, mas é preparada pelos próprios detentos.

   d) Situação contrária é encontrada na Noruega.

   e) A reincidência é de cerca de 16% entre os homicidas, estupradores e traficantes que por ali passaram.

06. Assinale a alternativa em que o emprego do verbo "haver" está correto.

   a) Haverá nove dias que ela visitou os pais.

   b) Brigavam à toa, sem que houvessem motivos.

   c) Criaturas infalíveis nunca houve nem haverão.

   d) Não ligue, caso hajam desavenças entre vocês.

   e) Morávamos ali há quase cinco anos.

07. Assinale a alternativa em que o particípio sublinhado está utilizado de acordo com a norma culta.

   a) O policial tinha pego o bandido.

   b) O condenado foi prendido por dez anos.

   c) A pena fora suspendida pelo juiz.

   d) Foi terrível o juiz ter aceitado aquela denúncia.

   e) O preso tinha ganho a liberdade.

08. Assinale a opção que contém um pronome relativo:

   a) O que esperar de um sistema desses?

   b) O sistema nada oferece para que tal situação realmente aconteça.

   c) Uma cultura sinistra, mas que diverte muitas pessoas.

   d) A pena será prorrogada até que a reintegração dos presos seja comprovada.

   e) Dessa forma, o detento deve provar que pode ter o direito de exercer sua liberdade.

09. No trecho, *"Alguns perguntariam 'Por quê?'. E eu pergunto: 'Por que não?'"*, os verbos grifados estão, respectivamente, no:

a) Futuro do pretérito do indicativo e presente do indicativo.

b) Futuro do presente do indicativo e pretérito perfeito do indicativo.

c) Presente do subjuntivo e pretérito imperfeito do indicativo.

d) Pretérito imperfeito do indicativo e presente do subjuntivo.

e) Pretérito mais-que-perfeito do indicativo e pretérito imperfeito do subjuntivo.

10. Assinale a alternativa que pode substituir corretamente o trecho sublinhado sem alterar-lhe o sentido:

"... O que esperar de um sistema que propõe reabilitar e reinserir aqueles que cometerem algum tipo de crime, mas nada oferece, para que essa situação realmente aconteça."

a) "..., onde nada oferece..."

b) "..., conforme o que oferece..."

c) "..., porque nada oferece..."

d) "..., a fim de oferecer algo..."

e) "..., embora nada ofereça..."

11. Um mesmo fonema pode ser representado por letras diferentes. A sequência de palavras que ilustra esse conceito é:

a) taxa – máxima – afixar.

b) oficina – praça – cela.

c) presídio – lazer – execução.

d) exercício – inexorável – exórdio.

e) preso – sangue – asa.

12. Assinale a alternativa em que a oração sublinhada é subordinada substantiva predicativa:

a) A comida é preparada pelos próprios detentos, que podem comprar alimentos no mercado interno.

b) Ele é fundamentado na ideia de que a prisão é a privação da liberdade.

c) Se o indivíduo não comprovar que está totalmente reabilitado, a pena será prorrogada.

d) A diferença do sistema de execução penal norueguês em relação ao brasileiro é que ele é pautado na reabilitação.

e) Uma sinistra cultura de que bandido bom é bandido morto.

13. No período, "Para controlar o ócio, oferecer muitas atividades, de educação, de trabalho e de lazer, é a estratégia", as duas orações destacadas são subordinadas reduzidas de infinitivo e classificam-se, respectivamente, como:

a) substantiva apositiva e substantiva subjetiva.

b) adverbial final e substantiva subjetiva.

c) adverbial final e substantiva completiva nominal.

d) substantiva objetiva indireta e adverbial consecutiva.

e) adverbial consecutiva e substantiva apositiva.

14. Assinale a alternativa em que o emprego da vírgula é opcional.

a) "Partem do pressuposto que, ao mostrarem respeito, os outros também aprenderão a respeitar."

b) "O detento é obrigado a mostrar progressos, para provar que pode ser reincluído na sociedade."

c) "Os EUA chegam a registrar 60% de reincidência, o Reino Unido, 50%."

d) "Para controlar o ócio, oferecer muitas atividades de educação é a estratégia."

e) "Cada bloco contém uma cozinha, comida fornecida pela prisão e preparada pelos presos."

15. Em "A população manifesta muito mais prazer no massacre contra o preso", o termo destacado tem a função de:

a) Adjunto adnominal.

b) Agente da passiva.

c) Objeto direto.

d) Objeto indireto.

e) Complemento nominal.

16. A ideia de explicação está presente em apenas uma das orações sublinhadas, nas alternativas a seguir.

a) "... detentos, que podem comprar alimentos no mercado interno para abastecer seus refrigeradores."

b) "Partem do pressuposto que, ao mostrarem respeito, os outros também aprenderão a respeitar."

c) "... é de cerca de 16% entre os homicidas, estupradores e traficantes que por ali passaram."

d) "..., tendo como obrigação fundamental mostrar respeito a todos que ali estão."

e) "..., reinserir aqueles que cometerem algum tipo de crime..."

17. O projeto desse movimento literário baseava-se na crença de que a função essencial da arte era produzir o belo, e o lema escolhido para traduzir essa ideia foi "a arte pela arte". É possível observar, nesse contexto, características como a preocupação com a técnica (metro, ritmo e rima) e o resgate de temas da antiguidade clássica (referências à mitologia e a personagens históricas). Essa escola literária é conhecida como:

a) Neoclassicismo.

b) Arcadismo.

c) Classicismo.

d) Expressionismo.

e) Parnasianismo.

18. *"Se gostas de afetação e pompa de palavras e do estilo que chamam culto, não me leias. Quando esse estilo florescia, nasceram as primeiras verduras do meu; mas valeu-me tanto sempre a clareza, que só porque me entendiam comecei a ser ouvido. (...) Esse desventurado estilo que hoje se usa, os que querem honrar chamam-lhe culto, os que o condenam chamam-lhe escuro, mas ainda lhe fazem muita honra. O estilo culto não é escuro, é negro (...) e muito cerrado. É possível que somos portugueses e havemos de ouvir um pregador em português e não havemos de entender o que diz?!"*

Padre Antônio Vieira, nesse trecho, faz uma crítica ao estilo barroco conhecido como:

a) Conceptismo, por ser marcado pelo jogo de ideias, de conceitos, seguindo um raciocínio lógico.

b) Quevedismo, por utilizar-se de uma retórica aprimorada, a exemplo de seu principal cultor: quevedo.

c) Antropocentrismo, caracterizado por mostrar o homem, culto e inteligente, como centro do universo.

d) Gongorismo, ao caracterizar-se por uma linguagem rebuscada, culta e extravagante.

e) Teocentrismo, caracterizado por padres escritores que dominaram a literatura seiscentista.

19. A sátira é um exemplo do gênero:

a) Dramático.

b) Narrativo.

c) Lírico.

d) Épico.

e) Didático.

20. Sobre o Romantismo no Brasil, marque a afirmação correta.

    a) A arte romântica pôs fim a uma tradição clássica de três séculos e dá início a uma nova etapa na literatura, voltada aos assuntos contemporâneos – efervescência social e política, esperança e paixão, luta e revolução – e ao cotidiano do homem burguês.

    b) O lema da bandeira brasileira "Ordem e Progresso" é nitidamente marcado pelos ideais românticos: parte da suposição de que é necessário ordem social para que haja o progresso da sociedade.

    c) O romantismo era um movimento antimaterialista e antirracionalista, que usava símbolos, imagens, metáforas e sinestesias com a finalidade de exprimir o mundo interior, intuitivo e antilógico.

    d) O movimento inspirou-se em uma lendária região da Grécia Antiga, dominada pelo deus Pan e habitada por pastores, que viviam de modo simples e espontâneo e se divertiam cantando, fazendo disputas poéticas e celebrando o amor e o prazer.

    e) O estilo romântico registra o espírito contraditório de uma época que se divide entre as influências do Renascimento – o materialismo, o paganismo e o sensualismo – e da onda de religiosidade trazida sobretudo pela Contrarreforma.

FÍSICA

21. O desenho a seguir representa um circuito elétrico composto por gerador, receptor, condutores, um voltímetro (V), todos ideais, e resistores ôhmicos. O valor da diferença de potencial (ddp), entre os pontos F e G do circuito, medida pelo voltímetro, é igual a:

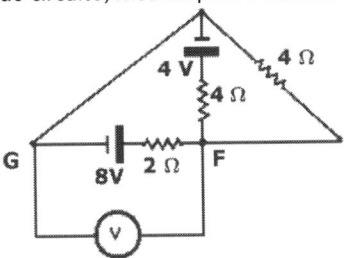

Desenho Ilustrativo Fora de Escala

    a) 1,0 V.

    b) 3,0 V.

    c) 4,0 V.

    d) 5,0 V.

    e) 8,0 V.

22. Um bloco A de massa 100 kg sobe, em movimento retilíneo uniforme, um plano inclinado que forma um ângulo de 37° com a superfície horizontal. O bloco é puxado por um sistema de roldanas móveis e cordas, todas ideais, e coplanares. O sistema mantém as cordas paralelas ao plano inclinado enquanto é aplicada a força de intensidade F na extremidade livre da corda, conforme o desenho a seguir.

Todas as cordas possuem uma de suas extremidades fixadas em um poste, que permanece imóvel quando as cordas são tracionadas.

Sabendo que o coeficiente de atrito dinâmico entre o bloco A e o plano inclinado é de 0,50, a intensidade da força $\vec{F}$ é:

Dados: sen 37° = 0,60 e cos 37° = 0,80

Considere a aceleração da gravidade igual a 10 m/s².

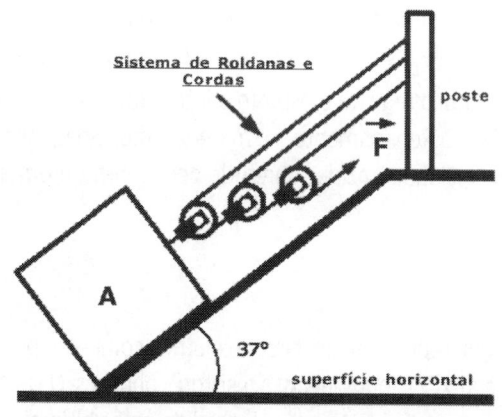

Desenho Ilustrativo Fora de Escala

a) 125 N.

b) 200 N.

c) 225 N.

d) 300 N.

e) 400 N.

23. O espelho retrovisor de um carro e o espelho em portas de elevador são, geralmente, espelhos esféricos convexos. Para um objeto real, um espelho convexo gaussiano forma uma imagem:

a) real e menor.

b) virtual e menor.

c) real e maior.

d) virtual e invertida.

e) real e direita.

24. Uma haste AB rígida, homogênea com 4 m de comprimento e 20 N de peso, encontra-se apoiada no ponto C de uma parede vertical, de altura $1,5.\sqrt{3}$ m, formando um ângulo de 30° com ela, conforme representado nos desenhos a seguir.

Para evitar o escorregamento da haste, um cabo horizontal ideal encontra-se fixo à extremidade da barra no ponto B e a outra extremidade do cabo, fixa à parede vertical.

Desprezando todas as forças de atrito e considerando que a haste encontra-se em equilíbrio estático, a força de tração no cabo é igual a:

Dados: sen 30° = cos 60° = 0,5 e sen 60° = cos 30° = $\dfrac{\sqrt{3}}{2}$.

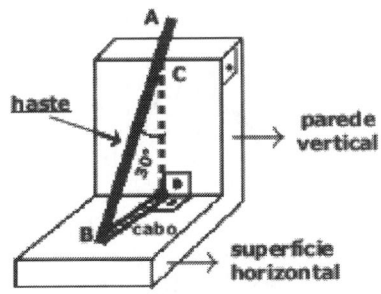

Desenhos Ilustrativos Fora de Escala

a) $\dfrac{7}{3} \cdot \sqrt{3}\,N$

b) $\dfrac{8}{3} \cdot \sqrt{3}\,N$

c) $\dfrac{10}{3} \cdot \sqrt{3}\,N$

d) $6 \cdot \sqrt{3}\,N$

e) $\dfrac{20}{3} \cdot \sqrt{3}\,N$

25. Uma granada de mão, inicialmente em repouso, explode sobre uma mesa indestrutível, de superfície horizontal e sem atrito, e fragmenta-se em três pedaços de massas m_1, m_2 e m_3 que adquirem velocidades coplanares entre si e paralelas ao plano da mesa.

Os valores das massas são $m_1 = m_2 = m$ e $m_3 = \dfrac{m}{2}$. Imediatamente após a explosão, as massas m_1 e m_2 adquirem as velocidades $\vec{v}_1$ e $\vec{v}_2$ respectivamente, cujos módulos são iguais a v, conforme o desenho a seguir.

Desprezando todas as forças externas, o módulo da velocidade $\vec{v}_3$, imediatamente após a explosão é:

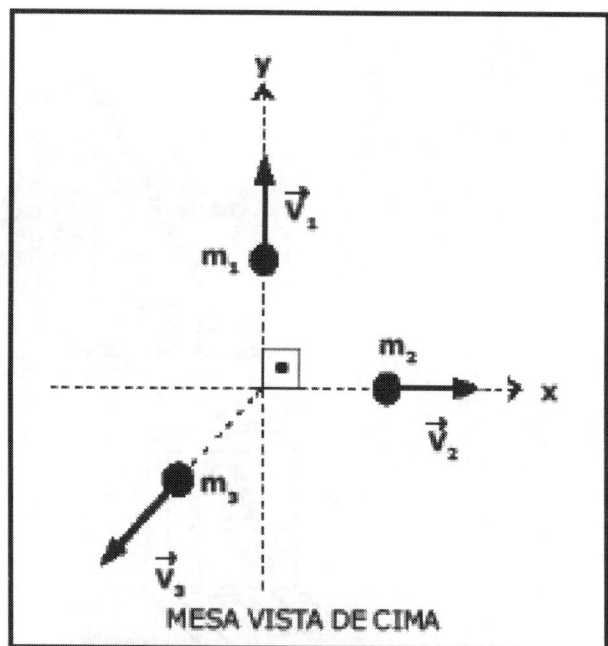

Desenho Ilustrativo Fora de Escala

a) $\dfrac{\sqrt{2}}{4}$ v.

b) $\dfrac{\sqrt{2}}{2}$ v.

c) $\sqrt{2}$ v.

d) $\dfrac{3}{2}$. v.

e) $2.\sqrt{2}$ v.

26. Um capacitor de capacitância igual a 2 μF está completamente carregado e possui uma diferença de potencial entre suas armaduras de 3 V. Em seguida, este capacitor é ligado a um resistor ôhmico por meio de fios condutores ideais, conforme representado no circuito a seguir, sendo completamente descarregado através do resistor.

Nesta situação, a energia elétrica total transformada em calor pelo resistor é de:

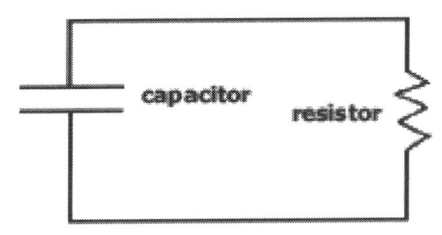

Desenho Ilustrativo Fora de Escala

a) $1{,}5 \cdot 10^{-6}$ J.

b) $6{,}0 \cdot 10^{-6}$ J.

c) $9{,}0 \cdot 10^{-6}$ J.

d) $12{,}0 \cdot 10^{-6}$ J.

e) $18{,}0 \cdot 10^{-6}$ J.

27. Um bloco de massa igual a 1,5 kg é lançado sobre uma superfície horizontal plana com atrito com uma velocidade inicial de 6 m/s em t_1= 0 s. Ele percorre uma certa distância, numa trajetória retilínea, até parar completamente em t_2=5 s, conforme o gráfico a seguir. O valor absoluto do trabalho realizado pela força de atrito sobre o bloco é:

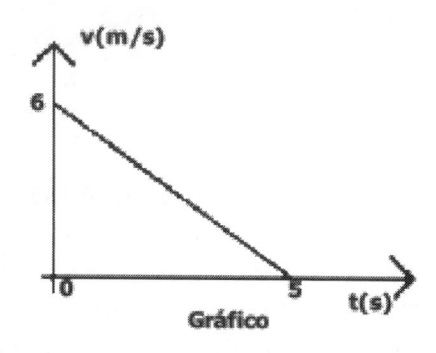

Gráfico

a) 4,5 J.

b) 9,0 J.

c) 15 J.

d) 27 J.

e) 30 J.

28. Uma carga elétrica puntiforme, no interior de um campo magnético uniforme e constante, dependendo de suas condições cinemáticas, pode ficar sujeita à ação de uma força magnética. Sobre essa força pode-se afirmar que:

a) tem a mesma direção do campo magnético, se a carga elétrica tiver velocidade perpendicular a ele.

b) é nula se a carga elétrica estiver em repouso.

c) tem máxima intensidade se o campo magnético e a velocidade da carga elétrica forem paralelos.

d) é nula se o campo magnético e a velocidade da carga elétrica forem perpendiculares.

e) tem a mesma direção da velocidade da carga elétrica.

29. Um painel coletor de energia solar é utilizado para aquecer a água de uma residência e todo o sistema tem um rendimento de 60%. Para aumentar a temperatura em 12,0°C de uma massa de água de 1.000 kg, a energia solar total coletada no painel deve ser de:

Dado: considere o calor específico da água igual a: $4,0 \dfrac{J}{g \cdot °C}$.

a) $2,8 \cdot 10^4$ J.

b) $4,8 \cdot 10^4$ J.

c) $8,0 \cdot 10^4$ J.

d) $4,8 \cdot 10^7$ J.

e) $8,0 \cdot 10^7$ J.

30. Uma partícula com carga elétrica negativa igual a -10^{-8} C encontra-se fixa num ponto do espaço. Uma segunda partícula de massa igual a 0,1 g e carga elétrica positiva igual a $+10^{-8}$ C descreve um movimento circular uniforme de raio 10 cm em torno da primeira partícula. Considerando que elas estejam isoladas no vácuo e desprezando todas as interações gravitacionais, o módulo da velocidade linear da partícula positiva em torno da partícula negativa é igual a:

Dado: considere a constante eletrostática do vácuo igual a $9 \cdot 10^9 \dfrac{N \cdot m^2}{C^2}$

a) 0,3 m/s.

b) 0,6 m/s.

c) 0,8 m/s.

d) 1,0 m/s.

e) 1,5 m/s.

31. Um operário, na margem A de um riacho, quer enviar um equipamento de peso 500 N para outro operário na margem B. Para isso ele utiliza uma corda ideal de comprimento L = 3m, em que uma das extremidades está amarrada ao equipamento e a outra a um pórtico rígido. Na margem A, a corda forma um ângulo θ com a perpendicular ao ponto de fixação no pórtico. O equipamento é abandonado do repouso a uma altura de 1,20 m em relação ao ponto mais baixo da sua trajetória. Em seguida, ele entra em movimento e descreve um arco de circunferência, conforme o desenho a seguir e chega à margem B.

Desprezando todas as forças de atrito e considerando o equipamento uma partícula, o módulo da força de tração na corda no ponto mais baixo da trajetória é:

Dado: considere a aceleração da gravidade g = 10 m/s²:

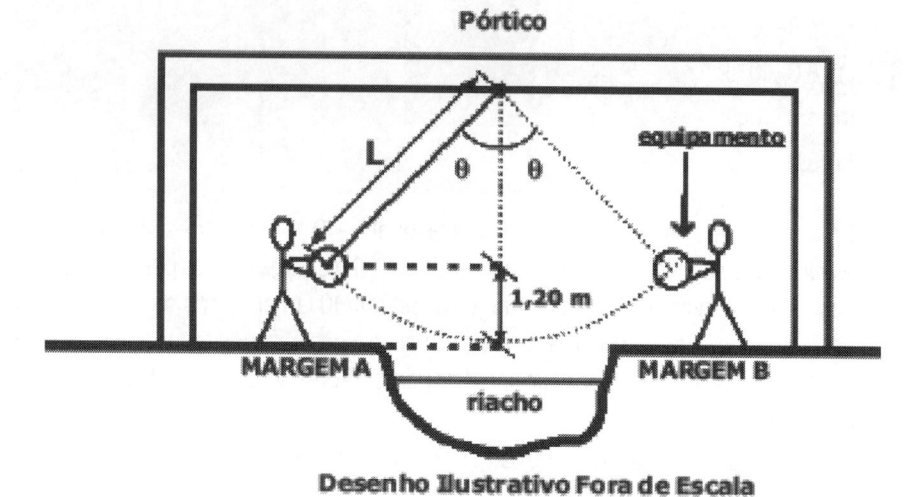

Desenho Ilustrativo Fora de Escala

a) 500 N.

b) 600 N.

c) 700 N.

d) 800 N.

e) 900 N.

32. Quatro objetos esféricos A, B, C e D, sendo respectivamente suas massas m_A, m_B, m_C e m_D, tendo as seguintes relações $m_A > m_B$ e $m_B = m_C = m_D$, são lançados dentro de uma piscina contendo um líquido de densidade homogênea. Após algum tempo, os objetos ficam em equilíbrio estático. Os objetos A e D mantêm metade de seus volumes submersos e os objetos C e B ficam totalmente submersos, conforme o desenho a seguir.

Sendo V_A, V_B, V_C e V_D os volumes dos objetos A, B, C e D, respectivamente, podemos afirmar que:

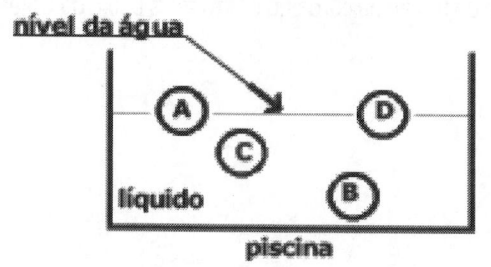

Desenho Ilustrativo Fora de Escala

a) $V_A = V_D > V_C = V_B$.

b) $V_A = V_D > V_C > V_B$.

c) $V_A > V_D > V_B = V_C$.

d) $V_A < V_D = V_B = V_C$.

e) $V_A = V_D < V_C < V_B$.

QUÍMICA

33. Algumas viaturas militares administrativas possuem motores à combustão que utilizam como combustível a gasolina. A queima (combustão) de combustíveis como a gasolina, nos motores à combustão, fornece a energia essencial para o funcionamento dessas viaturas militares. Considerando uma gasolina na condição padrão (25°C e 1 atm), composta apenas por n-octano (C_8H_{18}) e que a sua combustão seja completa (formação exclusiva de CO_2 e H_2O gasosos como produtos), são feitas as seguintes afirmativas:

Dados:

Entalpias de formação (ΔH_f^o)		
H_2O (g)	CO_2	C_8H_{18} (l)
-242kJ/mol	-394kJ/mol	-250 KJ/mol

Massas atômicas		
C	H	O
12u	1u	16u

I. A combustão da gasolina (C_8H_{18}) é uma reação exotérmica.

II. Na combustão completa de 1 mol de gasolina, são liberados 16 mols de gás carbônico (CO_2).

III. A entalpia de combustão (calor de combustão) dessa gasolina é –5080 kj/mol ($\Delta H_c = -5080$ kj/mol).

IV. O calor liberado na combustão de 57 g de gasolina é de 1270 kj.

Das afirmativas apresentadas estão corretas apenas a:

a) I, II e III.

b) I, III e IV.

c) I e II.

d) II e IV.

e) I e III.

34. A emissão de gases derivados do enxofre, como o dióxido de enxofre (SO_2), pode ocasionar uma série de problemas ambientais e a destruição de materiais como rochas e monumentos à base de calcita (carbonato de cálcio). Essa destruição ocasiona reações com a emissão de outros gases, como o gás carbônico (CO_2), potencializando o efeito poluente. Considerando as equações das reações sucessivas a 27°C e 1 atm, admitindo-se os gases como ideais e as reações completas, o volume de CO_2 produzido a partir da utilização de 2 toneladas de SO_2 como reagente é, aproximadamente,

Dados:

Massas Atômicas: S = 32 u ; O = 16 u ; H = 1 u ; C = 12 u ; Ca = 40 u

Constante dos gases ideais: R = 0,082 atm·L· mol^{-1}·K^{-1}

Volume molar nas condições em que ocorreu a reação (27° e 1 atm) = 24,6 L/mol

$$SO_2 (g) + \tfrac{1}{2} O_2 (g) \rightarrow SO_3 (g) \qquad \text{(equação I)}$$

$$SO_3 (g) + H_2O (\ell) \rightarrow H_2SO_4 (\ell) \qquad \text{(equação II)}$$

$$H_2SO_4 (\ell) + CaCO_3 (s) \rightarrow CaSO_4 (s) + H_2O (\ell) + CO_2 (g) \qquad \text{(equação III)}$$

a) $4,35 \cdot 10^6$ L de CO_2.

b) $2,25 \cdot 10^6$ L de CO_2.

c) $4,75 \cdot 10^4$ L de CO_2.

d) $5,09 \cdot 10^3$ L de CO_2.

e) $7,69 \cdot 10^5$ L de CO_2.

35. A gasolina é um combustível constituído por uma mistura de diversos compostos químicos, principalmente hidrocarbonetos. Estes compostos apresentam volatilidade elevada e geram facilmente vapores inflamáveis.

Em um motor automotivo, a mistura de ar e vapores inflamáveis de gasolina é comprimida por um pistão dentro de um cilindro e posteriormente sofre ignição por uma centelha elétrica (faísca) produzida pela vela do motor.

Adaptado de: BROWN, Theodore; L. LEMAY, H Eugene; BURSTEN, Bruce E. Química a Ciência Central, 9ª edição, Editora Prentice-Hall, 2005, pág 926.

Pode-se afirmar que a centelha elétrica produzida pela vela do veículo neste evento tem a função química de:

a) catalisar a reação por meio da mudança na estrutura química dos produtos, saindo, contudo, recuperada intacta ao final do processo.

b) propiciar o contato entre os reagentes gasolina e oxigênio do ar (O_2), baixando a temperatura do sistema para a ocorrência de reação química.

c) fornecer a energia de ativação necessária para ocorrência da reação química de combustão.

d) manter estável a estrutura dos hidrocarbonetos presentes na gasolina.

e) permitir a abertura da válvula de admissão do pistão para entrada de ar no interior do motor.

36. Conversores catalíticos (catalisadores) de automóveis são utilizados para reduzir a emissão de poluentes tóxicos. Poluentes de elevada toxicidade são convertidos a compostos menos tóxicos. Nesses conversores, os gases resultantes da combustão no motor e o ar passam por substâncias catalisadoras. Essas substâncias aceleram, por exemplo, a conversão de monóxido de carbono (CO) em dióxido de carbono (CO_2) e a decomposição de óxidos de nitrogênio como o NO, N_2O e o NO_2 (denominados NO_x) em gás nitrogênio (N_2) e gás oxigênio (O_2). Referente às substâncias citadas no texto e às características de catalisadores, são feitas as seguintes afirmativas:

I. A decomposição catalítica de óxidos de nitrogênio produzindo o gás oxigênio e o gás nitrogênio é classificada como uma reação de oxidorredução.

II. O CO_2 é um óxido ácido que, ao reagir com água, forma o ácido carbônico.

III. Catalisadores são substâncias que iniciam as reações químicas que seriam impossíveis.

IV. Sem eles, aumentando a velocidade e, também, a energia de ativação da reação.

V. O CO é um óxido básico que, ao reagir com água, forma uma base.

VI. A molécula do gás carbônico (CO_2) apresenta geometria espacial angular.

Das afirmativas feitas estão corretas apenas a:

a) I e II.

b) II e V.

c) III e IV.

d) I, III e V.

e) II, IV e V.

37. *"Sempre que uma substância muda de fase de agregação, a temperatura permanece constante enquanto a mudança se processa, desde que a pressão permaneça constante".*

FONSECA Martha Reis Marques da, Química Geral, São Paulo: Ed FTD, 2007, pág 41.

O gráfico a seguir representa a mudança de fase de agregação de uma substância pura com o passar do tempo, em função da variação de temperatura, observada ao se aquecer uma substância X durante algum tempo, sob pressão constante.

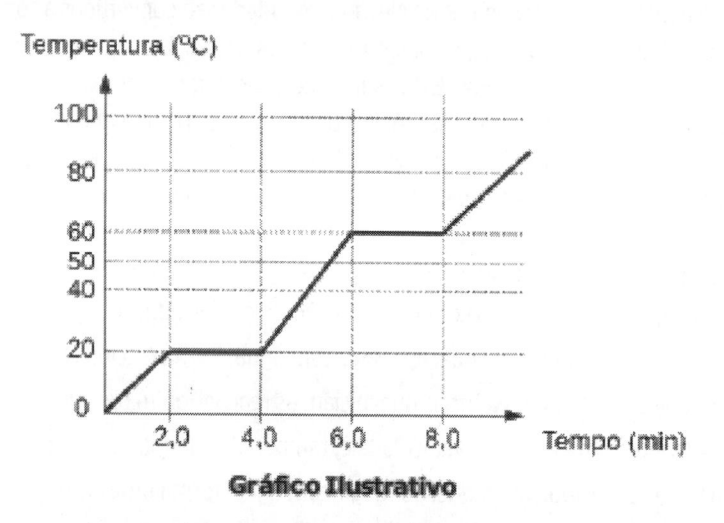

Gráfico Ilustrativo

Tomando-se como base o gráfico, analise as seguintes afirmativas:

I. Entre 0°C e 19°C, a substância X encontra-se na fase sólida.

II. O intervalo de 2,0 min a 4,0 min corresponde à condensação da substância X.

III. A temperatura de 60°C corresponde à temperatura de ebulição da substância X.

IV. No intervalo de 40°C a 50°C, a substância X encontra-se na fase líquida.

Estão corretas apenas as afirmativas:

a) I e II.

b) II e IV.

c) I, II e III.

d) II, III e IV.

e) I, III e IV.

38. Quando um átomo, ou um grupo de átomos, perde a neutralidade elétrica, passa a ser denominado de íon. Sendo assim, o íon é formado quando o átomo (ou grupo de átomos) ganha ou perde elétrons. Logicamente, esse fato interfere na distribuição eletrônica da espécie química. Todavia, várias espécies químicas podem possuir a mesma distribuição eletrônica.

    Considere as espécies químicas listadas na tabela a seguir:

I	II	III	IV	V	VI
$_{20}Ca^{2+}$	$_{16}S^{2-}$	$_{9}F^{1-}$	$_{17}Cl^{1-}$	$_{38}Sr^{2+}$	$_{24}Cr^{3+}$

A distribuição eletrônica $1s^2, 2s^2, 2p^6, 3s^2, 3p^6$ (segundo o Diagrama de Linus Pauling) pode corresponder, apenas, à distribuição eletrônica das espécies:

a) I, II, III e VI.

b) II, III, IV e V.

c) III, IV e V.

d) I, II e IV.

e) I, V e VI.

39. Na ânsia pelo "elixir da longa vida", por volta do século I, alquimistas descobriram acidentalmente a *Pólvora*, referenciada em textos de Alquimia pelos avisos quanto aos cuidados para não se misturarem certos materiais uns com os outros. A pólvora, mais conhecida desde o final do século XIX como pólvora negra, é uma mistura química que queima com rapidez. Foi extensamente utilizada como propelente em canhões e armas de fogo e atualmente ainda é empregada em artefatos pirotécnicos. Nitrato de potássio, enxofre e carvão (carbono) são os constituintes da pólvora negra. Sobre as espécies constituintes da pólvora negra afirma-se que:

Dados: Número Atômico: K = 19; N = 7; O = 8; S = 16; C = 6

I. O nitrato de potássio é classificado como uma base segundo a teoria de Arrhenius.

II. A 25°C e 1 atm a variedade alotrópica mais estável do carbono é a grafite e a do enxofre é a rômbica.

III. A fórmula do nitrato de potássio é KNO_2.

IV. O enxofre é um metal radioativo que pertence à família 6A (16) da tabela periódica.

V. O átomo de carbono ($_6C$) estabelece 4 ligações químicas e possui a variedade alotrópica diamante, substância natural de alta dureza.

Estão corretas apenas as afirmativas:

a) I e IV.

b) II e V.

c) III, IV e V.

d) I, II e V.

e) II, III e IV.

40. O polímero Kevlar® (poliparafenileno de tereftalamida), usado em materiais de proteção balística, foi descoberto pela química sueca Stephanie Kwolek, na tentativa de desenvolver um novo polímero para uso em pneus. Apresenta elevada resistência térmica e mecânica por suas cadeias estabelecerem uma rede polimérica, por meio de interações intermoleculares fortes. Pode ser sintetizado a partir da reação entre as substâncias 1,4-fenileno-diamina (1,4 – diaminobenzeno) e ácido tereftálico (ácido 1,4 – benzenodicarboxílico), como mostra a equação da reação a seguir:

1,4-fenileno-diamina Ácido Tereftálico Kevlar

Com relação a esta reação e às estruturas apresentadas, são feitas as seguintes afirmativas:

I. A hibridização de todos os carbonos nas estruturas dos reagentes é do tipo sp^2.

II. A reação de obtenção do poliparafenileno de tereftalamida é classificada como de *substituição*, por adicionar uma molécula de água à estrutura do polímero.

III. O kevlar é uma substância iônica de alta massa molecular.

IV. A fórmula molecular da substância 1,4-fenileno-diamina é $C_6H_8N_2$.

V. As interações intermoleculares que mantêm as cadeias do kevlar unidas, formando redes poliméricas, são do tipo ligações de hidrogênio (pontes de hidrogênio).

Estão corretas apenas as afirmativas:

a) II e V.

b) III e IV.

c) I, IV e V.

d) III, IV e V.

e) I, II e IV.

41. O trioxano, cuja fórmula estrutural plana simplificada encontra-se representada a seguir, é utilizado em alguns países como combustível sólido para o aquecimento de alimentos armazena dos em embalagens especiais e que fazem parte das *rações operacionais militares*. Considere a reação de combustão completa de um tablete de 90 g do trioxano com a formação de CO_2 e H_2O. Baseado nas energias de ligação fornecidas na tabela a seguir, o valor da <u>entalpia de combustão</u> estimada para esta reação é:

Dados:

Massas Atômicas: O=16 u; H=1 u; C=12 u.

	Energias de Ligação (kJ/mol)	
$C-H \rightarrow 413$	$O=O \rightarrow 495$
$O-C \rightarrow 358$	$C=O \rightarrow 799$
$H-O \rightarrow 463$	

Trioxano

a) +168 kJ.

b) −262 kJ.

c) +369 kJ.

d) −1461 kJ.

e) −564 kJ.

42. Células galvânicas (pilhas) são dispositivos nos quais reações espontâneas de oxidorredução geram uma corrente elétrica. São dispostas pela combinação de espécies químicas com potenciais de redução diferentes. Existem milhares de células galvânicas possíveis. Considere as semirreações a seguir e seus respectivos potenciais de redução nas condições padrão (25°C e 1 atm).

$Al^{3+}(aq) + 3e^- \rightarrow \quad Al(s) \quad \Delta E^\circ_{red} \quad = -1,66\ V$

$Au^{3+}(aq) + 3e^- \rightarrow \quad Au(s) \quad \Delta E^\circ_{red} \quad = +1,50\ V$

$Cu^{2+}(aq) + 2e^- \rightarrow \quad Cu(s) \quad \Delta E^\circ_{red} \quad = +0,34\ V$

Baseado nas possibilidades de combinações de células galvânicas e suas representações esquemáticas recomendadas pela *União Internacional de Química Pura e Aplicada* (IUPAC), são feitas as seguintes afirmativas:

I. A diferença de potencial (d.d.p.) da pilha formada pelas espécies químicas alumínio e cobre e representada esquematicamente por $Al(s)|Al^{3+}(aq) || Cu^{2+}(aq)|Cu(s)$ é de +1,52 V (nas condições-padrão).

II. Na pilha formada pelas espécies químicas cobre e ouro e representada esquematicamente por $Cu(s)| Cu^{2+}(aq) || Au^{3+}(aq)|Au(s)$, a reação global corretamente balanceada é:

189

$$3\ Cu\ (s) + 2\ Au^{3+}\ (aq) \rightarrow 3\ Cu^{2+}\ (aq) + 2\ Au\ (s)$$

III. Na pilha formada pelas espécies químicas cobre e ouro e representada esquematicamente por Cu (s) | Cu^{2+}(aq) || Au^{3+} (aq) | Au (s), o agente redutor é o Cu (s).

IV. A representação IUPAC correta de uma pilha de alumínio e ouro (Al-Au) é Au (s) | Au^{3+}(aq) || Al^{3+} (aq) | Al (s).

Estão corretas apenas as afirmativas

a) I e II.

b) II e III.

c) III e IV.

d) I, II e IV.

e) I, III e IV.

43. Em uma aula prática de química, o professor forneceu a um grupo de alunos 100 mL de uma solução aquosa de hidróxido de sódio de concentração 1,25 mol·L^{-1}. Em seguida solicitou que os alunos realizassem um procedimento de diluição e transformassem essa solução inicial em uma solução final de concentração 0,05 mol·L^{-1}. Para obtenção da concentração final nessa diluição, o volume de água destilada que deve ser <u>adicionado</u> é de:

a) 2400 mL.

b) 2000 mL.

c) 1200 mL.

d) 700 mL.

e) 200 mL.

44. *"À medida que ocorre a emissão de partículas do núcleo de um elemento radioativo, ele está e desintegrando. A velocidade de desintegrações por unidade de tempo é denominada velocidade de desintegração radioativa, que é proporcional ao número de núcleos radioativos. O tempo decorrido para que o número de núcleos radioativos se reduza à metade é denominado meia-vida."*

USBERCO, João e SALVADOR, Edgard. Química. 12ª ed. Reform - São Paulo: Editora Saraiva, 2009.

(Volume 2: Físico-Química).

Utilizado em exames de tomografia, o radioisótopo flúor-18 (^{18}F) possui meia-vida de uma hora e trinta minutos (1h 30 min). Considerando-se uma massa inicial de 20 g desse radioisótopo, o tempo decorrido para que essa massa de radioisótopo flúor-18 fique reduzida a 1,25 g é de:

Dados: log 16 = 1,20; log 2 = 0,30

a) 21 horas.

b) 16 horas.

c) 9 horas.

d) 6 horas.

e) 1 hora.

MATEMÁTICA

45. Na figura estão representados os gráficos das funções reais f (quadrática) e g (modular) definidas em R. Todas as raízes das funções f e g também estão representadas na figura. Sendo $h(x) = \dfrac{f(x)}{g(x)}$, assinale a alternativa que apresenta os intervalos onde h assume valores negativos.

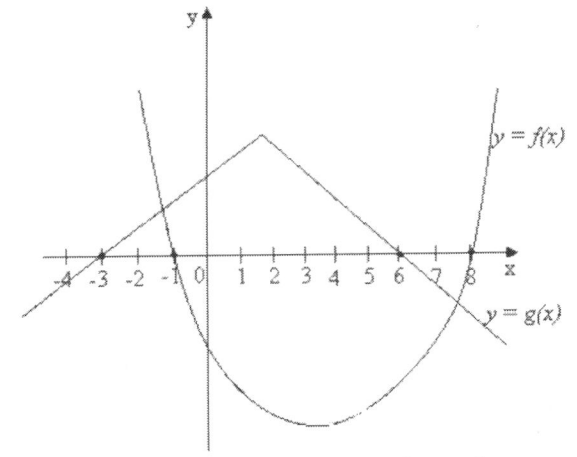

Desenho Ilustrativo Fora de Escala

a) $]{-3}, -1] \cup \,]6, 8]$

b) $]{-\infty}, -3[\,\cup\,]-1, 6[\,\cup\,]8, +\infty[$

c) $]{-\infty}, 2[\,\cup\, [4, +\infty[$

d) $]{-\infty}, -3[\,\cup\, [-1, 2[\,\cup\, [7, +\infty[$

e) $]{-3}, -1] \cup [2, 4[\,\cup\,]6, 8]$

46. Em uma população de homens e mulheres, 60% são mulheres, sendo 10% delas vegeta-rianas. Sabe-se, ainda, que 5% dos homens dessa população também são vegetarianos. Dessa forma, selecionando-se uma pessoa dessa população ao acaso e verificando-se que ela é vegetariana, qual é a probabilidade de que seja mulher?

a) 50%.

b) 70%.

c) 75%.

d) 80%.

e) 85%.

47. Seja a igualdade $\dfrac{a}{3} - \dfrac{b}{5}i = \left(\cos\dfrac{\pi}{6} + i \operatorname{sen} \dfrac{\pi}{6}\right)^4$, onde i é a unidade imaginária. Se a e b são números reais, então o quociente $\dfrac{a}{b}$ é igual a:

a) $\dfrac{\sqrt{3}}{5}$.

b) $\dfrac{3\sqrt{3}}{5}$.

c) $-\dfrac{3\sqrt{3}}{5}$.

d) $-\dfrac{\sqrt{3}}{5}$.

e) $\dfrac{15\sqrt{3}}{4}$.

48. Considere o triângulo com ângulos internos x, 45° e 120°. O valor de $\operatorname{tg}^2(x)$ é igual a:

a) $\sqrt{3} - 2$.

b) $4\sqrt{3} - 7$.

c) $7 - 4\sqrt{3}$.

d) $2 - \sqrt{3}$.

e) $2 - 4\sqrt{3}$.

49. Duas instituições financeiras fornecem senhas para seus clientes, construídas segundo os seguintes métodos:

1ª instituição: 5 caracteres distintos formados por elementos do conjunto {1,2,3,4,5,6,7,8,9};

2ª instituição: 6 caracteres distintos formados por duas letras, dentre as vogais, na primeira e segunda posições da senha, seguidas por 4 algarismos dentre os elementos do conjunto {3,4,5,6,7,8,9}.

Para comparar a eficiência entre os métodos de construção das senhas, medindo sua maior ou menor vulnerabilidade, foi definida a grandeza "força da senha", de forma que, quanto mais senhas puderem ser criadas pelo método, mais "forte" será a senha.

Com base nessas informações, pode-se dizer que, em relação à 2ª instituição, a senha da 1ª instituição é:

a) 10% mais fraca.

b) 10% mais forte.

c) De mesma força.

d) 20% mais fraca.

e) 20% mais forte.

50. A angioplastia é um procedimento médico caracterizado pela inserção de um cateter em uma veia ou artéria com o enchimento de um pequeno balão esférico localizado na ponta desse cateter. Considerando que, num procedimento de angioplastia, o raio inicial do balão seja desprezível e aumente a uma taxa constante de 0,5 mm/s até que o volume seja igual a 500 mm³, então o tempo, em segundos, que o balão leva para atingir esse volume é:

a) 10.

b) $10\sqrt[3]{\dfrac{5}{\pi}}$.

c) $10\sqrt[3]{\dfrac{2}{\pi}}$.

d) $10\sqrt[3]{\pi}$.

e) $10\sqrt[3]{\dfrac{3}{\pi}}$.

51. Na figura a seguir, está representado o plano de Argand-Gauss com os afixos de 12 números complexos, identificados de A a L. Sabe-se que esses afixos dividem a circunferência em 12 partes iguais e que A=(1,0).

O polígono regular cujos vértices são os afixos de $\sqrt[4]{E}$ é:

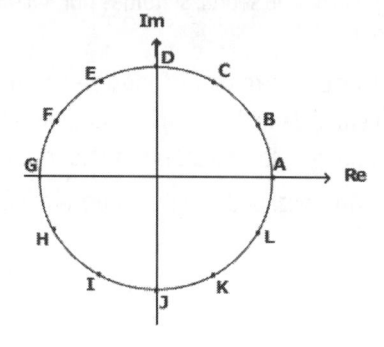

a) BEHK.

b) CFIL.

c) ADGJ.

d) BDHJ.

e) CEIK.

52. O valor da altura de um cilindro reto de raio R, cujo volume é a soma dos volumes dos sólidos 1 e 2 é:

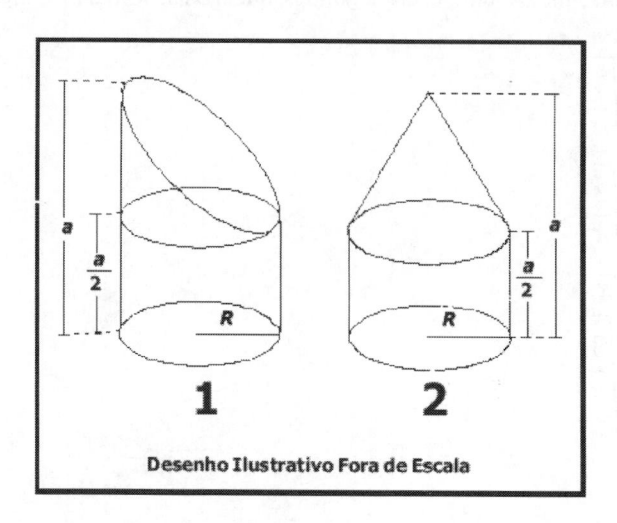

Desenho Ilustrativo Fora de Escala

a) $\dfrac{13}{12}$ a.

b) $\dfrac{7}{6}$ a.

c) $\dfrac{5}{4}$ a.

d) $\dfrac{4}{3}$ a.

e) $\dfrac{17}{12}$ a.

53. Uma elipse tem centro na origem e vértices em (2a, 0) e (0, a), com a>0. A área do quadrado inscrito nessa elipse é:

a) $\dfrac{16a^2}{5}$.

b) $\dfrac{4a^2}{5}$.

c) $\dfrac{12a^2}{5}$.

d) $\dfrac{8a^2}{5}$.

e) $\dfrac{20a^2}{5}$.

54. Considere dois planos α e β perpendiculares e três retas distintas r, s e t tais que $r \subset \alpha$, $s \subset \beta$ e $t = \alpha \cap \beta$.
Sobre essas retas e os planos é correto afirmar que:

a) as retas r e s somente definirão um plano se forem concorrentes com t em um único ponto.

b) as retas r e s podem definir um plano paralelo à reta t.

c) as retas r e s são necessariamente concorrentes.

d) se r e s forem paralelas, então elas definem um plano perpendicular a α e β.

e) o plano definido por r e t é necessariamente paralelo a s.

55. Resolvendo a equação $\log_3 (x^2-2x-3) + \log_{\frac{1}{3}} (x-1) = \log_3 (x+1)$, obtém-se:

 a) $S=\{-1\}$.

 b) $S=\{4,5\}$.

 c) $S=\{6\}$.

 d) $S=\varnothing$.

 e) $S=\{4\}$.

56. O conjunto solução da inequação $2\operatorname{sen}^2 x - \cos x - 1 \geq 0$, no intervalo $]0,2\pi]$ é:

 a) $\left[\dfrac{2\pi}{3},\dfrac{4\pi}{3}\right]$

 b) $\left[\dfrac{\pi}{3},\dfrac{5\pi}{6}\right]$

 c) $\left[\dfrac{\pi}{3},\dfrac{5\pi}{3}\right]$

 d) $\left[\dfrac{\pi}{3},\dfrac{2\pi}{3}\right] \cup \left[\dfrac{4\pi}{3},\dfrac{4\pi}{3}\right]$

 e) $\left[\dfrac{\pi}{6},\dfrac{5\pi}{6}\right] \cup \left[\dfrac{7\pi}{6},\dfrac{10\pi}{6}\right]$

57. Uma circunferência tem centro no eixo das abscissas, passa pelo ponto (4,4) e não intercepta o eixo das ordenadas. Se a área do círculo definido por essa circunferência é 17π, a abscissa de seu centro é:

 a) 3.

 b) 4.

 c) 5.

 d) 6.

 e) 7.

58. O conjunto solução da inequação $||x-4|+1| \leq 2$ é um intervalo do tipo $[a,b]$. O valor de $a+b$ é igual a:

 a) −8.

 b) −2.

 c) 0.

 d) 2.

 e) 8.

59. Uma matriz quadrada A, de ordem 3, é definida por $aij = \begin{cases} i - j, se\ i > j \\ (-1)^{i+j}, se\ i \leq j \end{cases}$
    Então det (A^{-1}) é igual a:

    a) 4.

    b) 1.

    c) 0.

    d) $\dfrac{1}{4}$

    e) $\dfrac{1}{2}$

60. As raízes inteiras da equação $2^{3x} - 7.2^x + 6 = 0$ são:

    a) 0 e 1.

    b) −3 e 1.

    c) −3, 1 e 2.

    d) −3, 0 e 1.

    e) 0, 1 e 2.

61. A curva do gráfico a seguir representa a função $y=log_4 x$.

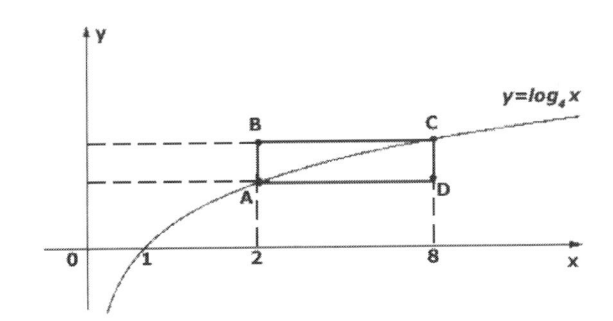

Desenho Ilustrativo Fora de Escala

A área do retângulo ABCD é:

    a) 12.

    b) 6.

    c) 3.

    d) $6log_4 \dfrac{3}{2}$.

    e) $log_4 6$.

62. Seis círculos de raio 1 cm são inseridos no paralelogramo MNPQ, de área X cm², de acordo com a figura a seguir.

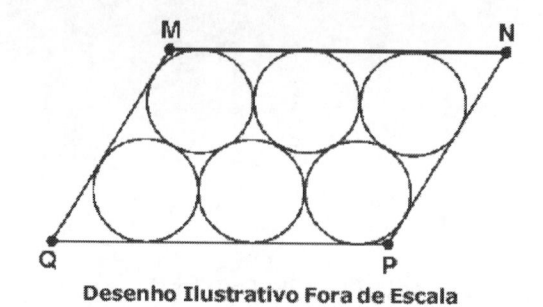

Desenho Ilustrativo Fora de Escala

Sabendo-se que os seis círculos são tangentes entre si e com os lados do paralelogramo, a área X, em cm², é:

a) $11+6\sqrt{3}$.

b) $\dfrac{30 + 14\sqrt{3}}{3}$

c) $10+5\sqrt{3}$.

d) $11-6\sqrt{3}$.

e) $\dfrac{36 + 20\sqrt{3}}{3}$

63. Determine o valor numérico do polinômio $p(x) = x^4 + 4x^3 + 6x^2 + 4x + 2017$ para $x=89$.

a) 53 213 009.

b) 57 138 236.

c) 61 342 008.

d) 65 612 016.

e) 67 302 100.

64. Sendo $M = arc\ tg\ (X)$, $N = arc\ tg\left(\dfrac{1}{x}\right)$ e $P = tg\ (M-N)$, o valor de $30P$ para $X=15$ é:

a) $\dfrac{224}{30}$.

b) $\dfrac{45}{6}$.

c) 45.

d) 224.

e) 225.

GEOGRAFIA

65. *"Desenvolvimento sustentável refere-se a um modelo de desenvolvimento econômico que busca conciliar o crescimento da economia com a conservação do meio ambiente, e, ao mesmo tempo, melhorar as condições de vida da população mundial, sobretudo da parcela mais pobre."*

Terra, L.; Araújo, R. – Geografia: estudos de Geografia Geral e do Brasil. 3. ed. São Paulo: Moderna, 2015, p. 411.

Na perspectiva do desenvolvimento sustentável, a principal ameaça ao ambiente global é o (a):

a) acelerado crescimento da população dos países mais pobres, elevando substancialmente o consumo dos recursos naturais e a emissão de gás de efeito estufa.

b) distribuição desigual dos recursos naturais entre as diferentes regiões do globo, acarretando o uso espoliativo desses recursos, principalmente por parte das nações mais carentes.

c) disseminação dos padrões de produção e consumo vigentes, sobretudo nos países mais ricos, os quais acarretam, por exemplo, elevado consumo de recursos naturais e grande poluição do ar e dos recursos hídricos.

d) recusa dos países desenvolvidos e emergentes em realizar investimentos em matrizes energéticas renováveis em virtude da baixa relação custo-benefício para o desenvolvimento econômico e tecnológico de seus países.

e) ausência de um consenso entre os membros da comunidade científica mundial, acerca das verdadeiras causas do aquecimento global, as quais oscilam entre causas naturais e causas relacionadas à ação humana no meio ambiente.

66. Em uma competição de corrida de orientação, ou simplesmente orientação – esporte em que o atleta, geralmente com um mapa e uma bússola, precisa se deslocar no terreno, passando por alguns pontos de controle, e chegar ao final em menor tempo –, dentre os pontos que os participantes deverão encontrar, dois deles (Ponto A e Ponto B) possuem as seguintes coordenadas:

Pontos/ Coordenadas	Ponto A	Ponto B
Latitude	28°46'00"N	28°50'30"N
Longitude	53°54'30"L	53°53'00"L

Após atingirem o Ponto A, os grupos deverão seguir para o Ponto B e, para tanto seguirão na direção:

a) oeste.

b) leste.

c) sudoeste.

d) noroeste.

e) nordeste.

67. Os jogos da próxima Copa do Mundo, na Rússia, que se iniciarem às 20 horas na cidade de Moscou, situada três horas adiantadas em relação à hora de Greenwich, iniciar-se-ão a que horas na cidade de Los Angeles, nos Estados Unidos da América, situada no fuso 118° de longitude oeste?

a) 7 horas.

b) 9 horas.

c) 10 horas.

d) 12 horas.

e) 13 horas.

68. No Brasil, observa-se nítido processo de transição demográfica, especialmente nas duas últimas décadas, cujos censos demográficos realizados pelo IBGE revelam:

I. Aumento da taxa de mortalidade infantil associado à carência dos serviços públicos essenciais no País.

II. Estreitamento do corpo da pirâmide etária como resultado da significativa redução do número de jovens.

III. O ingresso do Brasil no período de passagem da chamada "janela demográfica" devido ao significativo aumento percentual da população em idade ativa no País.

IV. Aumento do número de óbitos associado ao crescimento absoluto da população e ao aumento da participação percentual de idosos no conjunto total dela.

V. Redução da fecundidade, para nível inferior ao preconizado pela Organização das Nações Unidas como taxa de reposição da população, e aumento da esperança de vida da população.

Assinale a alternativa que apresenta todas as afirmativas corretas.

a) I, II e IV.

b) I, III e IV.

c) I, II e V.

d) II, III e V.

e) III, IV e V.

69. Leia os relatos a seguir:

"Ao final da reunião ministerial da Organização Mundial do Comércio (OMC), em julho de 2008, a sensação foi de desalento, como fica evidente nas palavras do Ministro das Relações Exteriores, Celso Amorim: 'É uma pena, pois para qualquer observador externo [...] seria inacreditável que, depois do progresso alcançado, nós não conseguimos chegar a uma conclusão.'"

Adaptado de: Sene, E.; Moreira, J.C. - Geografia Geral e do Brasil: espaço geográfico e globalização. 2. ed. 2v. São Paulo: Scipione, 2012, p. 230.

"Mike Froman, o representante do governo dos Estados Unidos para assuntos de comércio internacional, escreveu um artigo publicado ontem pelo jornal 'Financial Times' que a agenda do desenvolvimento da Rodada de Doha, iniciada 14 anos atrás, deveria ser substituída, porque ela simplesmente não produziu resultados."

www1.folhauol.com.br/mercado/2015/12/ 1719245_negociações.da.rodadadoha.

O fracasso atribuído por Celso Amorim e Mike Froman às sucessivas negociações acerca do comércio internacional de *commodities* e de bens industrializados deveu-se, principalmente, ao fato de que:

a) não houve consenso, entre países desenvolvidos e subdesenvolvidos, acerca do comércio de bens e serviços ambientalmente sustentáveis.

b) os países desenvolvidos exigiram que os países em desenvolvimento eliminassem os subsídios oferecidos pelos governos destes países às suas produções agrícolas, a fim de ampliar a participação de seus próprios produtos agrícolas no comércio internacional.

c) o tema da liberalização do comércio agrícola e de bens não agrícolas continuou a figurar como principal entrave político nas relações de comércio entre os países desenvolvidos e os países em desenvolvimento.

d) não houve consenso entre países desenvolvidos e em desenvolvimento acerca da redução das emissões de gases de estufa e do comércio mundial dos créditos de carbono, a fim de desacelerar o aquecimento global.

e) ocorreu, por parte da OMC, a imposição de medidas impopulares para o equilíbrio das contas públicas dos países subdesenvolvidos, com vistas a atenuar os efeitos da crise financeira sobre os fluxos globais de comércio.

70. Na Serra do Mar, na região Sudeste do Brasil, durante o verão, ocorrem deslizamentos de terra, causando prejuízos e perdas humanas. Esses deslizamentos, em grande medida, são desencadeados por intensas chuvas _____, que decorrem do movimento ascensional forçado da umidade oceânica, oriunda da massa de ar _____, pelas escarpas litorâneas. Ao atingir elevadas

altitudes, essa massa de ar perde temperatura, provocando condensação do vapor e consequente precipitação.

Assinale a alternativa cujos termos completam correta e respectivamente as lacunas.

a) orográficas - tropical atlântica.

b) frontais - polar atlântica.

c) convectivas - equatorial atlântica.

d) orográficas - polar atlântica.

e) frontais - tropical atlântica.

71. *"A indústria aparece na Amazônia sob a forma de enclaves, estabelecidos a partir de incentivos federais ou para explorar recursos minerais."*

MAGNOLI, D. Geografia para o Ensino Médio. 1ed. São Paulo: Atual, 2012, p. 310.

Entre os enclaves industriais na Amazônia, destaca-se a Zona Franca de Manaus (ZFM), criada em 1967, sob a supervisão da Superintendência da Zona Franca de Manaus (Suframa). Sobre a ZFM, pode-se afirmar que:

I. A implantação da ZFM consistiu numa estratégia geopolítica, cuja principal meta era reforçar o poder nacional na considerada região "de fronteira".

II. Os capitais dominantes são transnacionais e praticamente não se utilizam matérias-primas ou insumos regionais na produção industrial nessa área.

III. A balança comercial da ZFM é positiva no intercâmbio com o mercado externo, haja vista que, com a isenção de impostos sobre a exportação, suas mercadorias destinam-se, prioritariamente, a esse mercado.

IV. Na década de 1990, a política de abertura da economia nacional, com a redução das tarifas de importação, foi muito positiva para a ZFM, pois ampliou as vendas para o mercado interno e propiciou o aumento do número de empregos diretos e indiretos no polo industrial amazônico.

Assinale a alternativa que apresenta todas as afirmativas corretas.

a) I e II.

b) I e III.

c) I e IV.

d) II e III.

e) II e IV.

72. Na década de 1990, a abertura da economia brasileira à concorrência internacional trouxe uma nova configuração à economia nordestina, buscando conectar a Região Nordeste aos fluxos de investimentos globalizados e ao mercado mundial. Nessa nova configuração, observa-se que ocorreu:

I. Um redirecionamento dos investimentos para o setor de indústrias de base, com produção destinada à exportação, incentivados pelos baixos custos da força de trabalho da Região.

II. Um engajamento dos governos estaduais nordestinos em diversificar os focos de incentivo ao capital para os mais diferentes setores da economia, contudo não mais com a finalidade de atender às necessidades do mercado do Sudeste, mas ao mercado externo.

III. O surgimento de enclaves econômicos modernos na agropecuária no oeste baiano e no sul do Maranhão e do Piauí, onde é forte a presença das culturas mecanizadas de soja, milho, arroz e feijão, associadas ao fluxo migratório de agricultores do sul do País.

IV. A execução de reformas estruturais no meio rural, como a reforma agrária, a qual suprimiu a hegemonia dos grandes proprietários de terra no Sertão e contribuiu para a redução da pobreza na Região.

V. A diversificação dos focos dos incentivos econômicos, direcionados também para o setor de serviços no qual o turismo recebeu prioridade através da implementação de empreendimentos hoteleiros.

Assinale a alternativa que apresenta todas as afirmativas corretas.

a) I, II e III.

b) I, III e IV.

c) I, III e V.

d) II, III e V.

e) II, IV e V.

73. "'Exterior próximo' - é assim que o governo russo encara os demais Estados da CEI (Comunidade de Estados Independentes)"

Adaptado de: MAGNOLI, D. Geografia para o Ensino Médio. 1. ed. São Paulo: Atual, 2012, p.562.

Ao utilizar tal expressão, a Rússia caracteriza bem sua esfera de influência política no continente asiático. Dentre os fatores que explicam a influência russa sobre o seu "Exterior Próximo", podemos destacar o (a):

I. Grande dependência das economias dos países da CEI em relação ao mercado russo, destino de grande parte das exportações desses países.

II. Tratado de segurança coletiva assinado pelos países da CEI, que, em vigor desde 1994, proíbe seus integrantes de participarem de alianças militares externas.

III. Controle sobre a soberania política e econômica desses países e de suas reservas energéticas situadas em pontos estratégicos para a economia russa.

IV. Identidade cultural e religiosa entre a Rússia e os demais Estados da CEI, aliada ao fato de ser a língua russa o idioma mais falado em todo o "Exterior Próximo".

V. Considerável dependência de praticamente todas as ex-repúblicas soviéticas da importação de produtos da indústria russa.

Assinale a alternativa que apresenta todas as afirmativas corretas.

a) I, II e III.

b) I, II e V.

c) I, III e IV.

d) II, IV e V.

e) III, IV e V.

74. *"A União Europeia (UE) atrai muitos imigrantes, principalmente a porção mais rica do bloco. Imigrantes vindos das ex-colônias europeias, em especial da África e da Ásia, procuram se estabelecer em suas antigas metrópoles. [...] Também é significativa a imigração dos países mais pobres do Leste Europeu para a porção mais rica da União Europeia."*

Terra, L; Araújo, R.; Guimarães, R. Conexões: Estudos de Geografia Geral e do Brasil, 3. ed., São Paulo: Moderna, 2015, p.92.

Sobre a questão imigratória na Europa, especialmente na União Europeia (UE), podemos afirmar que:

I. O Espaço Schengen, constituído, dentre outros, por todos os países que compõem a UE, foi implantado por um acordo, em 1985, e prevê o fim do controle das fronteiras e a livre circulação de pessoas entre os países membros.

II. A livre circulação de pessoas entre os países da UE tem se mostrado um problema, por isso os países membros tentam impedir qualquer fluxo imigratório, uma vez que quem consegue entrar em um dos países do bloco pode circular livremente pelos demais.

III. Em virtude da imigração magrebina, uma das principais comunidades muçulmanas na UE encontra-se na França e sua presença funciona como pretexto para campanhas políticas de cunho xenofóbico.

IV. Do ponto de vista econômico, o fluxo de imigrantes tem impactos positivos, pois ameniza o processo de envelhecimento da população e fornece mão de obra barata para a maioria das funções rejeitadas pelos europeus.

V. Os fluxos imigratórios têm grande impacto demográfico na UE, visto que a maior parte do crescimento populacional do bloco não decorre do crescimento vegetativo, mas sim dos saldos migratórios.

Assinale a alternativa que apresenta todas as afirmativas corretas.

a) I, II e IV.

b) I, II e V.

c) I, III e V.

d) II, III e IV.

e) III, IV e V.

75. Sabe-se que o poder global dos Estados Unidos da América (EUA) é multidimensional, expressando-se, por exemplo, nos campos econômico, financeiro e cultural. Contudo, de todas as dimensões do poder, merecem especial destaque os campos geopolítico e militar. Quanto a estes últimos, no que diz respeito à distribuição e ação do poder militar norte-americano pelo globo, no início do século XXI, podemos afirmar que:

I. Em países europeus da Organização do Tratado do Atlântico Norte (OTAN), como é o caso da Alemanha, da Grã-Bretanha e da Itália, situam-se grandes bases do Exército, da Marinha e da Força Aérea norte-americana.

II. Na Europa e na Ásia/Pacífico, como reflexo da Guerra Fria, estão as duas principais concentrações de forças dos Estados Unidos no exterior.

III. O Japão e o Vietnã se destacam como principais aliados da orla oriental asiática, onde se situam grandes bases do Exército, da Marinha, da Força Aérea e dos fuzileiros navais dos EUA.

IV. A "guerra ao terror", proposta no governo George W. Bush, traduziu-se, para o Oriente Médio, no envolvimento dos EUA em dois grandes conflitos regionais, um no Iraque e outro na Síria.

V. O Hawaí, estado norte-americano de além-mar, e a ilha de Diego Garcia funcionam como importantes centros de operações, respectivamente, nos oceanos Pacífico e Índico.

Assinale a alternativa que apresenta todas as afirmativas corretas.

a) I, II e III.

b) I, II e V.

c) I, III e IV.

d) III, IV e V.

e) II, IV e V.

76. Observe os climogramas a seguir:

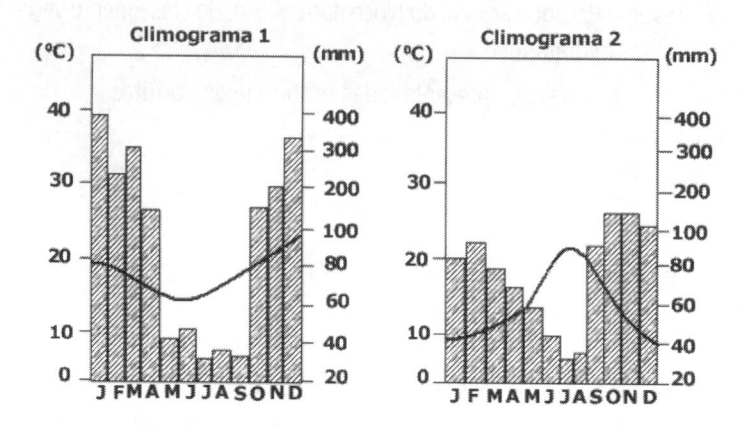

Considerando as características climáticas evidenciadas em cada climograma, podemos afirmar que:

I. O climograma 1 refere-se a uma cidade situada no hemisfério Sul.

II. A amplitude térmica registrada no climograma 2 é maior que a registrada no climograma 1.

III. O verão é mais chuvoso do que o inverno nos dois climogramas.

IV. O climograma 1 refere-se a uma cidade com características de clima tropical típico e o climograma 2 a uma cidade de clima tropical litorâneo.

Assinale a alternativa que apresenta todas as afirmativas corretas.

a) I e II.

b) I e III.

c) I e IV.

d) II e III.

e) II e IV.

HISTÓRIA

77. No início do século XIV, a China era a maior potência mundial e empenhava-se intensamente na expansão marítima e comercial, chegando à Índia, quase um século antes de Cabral. Os chineses estiveram no sul da África Oriental e no Mar Vermelho, enquanto os portugueses mal iniciavam sua exploração na costa norte da África. Entretanto, antes de 1440, a expansão marítima chinesa estagnou. Aponte, dentre as opções a seguir, aquela que apresenta a causa para o sucesso da exploração marítima portuguesa.

a) O fato de os portugueses não terem desenvolvido tecnologias relacionadas à navegação ultramarina não afetou suas ações exploratórias.

b) Em Portugal, a centralização monárquica só ocorreria no final do Século XIII, sendo este fato de pouca influência no processo exploratório dos portugueses além-mar.

c) As finanças portuguesas não estavam estabilizadas e dificultaram os investimentos necessários para os projetos relacionados às navegações, o que fez com que D. Henrique procurasse financiamento público com os soberanos espanhóis.

d) Portugal, apesar da guerra de emancipação política com a Espanha, manteve a busca por conhecimento para a consecução das grandes navegações.

e) Em Portugal, as explorações foram conduzidas com recursos de empresas comerciais privadas e apoio governamental.

78. No início do século XVIII, a concorrência das Antilhas fez com que o preço do açúcar brasileiro caísse no mercado europeu. Os proprietários de engenho, em Pernambuco, para minimizar os efeitos desta crise, recorreram a empréstimos junto aos comerciantes da Vila de Recife. Esta situação gerou um forte antagonismo entre estas partes, que se acirrou quando D. João V emancipou politicamente Recife, deixando esta de ser vinculada a Olinda. Tal fato desobrigou os comerciantes de Recife do recolhimento de impostos a favor de Olinda. O conflito que eclodiu em função do relatado foi a:

a) Revolta de Beckman.

b) Guerra dos Mascates.

c) Guerra dos Emboabas.

d) Insurreição Pernambucana.

e) Conjuração dos Alfaiates.

79. O território brasileiro é, atualmente, bem maior do que as terras atribuídas a Portugal pelo Tratado de Tordesilhas. A expansão da colônia ocorreu graças à ação de bandeirantes, missionários, militares e pecuaristas que ocuparam as vastidões pouco exploradas das áreas de ambos os lados da linha de Tordesilhas. O tratado em que a França renuncia às terras que ocupava na margem esquerda do rio Amazonas e aceita o rio Oiapoque como limite entre a colônia portuguesa e a Guiana Francesa é o:

a) Segundo Tratado de Ultrech.

b) Tratado de Santo Ildefonso.

c) Tratado de Madri.

d) Tratado de Badajós.

e) Primeiro Tratado de Ultrech.

80. No início da Era Moderna, a Igreja Católica foi abalada por uma série de acontecimentos que levaram a significativas mudanças internas e ao surgimento de novas religiões na Europa. Entre as ideias dos principais reformadores e contra – reformadores, podemos encontrar a(o):

I. Criação do Index.

II. Predestinação.

III. Criação da Companhia de Jesus.

IV. Uso da língua inglesa.

V. A Bíblia como fonte de fé e livre exame.

VI. Extinção da hierarquia eclesiástica.

Assinale, a seguir, a alternativa que apresenta ideias relacionadas com a Igreja Calvinista.

a) III, V e VI.

b) I, II e VI.

c) II, V e VI.

d) I, II e V.

e) II, IV e V.

81. *"Tendo subido os degraus da democracia, Hitler jogou a escada fora."*

Blainey, Geofrei em Uma Breve História da Século XX.

De 1919 a 1933, a Alemanha viveu sob o signo da "República de Weimar", primeira experiência democrática da história alemã. Junto com a República de Weimar, nasceu o Partido Nazista, que pregava, entre outras coisas: a existência da raça ariana; o nacionalismo exacerbado; o totalitarismo; e o anticomunismo. Em 1932, o Partido Nazista conquistou, democraticamente, 230 cadeiras no Parlamento, e Hitler foi nomeado Chanceler. A partir daí, houve uma espiral totalitarista que resultou na 2ª Guerra Mundial.

Aponte, dentre as alternativas a seguir, aquela que explica a ascensão democrática dos Nazistas ao poder.

a) A Revolução Russa de 1917 já havia instaurado o comunismo em países como a Polônia, a Hungria e a Tchecoslováquia e continuava avançando em direção à Europa Ocidental, causando medo na população alemã, que resolveu eleger um partido claramente anticomunista.

b) A grave crise econômica iniciada com a queda da Bolsa de Nova York, em 1929, aumentou ainda mais o sentimento de humilhação imposto pelo Tratado de Versalhes, gerando em grande parte da população o desejo por um líder carismático capaz de resgatar a honra

nacional. Isso justificava a escolha de um partido ultranacionalista que promulgava a existência de uma raça superior.

c) A morte do Presidente alemão Paul von Hindenburg levou à necessidade de escolher outro líder carismático, com capacidade de resgatar a honra nacional. Hitler, do Partido Nazista, personificava esse líder.

d) O Fascismo na Itália, um regime claramente ditatorial, estava se expandindo por outros países da Europa, como Portugal, Hungria e Polônia. Isso amedrontou a população alemã, que optou por eleger, democraticamente, o Partido Nazista.

e) O sucesso da Guerra Civil Espanhola, que derrotou o socialismo naquele país, com apoio do Partido Nazista, trouxe esperanças ao povo alemão, que resolveu eleger seus integrantes.

82. *"... Caxias tinha visão certa de que pacificar é um esforço por costurar... de concessões recíprocas, de vontade sincera, tudo voltado para a conciliação..."*

Neto, Jonas Correia em Revista Militar / Edição comemorativa do Bicentenário de Caxias, 2003, pág 9.

O fragmento de texto ressalta uma das características marcantes de Luiz Alves de Lima e Silva, o Duque de Caxias, evidenciada durante sua carreira militar: ser um pacificador. Das rebeliões listadas a seguir, ocorridas no Brasil durante os 1º e 2º Reinados, as que tiveram participação efetiva de Caxias foram a:

a) Revolta dos Malês; e Questão Religiosa.

b) Sabinada; e Guerra dos Farrapos.

c) Cabanagem; e Revolução Praieira.

d) Conjuração baiana; e Sabinada.

e) Balaiada; e Guerra dos Farrapos.

83. As ideias iluministas começaram a circular no Brasil na segunda metade do século XVIII. Elas refletiram-se em vários campos da atividade e do conhecimento humano. Assinale, dentre as alternativas a seguir, aquela que apresenta um filósofo deste período, cujo pensamento incentivou, de forma relevante, a Inconfidência Mineira.

a) Jean-Jacques Rousseau.

b) Adam Smith.

c) François Quesnay.

d) Vicent de Gournay.

e) Nicolau Maquiavel.

84. Pouco depois da 1ª Guerra Mundial, em 28 de abril de 1919, os membros da Conferência de Paz de Versalhes aprovaram a criação da Liga das Nações, atendendo a uma proposta do presidente dos Estados Unidos, Woodrow Wilson. Aponte, nas alternativas a seguir, o país que não participou da Liga das Nações, com o respectivo motivo.

    a) Estados Unidos, porque teve sua participação vetada pelo Senado Americano.

    b) Inglaterra, porque, sendo uma ilha, não viu necessidade de participar da Liga.

    c) França, porque era inimiga da Alemanha e queria sua destruição e não um acordo.

    d) Itália, que não teve direito de participar porque inicialmente integrou a Tríplice Aliança.

    e) Brasil, porque, sendo um país sul-americano, estava muito longe da guerra.

85. O barrete frígio ou barrete da liberdade, constante da imagem ao lado, é uma espécie de touca ou carapuça, originariamente utilizada pelos moradores da Frígia (antiga região da Ásia Menor, onde hoje está situada a Turquia). Foi adotado, na cor vermelha, pelos republicanos franceses que lutaram pela tomada e queda da Bastilha em 1789, que culminou com a instalação da Primeira República Francesa em 1793. As ideias a seguir também estão relacionadas com a Revolução Francesa.

Desenho Ilustrativo
Fora de Escala

I. Período do Terror.

II. Segundo Estado.

III. Primeiro Estado.

IV. Jacobinos.

V. Girondinos.

VI. Comitê de Salvação Pública.

Assinale a alternativa que apresenta as ideias relacionadas à Revolução Francesa e que estejam ligadas à imagem.

a) I, II e IV.

b) II, IV e V.

c) IV, V e VI.

d) I, IV e VI.

e) II, III e VI.

86. Após a 2ª Guerra Mundial, iniciou-se um período de fortes tensões políticas que duraram até 1989, conhecido como "Guerra Fria". Durante esse período, diversos conflitos foram travados, realçando a disputa entre o comunismo e o capitalismo. Dentre esses conflitos, o de maior duração, que representou uma séria derrota militar para o capitalismo, foi a:

a) Guerra do Vietnã.

b) Guerra da Coreia.

c) Guerra do Iraque.

d) Guerra do Afeganistão.

e) Guerra do Pacífico.

87. O Estado Novo foi um período da chamada "Era Vargas", em que o presidente tinha os mais amplos poderes. Das alternativas a seguir, aponte aquela que corresponde a um evento ocorrido durante o Estado Novo.

a) A população paulista deflagrou a chamada Revolução Constitucionalista.

b) Foi criado o Ministério da Educação e Saúde, em novembro de 1930.

c) Eclodiu a Intentona Comunista.

d) O Governo aprovou a Lei de Sindicalização, que definia os sindicatos como órgãos consultivos.

e) O Brasil participou da 2ª Guerra Mundial com a Força Expedicionária Brasileira.

88. O conflito ocorrido no final do Século XIX, caracterizado pelo caráter messiânico (religioso) e de contestação social, foi a:

a) Guerra do Contestado.

b) Revolta da Armada.

c) Revolta Federalista.

d) Revolta da Vacina.

e) Guerra de Canudos.

 **SIMULADÃO**

INGLÊS

Leia o texto a seguir e responda às próximas 3 questões.

How diversity makes us smarter

Decades of research by organizational scientists, psychologists, sociologists, economists and demographers show that socially diverse groups (that is, those with a diversity of race, ethnicity, gender and sexual orientation) are more innovative than homogeneous groups. It means being around people who are different from us makes us more creative, more diligent and more hardworking.

It seems obvious that a group of people with diverse individual expertise would be better than a homogeneous group at solving complex, non-routine problems. It is less obvious that social diversity should work in the same way – yet the science shows that it does. This is not only because people with different backgrounds bring new information. Simply interacting with individuals who are different forces group members to prepare better, to anticipate alternative viewpoints and to expect that reaching consensus will take effort.

Diversity of expertise confers benefits that are obvious – you would not think of building a new car without engineers, designers and quality-control experts – but what about social diversity? The same logic applies to social diversity. People who are different from one another in race, gender and other dimensions bring unique information and experiences to bear on the task at hand. A male and a female engineer might have perspectives as different from one another as an engineer and a physicist – and that is a good thing.

The fact is that if you want to build teams or organizations capable of innovating, you need diversity. Diversity enhances creativity. It encourages the search for novel information and perspectives, leading to better decision making and problem solving. Diversity can improve the bottom line of companies and lead to discoveries and breakthrough innovations. Even simply being exposed to diversity can change the way you think.

Adapted from http://www.scientificamerican.com/article/how-diversity-makes-us-smarter/

89. Which question below has its answer in paragraph 1?
   a) Why did the researchers decide to study such a context?
   b) Who studied about socially diverse groups?
   c) Where did the researchers carry out their studies?
   d) How did the researchers carry out their studies?
   e) How many people were involved in the research?

90. Choose the alternative that correctly substitutes the word <u>yet</u> in the sentence "It is less obvious that social diversity should work in the same way – <u>yet</u> the science shows that it does." (paragraph 2).

    a) However.

    b) For.

    c) Such as.

    d) Thus.

    e) Because.

91. According to the text, choose the correct statement.

    a) It takes more than interaction with others to become a better person.

    b) Homogeneous groups work as hard as heterogeneous ones.

    c) According to science, social diversity works just like diversity of expertise.

    d) When it comes to bear on the task at hand, a male is better than a female.

    e) Solving complex problems is easier than searching for novel information.

Leia o texto a seguir e responda às próximas 3 questões.

A handwritten note from September 11

Imagem meramente ilustrativa

In moments of crisis, our first thoughts are usually to get in contact with the people we love. September 11, 2001, was a day when many people wanted to know that their loved ones were safe. At 9:37 a.m., the Pentagon was attacked by terrorists who crashed an airplane into the western side of the building.

Many people tried using the mobile phones that existed then, but few were successful. Franklin and Daria Gaillard (Frank and Chip) were both members of the Air Force and worked at the Pentagon. They worked in different parts of the building and had a previous agreement that they would meet at their car in the parking lot if there were any emergency.

Daria was the first to arrive at the car and wrote a note to Franklin saying "Frank - Sweetie I am okay. I'm w/ my office over by the Lyndon B. Johnson Memorial Sign. I'll stay there till you come. Love lots & lots, Chip." Frank found the note and was able to locate his wife in the aftermath of the attack.

What makes this story so interesting is the handwritten note. Today, in our digital culture, we have a variety of ways to let people know that we are safe. Text messages, voicemail, and different forms of social media can be used to get the information out to loved ones. In 2001, when these attacks_____(1), the cellular network was still growing and was not as robust as it is today.

This letter is just one of the many objects that The National Museum of American History _____(2) since 2001. To learn more, visit our online exhibition *September 11th: Bearing Witness to History*.

Adapted from http://americanhistory.si.edu/blog/handwritten-note-september-11-2001

92. According to the text, choose the correct statement.
    a) Frank and Chip found a note on the western side of the building.
    b) Frank and Chip wrote a note together before the attack.
    c) Frank and Chip had a meeting at the Air Force HQ.
    d) Frank and Chip relied on pen and paper to communicate.
    e) Frank and Chip located each other using social media.

93. In the sentence "the cellular network... was not as _robust_ as it is today" (paragraph 4), the word _robust_ means:
    a) capable of producing repeated failures in bad conditions.
    b) capable of performing without failure under a variety of conditions.
    c) capable of predicting critical weather changes in other countries.
    d) capable of creating standard responses to technical problems.
    e) capable of manufacturing its own components in bad conditions.

94. Choose the alternative containing the correct verb tenses to complete gaps (1) and (2) in paragraphs 4 and 5 respectively.
    a) have happened, collected.
    b) have happened, have collected.
    c) has happened, has collected.
    d) happened, has collected.
    e) happened, have collected.

Leia o texto a seguir e responda às próximas 3 questões.

Military operations in megacities
A linguistic perspective

The challenge of conducting future military operations within megacities (cities with populations over ten million) lies in understanding the dynamic and multidimensional complexities of these urban areas. Military operations in megacities, whether combat-oriented or otherwise, will be similar to those in other urban environments, but will be complicated by factors unique to the megacity environment.

First and foremost, megacities are largely multilingual. While this can be said of large cities in general, the scale of multilingualism in megacities magnifies its effects. For instance, in New York City (NYC) – a metropolitan megacity of over eighteen million people – nine foreign languages are spoken by communities of one hundred thousand or larger. Language also plays a role in determining one's identity and the language community in which one decides to live. For example, the majority of Russian speakers in NYC tend to live in south Brooklyn and Staten Island, while Chinese speakers tend to cluster in Manhattan and Sunset Park. In megacities, language, culture, and regional context go hand in hand and often reach beyond ethnic identities.

In order to fully understand the context of a megacity, we must understand the role of the languages used in its communities. How_____(1) language communities interact in megacities? What tensions _____(2) caused by multiple language communities in urban space? What role _____(3) language play in the power structures (government or otherwise) of megacities?

Adapted from Military Review – Jan/Feb 2016

95. Choose the statement in which the word <u>lies</u> is used with the same meaning as in paragraph 1.
  a) He lies in the sun for too long.
  b) His skill lies in his ability to communicate.
  c) I can tell from her face that she lies.
  d) A giant crocodile lies in wait for its prey.
  e) This item always lies over for a next meeting.

96. Choose the alternative containing the correct words to respectively complete gaps (1), (2) and (3) in paragraph 3.

   a) is, does, do.

   b) do, are, do.

   c) are, is, do.

   d) are, do, does.

   e) do, are, does.

97. According to the text, choose the correct statement.

   a) Urban environments are more complex than megacities.

   b) Nine languages are spoken in large cities.

   c) Language is of great concern to the military.

   d) Ethnic identities are limited by regional context.

   e) Military operations are just combat-oriented.

Leia o texto a seguir e responda às próximas 3 questões.

Woman who rescued Nigerian 'witch-child' beats Obama and Pope Francis to top list of world's most inspiring people

Imagem meramente ilustrativa

A woman who rescued a two-year-old boy who had been cast out by his own community for being a "witch-child" has been recognised in an international list of the most inspiring people of the year. Anja Ringgren Lovén, a Danish care worker who rescued the young Nigerian boy back in February 2016, beat the likes of Pope Francis, Barack Obama and the Dalai Lama to top the list of 100 inspiring individuals compiled by German-language OOOM Magazine.

An image of Ms Lovén giving the two-year-old boy (now called Hope) some water was shared around the world, and served to highlight the work she was doing to help orphan children in Nigeria. Witch accusations is a growing problem in many African countries, especially in Nigeria, where Anja's charity African Children's Aid Education and Development Foundation cares for other children like Hope.

"When she saw the starving child, she acted like a human being and became an inspiration for millions," said Georg Kindel, OOOM's editor-in-chief, who led the jury that chose the list. Speaking today about the experience, she said: "He was the size of a little baby, my whole body froze. I was thinking of my own son when I saw the boy. For me it was clear at that moment that I would fight with all my strength for him to survive."

Adapted from http://www.independent.co.uk/news/people/ worlds-most-inspiring-person-2016-ooom-anja-ringgren-loven- nigeria-witch-child-a7460976.html

98. Choose the best alternative that correctly substitutes the word <u>highlight</u> in the sentence "... served to <u>highlight</u> the work she was doing to help orphan children in Nigeria." (paragraph 2).
   a) Emphasize.
   b) Observe.
   c) Implemente.
   d) Diminish.
   e) Console.

99. When Ms Lovén says: "... <u>my whole body froze.</u>" (paragraph 3), she means:
   a) she was feeling cold and wanted to leave.
   b) she needed help because she could not walk.
   c) she felt unhappy and wanted to go home.
   d) she didn't want hope to find out she was there.
   e) she became suddenly paralysed with shock.

100. According to the text, read the statements and choose the correct alternative.
   I. Hope's community didn't want him because of a superstition.
   II. Ms Lovén started helping orphan children after she met Hope.
   III. Anja's foundation cares for poor parents who have many children.
   IV. George Kindel was the only person who voted for Ms Lovén.
   V. Ms Lovén has a child of her own and it's a boy.
   a) I, II and IV are correct.
   b) III and V are correct.
   c) I and V are correct.
   d) I, III and IV are correct.
   e) II, III and V are correct.

Simulado 5 - 2016 EsPCEx

PORTUGUÊS

01. Dígrafo é o grupo de duas letras formando um só fonema. Ditongo é a combinação de uma vogal com uma semivogal, ou vice-versa, na mesma sílaba. Nas palavras *"também"* e *"ontem"*, observa-se que há, para cada palavra, respectivamente,

    a) dígrafo – dígrafo / dígrafo – dígrafo.

    b) ditongo nasal – ditongo nasal / ditongo nasal – ditongo nasal.

    c) dígrafo – ditongo nasal / ditongo nasal – dígrafo.

    d) ditongo nasal – dígrafo / dígrafo – ditongo nasal.

    e) dígrafo – ditongo nasal / dígrafo – ditongo nasal.

02. Assinale a alternativa que classifica corretamente a sequência de predicados das orações a seguir.

    * Soa um toque áspero de trompa.

    * Os estudantes saem das aulas cansados.

    * Toda aquela dedicação deixava-o insensível.

    * Em Iporanga existem belíssimas grutas.

    * Devido às chuvas, os rios estavam cheios.

    * Eram sólidos e bons os móveis.

    a) Verbal; verbo-nominal; verbo-nominal; verbal; nominal; nominal.

    b) Verbal; verbal; verbo-nominal; nominal; verbo-nominal; nominal.

    c) Nominal; verbal; verbo-nominal; verbal; nominal; verbo-nominal.

    d) Verbo-nominal: verbal; nominal; verbal; verbo-nominal; nominal.

    e) Nominal; verbal; verbal; nominal; nominal; verbo-nominal.

03. Em "A velha disse-lhe <u>que descansasse</u>", do conto Noite de Almirante, de Machado de Assis, a oração grifada é uma subordinada:

    a) substantiva objetiva indireta.

    b) adverbial final.

    c) adverbial conformativa.

    d) adjetiva restritiva.

    e) substantiva objetiva direta.

04. "Pela primeira vez na história, pesquisadores conseguiram projetar do zero o genoma de um ser vivo (uma bactéria, **para** ser mais exato) **e** 'instalá-lo' com sucesso numa célula, **como** quem instala um aplicativo no celular.

É um feito e tanto, sem dúvida. Paradoxalmente, **porém**, o próprio sucesso do americano Craig Venter e de seus colegas deixa claro o quanto ainda falta **para que** a humanidade domine os segredos da vida. Cerca de um terço do DNA da nova bactéria (apelidada de syn3.0) foi colocado lá por puro processo de tentativa e erro – os cientistas não fazem a menor ideia do porquê ele é essencial."

(Folha de S. Paulo, 26/03/2016).

O texto informativo, que apresenta ao público a criação de uma bactéria apenas com genes essenciais à vida, contém vários conectivos, propositadamente destacados. Pode-se afirmar que:

a) *para* inicia uma oração adverbial condicional, pois restringe o genoma à condição de bactéria.

b) *e* introduz uma oração coordenada sindética aditiva, pois adiciona o projeto à instalação do genoma.

c) *como* introduz uma oração adverbial conformativa, pois exprime acordo ou conformidade de um fato com outro.

d) *porém* indica concessão, pois expressa um fato que se admite em oposição ao da oração principal.

e) *para que* exprime uma explicação: falta muito para a humanidade dominar os segredos da vida.

05. Marque a alternativa correta quanto à função sintática do termo grifado na frase a seguir.
"Em Mariana, a igreja, cujo sino é de ouro, foi levada pelas águas".

a) Adjunto adnominal.

b) Objeto direto.

c) Complemento nominal.

d) Objeto indireto.

e) Vocativo.

06. Assinale a alternativa em que as palavras são antônimas.
    a) Escrupuloso/diligente.
    b) Ambicioso/modesto.
    c) Didático/facilitador.
    d) Protocolar/cerimonioso.
    e) Habilidoso/jeitoso.

07. Marque a alternativa correta quanto ao emprego da vírgula, de acordo com as normas gramaticais.
    a) Ele pediu, ao motorista que parasse no hotel.
    b) A vida como diz o ditado popular é breve.
    c) Da sala eu vi sem ser visto todo o crime acontecendo.
    d) Atletas de várias nacionalidades, participarão da maratona.
    e) Meus olhos, devido à fumaça intensa, ardiam muito.

08. Assinale a alternativa correta quanto ao emprego do pronome relativo.
    a) Aquele era o homem _do qual_ Miguel devia favores.
    b) Eis um homem _de quem_ o caráter é excepcional.
    c) Refiro-me ao livro _que_ está sobre a mesa.
    d) Aquele foi um momento _onde_ eu tive grande alegria.
    e) As pessoas _que_ falei são muito ricas.

09. Marque a única alternativa correta quanto ao emprego do verbo.
    a) Se você me ver na rua, não conte a ninguém.
    b) Mãe e filho põem as roupas para lavar aqui.
    c) Não pensei que ele reouvisse os documentos tão cedo.
    d) Evitaram o desastre porque freiaram a tempo.
    e) As súplicas da mulher não o deteram.

10. Leia o texto a seguir.

Somente uma bala

Vocês têm só uma bala na agulha para capturar a atenção dos leitores: as primeiras linhas de um texto. Se elas não forem capazes de despertar interesse, tchau e bênção. [...]

O erro pode estar na escolha dos assuntos. Ou na qualidade dos textos. Ou nas duas coisas. Os assuntos podem ser atraentes. Se oferecidos por meio de textos medíocres, não serão lidos. Os textos podem ser gramaticalmente corretos e contar uma história com começo, meio e fim. Se não forem instigantes, bye, bye, leitores.

NOBLAT, Ricardo. **A arte de fazer um jornal diário**. São Paulo, Contexto, 2003, p.86 (fragmento).

De acordo com o fragmento do texto, de Ricardo Noblat, o autor defende a ideia de que o escritor deve:

a) escolher muito bem o assunto do texto.

b) usar o texto como uma arma.

c) cativar o leitor logo no início de um texto.

d) saber escrever de acordo com as normas gramaticais.

e) saber narrar uma história com início, meio e fim.

11. Marque a alternativa em que os termos do período foram escritos na ordem direta.

a) Em canoa furada eu não embarco.

b) Sempre lutamos com os mesmos objetivos na educação.

c) Todos os anos, a cena repetia-se na escola.

d) "Não tem azul nem estrelas a noite que enlutam os ventos".

e) Um grande incêndio reduziu a floresta a cinzas mês passado.

12. Em "Há também **o** que vai para se entregar, ser um com o Arpoador, mil-partido." A palavra "**o**", grifada, é:

a) termo essencial da oração.

b) termo acessório da oração.

c) palavra expletiva.

d) termo integrante da oração.

e) pronome de interesse.

13. Assinale a alternativa que contém, na sequência em que aparecem, os adjetivos correspondentes aos seguintes seres: cobre – pele – braço – bode – cobra – prata.

    a) Cuprículo – epidérmico – braçal – hircinto – colubrino – argênteo.

    b) Cúprico – epidérmico – braquial – hircino – colubrino – argentino.

    c) Cobremol – cutâneo – braçal – caprino – ofídico – argênteo.

    d) Cuprículo – epidérmico – braquial – hircinto – ofídico – argentino.

    e) Colúmbum – cutâneo – braçal – caprino – colubrino – argênteo.

14. "Ao responder pelo crime de _____, o acusado, surpreendido em _____, foi _____ em uma _____ que durou pouco mais de duas horas, após as quais deixou _____ a sua _____ em todas as folhas do depoimento."

    As lacunas do período podem ser completadas, respectivamente, com:

    a) estrupro-flagrante-inquerido-sessão-inserta-rubrica.

    b) estrupo-flagrante-inquirido-sessão-incerta-rúbrica.

    c) estupro-fragrante-enquerido-seção-inserta-rúbrica.

    d) estupro-flagrante-inquirido-sessão-inserta-rubrica.

    e) estrupo-flagrante-enquerido-seção-incerta-rubrica.

15. Assinale a alternativa cujo vocábulo só pode ser empregado com acento gráfico.

    a) Diálogo.

    b) Até.

    c) Análogo.

    d) É.

    e) Música.

16. Assinale a alternativa que apresenta exemplo de discurso indireto livre.

    a) – Desejo muito conhecer Carlota – disse-me Glória, a certo ponto da conversação. – Por que não a trouxe consigo?

    b) Omar queixou-se ao pai. Não era preciso tanta severidade. Por que não tratava os outros filhos com o mesmo rigor?

    c) – Isso não pode continuar assim, respondeu ela; – é preciso que façamos as pazes definitivamente.

d) Uma semana depois, Virgília perguntou ao Lobo Neves, a sorrir, quando seria ele ministro. Ele respondeu que, pela vontade dele, naquele mesmo instante.

e) Daí a pouco chegou João Carlos e, após ligeiro exame, receitou alguma coisa, dizendo que nada havia de anormal...

17. Assinale a alternativa que contém, na sequência, a forma correta da substituição da voz passiva analítica pela voz passiva pronominal e, ao mesmo tempo, a substituição dos termos destacados pelos pronomes oblíquos correspondentes.

Era notada no olhar **dela** uma expressão feliz.

Era vista no rosto **dele** a palidez da morte.

São vistas no corpo **dele** as marcas das balas.

Foi notado no rosto **dele** algo de estranho.

Foi inserida na opinião **dele** um dado novo.

a) Notou-se-lhe no olhar dela uma expressão feliz.

b) Viu-se-lhe no rosto a palidez da morte.

c) Vê-se no seu corpo as marcas das balas.

d) Notou-se-lhe no rosto algo de estranho.

e) Inseriu-se na sua opinião um dado novo.

18. Quanto ao Simbolismo, assinale a alternativa correta.

a) O objetivo declarado dos poetas desse movimento literário era um só: desenvolver a beleza formal à poesia, eliminando o que consideravam os excessos sentimentalistas românticos que comprometiam a qualidade artística dos poemas. Na base desse projeto estava a crença de que a função essencial da arte era produzir o belo. O lema adotado – a arte pela arte – traduz essa crença.

b) A preocupação dos artistas desse período não é mais a análise da sociedade. O principal interesse é a sondagem do "eu", a decifração dos caminhos que a intuição e a sensibilidade podem descortinar. A busca é do elemento místico, não-consciente, espiritual, imaterial.

c) O desejo de dar um caráter científico à obra literária define as condições de produção dos textos dessa estética. Os escritores acompanham com interesse as discussões feitas no campo da biologia e da medicina, acreditando na possibilidade de tornar esse conhecimento como base para a criação de seus romances.

d) Essa estética substitui a exaltação da nobreza pela valorização do indivíduo e de seu caráter. Em lugar de louvar a beleza clássica, que exige uma natureza e um físico perfeito, o artista desse período literário elogia o esforço individual, a sinceridade, o trabalho. Pouco a pouco, os valores burgueses vão sendo apresentados como modelos de comportamento social nas obras de arte que começam a ser produzidas.

e) O modelo de vida ideal adotado pelos autores do período envolve a representação idealizada da Natureza como um espaço acolhedor, primaveril, alegre. Os poemas apresentam cenários em que a vida rural é sinônimo de tranquilidade e harmonia.

19. Leia poesia a seguir.

Não indagues, Leucónoe

Não indagues, Leucónoe, ímpio é saber,

a duração da vida

que os deuses decidiram conceder-nos,

nem consultes os astros babilônios:

melhor *é* suportar

tudo o que acontecer.

[...]

Enquanto conversamos,

foge o tempo invejoso.

Desfruta o dia de hoje, acreditando

o mínimo possível no amanhã.

A segunda estrofe da poesia horaciana faz referência ao(s):

a) teocentrismo.

b) amor cortês.

c) feitos heroicos.

d) *carpe diem*.

e) amor platônico.

20. Leia o soneto a seguir e marque a alternativa correta quanto à proposição apresentada.

Se amor não é qual é este sentimento?
Mas se é amor, por Deus, que cousa é a tal?
Se boa por que tem ação mortal?
Se má por que é tão doce o seu tormento?

Se eu ardo por querer por que o lamento
Se sem querer o lamentar que val?
Ó viva morte, ó deleitoso mal,
Tanto podes sem meu consentimento.

E se eu consinto sem razão pranteio.
A tão contrário vento em frágil barca,
Eu vou por alto-mar e sem governo.

É tão grave de error, de ciência é parca
Que eu mesmo não sei bem o que eu anseio
E tremo em pleno estio e ardo no inverno.

O artista do Classicismo, para revelar o que está no universo, adota uma visão:

a) subjetiva.

b) dealista.

c) racionalista.

d) platônica.

e) negativa.

FÍSICA

21. Um raio de luz monocromática propagando-se no ar incide no ponto O, na superfície de um espelho, plano e horizontal, formando um ângulo de 30° com sua superfície.

Após ser refletido no ponto O desse espelho, o raio incide na superfície plana e horizontal de um líquido e sofre refração. O raio refratado forma um ângulo de 30° com a reta normal à superfície do líquido, conforme o desenho a seguir. Sabendo que o índice de refração do ar é 1, o índice de refração do líquido é:

Dados: sen 30° = 1/2 e cos 60° = 1/2; sen 60° = $\dfrac{\sqrt{3}}{2}$ e cos 30° = $\dfrac{\sqrt{3}}{2}$

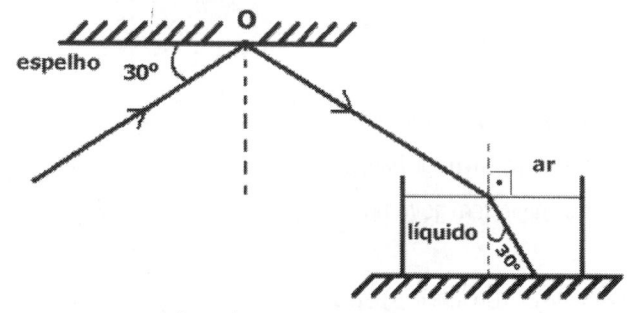

DESENHO ILUSTRATIVO FORA DE ESCALA

a) $\dfrac{\sqrt{3}}{3}$.

b) $\dfrac{\sqrt{3}}{2}$.

c) $\sqrt{3}$.

d) $\dfrac{2\sqrt{3}}{2}$.

e) $2\sqrt{3}$.

22. Um trem de 150 m de comprimento se desloca com velocidade escalar constante de 16 m/s. Esse trem atravessa um túnel e leva 50 s desde a entrada até a saída completa de dentro dele. O comprimento do túnel é de:

a) 500 m.

b) 650 m.

c) 800 m.

d) 950 m.

e) 1100 m.

23. O desenho a seguir representa um sistema composto por duas barras rígidas I e II, homogêneas e de massas desprezíveis na posição horizontal, dentro de uma sala. O sistema está em equilíbrio estático.

No ponto M da barra II, é colocado um peso de 200 N suspenso por um cabo de massa desprezível. A barra I está apoiada no ponto N no vértice de um cone fixo no piso. O ponto A da barra I toca o vértice de um cone fixo no teto. O ponto B da barra I toca o ponto C, na extremidade da barra II. O ponto D, localizado na outra extremidade da barra II, está apoiado no vértice de um cone fixo no piso.

Os módulos das forças de contato sobre a barra I, nos pontos A e N, são respectivamente:

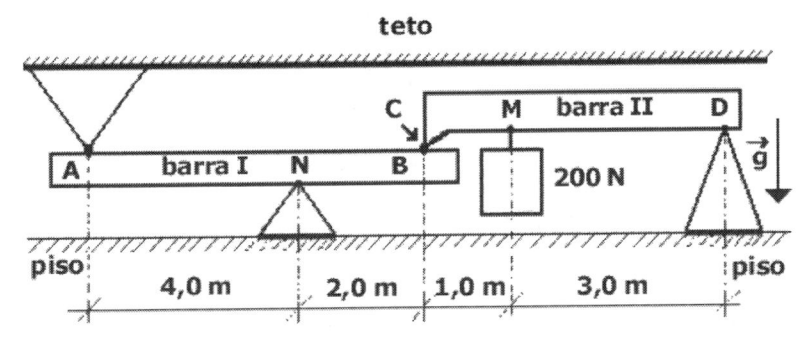

DESENHO ILUSTRATIVO FORA DE ESCALA

a) 75 N, 150 N.

b) 150 N, 80 N.

c) 80 N, 175 N.

d) 75 N, 225 N.

e) 75 N, 100 N.

24. Um cubo homogêneo de densidade ρ e volume V encontra-se totalmente imerso em um líquido homogêneo de densidade ρ_0 contido em um recipiente que está fixo a uma superfície horizontal.

Uma mola ideal, de volume desprezível e constante elástica k, tem uma de suas extremidades presa ao centro geométrico da superfície inferior do cubo, e a outra extremidade presa ao fundo do recipiente de modo que ela fique posicionada verticalmente.

Um fio ideal vertical está preso ao centro geométrico da superfície superior do cubo e passa por duas roldanas idênticas e ideais A e B. A roldana A é móvel a roldana B é fixa e estão montadas conforme o desenho a seguir.

Uma força vertical de intensidade F é aplicada ao eixo central da roldana A fazendo com que a distensão na mola seja X e o sistema todo fique em equilíbrio estático, com o cubo totalmente imerso no líquido.

Considerando a intensidade da aceleração da gravidade igual a g, o módulo da força F é:

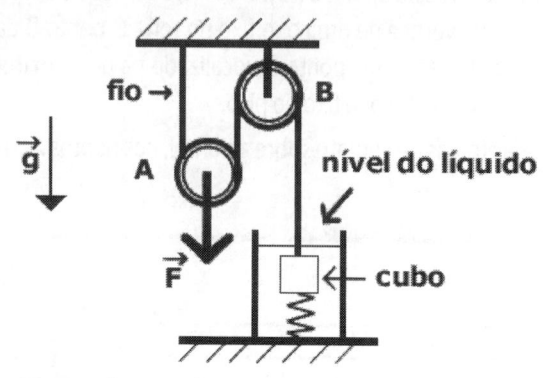

DESENHO ILUSTRATIVO FORA DE ESCALA

a) $[V g (\rho_0 - \rho) + kx]$.

b) $2[V g (\rho - \rho_0) - kx]$.

c) $2[V g (\rho_0 + \rho) + kx]$.

d) $[V g (\rho_0 - \rho) - kx]$.

e) $2[V g (\rho - \rho_0) + kx]$.

25. O desenho a seguir representa um circuito elétrico composto por resistores ôhmicos, um gerador ideal e um receptor ideal.

A potência elétrica dissipada no resistor de 4 Ω do circuito é:

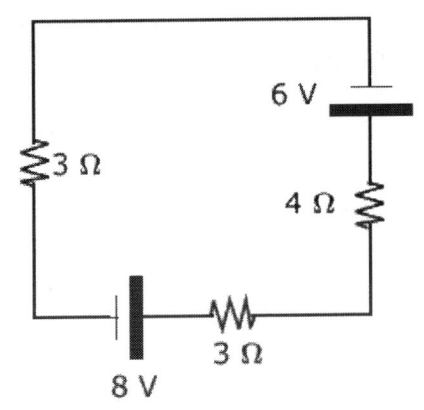

DESENHO ILUSTRATIVO FORA DE ESCALA

a) 0,16 W.

b) 0,20 W.

c) 0,40 W.

d) 0,72 W.

e) 0,80 W.

26. Um cubo de massa 4 kg está inicialmente em repouso sobre um plano horizontal sem atrito. Durante 3 s, aplica-se sobre o cubo uma força constante $\vec{F}$, horizontal e perpendicular no centro de uma de suas faces, fazendo com que ele sofra um deslocamento retilíneo de 9 m, nesse intervalo de tempo, conforme representado no desenho a seguir.

No final do intervalo de tempo de 3 s, os módulos do impulso da força $\vec{F}$ e da quantidade de movimento do cubo são respectivamente:

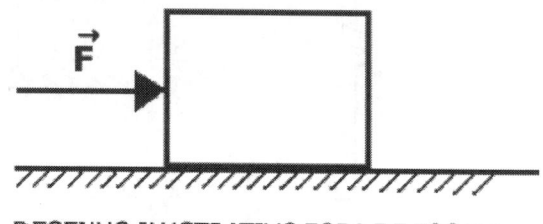

DESENHO ILUSTRATIVO FORA DE ESCALA

a) 36 N·s e 36 kg·m/s.

b) 24 N·s e 36 kg·m/s.

c) 24 N·s e 24 kg·m/s.

d) 12 N·s e 36 kg·m/s.

e) 12 N·s e 12 kg·m/s.

27. Dois fios condutores retilíneos, muito longos e paralelos entre si, são percorridos por correntes elétricas de intensidade distintas, i_1 e i_2, de sentidos opostos.

Uma espira circular condutora de raio R é colocada entre os dois fios e é percorrida por uma corrente elétrica i. A espira e os fios estão no mesmo plano. O centro da espira dista de 3R de cada fio, conforme o desenho a seguir.

Para que o vetor campo magnético resultante, no centro da espira, seja nulo, a intensidade da corrente elétrica i e seu sentido, tomando como referência o desenho, são respectivamente:

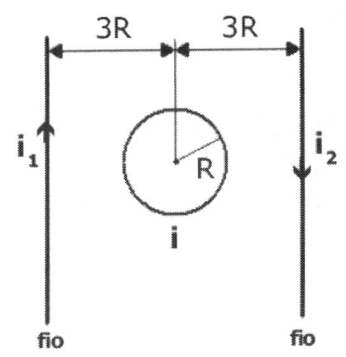

DESENHO ILUSTRATIVO FORA DE ESCALA

a) $\dfrac{i_1 + i_2}{3}$ e horário.

b) $\dfrac{i_1 - i_2}{3\pi}$ e anti-horário.

c) $\dfrac{i_1 - i_2}{3\pi}$ e horário.

d) $\dfrac{i_1 + i_2}{3\pi}$ e horário.

e) $\dfrac{i_1 + i_2}{3\pi}$ e anti-horário.

28. Durante um experimento, um gás perfeito é comprimido, adiabaticamente, sendo realizado sobre ele um trabalho de 800 J. Em relação ao gás, ao final do processo, podemos afirmar que:

    a) O volume aumentou, a temperatura aumentou e a pressão aumentou.

    b) O volume diminuiu, a temperatura diminuiu e a pressão aumentou.

    c) O volume diminuiu, a temperatura aumentou e a pressão diminuiu.

    d) O volume diminuiu, a temperatura aumentou e a pressão aumentou.

    e) O volume aumentou, a temperatura aumentou e a pressão diminuiu.

29. Um prédio em construção, de 20 m de altura, possui, na parte externa da obra, um elevador de carga com massa total de 6 ton, suspenso por um cabo inextensível e de massa desprezível.

    O elevador se desloca, com velocidade constante, do piso térreo até a altura de 20 m, em um intervalo de tempo igual a 10 s. Desprezando as forças dissipativas e considerando a intensidade da aceleração da gravidade igual a 10 m/s², podemos afirmar que a potência média útil desenvolvida por esse elevador é:

    a) 120 kW.

    b) 180 kW.

    c) 200 kW.

    d) 360 kW.

    e) 600 kW.

30. Um aluno irá montar um circuito elétrico com duas lâmpadas incandescentes, L1 e L2, de resistências elétricas constantes, que têm as seguintes especificações técnicas fornecidas pelo fabricante, impressas nas lâmpadas:

- L1: 30 V e 60 W;
- L2: 30 V e 30 W.

Além das duas lâmpadas, ele também usará um gerador ideal de tensão elétrica contínua de 60 V, um resistor ôhmico de 30 Ω e fios condutores elétricos ideais.

Utilizando todo material descrito, a configuração da montagem do circuito elétrico, para que as lâmpadas funcionem corretamente com os valores especificados pelo fabricante das lâmpadas será:

Simbologia

a)

b)

c)

d)

e)

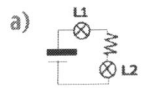

31. Uma esfera, sólida, homogênea e de massa 0,8 kg é abandonada de um ponto a 4 m de altura do solo em uma rampa curva.

Uma mola ideal de constante elástica k = 400 N/m é colocada no fim dessa rampa, conforme desenho a seguir. A esfera colide com a mola e provoca uma compressão.

Desprezando as forças dissipativas, considerando a intensidade da aceleração da gravidade g = 10 m/s^2 e que a esfera apenas desliza e não rola, a máxima deformação sofrida pela mola é de:

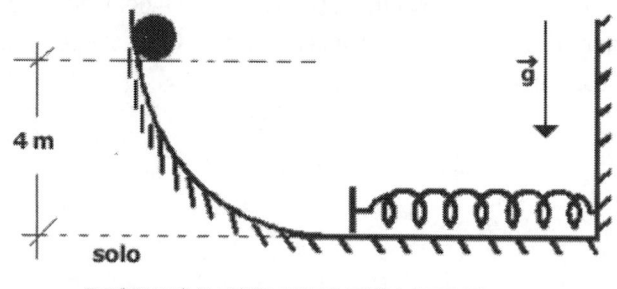

DESENHO ILUSTRATIVO FORA DE ESCALA

a) 8 cm.

b) 16 cm.

c) 20 cm.

d) 32 cm.

e) 40 cm.

32. Uma partícula de carga q e massa 10^{-6} kg foi colocada num ponto próximo à superfície da Terra onde existe um campo elétrico uniforme, vertical e ascendente de intensidade E = 10^5 N/C. Sabendo que a partícula está em equilíbrio, considerando a intensidade da aceleração da gravida de g = 10 m/s², o valor da carga q e o seu sinal são respectivamente:

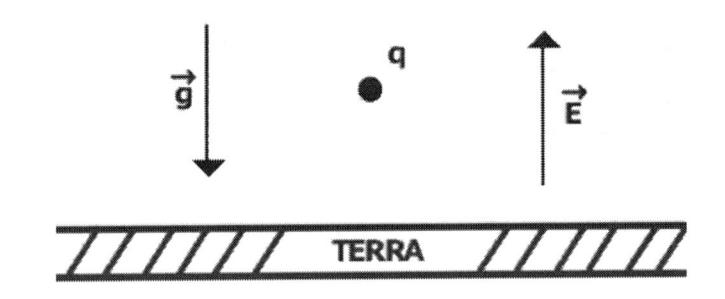

DESENHO ILUSTRATIVO FORA DE ESCALA

a) 10^{-3} µC, negativa.

b) 10^{-5} µC, positiva.

c) 10^{-5} µC, negativa.

d) 10^{-4} µC, positiva.

e) 10^{-4} µC, negativa.

QUÍMICA

33. O cobre metálico pode ser oxidado por ácido nítrico diluído, produzindo água, monóxido denitrogênio e um sal (composto iônico). A reação pode ser representada pela seguinte equação química (não balanceada):

$$Cu\ (s) + HNO_3\ (aq) \rightarrow H_2O\ (l) + NO\ (g) + Cu(NO_3)_2\ (aq)$$

A soma dos coeficientes estequiométricos (menores números inteiros) da equação balanceada, o agente redutor da reação e o nome do composto iônico formado são, respectivamente:

a) 18; Cu; nitrato de cobre I.

b) 20; Cu; nitrato de cobre II.

c) 19; HNO_3; nitrito de cobre II.

d) 18; NO; nitrato de cobre II.

e) 20; Cu; nitrato de cobre I.

34. O propan-2-ol (álcool isopropílico), cuja fórmula é C_3H_8O, é vendido comercialmente como álcool de massagem ou de limpeza de telas e de monitores. Considerando uma reação de combustão completa com rendimento de 100% e os dados de entalpias padrão de formação ()as espécies participantes desse processo e da densidade do álcool, a quantidade de energia liberada na combustão completa de 10,0 L desse álcool será de:

Dados:

Entalpia de formação (ΔH_f^o)	$(H_2O)(v) =$ -242 kJ/mol	$(CO_2)(g) =$ -394 kJ/mol	$(C_3H_8O)(l) =$ -163 kJ/mol
Massa atômica (u)	C = 12	H = 1	O = 16
Densidade do álcool (g/mL)	D = 0,78		

a) 974783 kJ.

b) 747752 kJ.

c) 578536 kJ.

d) 469247 kJ.

e) 258310 kJ.

35. Em análises quantitativas, por meio do conhecimento da concentração de uma das espécies, pode-se determinar a concentração e, por conseguinte, a massa de outra espécie. Um exemplo, é o uso do nitrato de prata (AgNO) nos ensaios de determinação do teor de íons cloreto, em análises de água mineral. Nesse processo ocorre uma reação entre os íons prata e os íons cloreto, com consequente precipitação de cloreto de prata (AgCl) e de outras espécies que podem ser quantificadas.

Analogamente, sais que contêm íons cloreto, como o cloreto de sódio (NaCl), podem ser usados na determinação quantitativa de íons prata em soluções de $AgNO_3$, conforme descreve a equação:

$$AgNO_3 + NaCl \rightarrow AgCl + NaNO_3$$

Para reagir estequiometricamente, precipitando na forma de AgCl, todos os íons prata presentes em 20,0mL de solução 0,1 mol·L^{-1} de $AgNO_3$ (completamente dissociado), a massa necessária de cloreto de sódio será de:

Dados:

Massas atômicas: Na = 23 u; Cl = 35,5 u; Ag = 108 u; N = 14 u; O = 16 u.

a) 0,062 g.

b) 0,117 g.

c) 0,258 g.

d) 0,567 g.

e) 0,644 g.

36. Munições traçantes são aquelas que possuem um projétil especial, contendo uma carga pirotécnica em sua retaguarda. Essa carga pirotécnica, após o tiro, é ignificada, gerando um traço de luz colorido, permitindo a visualização de tiros noturnos a olho nu. Essa carga pirotécnica é uma mistura química que pode possuir, dentre vários ingredientes, sais cujos íons emitem radiação de cor característica associada ao traço luminoso.

Um tipo de munição traçante usada por um *exército* possui na sua composição química uma determinada substância, cuja espécie química ocasiona um traço de cor correspondente bastante característico.

Com relação à espécie química componente da munição desse *exército* sabe-se:

I. A representação do elemento químico do átomo da espécie responsável pela coloração pertence à família dos metais alcalinos-terrosos da tabela periódica.

II. O átomo da espécie responsável pela coloração do traço possui massa de 137 u e número de nêutrons 81.

III. Sabe-se também que uma das espécies apresentadas na tabela do item III (que mostra a relação de cor emitida característica conforme a espécie química e sua distribuição eletrônica) é a responsável pela cor do traço da munição desse *exército*.

IV. Tabela com espécies químicas, suas distribuições eletrônicas e colorações características:

Sal	Espécie química	Distribuição eletrônica da espécie química no estado fundamental	Coloração característica
Cloreto de cálcio	Cálcio	$1s^2\ 2s^2\ 2p^6\ 3s^2\ 3p^6\ 4s^2$	vermelha-alaranjada
Cloreto de bário	Bário	$1s^2\ 2s^2\ 2p^6\ 3s^2\ 3p^6\ 4s^2\ 3d^{10}\ 4p^6\ 5s^2$ $4d^{10}\ 5p^6\ 6s^2$	verde
Nitrato de estrôncio	Estrôncio	$1s^2\ 2s^2\ 2p^6\ 3s^2\ 3p^6\ 4s^2\ 3d^{10}\ 4p^6\ 5s^2$	vermelha
Cloreto de cobre (II)	Cobre	$1s^2\ 2s^2\ 2p^6\ 3s^2\ 3p^6\ 4s^1\ 3d^{10}$	azul
Nitrato de magnésio	Magnésio	$1s^2\ 2s^2\ 2p^6\ 3s^2$	branca

Considerando os dados contidos, nos itens I e II, atrelados às informações da tabela do item III, a munição traçante, descrita, empregada por esse *exército* possui traço de coloração:

a) vermelha-alaranjada.

b) verde.

c) vermelha.

d) azul.

e) branca.

37. No ano de 2014, os alunos da EsPCEx realizaram um experimento de eletrólise durante uma aula prática no Laboratório de Química. Nesse experimento, foi montado um banho eletrolítico, cujo objetivo era o depósito de cobre metálico sobre um clipe de papel, usando no banho eletrolítico uma solução aquosa 1 mol·L⁻¹ de sulfato de cobre II. Nesse sistema de eletrólise, por meio de uma fonte externa, foi aplicada uma corrente constante de 100 mA, durante 5 minutos. Após esse tempo, a massa aproximada de cobre depositada sobre a superfície do clipe foi de:

Dados: massa molar Cu = 64 g/mol; 1 *Faraday* = 96500 C.

a) 2,401 g.

b) 1,245 g.

c) 0,987 g.

d) 0,095 g.

e) 0,010 g.

38. Um mineral muito famoso, pertencente ao grupo dos carbonatos, e que dá origem a uma pedra semipreciosa é a malaquita, cuja fórmula é: $Cu_2(OH)_2CO_3$ (ou $CuCO_3.Cu(OH)_2$).

Experimentalmente pode-se obter malaquita pela reação de precipitação que ocorre entre soluções aquosas de sulfato de cobre II e carbonato de sódio, formando um carbonato básico de cobre II hidratado, conforme a equação da reação:

$$2\,CuSO_4\,(aq) + 2\,Na_2CO_3\,(aq) + H_2O\,(l) \rightarrow CuCO_3.Cu(OH)_2(s) + 2\,Na_2SO_4(aq) + CO_2(g)$$

Na reação de síntese da malaquita, partindo-se de 1060 g de carbonato de sódio e considerando-se um rendimento de reação de 90%, o volume de CO_2 (a 25°C e 1 atm) e a massa de malaquita obtida serão, respectivamente, de:

Dados: – massas atômicas Cu = 64 u; S = 32 u; O = 16 u; Na = 23 u; C = 12 u; H = 1 u.

– volume molar 24,5 L/mol, no estado padrão.

a) 20,15 L e 114 g.

b) 42,65 L e 272 g.

c) 87,35 L e 584 g.

d) 110,25 L e 999 g.

e) 217,65 L e 1480 g.

39. Uma das aplicações da trinitroglicerina, cuja fórmula é $C_3H_5N_3O_9$, é a confecção de explosivos. Sua decomposição enérgica gera como produtos os gases nitrogênio, dióxido de carbono e oxigênio, além de água, conforme mostra a equação da reação a seguir:

$$4\ C_3H_5N_3O_9(l) \rightarrow 6\ N_2(g) + 12\ CO_2(g) + 1O_2(g) + 10\ H_2O\ (l).$$

Além de explosivo, a trinitroglicerina também é utilizada como princípio ativo de medicamentos no tratamento de angina, uma doença que acomete o coração. Medicamentos usados no tratamento da angina usam uma dose padrão de 0,6 mg de trinitroglicerina na formulação. Considerando os dados termoquímicos da reação a 25°C e 1 atm e supondo que essa massa de trinitroglicerina sofra uma reação de decomposição completa, a energia liberada seria aproximadamente de:

Dados: massas atômicas: C = 12 u; H = 1 u; N = 14 u; O = 16 u.

$\Delta H^o_f(H_2O) = -286$ kJ/mol; $\Delta H^o_f(CO_2) = -394$ kJ/mol; $\Delta H^o_f(C_3H_5N_3O_9) = -353,6$ kJ/mol

a) 4,1 J.

b) 789,2 J.

c) 1432,3 J.

d) 5,3 kJ.

e) 362,7 kJ.

40. Considere as seguintes descrições de um composto orgânico:

I. O composto apresenta 7 (sete) átomos de carbono em sua cadeia carbônica, classificada como aberta, ramificada e insaturada.

II. A estrutura da cadeia carbônica apresenta apenas 1 carbono com hibridização tipo sp, apenas 2 carbonos com hibridização tipo sp^2 e os demais carbonos com hibridização sp^3.

III. O composto é um álcool terciário.

Considerando as características descritas e a nomenclatura de compostos orgânicos regulada pela *União Internacional de Química Pura e Aplicada (IUPAC)*, uma possível nomenclatura para o composto que atenda essas descrições é:

a) 2,2-dimetil-pent-3-in-1ol.

b) 3-metil-hex-2-en-2-ol.

c) 2-metil-hex-3,4-dien-2-ol.

d) 3-metil-hex-2,4-dien-1ol.

e) 3-metil-pent-1,4-dien-3-ol.

41. Os corais fixam-se sobre uma base de carbonato de cálcio ($CaCO_3$), produzido por eles mesmos. O carbonato de cálcio em contato com a água do mar e com o gás carbônico dissolvido pode estabelecer o seguinte equilíbrio químico para a formação do hidrogeno-carbonato de cálcio:

$$CaCO_3 \text{ (s)} + CO_2 \text{ (g)} + H_2O \text{ (l)} \rightleftarrows Ca(HCO_3)_2 \text{ (aq)}$$

Considerando um sistema fechado onde ocorre o equilíbrio químico da reação mostrada, assinale a alternativa correta.

a) Um aumento na concentração de carbonato causará um deslocamento do equilíbrio no sentido inverso da reação, no sentido dos reagentes.

b) A diminuição da concentração do gás carbônico não causará o deslocamento do equilíbrio químico da reação.

c) Um aumento na concentração do gás carbônico causará um deslocamento do equilíbrio no sentido direto da reação, o de formação do produto.

d) Um aumento na concentração de carbonato causará, simultaneamente, um deslocamento do equilíbrio nos dois sentidos da reação.

e) Um aumento na concentração do gás carbônico causará um deslocamento do equilíbrio no sentido inverso da reação, no sentido dos reagentes.

42. Conversores catalíticos de automóveis são utilizados para reduzir a emissão de poluentes. Os gases resultantes da combustão no motor e o ar passam por substâncias catalisadoras que aceleram a transformação de monóxido de carbono (CO) em dióxido de carbono (CO_2) e a decomposição de óxidos de nitrogênio (genericamente N_xO_y) em gás nitrogênio (N_2) e gás oxigênio (O_2).

Em relação ao uso de catalisadores e as substâncias citadas no texto, são feitas as seguintes afirmações:

I. As reações de decomposição dos óxidos de nitrogênio a gás oxigênio e a gás nitrogênio ocorrem com variação no número de oxidação das espécies.

II. O CO_2 é um óxido ácido que quando reage com a água forma o ácido carbônico.

III. Catalisadores são substâncias que iniciam as reações químicas que seriam impossíveis sem eles, aumentando a velocidade e também a energia de ativação da reação.

IV. O monóxido de carbono é um óxido básico que ao reagir com a água forma uma base.

V. A molécula do gás carbônico apresenta geometria espacial angular.

Das afirmativas feitas estão corretas apenas:

a) I e II.

b) II e V.

c) III e IV.

d) I, III e V.

e) II, IV e V.

43. Considere as seguintes afirmativas:

I. O poder de penetração da radiação alfa (α) é maior que o da radiação gama (γ).

II. A perda de uma partícula beta (β) por um átomo ocasiona a formação de um átomo de número atômico maior.

III. A emissão de radiação gama a partir do núcleo de um átomo não altera o número atômico e o número de massa deste átomo.

IV. A desintegração de $^{226}_{88}Ra$ a $^{214}_{83}Bi$ envolve a emissão consecutiva de três partículas alfa (α) e duas betas (β).

Das afirmativas apresentadas estão corretas apenas:

a) I e II.

b) I e III.

c) I e IV.

d) II e III.

e) II e IV.

44. Compostos contendo enxofre estão presentes, em certo grau, em atmosferas naturais não poluídas, cuja origem pode ser: decomposição de matéria orgânica por bactérias, incêndio de florestas, gases vulcânicos etc. No entanto, em ambientes urbanos e industriais, como resultado da atividade humana, as concentrações desses compostos é alta. Dentre os compostos de enxofre, o dióxido de enxofre (SO_2) é considerado o mais prejudicial à saúde, especialmente para pessoas com dificuldade respiratória.

(Adaptado de BROWN, T.L. et al, Química a Ciência Central. 9ª ed, Ed. Pearson, São Paulo, 2007)

Em relação ao composto SO_2 e sua estrutura molecular, pode-se afirmar que se trata de um composto que apresenta:

Dado: número atômico S = 16; O = 8

a) ligações covalentes polares e estrutura com geometria espacial angular.

b) ligações covalentes apolares e estrutura com geometria espacial linear.

c) ligações iônicas polares e estrutura com geometria espacial trigonal plana.

d) ligações covalentes apolares e estrutura com geometria espacial piramidal.

e) ligações iônicas polares e estrutura com geometria espacial linear.

MATEMÁTICA

45. Seja C a circunferência de equação $x^2 + y^2 + 2x + 4y + 2 = 0$. Considere em C a corda MN cujo ponto médio é P(-1, -1). O comprimento de MN (em unidade de comprimento) é igual a:

a) $\sqrt{2}$.

b) $\sqrt{3}$.

c) $2\sqrt{2}$.

d) $2\sqrt{3}$.

e) 2.

46. A sequência $(a_1, a_2, ..., a_{10})$, onde $a_1 = \dfrac{3}{2}$, $a_2 = \dfrac{5}{2}$, $a_3 = \dfrac{9}{2}$, ..., $a_{10} = \dfrac{1025}{2}$ é de tal forma que para cada $n \in \{1,2,...,10\}$ temos que $a_n = b_n + c_n$, onde $(b_1, b_2, ..., b_{10})$ é uma PG com b1 ≠ 0 e de razão $q \neq \pm 1$ e $(c_1, c_2, ..., c_{10})$ é uma PA constante.

Podemos afirmar que $a_1 + a_2 + ... + a_{10}$ é igual a:

a) 98.

b) 172.

c) 260.

d) 516.

e) 1028.

47. O valor da expressão E = $(999)^5 + 5·(999)^4 + 10·(999)^3 + 10·(999)^2 + 5·(999) + 1$ é igual a:

   a) $9·10^3$.

   b) $9·10^{15}$.

   c) 10^{15}.

   d) 999999.

   e) $999·10^{15}$.

48. Determine o algarismo das unidades da seguinte soma

$$S = \sum_{n=1}^{2016} n!$$

   em que n! é o fatorial do número natural n.

   a) 0.

   b) 1.

   c) 2.

   d) 3.

   e) 4.

49. A soma das soluções da equação $\cos(2x) - \cos(x) = 0$, com $x \in [0, 2\pi)$, é igual a:

   a) $\dfrac{5\pi}{3}$.

   b) 2π.

   c) $\dfrac{7\pi}{3}$.

   d) π.

   e) $\dfrac{8\pi}{3}$.

50. O número N de bactérias de uma cultura é dado em função do tempo t (em minutos), pela fórmula $N(t)=(2,5)^{1,2t}$. Considere $\log_{10}2 = 0,3$, o tempo (em minutos) necessário para que a cultura tenha 10^{84} bactérias é:

   a) 120.

   b) 150.

   c) 175.

   d) 185.

   e) 205.

51. A probabilidade de um casal ter um filho de olhos azuis é igual a $\frac{1}{3}$. Se o casal pretende ter 4 filhos, a probabilidade de que no máximo dois tenham olhos azuis é:

a) $\frac{1}{9}$.

b) $\frac{7}{9}$.

c) $\frac{8}{9}$.

d) $\frac{2}{3}$.

e) $\frac{1}{2}$.

52. Considerando a matriz $M = \begin{bmatrix} a & a^3 - b^3 & b \\ a & a^3 & 0 \\ 2 & 5 & 3 \end{bmatrix}$. Se a e b são números reais não nulos e det(M)=0, então valor de 14 a^2 - 21 b^2 é igual a:

a) 15.

b) 28.

c) 35.

d) 49.

e) 70.

53. Os gráficos de f(x)=2 e g(x)=x²-|x| têm dois pontos em comum. O valor da soma das abscissas dos pontos em comum é igual a:

a) 0.

b) 4.

c) 8.

d) 10.

e) 15.

54. Um grupo é formado por oito homens e cinco mulheres. Deseja-se dispor essas oito pessoas em uma fila, conforme figura a seguir, de modo que as cinco mulheres ocupem sempre as posições 1, 2, 3, 4 e 5, e os homens as posições 6, 7 e 8.

Quantas formas possíveis de fila podem ser formadas obedecendo essas restrições?

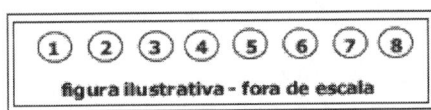

figura ilustrativa - fora de escala

a) 56.

b) 456.

c) 40 320.

d) 72 072.

e) 8 648 640.

55. Considere o sistema linear homogêneo $\begin{cases} x - 3y + kz = 0 \\ 3x + ky + z = 0 \\ kx + y = 0 \end{cases}$, onde k é um número real.

O único valor que torna o sistema apresentado possível e indeterminado, pertence ao intervalo:

a) (-4, -2].

b) (-2, 1].

c) (1, 2].

d) (2, 4].

e) (4, 6].

56. Considere a reta t mediatriz do segmento cujos extremos são os pontos em que a reta s: 2x – 3y +12=0 intercepta os eixos coordenados. Então, a distância do ponto M(1,1) à reta t é:

a) $\dfrac{13\sqrt{3}}{11}$.

b) $\dfrac{10\sqrt{13}}{13}$.

c) $\dfrac{13\sqrt{11}}{13}$.

d) $\dfrac{3\sqrt{11}}{13}$.

e) $\dfrac{3\sqrt{3}}{11}$.

57. Sejam z e v números complexos onde |z|=1 e v tem coordenadas no plano de Argand-Gauss $\left(\dfrac{\sqrt{2}}{2}, \dfrac{\sqrt{2}}{2}\right)$. Sobre o número complexo z e v (resultante da multiplicação dos complexos z e v), podemos afirmar que:

a) sempre é um número real.

b) sempre tem módulo igual a 2.

c) sempre é um número imaginário puro.

d) pertence à circunferência $x^2 + y^2 = 1$.

e) sempre tem argumento igual a $\dfrac{\pi}{4}$.

58. Os valores reais de n para os quais a reta (t) y=x+n seja tangente à elipse de equação $2x^2 + 3y^2 = 6$ são iguais a:

a) $-\sqrt{5}$ e $\sqrt{5}$.

b) $-\sqrt{3}$ e $\sqrt{3}$.

c) -3 e 3.

d) -2 e 2.

e) -5 e 5.

59. O número real $\sqrt[3]{\dfrac{25}{8} + \dfrac{11\sqrt{2}}{4}} + \sqrt[3]{\dfrac{25}{8} - \dfrac{11\sqrt{2}}{4}}$ pertence ao conjunto:

a) [-5, -3).

b) [-3, -1).

c) [-1, 1).

d) [1, 3).

e) [3, 5).

60. Determine o volume (em cm³) de uma pirâmide retangular de altura "a" e lados da base "b" e "c" (a, b e c em centímetros), sabendo que a + b + c = 36 e "a", "b" e "c" são, respectivamente, números diretamente proporcionais a 6, 4 e 2.

a) 16.

b) 36.

c) 108.

d) 432.

e) 648.

61. As três raízes da equação $x^3 - 6x^2 + 21x - 26 = 0$ são m, n e p. Sabendo que m e n são complexas e que p é uma raiz racional, o valor de $m^2 + n^2$ é igual a:

    a) −18.

    b) −10.

    c) 0.

    d) 4.

    e) 8.

62. Se o perímetro de um triângulo equilátero inscrito em um círculo é 3 cm, a área do círculo (em cm^2) é igual a:

    a) $\dfrac{\pi}{3}$.

    b) 3π.

    c) π.

    d) $3\sqrt{3}\pi$.

    e) 81π.

63. Na figura, o raio da circunferência de centro O é $\dfrac{25}{2}$ cm e a corda MP mede 10 cm. A medida, em centímetros, do segmento PQ é:

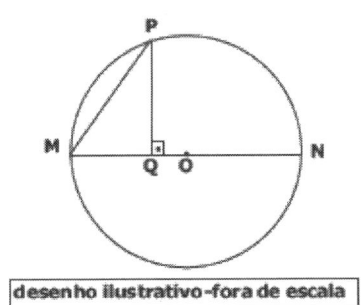

desenho ilustrativo-fora de escala

    a) $\dfrac{25}{2}$.

    b) 10.

    c) $5\sqrt{21}$.

    d) $\sqrt{21}$.

    e) $2\sqrt{21}$.

64. Corta-se de uma circunferência de raio 4 cm, um setor circular de ângulo $\dfrac{\pi}{2}$ rad (ver desenho ilustrativo), onde o ponto C é o centro da circunferência. Um cone circular reto é construído a partir desse setor circular ao se juntar os raios CA e CB. O volume desse cone, em cm³, é igual a:

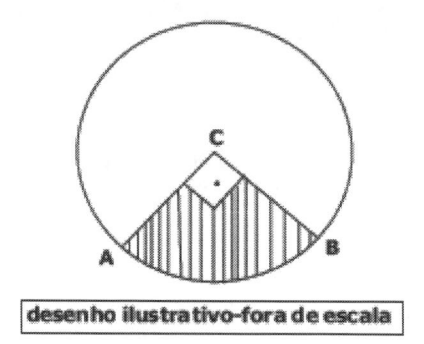

desenho ilustrativo-fora de escala

a) $\dfrac{\sqrt{3}}{3}\pi$.

b) $\dfrac{\sqrt{3}}{5}\pi$.

c) $\dfrac{\sqrt{15}}{3}\pi$.

d) $\dfrac{\sqrt{15}}{5}\pi$.

e) $\dfrac{\sqrt{5}}{5}\pi$.

GEOGRAFIA

65. "Em 1540 a.C. o filósofo grego Xenófanes encontrou conchas marinhas nos cumes de montanhas e pensou que elas poderiam ter estado no fundo do mar em algum momento, sendo posteriormente soerguidas. Ele tinha razão: forças do interior da Terra movimentam a crosta terrestre, criam novos relevos ou modificam sua estrutura e fisionomia [...]."

(Terra, Lygia; Araújo, Regina; Guimarães, Raul. Conexões: estudos de Geografia Geral e do Brasil, 2015, p.313).

Essas novas formas de relevo criadas são constantemente modificadas sob a ação da água e do ar, por exemplo. Assim, sobre a dinâmica do relevo terrestre e a atuação dos agentes internos e externos do relevo, pode-se afirmar que:

I. A presença da Dorsal Mesoatlântica, grande cadeia de montanhas submersa no Oceano Atlântico, ajuda a explicar a pouca probabilidade de ocorrerem tsunamis na costa brasileira, uma vez que esta é fruto não da colisão, mas do afastamento entre placas tectônicas.

II. No terremoto ocorrido no Japão, em 2011, a porção nordeste do País foi a mais atingida, por ser a mais próxima ao epicentro do maremoto, isto é, por estar mais próxima ao local da superfície onde se manifestou o maremoto.

III. Os movimentos orogenéticos, ao atingirem as rochas com maior plasticidade, da crosta terrestre, são os responsáveis, por exemplo, pela formação de grandes dobramentos modernos, como os Alpes e os Andes.

IV. A formação de grandes deltas como o do rio Nilo e a formação de grandes planícies aluviais, favoráveis à atividade agrícola, como a do rio Ganges, estão associadas, principalmente, à erosão pluvial.

V. A presença de solos pedregosos nas regiões desérticas está relacionada, principalmente, à ação predominante do intemperismo químico nas rochas dessa região.

Assinale a alternativa que apresenta todas as afirmativas corretas.

a) I, II e III.

b) I, III e IV.

c) II, IV e V.

d) I, II e IV.

e) I, III e V.

66. Considere as seguintes afirmativas sobre impactos ambientais em três grandes domínios morfoclimáticos brasileiros:

I. Possui uma formação vegetal muito densa, com grande biodiversidade. Possui o maior número de espécies ameaçadas do Brasil devido, dentre outros, à exploração madeireira, às monoculturas de exportação e à expansão urbana. Devido ao intenso desmatamento de suas encostas, são intensos os processos erosivos e frequentes os deslizamentos de terra nesse domínio morfoclimático.

II. Nas bordas desse domínio, caracterizado pelo relevo de planícies, depressões e baixos planaltos, localiza-se a maior parte do chamado arco do desmatamento, uma área cujas atividades econômicas, ligadas à extração madeireira e à abertura de novas áreas para a agricultura e pecuária, vêm acarretando intenso processo de queimada, desflorestamento e intensificação dos processos erosivos.

III. Esse domínio tem sofrido o maior dos impactos ambientais no contexto brasileiro com a expansão da monocultura canavieira e da soja. Embora tenha sido declarado como um dos principais *hotspots* brasileiros, 57% de sua área original já estão desmatados, e se o ritmo do desmatamento de sua vegetação não diminuir, até 2030 essa formação poderá ter desaparecido.

As afirmativas referem-se, respectivamente, aos domínios morfoclimáticos:

a) Amazônico - Cerrado - Pantanal.

b) Mata Atlântica - Cerrado - Amazônico.

c) Mares de Morro - Amazônico - Cerrado.

d) Amazônico - Cerrado - Mata Atlântica.

e) Araucária - Amazônico - Pantanal.

67. Sobre a projeção cartográfica utilizada na produção do mapa a seguir, é correto afirmar que se refere a uma projeção:

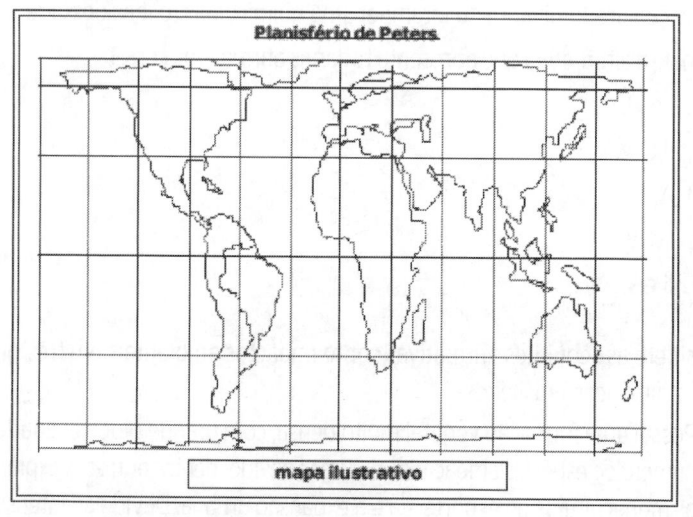

Planisfério de Peters

mapa ilustrativo

a) cilíndrica conforme, muito útil à navegação marítima, pois não deforma os ângulos, que permanecem com seus valores reais.

b) plana azimutal, que já foi muito utilizada na geopolítica, como instrumento de análise estratégica dos Estados.

c) azimutal equidistante, que produz um tipo de mapa cujas distâncias e direções não são deformadas, propriedades estas muito úteis ao planejamento estratégico-militar.

d) cilíndrica equivalente, que destaca as áreas situadas nas latitudes intertropicais e preserva as dimensões relativas entre os continentes e países.

e) cilíndrica interrompida, que conserva a proporção das áreas representadas, e é muito utilizada nos atlas escolares americanos.

68. A escala indica a proporção em que um mapa foi traçado, em relação ao objeto real, e varia de acordo com as finalidades desse mapa. Sobre as escalas utilizadas nos mais diferentes tipos de mapas, podemos afirmar que:

   I. Em um mapa com escala de 1:25.000.000, a distância de 8 cm no mapa corresponde à distância real de 2.500 km.

   II. Uma escala de 1:1.000.000 é considerada uma escala grande e é muito utilizada para obter, em um mapa, informações bem detalhadas de um dado lugar.

   III. Quanto maior a escala de um mapa, menor será a área que ele representa, e menos evidente será a projeção cartográfica utilizada na confecção do mapa.

   IV. A escala gráfica pode ser apresentada em diferentes unidades de medida e a escala numérica, quando estiver com a unidade de medida omitida, estará em centímetros.

   Assinale a alternativa que apresenta todas as afirmativas corretas.

   a) I e II.

   b) I e III.

   c) II e III.

   d) II e IV.

   e) III e IV.

69. "Os deslocamentos de população conhecidos como migrações podem ser gerados por necessidades internas dos próprios grupos populacionais ou por fatores externos a eles. Geralmente estão vinculados a um contexto socioeconômico global ou a um contexto nacional ou regional, ou podem estar ligados a causas econômicas, razões políticas, étnicas ou religiosas [...]."

   (Terra, Lygia; Araújo, Regina; Guimarães, Raul. Conexões: estudos de Geografia Geral e do Brasil, 2015, p.90).

   Sobre os deslocamentos internacionais de população, pode-se afirmar que:

   I. Diversos fatores podem motivar as migrações, mas, atualmente, são os conflitos religiosos os maiores responsáveis pelos movimentos migratórios no mundo.

   II. Países como Catar e Kuait, no Oriente Médio, desde a década de 1970, transformaram-se numa zona de forte atração migratória, principalmente de imigrantes de outros países asiáticos, para trabalharem nos campos de petróleo e em áreas como a construção civil, comércio e transportes.

III. As baixas taxas de fecundidade, abaixo do nível necessário para reposição populacional, e a necessidade de mão de obra não qualificada nos países europeus têm posto fim às políticas migratórias restritivas nesse continente.

IV. Os EUA são o país com o maior número de imigrantes internacionais, atraídos pelas possibilidades de emprego; por outro lado, é dos países asiáticos a maior parte dos emigrantes que deixa seus países em busca de melhores condições de vida.

V. Uma das vantagens dos imigrantes em situação irregular é que conseguem desfrutar dos serviços de saúde e educação do país de destino, como qualquer cidadão.

Assinale a alternativa que apresenta todas as afirmativas corretas.

a) I e V.

b) II e IV.

c) I, III e IV.

d) II, III e V.

e) I, II e V.

70. Embora a maioria dos brasileiros viva na cidade em que nasceu, o volume de migrantes internos é enorme, especialmente entre a População Economicamente Ativa (PEA).

Sobre as migrações internas brasileiras, pode-se afirmar que:

I. A maior dinâmica industrial da Região Sudeste, em relação às demais, provocou, segundo os últimos censos demográficos, o aumento das migrações inter-regionais e uma significativa redução dos movimentos intrarregionais.

II. Na década de 2000, as chamadas cidades médias, com até 500 mil habitantes, especialmente as da Região Centro-Oeste, apresentaram crescimento populacional muito mais vigoroso do que as grandes cidades, tornando-se grande polo de atração populacional.

III. A partir da década de 1990, a Região Metropolitana de São Paulo registrou êxodo migratório por conta das chamadas migrações de retorno, contudo o Estado de São Paulo ainda apresenta saldo migratório positivo.

IV. A expansão da fronteira agrícola e do agronegócio na Região Sul faz desta a região com o maior percentual de residentes não nascidos em seu interior.

V. As migrações pendulares diárias nas metrópoles ocorrem entre o núcleo urbano central e os núcleos situados no seu entorno, fisicamente integrados entre si, o que não é possível ocorrer entre núcleos que estão apenas funcionalmente integrados.

Assinale a alternativa que apresenta todas as afirmativas corretas.

a) II e III.

b) II e IV.

c) I, III e IV.

d) I, III e V.

e) I, II e V.

71. Observe a tabela a seguir, que mostra a evolução das taxas de fecundidade no Brasil:

Ano	Taxa de fecundidade
1940	6,16
1950	6,21
1960	6,28
1970	5,76
1980	4,35
1990	2,85
2000	2,38
2010	1,90

Fonte: IBGE – Censo demográfico 2010.

Dentre os reflexos dessa realidade, na demografia brasileira, pode-se destacar a redução:

I. Da população brasileira, em termos absolutos, a partir de 2010.

II. Da proporção de jovens no conjunto da população brasileira.

III. Da taxa de natalidade e o aumento da mortalidade infantil.

IV. Do crescimento vegetativo.

V. Das taxas de reposição populacional, que, atualmente, já se apresentam abaixo do nível de reposição.

Assinale a alternativa que apresenta todas as afirmativas corretas.

a) I, II e V.

b) I, III e IV.

c) II, III e IV.

d) I, III e V.

e) II, IV e V.

72. O sistema de transporte é um elemento determinante da competitividade das mercadorias produzidas por um país nos mercados internos e externos, uma vez que os custos de transporte incidem sobre os custos das matérias-primas e dos produtos finais.

Sobre os diferentes modais de transporte no Brasil, pode-se afirmar que:

I. O modal hidroviário é o que apresenta o menor consumo de combustível por tonelada transportada, contudo a implantação de hidrovias no País envolve obras civis de forte impacto ambiental e de elevado custo.

II. Em virtude do predomínio do modal rodoviário no transporte de carga e da sua maior flexibilidade nos percursos, a política de transporte brasileira continua, quase que exclusivamente, baseada na expansão e modernização das rodovias.

III. No que se refere ao modal ferroviário, a Ferronorte é um empreendimento que visa facilitar o escoamento da produção agrícola do Mato Grosso e Rondônia, tanto pelos portos de São Paulo como pelos da Região Norte do País.

IV. A implantação e a expansão das redes intermodais, principalmente no que diz respeito à conexão de infraestruturas entre os diferentes modais de transporte, ampliarão a fluidez dos fluxos de bens e de pessoas, ao mesmo tempo que contribuirão para a desconcentração das atividades econômicas no País.

V. O transporte aéreo de carga suplanta o transporte de passageiro em termos de importância para a aviação comercial no Brasil e no mundo, haja vista o significativo valor monetário das mercadorias que circulam pelas vias aéreas.

Assinale a alternativa que apresenta todas as afirmativas corretas.

a) I, II e III.

b) I, III e IV.

c) II, III e V.

d) I, IV e V.

e) II, IV e V.

73. A China tem se tornado uma das maiores potências mundiais. É considerada uma economia emergente, tanto pelo peso de sua economia quanto pela forte influência que exerce no cenário regional e global. A expansão da indústria tem sido um dos principais fatores do crescimento da economia desse país. Sobre a economia chinesa, podemos afirmar que:

I. A indústria pesada ainda permanece sob o controle estatal chinês e concentra-se, predominantemente, nas províncias da Manchúria, no nordeste do País, a qual dispõe de vastas reservas de carvão mineral e minério de ferro.

II. A indústria de alta tecnologia expandiu-se rapidamente no País, o que o tornou um dos maiores exportadores do mundo de produtos ligados à tecnologia da informação. Entretanto, a China não controla a maior parte das tecnologias mais valiosas dos produtos que fabrica, pois tais componentes são fabricados no exterior.

III. O dinamismo econômico da região litorânea da China vem se difundindo em direção ao cinturão agrícola do interior. Tal fato tem propiciado um maior equilíbrio do PIB *per capita* entre a "China marítima" e a "China interior".

IV. Atualmente, com o envelhecimento da população e com o desenvolvimento tecnológico do setor industrial, a mão de obra tem encarecido e levado indústrias a se transferirem para o interior do País, em busca de mão de obra mais barata.

V. A China não foi autorizada a participar da Organização Mundial do Comércio (OMC), pelo tratamento dado aos direitos individuais e liberdades civis de sua população; dessa forma, o País não obedece às regras do comércio internacional, mantendo elevados subsídios à agricultura e altas taxas de importação.

Assinale a alternativa que apresenta todas as afirmativas corretas.

a) I, II e III.

b) I, II e IV.

c) II, III e V.

d) I, IV e V.

e) III, IV e V.

74. "A África libertou-se do jugo colonial, mas ainda não conseguiu erguer *Estados nacionais verdadeiros*. Esse é o desafio político que as sociedades africanas enfrentam atualmente. Sua superação é condição indispensável para a estabilidade política e o desenvolvimento econômico. [...]."

(Magnoli, Demétrio. Geografia para o Ensino Médio, 2012, p.652-653, grifo nosso)

As dificuldades que muitos países africanos enfrentam para se constituírem em "*Estados nacionais verdadeiros*", estão relacionadas:

I. Às secas prolongadas e às inundações, que, por si só, já explicam as frequentes crises de abastecimento alimentar, que desencadeiam crises políticas e econômicas e solapam o Estado nacional.

II. À incapacidade que o governo de diversos países tem em tributar o conjunto da sociedade, e, em certos casos, à dificuldade de controlar de fato as vastas regiões do território do país, por estarem sob o domínio de milícias armadas local que ignoram o poder central.

III. À influência do neocolonialismo, que, em muitos casos, grandes potências, ainda exercem sobre Estados africanos, por meio da ajuda financeira, da cooperação militar e, sobretudo, por meio de tratados especiais de comércio, que desfavorecem a economia nacional.

IV. À incapacidade dos nativos africanos de respeitarem as diferenças etnorreligiosas entre si e de se autogovernarem sem a presença política dos colonizadores europeus, apesar da existência, atualmente, de um país capaz de assumir o papel de liderança política no continente, como é o caso de Angola.

V. Ao descompasso entre as territorialidades produzidas pela colonização e as territorialidades locais no contexto interno dos países africanos, que definiu fronteiras que não necessariamente mantêm relação com a distribuição étnica ou linguística de suas populações.

Assinale a alternativa que apresenta todas as afirmativas corretas.

a) I, II e III.

b) I, III e IV.

c) II, III e V.

d) I, IV e V.

e) II, IV e V.

75. A queima do petróleo, do carvão e, em menor escala, do gás natural, libera gases poluentes na atmosfera, entre eles o dióxido de carbono (CO_2), que intensifica a ação do efeito estufa. Diante desse fato, a busca de alternativas energéticas renováveis e de padrões de consumo compatíveis com o desenvolvimento sustentável tem feito parte do rol dos grandes desafios do nosso tempo.

Sobre as fontes renováveis na matriz energética brasileira, podemos afirmar que:

I. O Brasil apresenta um setor de energia mais sustentável, do ponto de vista ambiental, do que a maioria dos países do mundo, considerando a significativa participação das fontes renováveis em sua matriz energética.

II. A política energética do País, definida no Plano Decenal de Energia (2011), prevê a ampliação do uso do potencial elétrico dos rios da Região Norte, especialmente os da Bacia Amazônica, não obstante os diversos problemas socioambientais relacionados à implantação de uma grande usina hidrelétrica.

III. A crescente utilização de biocombustíveis na matriz energética brasileira, além de reduzir a emissão de gases que geram o efeito estufa, tem a vantagem de contribuir para o controle do desmatamento.

IV. Apesar de o etanol apresentar vantagens em relação aos combustíveis fósseis, nas últimas décadas a produção de cana-de-açúcar e de álcool vem diminuindo no País, em função da queda do consumo desse combustível e dos fortes impactos ambientais provocados no plantio e colheita da cana.

V. A energia eólica é uma fonte renovável em expansão no Brasil, mas possui elevado custo de instalação. Embora o Nordeste seja a região que apresenta um dos maiores potenciais eólicos do País, é em Osório, no Rio Grande do Sul, que se localiza o maior parque eólico nacional.

Assinale a alternativa que apresenta todas as afirmativas corretas.

a) I, III e IV.

b) II, III e IV.

c) I, II e V.

d) I, III e V.

e) II, IV e V.

76. No que diz respeito ao Brasil e seu relacionamento com as instituições internacionais, é correto afirmar que:

a) na década de 1970, foi elaborado o projeto "Brasil Potência", que visava à supremacia estratégica do Brasil na América do Sul, por meio da criação de blocos econômicos, como o Mercosul.

b) em 2008, constituiu-se, internacionalmente, o Grupo dos 20 Financeiro (G-20 Financeiro), por iniciativa brasileira, a fim de articular posições conjuntas dos países em desenvolvimento nos assuntos de redução de subsídios e de abertura dos mercados agrícolas dos países desenvolvidos.

c) a partir de um entendimento entre Brasil e Argentina, o Mercosul adotou uma "cláusula democrática", porém esses países não aceitaram o regime de inspeções adotadas pela Agência Internacional de Energia Atômica (AIEA).

d) o Brasil vem procurando reforçar sua presença nas instituições internacionais, participando do G-20 Comercial e do G-20 Financeiro, mesma postura que a China, a Índia e a Argentina vêm adotando.

e) o Tratado da Unasul, assinado em 2008, estabeleceu um banco de desenvolvimento (o Banco do Sul) e criou um conselho de defesa, o Conselho de Defesa Sul-Americano, o qual passou a funcionar nos mesmos moldes da Organização do Tratado do Atlântico Norte (OTAN), isto é, como uma aliança militar.

HISTÓRIA

77. A Revolução Industrial, que teve lugar na Inglaterra do século XVIII, pode ser definida como uma transformação sem precedentes no modo da produção manufatureira que trouxe profundas mudanças na estrutura social e econômica da sociedade. Teve papel preponderante na sua ocorrência:

    a) o Cartismo.

    b) o Ludismo.

    c) uma ampla geração de energia elétrica.

    d) a obtenção de empréstimos financeiros obtidos da França.

    e) a Revolução Gloriosa que favoreceu o capitalismo.

78. Em 1578, dom Sebastião, rei de Portugal, morre na batalha de Alcácer-Quibir. Sem descendentes, o trono foi entregue a seu tio dom Henrique, que viria a falecer dois anos depois, sem deixar herdeiro. Depois de acirrada disputa, a Coroa portuguesa acabou nas mãos de Filipe II, rei espanhol, dando início à chamada União Ibérica. Com esta união, um tradicional inimigo da Espanha torna-se inimigo de Portugal. Das opções a seguir, assinale aquele que se tornou inimigo de Portugal.

    a) Holanda.

    b) Alemanha.

    c) Itália.

    d) Inglaterra.

    e) EUA.

79. As relações entre a metrópole e a colônia foram regidas pelo chamado pacto colonial, sendo este aspecto uma das principais características do estabelecimento de um sistema de exploração mercantil implementado pelas nações europeias com relação à América. Com relação ao Brasil, do que constava este pacto?

    a) As colônias só poderiam produzir artigos manufaturados.

    b) A produção agrícola seria destinada, exclusivamente, à subsistência da colônia.

    c) A produção da colônia seria restrita ao que a metrópole não tivesse condições de produzir.

    d) A colônia poderia comercializar a produção que excedesse às necessidades da metrópole.

    e) Portugal permitiria a produção de artigos manufaturados pela colônia, desde que a matéria-prima fosse adquirida da metrópole.

80. O século X é caracterizado, na Europa, pela desestruturação do Império Carolíngio e pelas invasões de outros povos. Esta situação acabou intensificando um processo de ruralização já em andamento e a procura da proteção militar oferecida pelos nobres e guerreiros, por parte das pessoas pobres ou com menos recursos. Era o início do que ficou conhecido como feudalismo. As instituições feudais se originaram de elementos romanos e germânicos. São elementos germânicos:

a) economia agropastoril, *comitatus, beneficiun.*

b) *comitatus,* fragmentação do poder político, *beneficiun.*

c) colonato, *comitatus,* fragmentação do poder político.

d) *comitatus, beneficiun,* colonato.

e) fragmentação do poder político, economia agropastoril, *beneficiun.*

81. Diante do impasse econômico-financeiro no País e de circunstâncias internacionais, os governos brasileiros, no período de 1986 a 1994, tentaram reverter esta situação combatendo a inflação e procurando retomar o crescimento através de vários planos econômicos que foram implementados naquela época.

Para a conquista da estabilização econômica, foram implantados os seguintes planos econômicos:

1. Plano Cruzado.

2. Plano Collor.

3. Plano Real.

4. Plano Verão.

5. Plano Bresser.

A sequência cronológica correta dos planos listados é:

a) 4, 2, 3, 1 e 5.

b) 3, 5, 4, 1 e 2.

c) 5, 2, 1, 4 e 3.

d) 2, 4, 1, 5 e 3.

e) 1, 5, 4, 2 e 3.

82. A Primeira Guerra Mundial inicia-se em 1914. Coerentes com seu tradicional isolacionismo, os Estados Unidos da América adotam, a princípio, uma posição de neutralidade. Com relação a esses fatos, é correto afirmar que:

 a) os EUA resolveram declarar guerra à Alemanha em função da disputa por territórios coloniais na África.

 b) a entrada dos EUA na Guerra foi motivada pela revelação de uma proposta de pacto entre a Alemanha e o México e pelo afundamento de um navio norte-americano.

 c) a adesão dos EUA ao tratado da Tríplice Entente, em 1914, motivou a Alemanha a declarar guerra aos EUA.

 d) o ataque a instalações militares americanas na Europa foi o principal motivo que levou os EUA a guerra contra a Alemanha.

 e) os EUA se mantiveram neutros até o final da Guerra.

83. Leia as afirmações a seguir referentes à Revolução Francesa.

 I. Sua principal função social era defender a nação.

 II. Fase da Revolução Francesa que durou de 1794 até 1799.

 III. Revoltas camponesas comuns na França na década de 1780.

 IV. Defendiam um governo central forte, o voto universal e a participação popular na direção do processo revolucionário.

 Os fragmentos I, II, III e IV referem-se, respectivamente, ao, a(s):

 a) jacobinos, diretório, nobreza, jaqueries.

 b) nobreza, diretório, jaqueries, jacobinos.

 c) diretório, jaqueries, jacobinos, nobreza.

 d) nobreza, jaqueries, diretório, jacobinos.

 e) jaqueries, jacobinos, nobreza, diretório.

84. A crise do sistema feudal motivou uma série de mudanças sociais e culturais com o revigoramento do comércio e das cidades, entre os séculos XI e XIII, na Europa. Nas alternativas a seguir, assinale aquela que se relaciona com o surgimento da burguesia.

 a) Os avanços tecnológicos adotados na agricultura não foram suficientes para ampliar o comércio de alimentos, incentivando a produção e comercialização de bens manufaturados.

 b) A intensificação das invasões bárbaras motivou o surgimento de cidades fortificadas onde a prática comercial era intensa.

c) A Peste Negra, por ser mais facilmente combatida nas cidades, onde havia melhores condições de higiene, fez com que as cidades multiplicassem suas populações e ampliassem as trocas comerciais.

d) O crescimento do comércio com o Oriente e o surgimento de feiras nas principais rotas comerciais da Europa favoreceram o estabelecimento de uma nova classe social de mercadores e artesãos, assim como o surgimento de várias cidades no interior europeu.

e) O advento da Guerra Santa desmotivou as práticas comerciais entre os artesãos e os organizadores das Cruzadas, em função de sérias ameaças às rotas comerciais no Oriente, limitando o comércio ao continente europeu.

85. Entre 1939 e 1945, o mundo foi abalado pela Segunda Guerra Mundial. O Brasil, inicialmente, adotou uma posição de neutralidade, porém, em 1941, acordos internacionais começaram a ser feitos, para apoiar os aliados. Sobre a participação brasileira na Guerra é correto afirmar que:

a) o governo brasileiro era totalmente favorável a acordos com os aliados desde o início do conflito.

b) os alemães afundaram navios brasileiros no final de 1941.

c) a FEB participou da Campanha da Itália, como parte do 5º Exército Norte Americano.

d) a Alemanha declara guerra ao Brasil em 1941.

e) no Dia D, por ocasião do desembarque, o Brasil sofreu grandes perdas.

86. As reformas religiosas ocorridas na Europa no século XVI devem ser analisadas como parte integrante do processo de transição do feudalismo para o capitalismo. Desta forma, implicaram conflitos entre a doutrina religiosa que vigorava e as novas práticas relacionadas à nova ordem econômica.
Assinale a alternativa que se refere aos conflitos apresentados.

a) Tomismo.

b) Teologia Agostiniana.

c) Ato de Supremacia.

d) Predestinação Absoluta.

e) Prática da usura.

87. Em 1781, o general inglês Cornwallis rendeu-se aos revoltosos norte-americanos, na batalha de Yorktown, dando início às negociações que levaram a Inglaterra a reconhecer os Estados Unidos da América como nação livre. Na formação desse novo estado pode-se destacar:

a) um poder central forte e nenhuma autonomia política e administrativa aos estados membros.

b) a adoção do sistema parlamentarista.

c) a participação política dos indígenas e negros.

d) um poder central muito fraco e estados membros com muita autonomia política e administrativa.

e) a formação de um estado com base em ideias oriundas do Iluminismo.

88. No século XIX, uma corrente de filósofos acreditava ser possível reformar o capitalismo por meio da ação do estado ou da associação dos trabalhadores em cooperativas autogeridas. Esses princípios são denominados:

a) Materialismo Histórico.

b) Socialismo Utópico.

c) Socialismo Científico.

d) Liberalismo.

e) Anarquismo.

INGLÊS

Leia o texto a seguir e responda às próximas 3 questões.

This migrant crisis is different from all others

2015 was unquestionably the year of the migrant. The news was dominated for months by pictures of vast crowds shuffling through the borders of yet another European country, being treated with brutality in some places and given a reluctant welcome in others.

When researching a report for radio and television about the migrant phenomenon, it is possible to realize that there was nothing new about it. For many years, waves of displaced and frightened people have broken over Europe again and again and the images have been strikingly similar each time.

In 1945, _____ (1) the ethnic Germans, forced out of their homes in Poland, Czechoslovakia and Russia and obliged to seek shelter in a shattered and divided Germany. More recently, we can see floods of Albanian refugees escaping from the ethnic cleansing of the Serbian forces in Kosovo in 1998 and 1999.

Yet there is one major difference between these waves of migrants in the past and the one we saw in 2015. Professor Alex Betts, director of the Refugee Studies Centre at Oxford University says that it was the first time Europe faced people coming in from the outside in large numbers as refugees. He explains: "The fact that many are Muslims is perceived as challenging Europe's identity." European societies are changing very fast, indeed, as a result of immigration. In London, for instance, more than 300 languages are now spoken, according to a recent academic study. The influx of migrants reinforces people's sense that their identity is under threat.

But how can the world deal conclusively with the problem? The former UN under-secretary-general for humanitarian affairs, Sir John Holmes, blames global governance. "Other powers are rising," he says - Syria is an example of this. "And the United States doesn't have the influence it once did, so the problem's not being fixed, no-one's waving the big stick and we're having to pick up the pieces." We have endured an entire century of exile and homelessness and the cause is always the same - conflict and bad government. Unless these are dealt with, the flow of migrants will never be stopped.

Adapted from http://www.bbc.com/news/world-35091772

89. Choose the alternative containing the correct verbal tense to complete gap (1) in paragraph 3.
    a) There to be.
    b) There will be.
    c) There are.
    d) There were.
    e) There have been.

90. Choose the alternative that correctly substitutes the expression *for instance* in the sentence "In London, for instance, more than 300 languages..." (paragraph 4).
    a) For example.
    b) Such as.
    c) On the other hand.
    d) However.
    e) No exception.

91. According to the text, read the statements and choose the correct alternative.

I. There isn't anything new about the current migrant crisis.

II. The former migrant phenomena happened in London.

III. This migrant phenomenon is interfering in Europe's society.

IV. Europeans are concerned about learning new languages.

V. Syria is becoming powerful and apparently there is no control over it.

VI. Conflicts and poor governance are the reasons for the migration.

a) I, IV and V are correct.

b) I, IV and VI are correct.

c) III, V and VI are correct.

d) II, III and V are correct.

e) I, II and IV are correct.

Leia o texto a seguir e responda às próximas 3 questões.

How Brazil Crowdsourced a Pioneering Law

The passage of the *Marco Civil da Internet*, an "Internet bill of rights" commonly referred to in English as the Brazilian Civil Rights Framework for the Internet, demonstrates how the Internet can be used to rejuvenate democratic governance in the digital age. The law is important not only for its content, but for the innovative and participatory way it was written, bypassing traditional modes of legislation-making to go directly to the country's citizens. At a moment when governments of all kinds are viewed as increasingly distant from ordinary people, Brazil's example makes an argument that democracy offers a way forward.

The pioneering law was signed in 2014 and has three components. First, it safeguards privacy by restricting the ability of private corporations and the government to store Internet users' browsing histories. Second, it mandates a judicial review of requests to remove potentially offensive or illegal material, including content that infringes copyrights. And third, it prohibits Internet service providers from manipulating data transfer speeds for commercial purposes. The bill was acclaimed by activists as an example the rest of the world should follow.

What makes this law even more interesting is that it became one of the largest-ever experiments in crowdsourcing legislation. The law's original text was written through a website that allowed individual citizens and organizations — including NGOs, businesses, and political parties — to interact with one another and publicly debate the law's content. This process was markedly different from the traditional method of writing bills "behind closed doors" in the halls of Congress, a process that favored well-connected families and large corporations.

Policymakers in other countries have tried to capture citizen input using social media before, but never on this scale, in a country of roughly 200 million people. Whether it would succeed was far from certain. During the website's public launch, in 2009, one of the government lawyers summed up the organizers' high hopes: "This experience could transform the way we discuss not just legislation about the Internet, but also the way we discuss other bills in Brazil, and, in so doing, reconfigure our democracy."

Adapted from http://foreignpolicy.com/2016/01/19/how-brazil-crowdsourced-a-landmark-law/

92. In the title "How Brazil Crowdsourced a Pioneering Law", the verb *crowdsource means:*
    a) obtain ideas by soliciting contributions from diverse groups of people.
    b) favor common citizens who don't have internet connection.
    c) draft a new law according to large corporations' interests.
    d) remove contributions from politicians that prefer the traditional method.
    e) allow the congress to pass a bill that infringes copyrights.

93. Choose the alternative that correctly substitutes the word *bypassing* in the sentence "... *bypassing* traditional modes of legislation-making ..." (paragraph 1).
    a) Offending.
    b) Destroying.
    c) Praising.
    d) Avoiding.
    e) Accepting.

94. According to the text, choose the correct statement.
    a) Organizers were sure the experience would be totally successful.
    b) Other laws from now on can be written and discussed the same way.
    c) The content of the law is more important than the way it was written.
    d) This innovative way to develop a law puts democracy at risk.
    e) Brazil's example made activists and political parties disappointed.

Leia o texto a seguir e responda às próximas 3 questões.

Operation Desert Storm Was Not Won By Smart Weaponry Alone

Technology has long been a deciding factor on the battlefield, from powerful artillery to new weaponry to innovations in the seas and the skies. Twenty-five years ago, it was no different, as the United States and its allies proved overwhelmingly successful in the Persian Gulf War. A coalition of U.S. Army Apache attack helicopters, cruise missiles from naval vessels, and Lockheed F-117 Nighthawk "stealth fighters" soundly broke through Saddam Hussein's army defenses in Kuwait during Operation Desert Storm, which became known as the "100-hour war".

But for all the possibilities that this "Computer War" offered, Operation Desert Storm was not won by smart weaponry, alone. Despite the "science fiction"-like technology deployed, 90 percent of the pieces of ammunition used in Desert Storm were actually "dumb weapons". The bombs, which weren't guided by lasers or satellites, were lucky to get within half a kilometer of their targets after they were dumped from planes. While dumb bombs might not have been exciting enough to make the headlines during the attack, they were cheaper to produce and could be counted on to work. But frequency of use doesn't change why history will remember Desert Storm for its smart weapons, rather than its dumb ones.

Adapted from http://www.smithsonianmag.com/history/operation-desert-storm-was-not-won-smart-wea-
ponry-alone-180957879/

95. Choose the alternative that has the sentence *"Operation Desert Storm was not won by smart weaponry"* (paragraph 2) correctly changed into active voice.
   a) Smart weaponry hasn't won operation desert storm.
   b) Smart weaponry didn't win operation desert storm.
   c) Smart weaponry doesn't win operation desert storm.
   d) Smart weaponry isn't winning operation desert storm.
   e) Smart weaponry won't win operation desert storm.

96. According to the text, *"dumb weapons"* (paragraph 2) were:
   a) bombs that couldn't reach any coalition planes.
   b) bombs that were "science fiction"-like targets.
   c) bombs that weren't guided by lasers or satellites.
   d) bombs that became known as smart weaponry.
   e) bombs that were exciting enough for the headlines.

97. Choose the alternative that correctly substitutes the expression *rather than* in the sentence "... history will remember Desert Storm for its smart weapons, *rather than* its dumb ones." (paragraph 2).

   a) As well as.

   b) Besides.

   c) In addition to.

   d) Aside from.

   e) Instead of.

Leia o texto a seguir e responda às próximas 3 questões.

Would it be wrong to eradicate mosquitoes?

The mosquito is the most dangerous animal in the world, carrying diseases that kill one million people a year. Now the Zika virus, which is carried by mosquitoes, has been linked with thousands of babies born with brain defects in South America. There are 3,500 known species of mosquitoes, but only the females from just 6% of species draw blood from humans - to help them develop their eggs. Of these, just half carry parasites that cause human diseases.

More than a million people, mostly from poorer nations, die each year from mosquito-borne diseases, including Malaria, Dengue Fever and Yellow Fever. Some mosquitoes also carry the Zika virus, which was first thought to cause only mild fever and rashes. However, scientists are now worried that it can damage babies in the womb. There's a constant effort to educate people to use nets and other tactics to avoid being bitten. But would it just be simpler to make an entire species of disease-carrying mosquito extinct?

In Britain, scientists at Oxford University and the biotech firm Oxitec have genetically modified (GM) the males of Aedes aegypti - a mosquito species that carries both the Zika and Dengue viruses. These GM males carry a gene that stops their offspring from developing properly. This second generation of mosquitoes then die before they can reproduce and become carriers of disease themselves.

So are there any downsides to removing mosquitoes? Mosquitoes, which mostly feed on plant nectar, are important pollinators. They are also a food source for birds and bats while their young - as larvae - are consumed by fish and frogs. This could have an effect further ahead in the food chain. Mosquitoes also have limited the destructive impact of humanity on nature. Mosquitoes make tropical rainforests, for humans, virtually uninhabitable. Rainforests are home to a large share of our total plant and animal species, and nothing has done more to delay man-made destruction over the past 10,000 years than the mosquito.

Adapted from http://www.bbc.com/news/magazine-35408835

98. According to the text, choose the correct statement.

a) Female mosquitoes from all the species cause the diseases mentioned.

b) People from wealthy countries are the most bitten by mosquitoes.

c) Mosquitoes are also important for food chain balance and pollination.

d) A few species of male mosquitoes were genetically modified.

e) Mosquitoes carry diseases, infect animals and destroy the rainforests.

99. In the sentence "... a gene that stops their *offspring* from developing properly." (paragraph 3), the word *offspring* means:

a) wombs.

b) viruses.

c) diseases.

d) brains.

e) babies.

100. In the sentence "This could have an effect *further* ahead in the food chain." (paragraph 4), the word *further* expresses:

a) addition.

b) distance.

c) contrast.

d) time.

e) conclusion.

SI
MU
LA
ÇÃO

RESPOSTAS

RESPOSTAS

Respostas - Simulado 1 - 2020 ESPCEX

PORTUGUÊS

01. Segundo o texto, a ciência nos "oferece a possibilidade de vivermos livres do medo irracional do desconhecido", porque nos possibilita compreender como funciona a natureza, e é um corpo de conhecimento sobre o universo e seus habitantes, mas ainda assim algumas pessoas preferem crer em profecias.

     GABARITO: D.

02. Há, segundo o texto, uma falta de compreensão em relação à ciência e isso ocorre porque muitas pessoas encaram a ciência como uma espécie de religião, que prometeria soluções, mas é um meio de conhecer o mundo e apenas cada indivíduo pode decidir o que fará com esse conhecimento.

     GABARITO: A.

03. Para essa questão o conhecimento necessário é o semântico, mais especificamente sobre os sinônimos. Na frase "a culpa dos usos mais nefastos da ciência deve ser (...)", "nefastos" se refere a algo que pode trazer danos ou prejuízo, ou seja, algo prejudicial.

     GABARITO: D.

04. A ciência possibilita que possamos escolher, enquanto sociedade, nosso destino, porque o mundo pode ser, e por muitas vezes já foi desbravado pela ciência. Devido, por exemplo, à criação de antibióticos é possível evitar a evolução de doenças, que outrora matariam, e a TV pode auxiliar, por exemplo, a evitar o trânsito.

     GABARITO: A.

05. A oração subordinada "(...) que fica impossível acompanhar o passo da tecnologia" é uma oração subordinada adverbial consecutiva, porque dá ideia de consequência.

     GABARITO: B.

06. O sujeito do período é "uma sociedade versada na ciência" e o núcleo do sujeito é "sociedade", porque é o termo mais relevante.

     GABARITO: C.

07. Em "A prática da ciência provê um modo de interagir com o mundo. Expondo a essência criativa da natureza" seria necessária vírgula, porque é uma oração subordinada; em "(...) constante da matéria, onde todo elo (...)" há uso incorreto de "onde", que só pode se referir a lugar; e tanto em "Transformando mistério em desafio, adicionando uma nova dimensão à vida, abrindo a porta para um novo tipo de espiritualidade" quanto em "Ao dar ao indivíduo a autonomia de pensar por si mesmo, oferecendo a ele a liberdade da escolha informada" falta a oração principal.

GABARITO: B.

08. "Consumindo o planeta com um apetite insaciável, criamos uma devastação ecológica sem precedentes" há sentido de causa. "Início", "milênio" e "ciência" são palavras paroxítonas, por terem a segunda sílaba tônica, que termina em ditongo oral. Dessa forma, seguem a mesma regra de acentuação.

GABARITO: A.

09. A palavra "paradoxal" é transcrita como [paɾadoks'aw], tendo dez fonemas, e "orgulho" é transcrita como [oʁɡˈuʎu], tendo seis fonemas. Sendo assim, possuem a mesma quantidade de fonemas de "inexorável" [inezoɾˈavɛw] e início.

GABARITO: A.

10. Na frase "Não vão a uma festa que não voltem cansados" o "que" é uma conjunção que estabelece ideia de consequência, assim como em "Tem tanta coisa nova no mercado que fica impossível acompanhar".

GABARITO: D.

11. Em "a ciência adiciona uma nova dimensão à vida" a crase ocorreu devido ao uso de pre-posição "a", porque "adicionar" é objeto indireto, e do artigo "a" que define o substantivo feminino "vida". Na frase "Muitos preferem o romantismo do imprevisível à ciência dos números" a mesma regra se aplica, porque "preferir" pede preposição, já que quem prefere algo, prefere algo a alguma coisa e, nesse caso, prefere "a ciência dos números", que é um o substantivo feminino que admite artigo.

GABARITO: B.

12. Algo que é incompreensível é incompreensível a alguém e, sendo assim, "aos mais velhos" complementa essa ideia.

GABARITO: E.

13. Tanto "de que fomos traídos" quanto "de que promessas não foram cumpridas" possuem, de forma elíptica, o substantivo "um senso". Sendo assim, as orações o completam e ambas são orações subordinadas substantivas completivas nominais.

    GABARITO: D.

14. O fragmento possui dois períodos simples, porque cada um possui seus elementos obrigatórios e entre eles há vírgula.

    GABARITO: E.

15. O verbo "ditos" expressa ideia de algo que já ocorreu, estando na forma nominal "particípio".

    GABARITO: B.

16. Há uma personificação em "A ciência abre a porta", porque a ciência é um conceito e há hipérbole em "Consumimos o planeta com um apetite insaciável", porque há um exagero intencional.

    GABARITO: E.

17. Em "Harmonias da Cor e do Perfume" há uma mistura de sentidos, porque uma harmonia é ouvida, uma cor é vista e o perfume é sentido pelo olfato, e isso configura sinestesia, que é uma característica do simbolismo.

    GABARITO: E.

18. O trecho "O sertão está em toda parte" demonstra ideia de universalidade.

    GABARITO: C.

19. Álvares de Azevedo foi um poeta da segunda geração romântica, conhecida como ultrarromantismo e que possuía forte apelo sentimental.

    GABARITO: A.

20. Antônio Conselheiro foi o líder de uma série de conflitos armados que ficou conhecida como Guerra de Canudos. Esse período é retratado em Os Sertões, de Euclides da Cunha.

    GABARITO: C.

FÍSICA

21. Como o foco é negativo, a lente é divergente.

    A imagem de um objeto real na lente divergente é virtual, direita e menor.

    Utilizando a Equação de Gauss:

    $$\frac{1}{f} = \frac{1}{p} + \frac{1}{p'}$$

    $$\frac{1}{p'} = -\frac{1}{20} - \frac{1}{30}$$

    $$\frac{1}{p'} = \frac{-3 - 2}{60} = \frac{-5}{60}$$

    p' = 12cm, se negativo, então a imagem é virtual.

    Calculando o tamanho da imagem:

    $$\frac{i}{o} = \frac{p'}{p}$$

    $$\frac{i}{o} = -\frac{-12}{30} = 0,4$$

    Se positivo, a figura é direita. Se o valor de p' < 1, então a imagem é menor.

    Portanto, virtual e reduzida.

    GABARITO: C.

22. Estudo de colisão:

    Calculando as quantidades de movimento:

    $|Q_A| = m_A \cdot v_A = 1 \cdot 1 = 1 \, hg \cdot m/s$

    $|Q_B| = m_B \cdot v_A = 1 \cdot 2 = 2gh \cdot m/s$

Fazendo a soma vetorial:

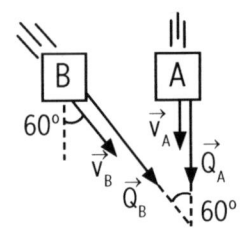
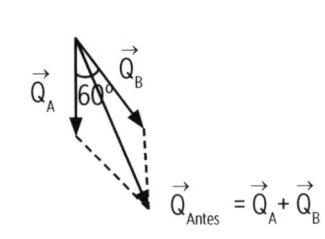

$$\vec{Q}_{Antes} = \vec{Q}_A + \vec{Q}_B$$

Utilizando a Lei dos cossenos com sinal trocado:

$$|Q_{antes}|^2 = |Q_A|^2 + |Q_B|^2 + 2 \cdot Q_A \cdot Q_B \cdot cos60°$$

$$|Q_{antes}|^2 = 1^2 + 2^2 + 2 \cdot 1 \cdot 2 \cdot \frac{1}{2}$$

$$|Q_{antes}|^2 = 7$$
$$|Q_{antes}| = \sqrt{7}\, hg \cdot m/s$$

Quantidade de movimento após colisão:
$$|Q_{depois}| = m_A \cdot |v_{AB}|$$

$$|Q_{depois}| = 2 \cdot |v_{AB}|$$

Pela conservação da quantidade de movimento:

$$2 \cdot |v_{AB}| = \sqrt{7}$$

$$|v_{AB}| = \frac{\sqrt{7}}{2}\, m/s$$

Estudando a frenagem:

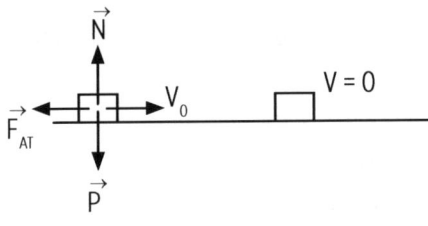

$N = P$

$N = m \cdot g$

$F_{at} = \mu \cdot N$

$F_{at} = \mu \cdot m \cdot g$ é resultante.

$F_{res} = m \cdot a$

$\mu \cdot m \cdot g = m \cdot a$

$a = \mu \cdot g$

$a = 0,1 \cdot 10 = 1 \, m/s^2$

Aplicando Torricelli:
$$v = v_o + 2 \cdot a \cdot d$$

$$0^2 = \left(\frac{\sqrt{7}}{2}\right)^2 + 2 \cdot (-1) \cdot d$$

$$2d = \frac{7}{4}$$

$$d = \frac{7}{8} = 0,875 \, m$$

GABARITO: D.

23. O módulo que age sobre o corpo é <u>diferente de 0</u>, pois pode ser calculada pela fórmula:
$$R = \frac{m \cdot v^2}{R}$$

Como a quantidade de movimento é uma grandeza vetorial, que pode ser calculada por $Q = m \cdot \bar{v}$. Logo, <u>muda</u> em cada instante de tempo, sendo assim é não nula.

Como o deslocamento é tangencial, a circunferência formada pelo movimento e a força centrípeta é perpendicular a esse deslocamento, temos um trabalho nulo.

A fórmula utilizada para calcular o trabalho é $\tau = F \cdot d \cdot \cos\theta$, logo se o ângulo em questão for 90°, o cos 90° = 0 e o trabalho será <u>nulo</u>.

Como o exercício fala de Movimento Circular Uniforme, a velocidade será constante. Como a energia cinética depende da velocidade, então está também será <u>constante</u>.

GABARITO: D.

24. Como nesse caso a energia mecânica pode ser totalmente elástica e, em outros momentos, cinética, utilizamos a fórmula da energia mecânica, levando em conta que esta pode ser energia elástica:

$$E_m = \frac{k \cdot x^2}{2}$$

$$0,1 = \frac{k \cdot 0,1^2}{2}$$

$$k = \frac{2}{0,1} = 20 \ N/m$$

Agora, admitindo que a energia mecânica seja energia cinética:

$$E_m = \frac{m \cdot v^2}{2}$$

$$0,1 = \frac{m \cdot 1^1}{2}$$

$$m = 0,2 \ Kg$$

Calculando o período:

$$T = 2\pi \cdot \sqrt{\frac{m}{k}}$$

$$T = 2\pi \cdot \sqrt{\frac{0,2}{20}}$$

$$T = 2\pi \cdot \sqrt{\frac{1}{100}}$$

$$T = \frac{2\pi}{10}$$

$$T = \frac{\pi}{5}$$

Como a frequência é o inverso do período:

$$f = \frac{5}{\pi}$$

GABARITO: C.

25. Calculando o potencial elétrico em x:

$$V_x = \frac{k \cdot Q}{d}$$

$$V_x = \frac{9 \cdot 10^9 \cdot 5 \cdot 10^{-6}}{2 \cdot 10^{-1}}$$

$$V_x = 225 \cdot 10^3 \; V$$

Calculando o potencial elétrico em y:

$$V_x = \frac{k \cdot Q}{d}$$

$$V_x = \frac{9 \cdot 10^9 \cdot 5 \cdot 10^{-6}}{1{,}5} = 30 \cdot 10^3 \; V$$

Calculando o trabalho da força elétrica:

$$\tau_{FE} = q \cdot \left(V_x - V_y \right)$$
$$\tau_{FE} = 2 \cdot 10^{-8} \cdot \left(225 \cdot 10^3 - 30 \cdot 10^3 \right)$$
$$\tau_{FE} = 2 \cdot 10^{-8} \cdot 195 \cdot 10^3$$
$$\tau_{FE} = 390 \cdot 10^{-5}$$
$$\tau_{FE} = 3{,}9 \cdot 10^{-3} \; J$$

GABARITO: E.

26. A máquina está recebendo calor de uma fonte quente e aproveitando metade desse calor para transformar em trabalho. Logo, é um motor térmico.

Calculando o calor total para saber que é válida a primeira lei da Termodinâmica:

Q = τ + ΔU

400 = 200 + (400 - 200)

400 = 400 (V)

Calculando o rendimento da máquina:

$$R = \frac{\tau_u}{Q_1}$$

$$R = \frac{200}{400} = 0,5 = 50\%$$

Logo, o aproveitamento é <u>igual a</u> 50%.

GABARITO: E.

27. Estudando as forças:

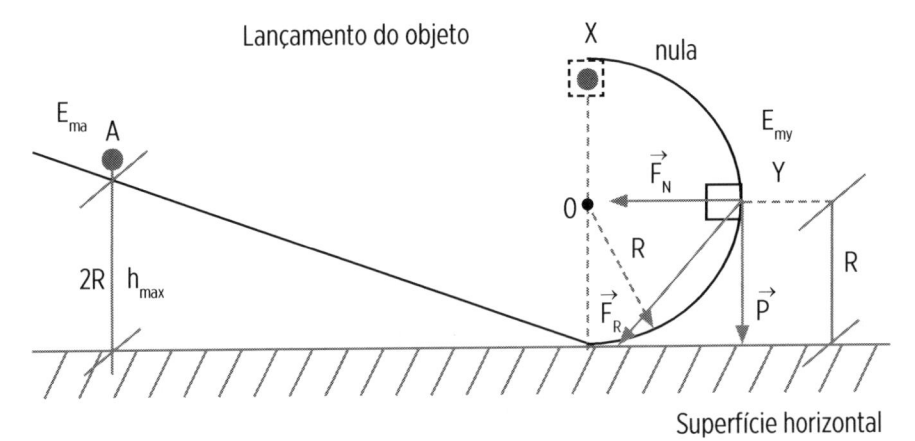

Aplicando Pitágoras nos vetores de vértice y:

$(F_R)^2 = P^2 + (F_N)^2$

$5m^2 g^2 = m^2 g^2 + F_N{}^2$

$4m^2g^2 = F_N{}^2$ (extraindo a raiz)

$2mg = F_N$

Calculando a força resultante:

$$F_R = F_N$$

$$\frac{mv^2}{R} = 2mg$$

$$v^2 = 2Rg$$

Calculando a energia mecânica:

$$Ec_y + Ep_y = Ep_A$$

$$\frac{mv^2}{2} + m \cdot g.h_y = m \cdot g \cdot h_{máx}$$

Simplificando por m

$$\frac{2Rg}{2} + g \cdot h_y = g \cdot h_{máx}$$

$$2Rg = g \cdot h_{máx}$$

$$h_{máx} = 2R$$

GABARITO: A.

28. I: Verdadeira. Considerando a esfera metálica, sabemos que o campo elétrico é nulo.

$E_{interior}$ = nulo

II: Falsa. Dadas duas placas paralelas, vale lembrar que o campo elétrico uniforme é gerado da placa positiva para a placa negativa. Ao pegar uma carga negativa e abandoná-la entre as duas placas, ele será atraída pela placa positiva, pois a carga é de negativa, a força e o campo elétrico têm sentidos opostos. Logo, a carga está indo da região do menor para o maior.

III: Falsa. Para haver uma distribuição de cargas não pode ser por indução, deveria ser, ao menos, um processo de contato.

IV: Falsa. Calculando o trabalho da força elétrica:

$$\tau_{AB} = q \cdot \left(V_x - V_y\right)$$
$$10^{-5} = 10^{-6} \cdot V_{AB}$$

$$V_{AB} = \left(\frac{10^{-5}}{10^{-6}}\right) = 10\ V$$

GABARITO: A.

29. Dado o esquema com os pontos A e B:

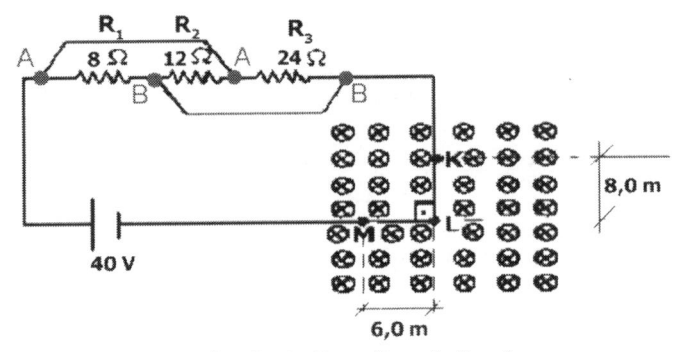

Desenho Ilustrativo - Fora de Escala

Como todas as resistências estão entre A e B, podemos afirmar que se trata de um circuito em paralelo.

Calculando a resistência equivalente pela soma dos inversos:

$$\frac{1}{R_{eq}} = \frac{1}{8} + \frac{1}{12} + \frac{1}{24}$$

$$\frac{1}{R_{eq}} = \frac{3 + 2 + 1}{24}$$

$$\frac{1}{R_{eq}} = \frac{6}{24}$$

$$R_{eq} = \frac{24}{6} = 4\,\Omega$$

Calculando a intensidade da corrente:

$$i = \frac{U}{R_{eq}}$$

$$i = \frac{40}{4} = 10A$$

Aplicando a regra da mão direita:

A corrente elétrica está para a esquerda, os dedos estão entrando no plano, logo carga positiva. Se a palma da mão está para baixo, a força magnética também será.

281

Calculando as forças magnéticas:

$$F_1 = B \cdot i \cdot h_1$$

$$F_1 = 0{,}4 \cdot 10{.}8$$

$$F_1 = 32\ N$$

$$F_2 = B \cdot i \cdot h_2$$

$$F_2 = 0{,}4 \cdot 10 \cdot 6$$

$$F_2 = 24\ N$$

Calculando a resultando por Pitágoras:

$$(F_R)^2 = (F_1)^2 + (F_2)^2$$

$$(F_R)^2 = (32)^2 + (24)^2$$

Simplificando por 8:

$$(F_R)^2 = (4)^2 + (3)^2$$

$$F_R = 40\ N$$

GABARITO: B.

30. O enunciado diz que o potencial elétrico é nulo entre C e D. O resistor está em curto-circuito, logo não faz parte do cálculo.

Se $V_{CD} = 0$, então $V_C = V_D$

Redesenhando o sistema, temos que a bateria E_2 está em paralelo com o resistor R_4, e a bateria E_1 está em paralelo com R_2.

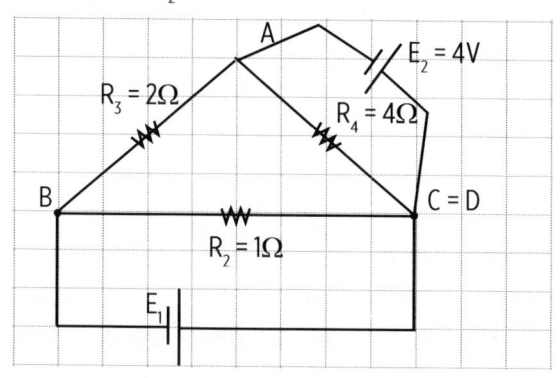

Calculando a corrente de R_4:

$$U = R \cdot i$$

$$E_2 = R_4 \cdot i$$

$$4 = 4 \cdot i$$

$$i = 1\,A$$

Essa corrente estará em sentido horário.

A corrente que sai de E_1 (i_1) sentido C, e se encontra com a corrente que passa por R_4 (1A). Ao se encontrarem são somadas, tornando-se uma única corrente de 2A (i_2), que irá passar por R_2. Ao chegar no ponto B a corrente i_1 retorna ao seu caminho e uma nova corrente (i_3) vai sentido o ponto A.

Montando as equações de correntes:

$$\begin{cases} i_2 = i_1 + 1 \ \ (I) \\ i_2 = i_1 + i_3 \ \ (II) \end{cases}$$

Multiplicando a I por – 1:

$$\begin{cases} -i_2 = -i_1 - 1 \ \ (I) \\ \ \ i_2 = i_1 + i_3 \ \ (II) \end{cases}$$

Somando as equações:

i_3 = 1A

Aplicando a Lei de Kirchhoff, adotando sentido horário:

$R_2 \cdot i_2 + R_3 \cdot i_3 - E_2 = 0$

$1.i_2 + 2 \cdot 1 - 4 = 0$

$i_2 + 2 - 4 = 0$

i_2 = 2A

Como E_1 está em paralelo com R_2, temos:

$E_1 = R_2 \cdot i_2$

$E_1 = 1 \cdot 2$

$E_1 = 2V$

GABARITO: B.

31. Decompondo as forças:

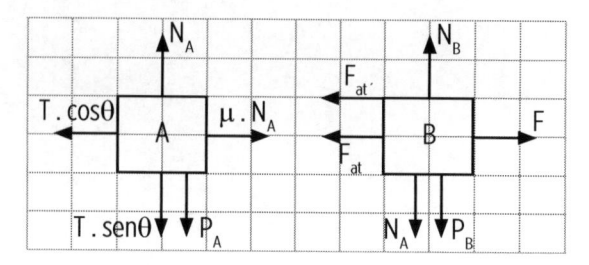

Para que haja equilíbrio no corpo A, temos:

Eixo x:

$$T \cdot \cos \theta = \mu \cdot N_A$$

Eixo y:

$$T \cdot \text{sen}\, \theta + P_A = N_A$$

Montando o sistema com as duas equações de equilíbrio e substituindo os valores dados:

$$\begin{cases} T \cdot 0{,}6 = 0{,}3 \cdot N_A \\ T \cdot 0{,}8 + 6 = N_A \end{cases}$$

Multiplicando as equações para simplificar T:

$$\begin{cases} T \cdot 0{,}6 = 0{,}3 \cdot N_A \ \cdot (-4) \\ T \cdot 0{,}8 + 6 = N_A \ \cdot 3 \end{cases}$$

Temos:

$$\begin{cases} -T \cdot 2{,}4 = -1{,}2 \cdot N_A \\ T \cdot 2{,}4 + 18 = 3 N_A \end{cases}$$

Somando o sistema:

$$18 = 1{,}8 N_A$$

$$N_A = \frac{18}{1{,}8} = 10 \ N$$

Calculando a força F, em B:

$$F = F'_{at} + F_{at}$$

$$F = \mu_{solo} \cdot N_{solo} + \mu_{blocos} \cdot N_A - (N_{solo} = N_A + P_B)$$

$$F = 0{,}2 \cdot (10 + 20) + 0{,}3.10$$

$$F = 0{,}2 \cdot 30 + 3$$

$$F = 9\,N$$

GABARITO: B.

32. Se o sistema está em equilíbrio, temos:

$$T + E = P$$

$$E = d_f \cdot g \cdot V$$

$$T + 10^3 \cdot 10^{-1} \cdot 20 \cdot 10^{-3} = 500 \quad \text{-> (Transformar o volume de L para m}^3)$$

$$T + 20 \cdot 10^1 = 500$$

$$T = 500 - 200$$

$$T = 300\,N$$

Para haver torque, precisamos de um ângulo de 90°.

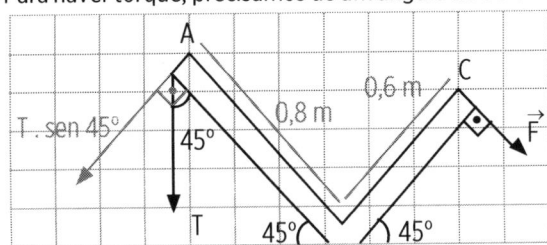

$$M_H = M_{AH}$$

$$F \cdot 0{,}6 = T \cdot sen\ 45° \cdot 0{,}8$$

$$0{,}6 \cdot F = 300 \cdot \frac{\sqrt{2}}{2} \cdot 0{,}8$$

$$F = \frac{300\sqrt{2}}{2} \cdot \frac{8}{6}$$

$$F = 50 \cdot 4\sqrt{2}$$

$$F = 200\sqrt{2}\,N$$

GABARITO: A.

QUÍMICA

33. Primeiro, precisamos montar a estrutura, depois calcular a massa molar e a porcentagem de carbono em cada uma das alternativas.

A: Incorreta. Fórmula estrutural do metanal:

$$H-\overset{\displaystyle \overset{O}{\parallel}}{C}-H$$

A fórmula molecular será: CH_2O.

Massa metanal: 30,0g

Massa total de carbonos: 24g

30g do metanal ---------- 100%

12g de carbono ----------- X

X = 40,0%

B: Correta. Fórmula estrutural do etanal:

$$H_3C-\overset{\displaystyle \overset{O}{\parallel}}{C}-H$$

A fórmula molecular será: C_2H_4O.

Massa do etanal: 44,0g

Massa total de carbonos: 24g

44g do etanal ---------- 100%

24g de carbono ---------- X

X = 54,5%.

C: Incorreta. Fórmula estrutural do propanal:

$$H_3C-CH_2-\overset{\displaystyle \overset{O}{\parallel}}{C}-H$$

A fórmula molecular será: C_3H_6O.

Massa do propanal: 58g

Massa total de carbonos: 24g

58g do propanal --------- 100%

36g de carbono ----------- X

X = 62%.

D: Incorreta. Fórmula estrutural do 3-metilbutanal:

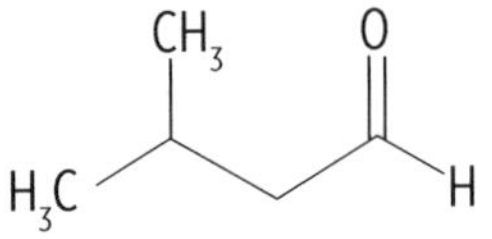

A fórmula molecular será: $C_5H_{10}O$

Massa do 3-metil-butanal: 86g

Massa total de carbonos: 24g

86g do 3-metil-butanal ---------- 100%

60g de carbono -------------------- X

X = 70%

E: Incorreta. Fórmula estrutural do 2-metilbutanal:

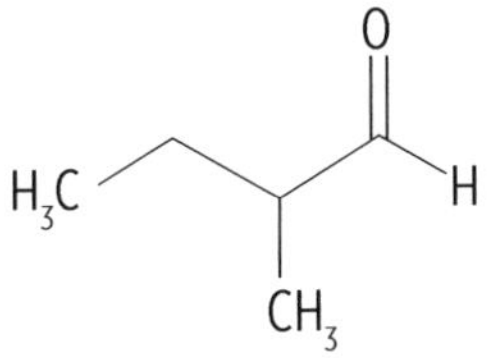

A fórmula molecular será: $C_5H_{10}O$

Massa do 2-metil-butanal: 86g

Massa total de carbonos: 24g

86g do 2-metil-butanal ---------- 100%

60g de carbono -------------------- X

X = 70%

GABARITO: B.

34. O balanceamento da reação método íon elétron será:

O primeiro passo é eliminar os íons espectadores.

$(C_2O_4)^{2-} + H^+ + MnO_4 \rightarrow MnO_2 + H_2O + CO_2$

Em seguida é preciso identificar a redução e a oxidação.

$(C_2O_4)^{2-} \rightarrow CO_2$ (Oxidação)

$MnO_4 \rightarrow MnO_2$ (Redução)

Em seguida, balanceia-se tudo o que não é oxigênio ou hidrogênio.

$(C_2O_4)^{2-} \rightarrow 2CO_2$

$MnO_4 \rightarrow MnO_2$

Balanceia-se oxigênio com água

$(C_2O_4)^{2-} \rightarrow 2CO_2$

$MnO_4 \rightarrow MnO_2 + 4H_2O$

Os hidrogênios balanceiam-se com H^+

$(C_2O_4)^{2-} \rightarrow 2CO_2$

$8H^+ + MnO_4 \rightarrow MnO_2 + 4H_2O$

Por fim, balanceiam-se as cargas com elétrons

$(C_2O_4)^{2-} \rightarrow 2CO_2 + 2e^-$

$3e^- + 8H^+ + MnO_4 \rightarrow MnO_2 + 4H_2O$

Para fazer a soma das duas semirreações e encontrar a reação global é necessário multiplicar a 3 e a segunda por 2. A reação global encontrada é:

$3(C_2O_4)^{2-} + 8H^+ + 2MnO_4 \rightarrow 2MnO_2 + 4H_2O + 6CO_2$

Adicionando os íons espectadores:

$3Ca(C_2O_4) + 4H_2SO_4 + 2KMnO_4 \rightarrow 3CaSO_4 + 1K_2SO_4 + 2MnO_2 + 4H2O + 6CO_2$

Portanto, a soma dos coeficientes é 25.

Para calcular o volume de CO_2 é preciso encontrar quantos mols de CO_2 são produzidos a partir de 384g de $Ca(C_2O_4)$.

Para isso, calculamos quantos mols equivalem a 384g de $Ca(C_2O_4)$:

$n = \dfrac{n}{MM}$

$n = \dfrac{984}{128} = 3$ mols

Como a proporção de $Ca(C_2O_4)$ e CO_2 é 3:6, para 3 mols de $Ca(C_2O_4)$, temos 6 mols de CO_2. Como o volume molar é 24,5L/mol:

$V = 6 \cdot 24,5 = 147L$

GABARITO: C.

35. I: Incorreta. O fósforo branco (P_4) é classificado como uma substância molecular polar.

II: Correta. Substâncias simples são substâncias formadas por apenas um elemento. O fósforo branco (P_4) é formado apenas pelo elemento fósforo, logo, enquadrada como substância simples.

III: Incorreta. A geometria da molécula do gás monóxido de carbono é linear.

$$:C \equiv O$$
($\ominus$ sobre C, $\oplus$ sobre O)

IV: Correta.

$$2Ca_3(PO_4)_{2(s)} + 6SiO_{2(s)} + 10C_{(s)} \rightarrow 6CaSiO_{3(s)} + P_{4(s)} + 10CO_{(g)}$$

Pela estequiometria, 620g de $Ca_3(PO_4)_2$ formam 124g de P_4. Quando se aquece 1860g de $Ca_3(PO_4)_2$, a massa de P_4 é:

620g $Ca_3(PO_4)_2$ --------- 124g P_4

1860g $Ca_3(PO_4)_2$ ---------- m

m = 372g P_4

Essa é a massa de P_4 obtida considerando um total (100%). Para um rendimento de 80%, a massa de P_4 obtida a partir de 1860g de $Ca_3(PO_4)_2$ é:

372g P_4 ------ 100%

x ------------- 80%

x = 297,6g P_4

V: Incorreta. Essa é a configuração eletrônica do átomo de cálcio no estado fundamental:

$1s^2\ 2s^2\ 2p^6\ 3s^2\ 3p^6\ 4s^2$

GABARITO: B.

36. Como a amostra de 512g de carbeto de cálcio tem pureza de 50%, a massa de carbeto de cálcio na amostra é:

512 g ------- 100%

X ------------ 50%

X = 256g

Essa é a equação balanceada da reação:

$$CaC_{2(s)} + 2H_2O_{(l)} \rightarrow C_2H_{2(g)} + Ca(OH)_{2(s)}$$

Da proporção estequiométrica 1 mol (64g) de carbeto de cálcio forma 1 mol (26g) de acetileno. A massa de acetileno formada por 256g de carbeto de cálcio pode ser calculada utilizando essa relação:

64g CaC_2 ------ 26g C_2H_2

256g CaC_2 ------ X

X = 104g

Essa é a equação balanceada da reação de combustão do acetileno:

$$C_2H_2 \, (g) + {}^5/_2 \, O_{2(g)} \rightarrow 2\,CO_{2(g)} + H_2O_{(g)}$$

Da proporção estequiométrica, 1 mol (26g) de acetileno forma 2 mols de CO_2 e 1mol de H_2O. A quantidade de matéria de gases formados é 3 mols. O volume ocupado:

1 mols --------- 24,5 L

3 mols ---------- $V_{gás}$

$V_{gás}$ = 73,5L

Ou seja, a combustão completa de 1 mol (26g) de acetileno forma 73,5L de gás. O volume de gás formado a partir de 4 mols (104g) de etino pode ser calculado por essa relação:

1 mol --------- 73,5 L

4 mols -------- $V'_{gás}$

$V'_{gás}$ = 294 L

A combustão completa de 1mol de acetileno libera 1298kJ de energia, então a energia liberada na combustão completa de 4mol de acetileno pode ser calculada por essa relação:

1 mol acetileno ------ 1298kJ

4 mosl acetileno -------- E

E = 5192 kJ

GABARITO: E.

37. Massa de sal (g) / 100 g de H_2O

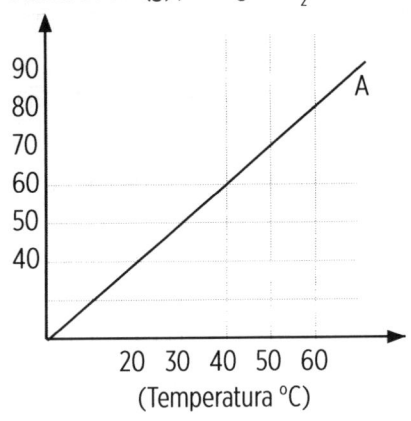

(Temperatura °C)

Desenho Ilustrativo - Fora de Escala

Solução super saturada é uma solução instável, que necessita aumentar a temperatura para dissolver uma quantidade maior de soluto e, após, resfriar lentamente para permanecer dissolvido.

Analisando as afirmações conforme os dados no gráfico:

I: T 20°C = 40g dissolvem totalmente em 100 g de H_2O. Na afirmativa alega dissolver 50g. Teremos um sistema heterogêneo com 10g em excesso na reação. Logo, I é verdadeira, eliminando as alternativas B e D, que não apresentam I como sendo correta.

II: Verdadeira. Solução insaturada é aquela onde o valor do coeficiente é inferior ao máximo que consegue dissolver. Neste caso, há 40°C = 60g, que dissolvem totalmente em 100 g de H_2O. A afirmação traz 50g, sendo assim é insaturada, o que elimina a alternativa C.

III: 30°C 50g --- 100g

       X ----- 200g

O dobro, ou seja, X = 100g. Verdadeiro, pois ele dissolve até 100g totalmente. Se adicionar 90g a solução tem capacidade para dissolver.

Com as afirmativas I, II e III corretas, nem precisamos analisar a IV para confirmar que a resposta da questão é E.

GABARITO: E.

38. Como dito no enunciado, fenômenos químicos alteram a composição da matéria, enquanto em fenômenos físicos a composição da matéria permanece a mesma antes e depois de sua ocorrência.

Nas equações I, III e IV a composição da matéria inicial é diferente da final. Ou seja, são essas as equações que representam reações químicas.

A equação II representa a mudança de estado físico da água do estado líquido para o estado gasoso.

GABARITO: D.

39. Essa é a Lei de Graham, que relaciona as velocidades de difusão dos gases com suas massas molares:

Vd = 28 km/min

$H_2 = 2g / mol$

$CH_4 = 16g / mol$

$$\frac{V1}{V2} \longrightarrow \text{Difusão} = \frac{\sqrt{m2}}{\sqrt{m1}}$$

Efusão

$$2800m / 60s / V_2 = \frac{\sqrt{16}}{\sqrt{2}}$$

$$2,8\, V_2 = \frac{28000}{60}$$

$$V_2 = \frac{28000}{2,8 \cdot 60} = \frac{1000}{6} = 166,6 \text{ m/s} \cdot 3,6 = 599,7 \text{ km/h (aproximadamente 600)}.$$

GABARITO: A.

40. I – Modelo atômico de Rutherford, que foi um físico e químico neozelandês naturalizado britânico, que se tornou conhecido como o pai da física nuclear.

II – Teoria atômica de Dalton, que foi um químico, meteorologista e físico britânico e um dos primeiros cientistas a defender que a matéria é feita de pequenas partículas, os átomos.

III – Modelo de Bohr, que foi um físico dinamarquês cujos trabalhos contribuíram decisivamente para a compreensão da estrutura atômica e da física quântica.

GABARITO: D.

41. I: Incorreta. A fórmula molecular é $C_2H_4O_2$.

II: Incorreta. A ligação simples C-C é apolar nesta situação.

III: Correta. A hibridação do carbono que possui ligação dupla com o oxigênio é sp^2.

IV: Incorreta. Ambos os carbonos não são quirais.

V: Incorreta. A fórmula molecular do anidrido etanoico é $C_4H_6O_3$. Logo, não são isômeros.

VI: Correta.

H₃C ⟍⟋ CH₃   →[KMnO₄ / H⁺]   (aldeídos)

VII: Correta.

(equação química com aldeído + 2 Na → carboxilato de sódio + H₂)

GABARITO: A.

42. As afirmativas II e IV estão corretas.

Explicando as incorretas:

I: Com o aumento da pressão a temperatura de fusão da água diminui, como pode se observar no gráfico.

III: Sublima apenas a pressão abaixo de 0,006 atm.

GABARITO: C.

43. I: Incorreta. Quando há decaimento por emissão de partículas, o número atômico do elemento aumenta de uma unidade para cada emissão.

II: Correta.

III: Incorreta. A partícula α é composta por 2 prótons e 2 nêutrons.

IV: Incorreta. A massa da partícula é comparável à do elétron.

V: Correta.

$$U^{238}_{92} \rightarrow 3\frac{4}{2}\alpha + Rn^{226}_{86}$$
$$Rn^{226}_{86} \rightarrow 2\,^{-1}_{0}\beta + Ra^{226}_{88}$$

GABARITO: D.

44. I: Correta. A redução ocorre no cátodo.

II: Incorreta. A reação que ocorre no anodo é $2OH^- \rightarrow 1\frac{1}{2}O_2 + 2e^-$.

III: Incorreta. Eletrodos de grafite são eletrodos inertes, portanto, não participam da eletrólise.

IV: Correta. A reação é: $2OH^- \rightarrow 1\frac{1}{2}O_2 + 2e^-$.

V: Incorreta. A massa depositada é calculada pela fórmula:

$$M = \frac{i \cdot t \cdot E}{96500}$$

$$M = \frac{2 \cdot 1930 \cdot 32,5}{96500} = 1,3g$$

GABARITO: A.

MATEMÁTICA

45. Se o arco é calculado por $C = 2\pi r$ e temos que cada arco mede 62,8 cm por pessoa, basta substituir na fórmula:

$2\pi r = 62,8 \cdot 8$

$2 \cdot 3,14r = 62,8 \cdot 8$

$r = 20 \cdot 4$

$r = 80$ cm

GABARITO: D.

46. Utilizando o Binômio de Newton temos:

$$(x + y)^n = \sum_{p=0}^{n} \binom{n}{p} x^{n-p} y^p$$

Começando em $p = 0$, o quinto termo será $p = 4$.

$$(x + y)^n = (x + 3)^n$$

$$\binom{n}{4} x^{n-4} \cdot 3^4$$

$$\binom{n}{4} \cdot 3^4 = 5\,670$$

$$\binom{n}{4} = \frac{5\,670}{81} = 70$$

$$\frac{n!}{(n-4)!4!} = 70$$

$$\frac{n(n-1)(n-2)(n-3)(n-4)!}{(n-4)!24} = 70$$

$$n(n - 1)(n - 2)(n - 3) = 70.24$$

Fatorando $70 \cdot 24$:

$70 = 2 \cdot 35 = 2 \cdot 5 \cdot 7$

$24 = 3 \cdot 8$

$n(n - 1)(n - 2)(n - 3) = 8 \cdot 7 \cdot 6 \cdot 5$

Logo, $n = 8$

GABARITO: D.

47. Se $x = 1$, vamos calcular o valor de a:

$P_{(1)} = 1^3 + a \cdot 1^2 - 13 \cdot 1 + 12 = 0$

$a = 0$

Substituindo no polinômio temos:

$P_{(x)} = x^3 - 13x + 12$

Forma geral do polinômio:

$P_{(x)} = ax^3 + bx^2 + cx + d$

Calculando a soma das raízes:

$$x' + x'' + x'''$$

$$s = -\frac{b}{a} = -\frac{0}{1} = 0$$

GABARITO: D.

48. Para a função ser crescente a > 0.

$$a = k^2 - 2k - 3$$

$$k^2 - 2k - 3 > 0$$

Resolvendo a equação temos:

$$k = -1 \text{ e } k = 3$$

Fazendo o estudo de sinais temos que a função será crescente quando $k < -1$ e $k > 3$

GABARITO: E.

49. No quadrado, as intersecções das diagonais são ponto médio.

Coeficiente angular da reta s (AC) é $m_r \cdot m_s = -1$

Calculando o ponto M:

$$M_x = \frac{3 + (-1)}{2} = 2$$

$$M_y = \frac{-2 + 3}{2} = \frac{1}{2}$$

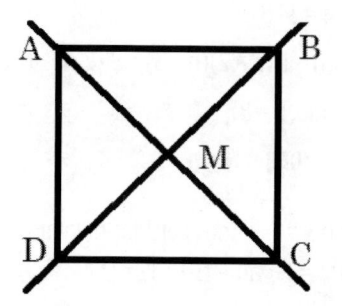

Calculando o coeficiente angular da reta r (BD):

$$m_s = \frac{\Delta y}{\Delta x} = \frac{-2-3}{3-(-1)} = -\frac{5}{4}$$

$$-\frac{5}{4} \cdot m_r = -1$$

$$m_r = \frac{4}{5}$$

Aplicando $y - y_0 = m_r (x - x_0)$

$y - \frac{1}{2} = \frac{4}{5} \cdot (x - 1)$

$10y - 5 = 8 \cdot (x - 1)$

$10y - 5 = 8x - 8$

$10y - 8x + 3 = 0 \cdot (-1)$

$8x - 10y - 3 = 0$

GABARITO: B.

50. O triângulo AEF é metade do triângulo ADE.

A área de ADE é igual a área de AEF.

Se o lado do quadrado mede x, então a área do triângulo será:

$$A_\Delta = \frac{x.x}{2} = \frac{x^2}{2}$$

Como queremos metade dessa área, vamos dividir por 2:

$$A_{\Delta AEF} = \frac{\frac{x^2}{2}}{2} = \frac{x^2}{4}$$

Calculando a área do quadrado temos:

$A = x \cdot x$

$A = x^2$

Calculando a razão entre as áreas:

$$\frac{x^2}{\frac{x^2}{4}} = x^2 \cdot \frac{4}{x^2} = 4$$

GABARITO: D.

51. Se no dado azul podemos ter apenas números pares e no vermelho podemos ter todos os valores, o espaço amostral $n_{(s)} = 3 \cdot 6 = 18$.

Para obter soma igual a 7, temos:

$2 + 5 = 7$

$4 + 3 = 7$

$6 + 1 = 7$

Portanto, temos apenas três possibilidades de a soma ser 7:

$$\frac{3}{18} = \frac{1}{6}$$

GABARITO: C.

52. Se Gomes e Oliveira não devem ficar vamos descontar as possibilidades de estarem juntos: $8! - 7!2!$

Colocando 7! Em evidência temos:

$7!(8 - 2) = 7! \cdot 6 = 6 \cdot 7!$

$6 \cdot 7!$

GABARITO: E.

53. Segundo o enunciado temos:

$h_{(7)} = 6$

$\log_2 a \cdot 49 + b \cdot 7 + c = 6$

$h_{(1)} = 2$

$\log_2 a + b + c = 2$

$h_{(0)} = 0$

$\log_2 c = 0$

$2^0 = c$

$c = 1$

$2^6 = 49^a + 7b + 1 \,(\text{I})$

$2^2 = a + b + 1 \,(\text{II})$

Resolvendo o sistema de equações I e II:

$$\begin{cases} 49a + 7b + c = 63 \\ \quad a + b = 3 \end{cases}$$

$$\begin{cases} \quad 49a + 7b = 63 \\ -7a - 7b = -21 \end{cases}$$

$42^a = 42$

$a = 1$

Substituindo na equação II:

$4 = 1 + b + 1$

$b = 2$

Substituindo em $h_{(t)}$:

$\log_2 t^2 + 2t + 1 = 4$

Por definição:

$t^2 + 2t + 1 = 16$

$t^2 + 2t - 15 = 0$

Resolvendo a equação de 2º grau temos:

$t' = -5$

$t'' = 3$

Como não podemos ter tempo negativo, t = 3h

   GABARITO: B.

54. Aplicando fórmula do Montante:

   $M = C \cdot (1 + i)^t$

   $P = 100\ 000 \cdot (1 + 0{,}2)^4$

   $P = 100\ 000 \cdot 2{,}0736$

   $P = 207\ 360$

   GABARITO: A.

55. Aplicando a Equação reduzida da reta:

   $x^2 + y^2 - 2ax - 2by + a^2 + n^2 - r^2 = 0$

   Comparando com a equação do enunciado:

   $2x^2 + ay^2 - bxy - 4x + 8y + c = 0$

Os coeficientes de x^2 e y^2 são iguais, portanto:

a = 2

O termo bxy não existe na equação da reta, então:

b = 0

Substituindo os valores conhecidos:

$2x^2 + 2y^2 - 0xy - 4x + 8y + c = 0$ (simplificando por 2)

$x^2 + y^2 - 2x + 4y + \dfrac{c}{2} = 0$

Por completamento de quadrados:

$(x - 1)^2 - 1 + (y + 2)^2 - 4 + \dfrac{c}{2} = 0$

$(x - 1)^2 + (y + 2)^2 = 5 - \dfrac{c}{2}$

Se r = 3:

$5 - \dfrac{c}{2} = 3^2$

$10 - c = 18$

$c = -8$

$a + b + c = 2 + 0 + (-8)$

-6

GABARITO: B.

56. Considerando o poliedro sendo convexo:

$V - A + F = 2$

$\dfrac{V \cdot 3}{2} = A$

$A = 30$

$20 - 30 + F = 2$

$F = 12$

GABARITO: A.

57. Pela fórmula da mediana temos:

$$M = \sqrt{\frac{2b^2 + 2c^2 - a^2}{4}}$$

a = AB = 4

b = AC = 4

c = BC = 6

** a é o lado tocado pela mediana (AB).

$$M = \sqrt{\frac{2 \cdot 4^2 + 2 \cdot 6^2 - 4^2}{4}}$$

$$M = \sqrt{\frac{32 + 72 - 16}{4}}$$

$$M = \sqrt{\frac{88}{4}} = \sqrt{22}$$

GABARITO: E.

58.

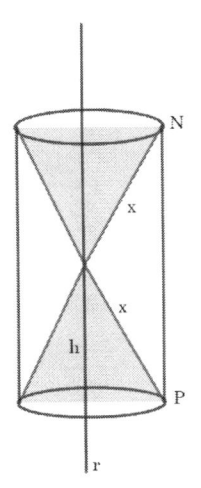

$$r = h_\Delta = \frac{x\sqrt{3}}{2}$$

$$h_{Cilindro} = x$$

Para saber o volume do sólido basta fazer a diferença entre o volume do cilindro pelo volume dos dois cones.

$$V_{Sólido} = V_{Cilindro} - V_{Cones}$$

$$V_{Cilindro} = \left(\frac{x\sqrt{3}}{2}\right)^2 \cdot \pi \cdot x = \frac{3x^3\pi}{4}$$

$$V_{Cones} = 2 \cdot \frac{1}{3} \cdot \pi \cdot \left(\frac{x\sqrt{3}}{2}\right)^2 \cdot \frac{x}{2} = \frac{x^3\pi}{4}$$

$$V_{Sólido} = \frac{3x^3\pi}{4} - \frac{x^3\pi}{4}$$

$$V_{Sólido} = \frac{x^3\pi}{2}$$

GABARITO: C.

59. Sabendo que:

$$\text{sen}^2\theta + \cos^2\theta = 1$$

$$\text{sen}^2\theta + \left(\frac{4}{5}\right)^2 = 1$$

$$\text{sen}\theta = \pm\frac{3}{5}$$

$$\sec = \frac{1}{\cos\theta} = \frac{1}{\frac{4}{5}} = \frac{5}{4}$$

$$\text{tg}\theta = \frac{-\frac{3}{5}}{\frac{4}{5}} = -\frac{3}{4}$$

Substituindo na equação:

$$\sqrt{2 \cdot \frac{5}{4} + 3 \cdot \left(-\frac{3}{4}\right)}$$

$$\sqrt{\frac{10}{4} - \frac{9}{4}} = \frac{1}{2}$$

GABARITO: B.

60. Substituindo $g_{(x)}$ em $f_{(x)}$:

$f(g_{(x)}) = f_{(x+2)} = 4 \cdot (x+2)^2 - 12 \cdot (x+2) + 5$

$$4 \cdot (x^2 + 4x + 4) - 12x - 24 + 5$$

$$4x^2 + 16x + 16 - 12x - 19$$

$$4x^2 + 4x - 3 < 0$$

Resolvendo a equação temos raízes:

$x' = 0,5$ e $x'' = -1,5$

Como o exercício quer o <u>menor</u> valor inteiro vamos considerar -1.

GABARITO: B.

61. Fazendo a multiplicação de matrizes temos:

$$\begin{bmatrix} 1 & -1 & 1 \\ 2 & 1 & -3 \\ 1 & 1 & -1 \end{bmatrix} \cdot \begin{bmatrix} x \\ y \\ z \end{bmatrix} = \begin{bmatrix} 0 \\ -12 \\ -4 \end{bmatrix}$$

$$\begin{cases} x - y + z = 0 \\ 2x + y - 3z = -12 \\ x + y - z = -4 \end{cases}$$

Calculando $L_1 + L_3$

$$\begin{cases} x - y + z = 0 \\ x + y - z = -12 \end{cases}$$

$$2x = -4$$

$$x = -2$$

Substituindo x nas equações:

$$\begin{cases} 2 \cdot (-2) + y - 3z = -12 \\ -2 + y - z = -4 \end{cases}$$

$$\begin{cases} y - 3z = -8 \\ y - z = -2 \end{cases}$$

$$-2z = -6$$

$$z = 3$$

$$y - 3 = -2$$

$$y = 1$$

Calculando:

$x + y + z = -2 + 1 + 3 = 2$

GABARITO: E.

62. Dividindo a circunferência em 12 partes:
$$\frac{360°}{12} = 30°$$

Pela forma trigonométrica dos complexos:

$z = |z| \cdot (\cos\theta + i\cdot sen\theta)$

$z = |1| \cdot (\cos 60° + i\cdot sen 60°)$

$z_2 = \cos 60° + i\cdot sen 60°$

$(z_2) = \cos 120° + isen 120°$

$z_5 = \cos 150° + isen 150°$

$z_3 = \cos 90° + isen 90°$

Pelo módulo de complexos:

$Z^n = |z|^n \cdot (\cos n\theta + isen n\theta)$

$(z_2) = [\cos 120° + isen 120°] \cdot [\cos 150° + isen 150°]$

$$\frac{cos 270° + isen 270°}{i} = -\frac{i}{i} = -1$$

GABARITO: A.

63. Sendo retas, os coeficientes angulares são iguais.

$y = 6x - 5 \, (r)$

$y = mx + n \, (s)$

$m = 6$

Como tem um único ponto comum temos:

$y = x^2$

$y = 6x + n$

$x^2 = 6x + n$

$x^2 - 6x - n = 0$

Para ter um único valor para n $\Delta = 0$.

$(-6)^2 - 4 \cdot n \cdot 1 = 0$

$N = 9$

Substituindo na equação:

$x^2 = 6x - 9$

$x^2 - 6x + 9 = 0$

Por produto notável:

$(x + 3)^2 = 0$

$x = 3$

Logo, o ponto será (3, 9)

GABARITO: A.

64. Dividindo o octógono em triângulos encontramos oito triângulos retângulos. Um dos ângulos desses triângulos é 45°. Utilizando um triângulo para trabalhar temos:

O raio da circunferência circunscrita é R.

O raio da circunferência inscrita é r (altura do triângulo).

A base do triângulo retângulo é x.

Aplicando a Lei dos cossenos:

$$x^2 = R^2 + R^2 - 2R \cdot R \cdot \frac{\sqrt{2}}{2}$$

$$x^2 = 2R^2 - R^2\sqrt{2}$$

$$r^2 + \frac{x}{2} = R^2$$

$$r^2 + \frac{1}{4} \cdot (2R^2 - R^2\sqrt{2}) = R^2$$

$$r^2 = R^2 - \frac{2R^2}{4} + \frac{R^2\sqrt{2}}{4}$$

$$r^2 = \frac{2R^2}{4} + \frac{R^2\sqrt{2}}{4}$$

$$r = \sqrt{\frac{2R^2}{4} + \frac{R^2\sqrt{2}}{4}}$$

$$r = \frac{R}{2}\sqrt{2 + \sqrt{2}}$$

GABARITO: C.

GEOGRAFIA

65. I: O início do programa nuclear na Índia data de 1944, com os primeiros testes de armas nucleares em 1974. No Paquistão o programa nuclear passou a ser desenvolvido em 1972, em resposta à Índia. O primeiro teste nuclear paquistanês foi em 1998. E 1998, com a ascensão de governos nacionalistas nos dois países, a tensão entre Índia e Paquistão adquiriu caráter nuclear, com a realização de testes nucleares em regiões fronteiriças.

II: Mahatma Gandhi atuou na luta anticolonial contra o domínio inglês através de seu ativismo nacionalista. Em sua atuação ele procurou, sem sucesso, apaziguar as tensões entre muçulmanos e hindus para preservar uma Índia unificada.

III: China e URSS não eram os expoentes adversários do embate ideológico da Guerra Fria, mas sim URSS e EUA.

IV: Após mudanças políticas decorrentes do contexto da Segunda Guerra Mundial, a Caxemira foi dividida entre a Caxemira Ocidental, pertencente ao Paquistão, a Caxemira Oriental, pertencente à Índia, e parte do território norte da Caxemira passou a pertencer à China. Desde então a região, que é estratégica devido aos seus recursos hídricos, foi alvo de disputas entre Paquistão e Índia em diversos conflitos ao longo da segunda metade do século XX. Além disso, como a população da Caxemira é em maioria muçulmana, sua posição é favorável à anexação ao Paquistão, o que aumenta a política interventora da Índia na região.

GABARITO: D.

66. I: A criação do Mercosul, na década de 1990, promove a consolidação de uma postura diplomática entre Argentina e Brasil, culminando na sua colaboração em uma política comercial mutuamente benéfica.

II: Desde a década de 1980, durante os governos de José Sarney (Brasil) e Raúl Afonsin (Argentina), os dois países passaram a se aproximar diplomaticamente, fato observado no apoio brasileiro à Argentina na Guerra das Malvinas (1982), no Acordo de Cooperação para o desenvolvimento de energia nuclear e na Declaração do Iguaçu (1985), que estabeleceu laços comerciais entre as duas nações.

III: A União Aduaneira não foi "perfeita". Existem exceções à TEC. Produtos de higiene e medicamentos não se enquadram na mesma alíquota de importação.

IV: O Protocolo de Ouro Preto (1994) serviu para definir a estrutura institucional do Mercosul, definindo seus principais órgãos administrativos.

V: A criação do Mercosul determinou o livre comércio e a união aduaneira entre seus membros, visando um desenvolvimento econômico mútuo através do estímulo ao comércio.

GABARITO: B.

67. I: Após a Segunda Guerra Mundial a economia brasileira se abriu para as indústrias estrangeiras, favorecendo a industrialização no Brasil. Paralelamente, o campo sofreu a diminuição da oferta de emprego, devido a fatores como a mecanização e a predominância de latifúndios. Assim, atraídos pela crescente oferta de emprego na indústria, os trabalhadores deixaram o campo em intensas ondas migratórias que produziram uma urbanização acelerada.

    II: O crescimento urbano rápido e descontrolado gerou novos núcleos urbanos e subsequentemente a integração de seus territórios formando metrópoles, processo denominado "conurbação". Este quadro contribuiu para o agravamento de problemas públicos nestas grandes áreas urbanas. Em função disso, foram definidas as regiões metropolitanas na década de 1970, destinadas à estruturação de políticas públicas integradas para a solução de problemas urbanos.

    III: Na verdade, atualmente o Centro-Oeste é a segunda região mais urbanizada do país, não a terceira.

    IV: Diferente da OCDE, os critérios adotados pelo IBGE definem que a tipologia deve ser feita em escala municipal, de acordo com a delimitação política do território.

    GABARITO: A.

68. I: A Floresta Amazônica não abrange o território do Mato Grosso do Sul.

    II: Graças à variação topográfica, mediante o grau de proximidade com a água, existem três tipos de vegetação na Amazônia: a Igaipó, própria de áreas inundadas permanentemente; a mata de várzea, localizada em áreas de inundação em períodos de cheia; e a mata de terra firme, de regiões não afetadas por inundações.

    III: O solo amazônico é arenoso e caracterizado pela pobreza de nutrientes. A riqueza da vegetação se explica pela fertilização decorrente da decomposição de matéria orgânica.

    IV: Florestas latifoliadas são típicas de regiões de clima equatorial como o território amazônico. A diversidade ambiental da Floresta Amazônica se estende a outros biomas, como o cerrado e a caatinga.

    GABARITO: D.

69. I: A cooperação entre a China e a África é evidenciada pelo fortalecimento de relações comerciais com países como Angola e África do Sul. Suas relações comerciais com a China são pautadas pela exportação de recursos estratégicos, como o petróleo. Essas relações são favoráveis aos interesses de ambas as partes: a China interessada na abundante oferta de *commodities*, e os Estados africanos interessados no investimento tecnológico chinês.

    II: Atualmente a Nigéria é uma das maiores economias do continente africano. Apesar de ainda não ser considerada uma nação em desenvolvimento, seu crescimento econômico

tem se ampliado para além da exportação de petróleo e gradualmente se desenvolvido no setor de telecomunicações, que tem sido alvo de investimentos.

III: Apesar do processo progressivo de urbanização nas nações africanas, a população urbana ainda não ultrapassou a rural. Somente um terço da população do continente africano é urbana.

IV: As modificações políticas desencadeadas pelos protestos da Primavera Árabe se converteram em conflitos civis que, em alguns casos, resultou na ascensão de governos ditatoriais. A instabilidade política prevalece.

GABARITO: A.

70. I: Assim como outras nações do litoral mediterrâneo europeu, o clima de Atenas é Mediterrâneo, caracterizado por verões quentes e secos, e invernos frios e úmidos. Já Dublin, à costa do Atlântico, possui clima temperado oceânico, de invernos intensos, verões amenos e alta precipitação ao longo do ano.

II: Nenhuma das duas capitais é localizada em áreas de instabilidade tectônica.

III: Dublin, capital da Irlanda, é localizada nas Ilhas Britânicas na porção oeste do continente europeu. Já Atenas localiza-se na porção oriental da Europa, ao sudeste.

IV: Embora a Irlanda não integre o Espaço Schengen, a Grécia faz parte do acordo.

GABARITO: B.

71. I: Na verdade, a Guerra do Yom Kippur ocorreu em 1967.

II: Jerusalém é uma cidade sagrada para as três religiões. Para o cristianismo, foi onde Cristo foi crucificado; para o judaísmo, a cidade foi fundada na antiguidade pelo rei Davi; e para os muçulmanos, foi o local de onde o profeta Maomé foi levado aos céus e recebeu a revelação divina. Por essas razões, Jerusalém é alvo de disputas entre os dois grupos até a atualidade.

III: A tensão entre Israel e Palestina se deve também ao âmbito hidroconflitivo da disputa pelo território. Isso devido ao controle israelense sobre a nascente do rio Jordão, nas Colinas de Golã (assegurado através da Guerra dos Seis Dias, em 1967), e sobre os aquíferos da região. Como a Palestina depende das mesmas fontes de água, seu acesso é condicionado ao intermédio israelense, sendo outro agravante à tensão na região.

IV: A tensão entre Israel e Palestina prevalece. Não foi determinado nenhum compromisso pela devolução dos territórios israelenses à Palestina.

GABARITO: C.

72. I: Os "antagonismos geográficos" da América do Sul ocorrem no eixo Oeste-Leste (Oceano Pacífico, Oceano Atlântico) e no eixo Norte-Sul (Bacia Amazônica, Bacia do Rio do Prata).

II: Neste contexto, a influência Argentina era hegemônica sobre os Altiplanos Bolivianos. Daí a necessidade, atestada pelo autor, de interligar economicamente a região ao Brasil por malha ferroviária.

III: Esses princípios, defendidos por Mário Travasso, se observaram na geopolítica Brasileira com a cooperação entre Brasil e Paraguai na Usina de Itaipu e com a compra de Gás Natural da Bolívia.

IV: A soberania sobre o Oeste do território brasileiro e sua exploração econômica foram significativos para a consolidação da influência Brasileira sobre o Oeste do continente Sul--americano.

GABARITO: E.

73. I: O Golfo Pérsico representa uma das maiores reservas de petróleo do mundo, que concede enorme vantagem econômica para as nações que possuem territórios na região.

II: O cenário político do Iraque voltou a ser de instabilidade, com conflitos civis pelo poder e ação de grupos terroristas fundamentalistas como o Estado Islâmico.

III: A nação curda não está organizada sob um Estado Independente, por isso não é politicamente autônoma.

IV: A população iraniana é etnicamente de descendência persa, por isso não é considerada árabe, apesar de ser uma nação islamizada. A Revolução Iraniana levou ao poder um governo fundamentalista islâmico marcado pela oposição a Israel e aos EUA.

GABARITO: E.

74. I: Na Coreia do Sul prevalece a indústria leve, voltada para o mercado tecnológico e têxtil.

II: O processo de industrialização da Coreia do Sul foi promovido por meio da cooperação entre o Estado e a iniciativa privada. Foram fundamentais, para tanto, os investimentos em setores estratégicos para o favorecimento da indústria leve.

III: A industrialização na Coreia do Sul se desenvolveu internamente e teve como propósito a produção para exportação. A indústria sul-coreana é exportadora.

IV: A industrialização sul-coreana foi empreendida com foco no mercado internacional.

GABARITO: C.

SIMULADÃO

75. I: Os dobramentos observados nas regiões da costa ocidental do continente americano são resultado do contato entre a Placa Americana e a Placa do Pacífico.

II: A costa oriental do continente americano, costa do Oceano Atlântico, é localizada em região geologicamente estável, sem contato entre a Placa Americana e a Placa Africana, que passam por movimento de afastamento.

III: Existem exceções: o território de Belize não faz contato com o Oceano Pacífico.

IV: O continente asiático também é climaticamente diverso devido às suas proporções.

GABARITO: A.

76. I: O Sisfron é um órgão institucional criado com o propósito de instituir o controle do Estado sobre regiões de fronteira. Todavia, este órgão é voltado especialmente para as fronteiras terrestres.

II: A demarcação de terras indígenas em faixas de fronteira é permitida por lei.

III: A enorme extensão das fronteiras do território nacional, em condição de baixo povoamento e desenvolvimento econômico, torna o controle das fronteiras um enorme desafio para o Estado.

IV: A legislação prevê uma faixa de fronteira com largura de 150 km.

GABARITO: B.

HISTÓRIA

77. I: O Absolutismo Monárquico foi a configuração do poder político da monarquia de modo centralizado na figura do Rei. Não possui relação com os fenômenos culturais do Renascimento.

II: A imprensa, desenvolvida por Johann Gutenberg no século XIV, foi fundamental para o renascimento em função de seu papel na disseminação do conhecimento e dos ideais renascentistas. A imprensa permitiu pela primeira vez a produção de cópias de escritos em larga escala, tornando os livros mais acessíveis economicamente e socialmente, em comparação com os tradicionais manuscritos. Em decorrência disso, a livre comunicação de ideias fora do domínio católico libertou o exercício intelectual e contribuiu significativamente para importantes revoluções culturais como a Reforma Protestante.

III: O termo "Século das Luzes" refere-se ao século XVIII, auge do desenvolvimento dos ideais do Iluminismo.

310

IV: O desenvolvimento comercial na península itálica favoreceu o crescimento de uma classe comerciante enriquecida que se dedicou ao mecenato, o financiamento de artistas em prol da dedicação exclusiva à produção cultural. Almejando a ascensão de seu *status* social e político, os mecenas utilizaram a prática do financiamento cultural como uma forma de alcançar reconhecimento social e favorecimentos políticos. Como resultado, grandes artistas tiveram seus nomes marcados na História e a cultura europeia se distanciou da tendência teocêntrica medieval.

V: O empirismo e o liberalismo de John Locke são conceitos próprios ao Iluminismo.

GABARITO: C.

78. No contexto do poder político centralizado, dos Estados Modernos unificados, a defesa deixou de ser mobilizada regionalmente e se tornou um problema nacional. Assim, pela primeira vez foram organizados exércitos nacionais, a serviço do rei, responsáveis pela segurança contra ameaças externas e pela manutenção da ordem social interna.

GABARITO: A.

79. João Calvino foi um dos agentes da chamada Reforma Protestante, movimento cultural e religioso que se opôs à estrutura hierárquica do Clero e à venda de indulgências pela Igreja Católica, inaugurando uma vertente cristã independente. Calvino é criador da doutrina Calvinista e contribuiu para o desenvolvimento e a disseminação do protestantismo pela Europa.

GABARITO: D.

80. O crescimento populacional na Europa se refletiu no aumento da demanda por gêneros tropicais produzidos na América. No Brasil colonial, isso favoreceu a produção agrícola destinada ao mercado europeu. O significativo aumento das capacidades produtivas, gerado pela Revolução Industrial, implicou no aumento da demanda por matérias primas destinadas à produção industrial. Essas matérias primas, como o algodão, foram produzidas em grande medida em territórios coloniais na América, caso do Brasil. A abertura dos portos às nações amigas em 1808 foi instituída em função da transferência da corte do Reino de Portugal para os territórios coloniais na América. O Banco do Brasil foi fundado em 1808 por D. João VI. Este fato não teve influência sobre o desenvolvimento da produção agrícola.

GABARITO: C.

81. Em *A Riqueza das Nações*, Adam Smith, filósofo e economista do iluminismo, elabora os princípios teóricos fundamentais do sistema capitalista e do liberalismo econômico. Nessa obra ele analisa o processo de industrialização da Inglaterra e discute as mudanças econômicas resultantes. Além disso, ele defende que, através da livre concorrência entre os interesses financeiros dos indivíduos, sem a intervenção do Estado, a economia seria capaz de se autorregular, favorecendo o desenvolvimento e o progresso.

GABARITO: B.

82. Diferente das colônias de povoação ao norte, no sul da América do Norte a Inglaterra instituiu o sistema de exploração colonial denominado *plantation*. Tal como na América Portuguesa, esse sistema compreendia a exploração das terras a partir da monocultura de gêneros agrícolas interessantes ao mercado metropolitano, através do emprego de mão de obra escrava.

GABARITO: D.

83. A questão foi anulada por erros em sua formulação. Aproveitaremos para trazer um pequeno resumo sobre Napoleão Bonaparte e as derrotas que o conduziram ao exílio:

- Na primeira década do século XIX o império francês viveu as Guerras Napoleônicas, uma série de conflitos com todas as grandes potências europeias, sob o comando de Napoleão Bonaparte.

- A França garantiu uma posição dominante na Europa continental após uma sequência de vitórias.

- Napoleão manteve sua influência a partir da formação de grandes alianças e da nomeação de amigos e familiares para governar países europeus dependentes da França.

- A Sexta Coligação derrotou suas forças em Leipzig, em 1813.

- Em 1814, a coligação invadiu a França, forçou Napoleão a abdicar e o exilou na ilha de Elba.

- Em fevereiro de 1815 Napoleão assumiu novamente o controle da França ao fugir da ilha.

- Em junho de 1815 a Sétima Coalizão, liderada pelos Aliados, derrotou Napoleão na Batalha de Waterloo.

- Com a derrota, os britânicos o exilaram na remota ilha de Santa Helena, no Atlântico Sul, onde morreu seis anos depois, aos 51 anos.

GABARITO: ANULADA.

84. A Tarifa Alves Branco, proposta por Manuel Alves Branco em 1844, determinou a taxação sobre produtos importados, favorecendo o consumo da produção manufatureira nacional, em benefício do desenvolvimento econômico e do crescimento da produção brasileira.

     GABARITO: B.

85. Cícero Romão Batista, o Padre Cícero, nasceu em Crato, em 1844. Foi o fundador de Juazeiro do Norte. Em meio ao contexto sociopolítico do coronelismo no Nordeste, Padre Cícero exerceu o papel de importante líder espiritual e político, além de conselheiro da população. Foi um dos expoentes do Levante de Juazeiro (1914), em resistência à intervenção federal.

     GABARITO: A.

86. I: Uma das importantes medidas do *New Deal* foi o estímulo da exportação por meio da desvalorização do dólar. Essa política funcionou, pois tornou a produção americana competitiva no mercado internacional.

     II: O financiamento estatal aos bancos foi empreendido visando a garantia da existência de fontes de crédito necessárias à retomada do crescimento econômico. Por outro lado, o *New Deal* determinou um controle estatal maior sobre as atividades bancárias para limitar as especulações.

     III: Ao implantar um sistema de seguridade social, o Estado garantiu direitos trabalhistas essenciais, paralelamente assegurando capacidade básica de consumo à população, protegendo a economia de uma crise semelhante.

     IV: O *New Deal* implementou uma política econômica de intervenção direta do Estado na economia.

     V: O empreendimento de obras públicas, financiadas pelo Estado, serviu ao propósito de aumentar a oferta de empregos a fim de impulsionar o consumo, consequentemente, a produção e, enfim, a recuperação da economia.

     GABARITO: C.

87. Muito além da oposição mundial entre socialismo e capitalismo, no continente africano as tensões se desenrolaram em função dos movimentos nacionalistas por independência. Externamente, os movimentos nacionalistas africanos se opunham à dominação colonial para consolidar seus Estados Nacionais. Internamente, violentos conflitos civis rompiam com resultado de fronteiras políticas alheias à distribuição étnica sobre os territórios.

     GABARITO: E.

88. Apesar do enorme crescimento econômico da China nas últimas décadas e de sua hegemonia no mercado internacional, a renda *per capita* do país apresenta índices medianos. Isso se deve ao caráter da política de abertura econômica empreendida a partir da década de 1970, por meio da abertura de Zonas Econômicas Especiais, com legislações econômicas próprias e mercado aberto. A restrição das condições a essas Zonas acabou por gerar uma enorme desigualdade socioeconômica entre as áreas urbanas e rurais. O desenvolvimento econômico da China é mal distribuído pelo país.

   GABARITO: D.

INGLÊS

89. O enunciado pede para apontar o verbo que não está no mesmo tempo verbal, no caso o Simple past, sendo a única alternativa correta a A: Has, pois o passado de Has é Had. Todas as demais alternativas estão no Simple past, e os infinitivo são:

   B: handed (hand).

   C: decided (decide).

   D: knew (know).

   E: got (get).

   GABARITO: A.

90. De acordo com o texto do parágrafo 3: "She knew she would have to sit a mandatory English proficiency test...", o adjetivo "mandatory" significa "obrigatório", sendo corretamente substituído pela alternativa C: "compulsory", que também significa "obrigatório". Portanto, estão incorretas as alternativas:

   A: difficult (difícil).

   B: reasonable (razoável).

   D: useful (útil).

   E: comprehensive (compreensível).

   GABARITO: C.

91. De acordo com o texto do parágrafo 3 "While she passed all other components of the test including writing and reading, (...).", a sentença que corretamente completa a frase é a da alternativa D: "she failed to reach the minimum score in oral fluency." Todas as outras alternativas estão fora do contexto e incorretas:

A: Incorreta, de acordo com o parágrafo 3 "She got 74 when the government requires 79.".

B: Incorreta, de acordo com o parágrafo 2 "a computer-based English test – scored by a machine".

C: Incorreta, e não tem essa informação no texto.

E: Incorreta, e não tem essa informação no texto.

GABARITO: D.

92. De acordo com o texto do parágrafo 1 "Today, the dinner table can instead begin to feel like a minefield", o substantivo "minefield" significa "campo minado", e foi usado de maneira figurativa. A alternativa que faz o mesmo uso figurativo do substantivo é a C: "The rhetoric of the legal system is a minefield for the ordinary person.", que significa "A retórica do sistema legal é um campo minado para o cidadão comum.".

GABARITO: C.

93. De acordo com o texto do parágrafo 2 "... ill - informed health gurus...", o prefixo ill significa "mal". Portanto, a alternativa correta é a B: "badly", sendo incorretas as alternativas:

A: Significa finalmente.   D: Significa altamente.

C: Significa infelizmente.   E: Significa alegremente.

GABARITO: B.

94. De acordo com o texto do parágrafo 2 "it can lead to unnecessary fears that may, ironically, push you towards less healthy choices", o advérbio "ironically" significa ironicamente. Portanto, a alternativa D "a situation that carries a contradiction.", que significa "uma situação que carrega uma contradição.", é a correta.

GABARITO: D.

95. De acordo com os textos dos parágrafos 2 "...barriers that foster conflict and human suffering..." e 3 "...end hunger and foster the attainment of self-sufficiency.", o verbo "foster" significa "promover, alimentar". Portanto, a alternativa A: "promote" é a correta.

São significado das alternativas incorretas:

B: Expelir.

C: Minimizar.

D: Terminar.

E: Diminuir.

GABARITO: A.

96. De acordo com o texto do parágrafo 3 "The projects focus on developing self-sufficiency of the communities in which they are based.", a cláusula relativa "In which" está relacionada às comunidades, e "They" se refere aos Projetos. Portanto, a alternativa correta é a E.

   GABARITO: E.

97. De acordo com o texto do parágrafo 1 "It was started in Oxford, England in 1942 in response to the European famine-related issues resulting from the Second World War.", é correto afirmar que "A fome foi uma das consequências da Segunda Guerra Mundial na Europa". Portanto, a alternativa B é a correta.

   GABARITO: B

98. De acordo com o texto do parágrafo 2 "Things spiralled out of control because both parties were thinking the opposite.", a expressão "spiralled out of control" significa "sair do controle", sendo corretamente substituída por "quickly got worse in an unmanageable way". Portanto, a alternativa A é a correta.

   GABARITO: A.

99. As palavras purposefully, carefully e efficiently significam, respectivamente, propositalmente, cuidadosamente e eficientemente. São advérbios, no inglês com terminação "ly", que servem para demonstrar como algo é feito. Portanto, a alternativa E: "They are adverbs" é a correta.

   GABARITO: E.

100. De acordo com o texto do parágrafo 2 "who didn't reveal the tricky word because it is highly industry-specific and possibly identifiable.", com o texto do parágrafo 4 "The native English speaker is the only one who might not feel the need to adapt to the others,", e com o texto do parágrafo 4 "The non-native speakers, it turns out, speak more purposefully and carefully, trying to communicate efficiently with limited, simple language", é correto afirmar que:
   II: The tricky word that caused the problem isn't mentioned in the text.
   III: Native speakers don't usually think they should adapt in order to make themselves understood.

   V: Non-native speakers choose language from a limited repertoire.

   Portanto, a alternativa E é a correta.

   GABARITO: E.

Respostas - Simulado 2 - 2019 ESPCEX

PORTUGUÊS

01. Os canudos plásticos não se decompõem e, lentamente, se fragmentam em pedaços cada vez menores que são confundidos com comida pelos animais marinhos, o que constitui uma ameaça para a vida marinha.
    GABARITO: C.

02. No fragmento "os canudos são apenas parte da quantidade monumental de resíduos plásticos que vão parar em nossos oceanos" é possível compreender que muitos outros tipos de resíduos plásticos chegam aos oceanos em quantidade igualmente, ou mais, significativa.
    GABARITO: A.

03. Segundo o texto, devido à leveza dos canudos plásticos não é possível reciclá-los, por escaparem dos separadores manuais de reciclagem, e acabam apenas se acumulando como lixo.
    GABARITO: B.

04. A oração "(...) que não utiliza canudos de plástico." refere-se ao Cachet Hospitality Group, porque é uma oração subordinada adjetiva explicativa e o seu referencial permanece próximo a ela, atribuindo, inclusive, a função de aposto.
    GABARITO: E.

05. O período "As redes Anantara e AVANI estimam que seus hotéis tenham utilizado 2,49 milhões de canudos na Ásia em 2017" é uma oração subordinada substantiva e podemos reconhecê-la facilmente se tentarmos substituir toda a oração grifada por "isso" e houver certo sentido.
    Assim como o período do enunciado, o "As empresas não precisam esperar que o governo institua a proibição antes de implementarem a sua própria." possui uma oração subordinada substantiva.
    GABARITO: D.

06. Os vocábulos "plástico", "últimos", "mamíferos" e "único" seguem a mesma regra gramatical de acentuação, porque todos são proparoxítonos.
    GABARITO: A.

07. A reescrita, em todas as alternativas, estabelece que "os canudos são apenas parte da quantidade monumental de resíduos que vão parar em nossos oceanos", porém apenas o fragmento com dois pontos após "Isto está claro" está correto. Nos demais ocorrem truncamentos não admitidos pela norma-padrão, ou seja, problemas de pontuação.

GABARITO: B.

08. Os substantivos coletivos nomeiam um conjunto de seres da mesma espécie. "A maioria", mesmo representando um grupo de pessoas, está no singular e o verbo "pensa" concorda gramaticalmente com a singularidade.

GABARITO: E.

09. A vírgula que separa o sujeito "A Final Straw" da oração "(...) que diz ser o primeiro canudo retrátil reutilizável do mercado (...)" está correta, porque é uma oração subordinada adjetiva explicativa, que deve ser virgulada, possui verbo, é introduzida por "que" e pode ser considerada um aposto.

GABARITO: C.

10. O fragmento citado no enunciado é uma oração subordinada adverbial concessiva. No período "Mesmo que a utilização de um canudo não seja a melhor das hipóteses, algumas pessoas ainda os preferem ou até necessitam deles..." há a mesma ideia de concessão.

GABARITO: C.

11. Em "Se quiser usar um canudo, os reutilizáveis de metal ou vidro são a alternativa ideal." a concordância está correta, porque "são" está concordando com o sujeito simples "reutilizáveis".

GABARITO: E.

12. Em "Não há atitude bastante para resolver o problema." "bastante" é adjetivo, porque modifica "atitude".

GABARITO: E.

13. "Brevemente" é formada por sufixação, devido ao sufixo "mente", logo há apenas uma alternativa possível. Porém "insignificante", para ser uma parassíntese, deveria ser iniciada por "a, des, em ou en" e não existir sem o prefixo, mas "significante" existe, ou seja, seria uma derivação prefixal. "Insignificante" não seria uma parassíntese, mas a alternativa correta pode ser reconhecida por "brevemente".

GABARITO: D

14. "Estima-se" dá a ideia de possibilidade e apenas o modo verbal subjuntivo nos dá essa possibilidade, sendo assim, já conhecemos o modo. O verbo auxiliar "sejam jogados" está no presente, sendo assim, presente do subjuntivo.

    GABARITO: D.

15. A questão pode ser considerada uma pegadinha. Várias alternativas estão quase corretas, mas com detalhes que não se aplicam.

    A expressão "de metal ou vidro" tem valor adjetivo, porque atribui informação a "canudo" e é, sintaticamente, um adjunto adnominal, porque o substantivo, por ser concreto, só admite adjunto.

    GABARITO: E.

16. Pelo verbo "foram", vemos que o texto está no pretérito e por ser algo que, aparentemente, ocorreu apenas uma vez, é pretérito perfeito. "Belize, Taiwan e Inglaterra" são "eles", sendo assim, a conjugação correta é "propuseram".

    GABARITO: C.

17. Em "Se o bem desta choupana pode tanto, / Que chega a ter mais preço, e mais valia, / Que da cidade o lisonjeiro encanto" o lugar simples é colocado em posição superior à cidade, que mesmo sendo encantadora não supera o bem que uma choupana faz.

    GABARITO: B.

18. No Classicismo houve uma intensa busca pela beleza estética, que expressava o equilíbrio e imitava os modelos clássicos. O racionalismo, o nacionalismo e o antropocentrismo, ou seja, o homem era colocado como o centro do universo, também eram características muito relevantes.

    GABARITO: C.

19. O conceito da mulher ideal foi uma característica muito presente no romantismo e no trecho de "Iracema", de José de Alencar, podemos ver um exemplo dessa idealização em "O favo da jati não era doce como seu sorriso; nem a baunilha recendia no bosque como seu hálito perfumado".

    GABARITO: A.

20. "Sua alma subiu ao céu, / Seu corpo desceu ao mar" apresentam ideia de dualidade espiritual, articulada pela antítese.

    GABARITO: A.

FÍSICA

21. Como as lâmpadas L_1 e L_2 estão em série, logo são percorridas pela mesma corrente elétrica. Portanto, têm o mesmo brilho.

Como L_1 e L_2 estão em série em um resistor de 2R, como L_3 está em paralelo nesse circuito, seu resistor será R.

Quanto maior a resistência, menor a corrente elétrica, logo L_3 terá um brilho maior que L_1 e L_2.

A lâmpada L_3 brilha mais que L_2.

GABARITO: D.

22. Como se trata de vetores em mesma direção e sentidos contrários, basta fazer a diferença entre eles.

Aplicando a fórmula do campo magnético por uma espira magnética:

$$B = \frac{\mu_0 \cdot i}{2R}$$

$$B_1 = \frac{4\pi \cdot 10^{-7} \cdot 6}{2.2\pi} = 6 \cdot 10^{-7} \, T$$

$$B_2 = \frac{4\pi \cdot 10^{-7} \cdot 8}{2 \cdot 4\pi} = 4 \cdot 10^{-7}$$

Calculando a diferença entre os vetores:

$B_1 - B_2 = 6 \cdot 10^{-7} - 4 \cdot 10^{-7}$

$B_1 - B_2 = 2 \cdot 10^{-7} \, T$

GABARITO: A.

23. Aplicando frequência da polia:

$F_A \cdot R_A = F_B \cdot R_B$

$30 \cdot 60 = F_B \cdot 20$

$F_B = 90 \, rpm$

GABARITO: D.

24. Aplicando a fórmula de polia móvel temos:

$$F = \frac{P}{2^n}$$

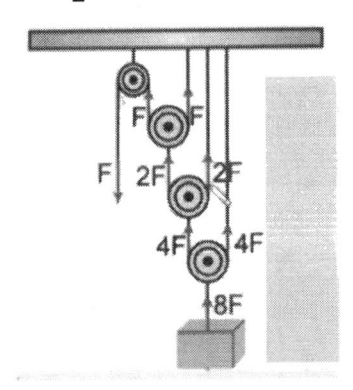

Sendo 1 polia fixa e 3 móveis, temos:

$$100 = \frac{P}{2^3}$$

$P = 100 \cdot 8$

$P = 800\,N$

Aplicando a fórmula de Hooke:

$F_{el} = k \cdot x$

Ao chegar na polia móvel dividimos o peso em 2, portanto:

$400 = 50 \cdot x$

$x = 8\,cm$

$800\,N$ e $8\,cm$

GABARITO: D.

25. Observando a figura temos que o ponto de apoio não está no centro da viga, portanto o peso do bloco X não pode ser igual ao peso do bloco Y.

Se Y pesa 20 N, então X deverá pesar mais que 20 N.

Como a única alternativa que tem peso acima de 20 N é a alternativa E, então x = 24,5 N.

GABARITO: E.

26. Aplicando a primeira Lei da Termodinâmica, o gás é comprimido, ou seja, diminuído. Como o trabalho está sendo realizado por um agente externo, então seu valor será negativo.

$\tau < 0$

$\Delta U = Q - \tau$

$\Delta U = 300 - (-600)$

$\Delta U = 900\ J$

GABARITO: A.

27. Sendo uma lente convergente, a imagem está no ponto antiprincipal, é invertida e tem o mesmo tamanho.

Diferente do espelho, na lente a imagem é real.

Logo, imagem real, invertida e do mesmo tamanho de $\overline{xy}$.

GABARITO: A.

28. Calculando o campo elétrico:

$$E = \frac{k_0 \cdot |Q|}{d^2}$$

Como d precisa ser em metros, $d = 3 \cdot 10^{-2}$.

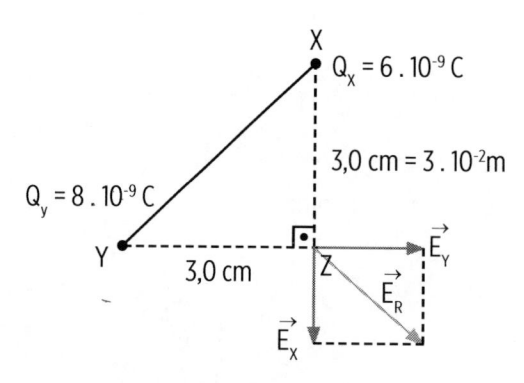

Desenho Ilustrativo - Fora de Escala

Calculando E_x:

$$E_x = \frac{9 \cdot 10^9 \cdot 6 \cdot 10^{-9}}{9 \cdot 10^{-4}}$$

$E_x = 6 \cdot 10^4\ N/C$

Calculando E_y:

$$E_y = \frac{9 \cdot 10^9 \cdot 8 \cdot 10^{-9}}{9 \cdot 10^{-4}}$$

$E_y = 8 \cdot 10^4 \, N/C$

Calculando E_R:

$$(E_R)^2 = (6 \cdot 10^4)^2 + (8 \cdot 10^4)^2$$
$$(E_R)^2 = 36 \cdot 10^8 + 86 \cdot 10^8$$
$$E_R = \sqrt{100 \cdot 10^8}$$
$$E_R = 10^5 \, N/C$$

GABARITO: E.

29. Se a velocidade é constante, a aceleração será 0, logo a força resultando também será 0. A força que está puxando o bloco para cima F = 4 N é igual ao produto entre o peso e o seno do ângulo.

$4 = P \cdot \text{sen}\, 60°$

$$4 = m \cdot 10 . \frac{\sqrt{3}}{2}$$

$$m = \frac{4\sqrt{3}}{15} \, Kg$$

Calculando h no triângulo retângulo formado pelo deslocamento:

$$\text{sen}\, 60° = \frac{h}{1,6}$$

$$\frac{\sqrt{3}}{2} = \frac{h}{1,6}$$

$$h = 0,8\sqrt{3} \, cm$$

Calculando o trabalho:

$$|\tau| = m \cdot h \cdot h$$

$$\tau = \frac{4\sqrt{3}}{15} \cdot 10 \cdot 0,8\sqrt{3}$$

$\tau = 6,4 \, J$

$\frac{4\sqrt{3}}{15} \, kg \, e - 6,4 \, J$

GABARITO: B.

30. Pela fórmula do movimento Harmônico:

$x = A \cdot \cos(\omega + \varphi_0)$

Substituindo com as informações do enunciado:

$\varphi_0 = \pi$ rad (fase inicial)

$\omega = \dfrac{\pi}{4} \pi$ rad (pulsação)

Calculando o período:

$$\omega = \frac{2\pi}{T}$$

$$\frac{\pi}{4} = \frac{2\pi}{T}$$

T = 8s (período)

GABARITO: E.

31. Aplicaremos a fórmula de M.U.

Calculando a velocidade:

$$v = \frac{\Delta S}{\Delta t}$$

$$v = \frac{9}{3} = 3m/s$$

Aplicando na função horária:

$S = S_0 + vt$

$S = 3 + 3 \cdot 10$

$S = 33$ m

GABARITO: C.

32. Existe atrito na rampa. O corpo para na situação 2, sua velocidade nesse ponto é 0.

$$E_M = E_C + E_P$$

$$E_M = \frac{m \cdot v^2}{2}$$

$$E_M = \frac{2 \cdot 8^2}{2} = 64\,J$$

Como o corpo está parado não tem energia cinética, mas tem energia potencial:

$E_M = E_c + E_p$

$E_M = 0 + m \cdot g \cdot h$

$E_M = 2 \cdot 10 \cdot 2 = 40\,J$

Calculando a energia dissipada:

$E_{dissipada} = 64 - 40 = 24\,J$

GABARITO: C.

QUÍMICA

33. O enunciado menciona que o bismuto possui número atômico igual a 83, logo, teremos 83 prótons e em seu átomo no estado neutro, 83 elétrons. Dessa forma, usando o Diagrama de Linus Pauling, sua distribuição eletrônica será a seguinte:

K	$1s^2$			
L	$2s^2$	$2p^6$		
M	$3s^2$	$3p^6$	$3d^{10}$	
N	$4s^2$	$4p^6$	$4d^{10}$	$4f^{14}$
O	$5s^2$	$5p^6$	$5d^{10}$	$5f^{14}$
P	$6s^2$	$6p^6$	$6d^{10}$	
Q	$7s^2$	$7p^6$		

Bi $(Z = 83) = 1s^2\, 2s^2\, 2p^6\, 3s^2\, 3p^6\, 4s^2\, 3d^{10}\, 4p^6\, 5s^2\, 4d^{10}\, 5p^6\, 6s^2\, 4f^{14}\, 5d^{10}\, 6p^3$

Dessa maneira, observe que o bismuto possui como última camada preenchida o nível seis, logo, faz parte do 6° período da Tabela Periódica.

Sua camada de valência é formada por $6s^2$ e $6p^3$, logo, ele possui 5 elétrons na camada de valência, sendo que seu subnível mais energético é o $6p^3$.

O bismuto pertence ao 6° período com subnível $6p^3$.

GABARITO: E.

34. Substância simples: um único elemento químico.

Substâncias compostas: formadas por dois ou mais elementos químicos.

A única alternativa que apresenta exemplos de substância simples é a C.

GABARITO: C.

35. +6 −6

$$2Al + Fe_2O_3 \rightarrow 2Fe + Al_2O_3 + calor$$

3+−2   0 Redução/Agente oxidante (NOX)

Assim, as afirmativas I e II estão corretas, permitindo a eliminação das alternativas B, D e E, que não apresentam as duas afirmações como sendo corretas.

Continuando:

↓ Entalpia do produto

$\Delta H = HP - HR \rightarrow$ Entalpia do reagente

↑ Variação da entalpia

$\Delta H = -1676 - (-826) = -1676 + 826 = -850$ KJ/mol

Portanto, afirmativa III falsa.

Analisando a afirmativa IV:

$2 \cdot 56 = 112g$ ------- 850 KJ

56g ------- Y   Estão dividindo por $2 \cdot Y = 425$

Logo, é falsa.

GABARITO: C.

36. Analisando as afirmações:

I: Falsa, pois: $NaHCO_3 + HCl \rightarrow H_2CO_3 + NaCl$ é reação do carbonato de cálcio.

$Na^N HCO_3^k = NaHCO_3$ Bicarbonato de sódio.

Sendo assim, elimina a alternativa A.

II: $NaHCO_3 + HCl \rightarrow NaCl + H_2O + CO_2$

Massa? Volume?

$P \cdot V = n \cdot r \cdot t$

$1 \cdot V = 1 \cdot 0,082 \cdot 300k$

$V = 24,6$ L

$NaHCO_3$: Na $1 \cdot 23 = 23 + H = 1 \cdot 1 = 1 + C = 1 \cdot 12 = 12 + O = 3 \cdot 16 = 48$

$NaHCO_3$: 84g/mol

Continuando:

$NaHCO_3$ 84g ------- 24,6 L CO_2

$NaHCO_3$ 21g ------- X   Proporção dividida por $4 \cdot X = 6,15$ L

Logo, a afirmação II é verdadeira, o que elimina agora a alternativa C, que não traz essa informação.

+1+1+4–6   +2–2   +4–4

$NaHCO_3 + HCl \rightarrow NaCl + H_2O + CO_2$

+1+1|–2 +1–1   +1–1   +1–2 |–2

+4 → +4

Sem variações em NOX, não é uma oxirredução.

III: Falsa, eliminando, assim, as alternativas B e E, que trazem a mesma como verdadeira.

Resta somente a alternativa D, sem nem precisarmos avaliar a afirmativa IV que, automaticamente é correta.

GABARITO: D.

37. Analisando as afirmações:

I: Falsa. Temos uma reação de substituição (via radical livre) entre um alcano e halogênio.

$$H_3C – CH_2 + \overset{H}{|}\ Cl – Cl \xrightarrow{\text{Luz ultravioleta}} H_3C–CH_2Cl + HCl$$

O nome da substância "A" é etano.

II: Verdadeira.

$$H_3C - CH_2 + \text{(benzene ring with H)} \longrightarrow \text{(benzene ring with } CH_2-CH_3\text{)} + HCl$$
$$\underset{Cl}{|}$$

III: Falsa. Os carbonos do anel aromático apresentam hidridizações sp^2. Os carbonos da ramificação ($-CH_2-CH_3$) apresentam hidridizações sp^3.

IV: Verdadeira. A substância "B" é o etil benzeno ($C_6H_5CH_2CH_3$), cuja fórmula molecular é C_8H_{10}.

V: Verdadeira. Como mostrado na afirmação II, ocorre substituição de um dos H do anel benzênico por $-CH_2CH_3$ (etil).

GABARITO: D.

38. Observe a reação:

$$Mg\,(s) + 2HCl\,(aq) \rightarrow MgCl_2\,(aq) + H_2\,(g)$$

I: Falsa, pois o gás formado é o hidrogênio. Sendo assim, as alternativas A e D podem ser desconsideradas por relacionarem a afirmação I como verdadeira.

II: Falsa. Os produtos formados são: cloreto de magnésio (solúvel) e hidrogênio gasoso. Assim, eliminamos também a alternativa E, que trás a afirmação II como sendo correta.

Atenção, pois as afirmações III e IV aparecem nas duas alternativas restantes, logo, são verdadeiras.

V: Falsa. O pH é o $-\log[H^+]$. Como $[H^+] = 0,1\,mol/L$, $pH = 1$ e não 2.

Resta somente a alternativa B como correta.

GABARITO: B.

39. $Mg\,(s) + O_2\,(s) \rightarrow MgO\,(s) + Luz$
Analisando as afirmações:

I: Falsa. Trata-se de uma reação de síntese e não simples troca. As alternativas A, D e E podem ser desconsideradas devido ao fato de trazerem a I como sendo correta.

II: Verdadeira. Magnésio inicialmente possui nox = 0, pois é uma substância simples, assim como o oxigênio. Quando o óxido de magnésio é formado, o magnésio assume nox = 2+ e o oxigênio nox = 2-. Com tais valores percebemos que o magnésio é o agente redutor e o oxigênio o agente oxidante.

IV: Se apresenta nas duas alternativas restantes, então podemos automaticamente considerar a mesma como sendo verdadeira e otimizando o tempo de prova.

V: Falsa. Acontece a formação de óxido de magnésio, e hidrogênio neste caso não é formado.

$$Mg\,(s) + O_2\,(s) \rightarrow MgO\,(s) + Luz$$

Com essa afirmação falsa eliminamos a alternativa B e, mesmo sem precisar da análise do último item, já sabemos que a correta é a C.

GABARITO: C.

40.   "A" + $CH_3Cl \underset{\vec{\Delta}}{AlCl_3}$ [anel benzênico com CH_3] + HCl   (Equação I)

"A" é um benzeno ligado a hidrogênios, onde, reagindo com o cloreto de metil, o metil irá se ligar ao benzeno no reagente. Os hidrogênios do benzeno no reagente, quando ocorre a reação, consequentemente o cloro (Cl) nos produtos terá a formação do ácido clorídrico (HCl).

As alternativas que apresentam o benzeno são as alternativas B, D e E. Sendo assim, podemos já eliminar as demais.

"A" + OH-NO$_2$ $\underset{\Delta}{\overset{H_2SO_4}{\rightarrow}}$ "B" + H$_2$O   (Equação II)

Na desidratação, a reação acontece mais rapidamente. "A" – benzeno, por substituição um grupo nitro substitui um hidrogênio, e em reação produz no produto "B" um mononitrobenzeno. Logo, elimina a alternativa B, que não apresenta essa informação corretamente.

Grupos Meta Dirigentes:

$-NO_2$ $-NR_3^+$ $-CN$ $-COOH$ $-COOC$ $-SO_3H$ $-CHO$

Não apresentam elétrons livres no átomo ligado ao anel aromático.

Desativantes do anel

Grupos Orto-Para Dirigentes:

$-R$ $-OH$ $-OR$ $-NH_2$ $-X$ (Cl, Br, I, F)

São átomos que possuem um par de elétrons para aumentar a densidade eletrônica no anel, ou, no caso dos alquilas, eletrodoador.

Ativadores do anel. Obs.: os halogênios são-ortopara dirigentes, mas desativantes do anel por serem eletronegativos.

Posições:

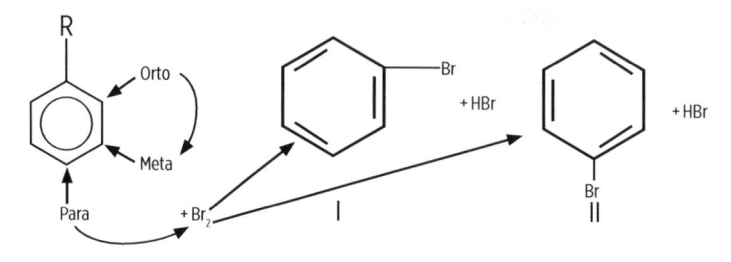

Mesmo sem analisar a equação três, precisamos perceber as informações presentes na questão, sabendo que o radical (nitro) ocupando a posição dele o bromo (Br) estará na posição meta. Trabalhando com o benzeno, a alternativa correta só pode ser a D, pois, se prestar atenção na alternativa E perceberá que trata na mesma do tolueno, que não é o caso.

GABARITO: D.

41.

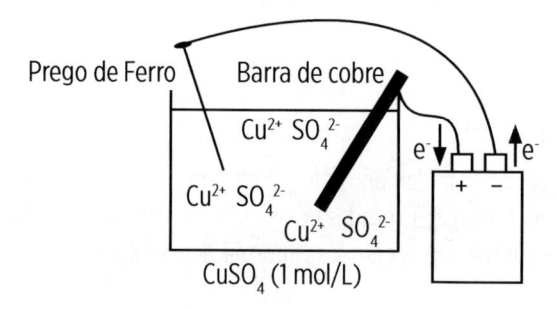

Prego de Ferro   Barra de cobre

$CuSO_4$ (1 mol/L)

Eletrólise aquosa.

$H_2O \rightarrow H^+ + OH$ Preferência:

Outros metais   Famílias da tabela periódica:

Cu   1A, 2A e A

Cátions

Ânions não oxigenados   Ânions oxigenados

Cl-, Br- SO_4^-

I: Verdadeira.

Na figura podemos notar que o sulfato de cobre está em solução aquosa, sofrendo dissociação iônica com a presença do íon Cu^{2+}. Além disso, ocorrerá também a autoionização da água, apresentando na solução o íon H^+. Com isso sabemos que no cátodo (prego de ferro) haverá uma competição de cátions, entre o Cu^{2+} e o H^+. Sabemos que entre os Cu^{2+} é quem terá preferência, pois apresenta maior capacidade de descarga que o cátion H^+. Assim, no cátodo (prego de ferro) teremos:

$Cu2+(aq) + 2e^- \rightarrow Cu(s)$

Esse cobre metálico irá se depositar no prego de ferro, confirmando o item.

II: Verdadeira.

A barra de cobre irá oxidar. Nessa barra teríamos 3 ânions para competir pela descarga: SO_4^{2-}, OH^- e $Cu(s)$. Logo:

SO_4^{2-}: ânions oxigenados não vão perder os elétrons.

OH^-: a hidroxila não tem preferência sobre o $Cu(s)$.

Portanto, o $Cu(s)$ é quem irá perder os seus elétrons e sofrer oxidação, conforme a seguir:

$Cu(s) \rightarrow Cu2+(aq) + 2e^-$

III: Falsa.

Para obter a massa de cobre que deposita na superfície do prego vamos usar:

$Q = i–T$

Q: carga [C]

i: corrente elétrica [A] = 3 A

T: tempo [s] = 16 mim e 5s = 16*60 + 5 = 960 + 5 = 965s

Aplicando na fórmula:

$Q = i–T$

$Q = 3 – 965$

$Q = 2895$ C

De acordo com a equação a seguir:

$Cu2+ (aq) + 2e^- \rightarrow Cu(s)$

Temos:

2 mols de é _____ 1 mol de Cu(s)

Além disso, a massa de Cu= 64g/mol (massa molar do cobre). Então podemos escrever:

2 mols de é _____ 64 g de Cu(s)

Mas foi dado pelo exercício: "Dado: 1 Faraday (F) = 96500 Coulomb (C) / mol de elétrons"

1 mol de é _____ 96500 C

2 mols de é _____ x

X = 193000 C

Então teremos:

193000 C _____ 64 g de Cu(s)

2895 C _____ y g de Cu(s)

Y = 0,96 gramas de Cu(s), invalidando o item III.

IV: Verdadeira.

Como já havíamos falado no item I, no cátodo ocorrerá a reação:

$Cu^{2+}(aq) + 2e^- \rightarrow Cu(s)$

V: Falsa.

Já vimos que no cátodo a reação que vai ocorrer é:

$Cu^{2+}(aq) + 2e^- \rightarrow Cu(s)$ (como visto no item I)

e no ânodo a reação que vai ocorrer é:

$Cu(s) \rightarrow Cu^{2+}(aq) + 2e^-$

Se somarmos as duas equações, elas irão se anular. Isso significa que estamos tirando o cobre da barra e transportando para o prego de ferro, processo que ocorre através da eletrólise.

Assim, a alternativa correta é a A.

GABARITO: A.

42. +6   -16   +4-4   +2+4-6

$2Ca_3(PO_4)_2$ (s) + $6SiO_2$ (s) + 10C (s) → $6CaSiO_3$ (s) + 10CO (g) + P_4 (s)

+2 +5 -2   +4-4   0   +2+4-2   +2-2   0   (NOX)

Oxidação/Agente redutor

Redução/Agente oxidante [$Ca_3(PO_4)_2$]

Δoxi 2·1 = 2   Múltiplos; simplifique = 1

Δred 5 · 4 = 20   10

Analisando as afirmações:

I: Verdadeira. 2+6+10+6+10+1 = 35. Sendo assim, as alternativas C e D podem ser descartadas.

II: Si família 4A e O família 6A:

O=Si=O Linear. Falsa. Logo, elimina a alternativa A.

III: "o agente redutor do processo é o dióxido de silício". Na fórmula verificamos antes que o agente redutor não é o SiO_2. Eliminando, assim, a alternativa B, restará somente a alternativa E, que é a correta.

GABARITO: E.

43. Analisando as afirmações:

C-C-C-C $\neq$ C-C-C-C-C

| |

OH   OH

Butan-1-ol   Butan-2-ol

Isômero são compostos que apresentam a mesma fórmula molecular, porém, a fórmula estrutural é diferente. Os dois são $C_4H_{10}O$. Logo, a afirmação I é verdadeira, eliminando assim as alternativas C e E.

C-C=C-C-C C_5H_{10}

C-C=C-C C_5H_{10}

|

C

II: Verdadeira.

III: C – C – O – C – C

C – O – C – C – C   Oxigênio é o hétero átomo

Metameria – Isomeria de compensação.

Fórmula Estrutural Completa: (Propanal)

$$H-\overset{\overset{\displaystyle H}{|}}{\underset{\underset{\displaystyle H}{|}}{C}} - \overset{\overset{\displaystyle H}{|}}{\underset{\underset{\displaystyle H}{|}}{C}} - C\overset{O}{\underset{H}{}}$$

(Propanona)

$$H-\overset{\overset{\displaystyle H}{|}}{\underset{\underset{\displaystyle H}{|}}{C}} - \overset{}{\underset{\underset{\displaystyle O}{||}}{C}} - \overset{\overset{\displaystyle H}{|}}{\underset{\underset{\displaystyle H}{|}}{C}} - H$$

C_3H_6O

As fórmulas são iguais, alterando somente a função orgânica. Isomeria de função.

Logo, falsa. Sendo assim, elimina a alternativa B".

IV: Função orgânica é a mesma (éster). Falsa.

GABARITO: A.

44. $P \cdot V = n \cdot R \cdot T$

$1 \cdot 246 = n \cdot 24{,}6$

$246 = n \cdot 24{,}6$

$n = 10 \, mol$

$R = 0{,}082$

$P = 10$

$T = 27°C + 273 = 300K$

$2LiOH + CO_2 \rightarrow Li_2CO_3 + H_2O$

$Li = 1 \cdot 7 + O = 1 \cdot 16 + H = 1 \cdot 1$

$Li = 2 \cdot 24 = 48g$

Continuando:

48g ------ 1 mol

X ------- 10 mol Aumentou 10 vezes.

$X = 480 \, g$

GABARITO: E.

MATEMÁTICA

45. Por soma e produto temos:

$x' = a$

$x'' = b$

$a + b = -2$

$ab = 8$

Se a e b são raízes:

$(a + 1) + (b + 1) = m$

$(a + b) + 2 = m$

$-2 + 2 = m$

$m = 0$

$(a + 1) \cdot (b + 1) = n$

$ab + a + b + 1 = n$

$8 + (-2) + 1 = n$

$n = 7$

$m + n = 0 + 7 = 7$

GABARITO: D.

46. Aplicando Teorema do resto:

$P_{(x)} = (x - a) \cdot Q_{(x)} + R$

$P_{(a)} = R$

$(x - a) = (x - 3)$

$a = 3$

$(x - a) = (x + 2)$

$a = -2$

Igualando os polinômios $P_{(3)}$ e $P_{(-2)}$:

$2 \cdot 3^4 - 5 \cdot 3^3 + k \cdot 3 - 1 = 2 \cdot (-2)^4 - 5 \cdot (-2)^3 + k \cdot (-2) - 1$

$162 - 135 + 3k - 1 = 32 + 40 - 2k - 1$

$5k = 45$

$k = 9$

GABARITO: B.

47. Calculando o vértice temos:

$$x_V = \frac{-b}{2a} = \frac{-3}{2}$$

$$y_V = \frac{-\Delta}{4a} = \frac{-9 + 4c}{4}$$

$$\frac{-3}{2}$$

GABARITO: B.

48. Utilizando a relação de Girard:

$$\begin{cases} x' + x'' + x'' = \dfrac{-b}{a} \\ x' \cdot x'' + x' \cdot x''' + x'' \cdot x''' = \dfrac{c}{a} \\ x' \cdot x'' \cdot x''' = \dfrac{-d}{a} \end{cases}$$

Sendo a equação $x^3 - 3x^2 - 6x + k = 0$, sabemos que:

$a = 1$

$b = -3$

$c = -6$

$d = k$

Se as raízes formam uma PA, então temos:

(x', x'', x'')

$(x'' - r, x'', x'' + r)$

Fazendo a soma das raízes temos:

$$x'' - r + x'' + x'' + r = 3x''$$

Se a soma das raízes é $\dfrac{-b}{a}$, então:

$$3x'' = \dfrac{-(-3)}{1}$$
$$x'' = 1$$

Fazendo o produto das raízes:

$$(1 - r) \cdot 1 \cdot (1 + r) = -k$$
$$1 - r^2 = -k$$

Utilizando a segunda equação da relação temos que:

$$(1 - r) \cdot 1 + (1 - r) \cdot (1 + r) + 1 \cdot (1 + r) = -6$$
$$1 - r + r^2 - +1 + r = -6$$
$$r^2 = -6 - 2$$
$$r^2 = -8 = -k$$
$$k = 8$$

Portanto: $\dfrac{8}{2} = 4$

GABARITO: B.

49. Para calcular o número de comitivas basta multiplicar quantidade de pessoas de cada cargo:

Capitão: 3

Tenentes: $\dfrac{5 \cdot 4}{2!}$

Sargentos: $\dfrac{7 \cdot 6}{2!}$

$3 \cdot 10 \cdot 21 = 630$

GABARITO: A.

50. Aplicando relação fundamental da trigonometria:

$$\operatorname{sen}^2 x + \cos^2 x = 1$$
$$\cos^2 x = 1 - \operatorname{sen}^2 x$$

Substituindo na inequação:

$2 \cdot (1 - sen^2x) + senx > 2$

$-2sen^2x + senx > 0 \cdot -1$

$2sen^2x - senx < 0$

$senx(2senx - 1) < 0$

$senx = 0$

$2senx - 1 = 0$

$Senx = \dfrac{1}{2}$

$0 < senx < \dfrac{1}{2}$

Pelo círculo trigonométrico:

$$\left]0, \frac{\pi}{6}\right[\cup \left]\frac{5\pi}{6}, \pi\right[$$

GABARITO: E.

51. Como as diagonais são perpendiculares, o produto de seus coeficientes é igual a –1.

$m = \dfrac{\Delta y}{\Delta x}$

$m_r = \dfrac{h}{2}$

$m_s = \dfrac{-h}{18}$

$m_r \cdot m_s = -1$

$\dfrac{h}{2} \cdot \dfrac{-h}{18} = -1$

$\dfrac{-h^2}{36} = -1$

$-h^2 = -36$

$h = \sqrt{36}$

$h = 6$

$A = \dfrac{(B + b) \cdot h}{2}$

$A = \dfrac{(18 + 2) \cdot 6}{2}$

$A = 60$

GABARITO: B.

52. Se 16 é ponto médio, metade da corda é 8.

A distância entre o ponto da mediana e o eixo das abscissas é 4, então do eixo ao centro é 8 – 4 = 4

Aplicando Pitágoras:

$r^2 = (r - 4)^2 + 8^2$

$r^2 = r^2 - 8r + 16 + 64$

$r = 10$

Se r = 10, então o ponto do centro C (8, – 6)

Aplicando equação da circunferência:

$(x - a)^2 + (y - b)^2 = r^2$

$(x - 8)^2 + (y + 6)^2 = 10^2$

$(y + 6)^2 = 100 - (x - 8)^2$

$(y + 6) = \sqrt{100 - (x - 8)^2}$

$y = \sqrt{100 - (x - 8)^2} - 6$

GABARITO: E.

53. Fazendo por eliminatória, temos:

A: Incorreta, pois se as retas estiverem no mesmo plano não são reversás.

B: Incorreta, pois podemos encontrar retas concorrentes e se forem concorrentes não serão reversás.

C: Incorreta, pois podemos selecionar retas reversas. Retas reversas não estão no mesmo plano, logo não podem ser paralelas.

D: Correta. As bases estão em planos distintos, logo as diagonais e retas suporte são reversas.

E: Incorreta, pois podem ser concorrentes. Retas concorrentes não são reversas.

GABARITO: D.

54. Pelo gráfico, temos que quando x = 0, y = 1.

Substituindo na equação do enunciado:

y = m·sen(nx) + k

1 = m·sen(n.0) + k

K = 1

Calculando o período da função:

$$P = \frac{2\pi}{|n|}$$

Se P = 6, então:

$$6 = \frac{2\pi}{n}$$

$$n = \frac{2\pi}{6}$$

$$n = \frac{\pi}{3}$$

Sabendo que o seno é sempre um valor entre – 1 e 1, temos:

-1 ≤ sen(nx) ≤ 1 (multiplicando por m)

- m ≥ sen(nx) ≥ m

Somando k:

- m + 1 ≥ m·sen(nx) ≥ m + 1

Sendo m·sen(nx) = y, temos que:

m + 1 é o mínimo que a função atingiu

- m + 1 é o máximo que a função atingiu

Logo:

$m + 1 = -2$

$m = -3$

$$-3, \frac{\pi}{3} \text{ e } 1$$

GABARITO: D.

55. Por ser um hexágono regular de lado 1, cada ângulo interno mede 120°.

Descontando o ângulo reto formado pelo quadrado CDSU, temos um vértice de 30°.

Calculando a altura do triângulo equilátero de lado 1 encontramos $h = \dfrac{\sqrt{3}}{2}$.

Sendo o triângulo VNS semelhante ao triângulo de base EF:

$$\frac{x}{tg30°} = \frac{VN}{1}$$

$$Tg30° = \frac{\sqrt{3}}{3}$$

$$x = \sqrt{3} - \frac{\sqrt{3}}{3} - 3$$

$$x = \frac{3\sqrt{3} - \sqrt{3} - 9}{3}$$

$$x = \frac{2\sqrt{3} - 9}{3}$$

$$VN = \frac{2\sqrt{3} - 9}{3} \cdot \frac{3}{\sqrt{3}}$$

$$VN = \frac{6\sqrt{3} - 27}{3\sqrt{3}} = \frac{3(\sqrt{3} - 9)}{3\sqrt{3}}$$

$$VN = \frac{2\sqrt{3} - 9}{\sqrt{3}}$$

$$VN = 2 - 3\sqrt{3}$$

GABARITO: A.

56. Fazendo completamento de quadrados:

$x^2 + y^2 - 4x - 2y - 20 = 0$

$x^2 - 4x + y^2 - 2y = 20$

$(x - 2)^2 - 4 + (x - 1)^2 - 1 = 20$

$(x - 2)^2 + (y - 1)^2 = 25$

$r = 5$

$C(2, 1)$

Considerando a distância entre o ponto C e a corda temos $d_{cb} = 3$

Sendo a equação de r: $3x + 4y + c = 0$, vamos calcular o valor de c:

$$d_{cb} = \frac{|ax_0 + by_0 + c|}{\sqrt{a^2 + b^2}} = \frac{|3 \cdot 2 + 4 \cdot 1 + c|}{\sqrt{3^2 + 4^2}} = \frac{|6 + 4 + c|}{\sqrt{25}}$$

$$\frac{|10 + c|}{5} = 3$$

$10 + c = 15$ ou $10 + c = -15$

$c = 5$ ou $c = -25$

$3x + 4y + 5 = 0$ e $3x + 4y - 25 = 0$

GABARITO: E.

57. O raio da esfera é metade da aresta do cubo.

Se a aresta do primeiro cubo é 1 o raio da esfera será $\dfrac{1}{2}$.

$a = 1$

Calculando o raio da segunda esfera, temos que o lado do próximo cubo será:

$$r = \frac{1}{2} = \frac{1}{2} \cdot l\sqrt{3}$$

$$l = \frac{1}{\sqrt{3}}$$

$l = (1, \dfrac{1}{\sqrt{3}}, ...)$ trata-se de uma PG de razão $(q) = \dfrac{1}{\sqrt{3}}$.

Calculando a área total de um cubo temos:

$A = 6 \cdot l^2$

Área do primeiro cubo:

$A = 6 \cdot 1^2 = 6$

Área do segundo cubo:

$$A = 6 \cdot \left(\frac{1}{\sqrt{3}} \right)^2 = \frac{6}{3}$$

$$A = \left(6, \frac{6}{3}, ... \right) \text{temos } q = \frac{1}{3}$$

Calculando a soma das infinitas áreas por PG:

$$S_\infty = \frac{a_1}{1-q}$$

$$S_\infty = \frac{6}{1 - \frac{1}{3}}$$

$$S_\infty = \frac{6}{\frac{2}{3}} = 6 \cdot \frac{3}{2}$$

$$S_\infty = 9$$

GABARITO: C.

58. Para calcular o elemento a_{22} vamos escrever as matrizes:

$$\begin{vmatrix} 10 & 25 & 42 \\ 8 & 12 & 18 \end{vmatrix} \cdot \begin{vmatrix} 12 & 25 & 15 \\ 6 & 12 & 10 \\ 5 & 60 & 50 \end{vmatrix}$$

$a_{22} = 8 \cdot 25 + 12 \cdot 12 + 18 \cdot 60$

$a_{22} = 1424$

Verificando as alternativas pelas informações da tabela:

$12 \cdot 37 = 444$ (F)

$150 + 250 + 2100 = 2500$ (F)

370 (F)

300 (F)

$200 + 144 + 1080 = 1424$ (V)

GABARITO: E.

59. Resolvendo a equação de 2º grau:

$$2x^2 + \left(\log_{\frac{1}{3}} k\right)x + 2$$

Se tem raiz dupla $\Delta = 0$

$$\left(\log_{\frac{1}{3}} k\right)^2 - 4 \cdot 2 \cdot 2 = 0$$

$$\left(\log_{\frac{1}{3}} k\right)^2 = 16$$

$$\log_{\frac{1}{3}} k = \sqrt{16}$$

$$\log_{\frac{1}{3}} k = \pm\, 4$$

Se:

$$\log_{\frac{1}{3}} k = 4$$

$$\left(\frac{1}{3}\right)^4 = k$$

$$k = \frac{1}{81}$$

Se:

$$\log_{\frac{1}{3}} k = -4$$

$$\left(\frac{1}{3}\right)^{-4} = k$$

$$k = 3^4$$

$$k = 81$$

Fazendo o produto entre as raízes:

$$\frac{1}{81} \cdot 81 = 1$$

GABARITO: A.

60. Trata-se de um sistema homogêneo, pois todas as igualdades = 0.

Aplicando Sarrus e sabendo que $\det_{(A)} \neq 0$ temos:

$$A = \begin{vmatrix} a & 1 & 1 \\ 1 & 2 & 1 \\ 1 & 1 & 1 \end{vmatrix} \neq 0$$

$\det_{(A)} = 2a + 1 + 1 - (2 + a + 1) \neq 0$

$2a + 2 - 3 - a \neq 0$

   GABARITO: A.

61. Utilizando a Relação de Euler:

$V - A + F = 2$

$13 - A + 19 = 2$

$A = 30$

$A = 1 \cdot 6 + 18P$

$1 \cdot 6 + 18P = 30$

$P = 3$

Trata-se de um triângulo.

   GABARITO: E.

62. O ponto de centro da esfera é baricentro. Utilizando a relação, temos que a altura h do cone é 30 cm.

Considerando que esse cone será cortado por um plano teremos um triângulo retângulo.

Para calcular a aresta do triângulo retângulo utilizamos a fórmula:

$$30 = \frac{a\sqrt{3}}{2}$$

$$a = \frac{60}{\sqrt{3}}$$

Racionalizando:

$a = 20\sqrt{3}$

Sendo $r = \dfrac{20\sqrt{3}}{2}$, então $r = 10\sqrt{3}$

Calculando o volume:

$V = \dfrac{1}{3} \cdot A_b \cdot h$

$A_b = \pi r^2$

$V = \dfrac{1}{3} \cdot \pi r^2 \cdot h$

$V = \dfrac{1}{3} \cdot \pi \cdot (10\sqrt{3})^2 \cdot 30$

$V = 100 \cdot 3 \cdot 10 \cdot \pi$

$V = 3\,000\pi$

GABARITO: E.

63. Pelo estudo da função, temos o seguinte gráfico:

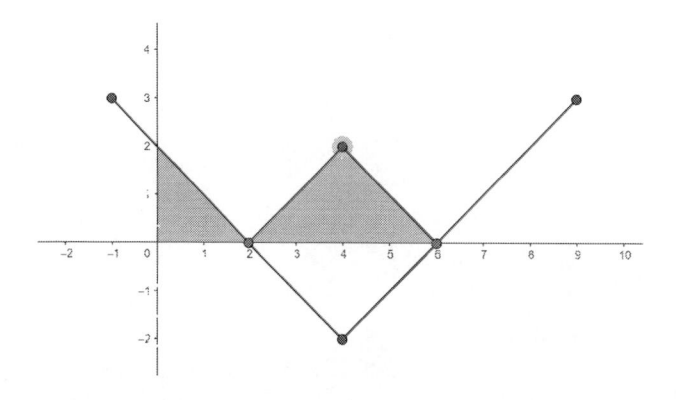

O exercício pede a área entre x = 0 e x = 6, ou seja, a área pintada.

Calculando a área temos:

$A = \dfrac{2 \cdot 2}{2} + \dfrac{4 \cdot 2}{2} = 2 + 4$

$A = 6$

GABARITO: C.

64. Calculando a probabilidade de cada evento acontecer temos:

Caixa 1:

$P_{(A)} = \dfrac{3}{10}$

$P_{(B)} = \dfrac{7}{10}$

Caixa 2:

$$P_{(A/A)} = \frac{3}{10} \cdot \frac{6}{11} = \frac{18}{110} \text{ ou } (+) \; P_{(A/V)} = \frac{7}{10} \cdot \frac{5}{11} = \frac{35}{110}$$

$$P_{(A/A)} + P_{(A/V)} = \frac{18}{110} + \frac{35}{110} = \frac{53}{110}$$

GABARITO: C.

GEOGRAFIA

65. O mapa da alternativa A corresponde ao real território do Reino Unido, abrangendo Escócia, País de Gales, Inglaterra e Irlanda do Norte.

    GABARITO: A.

66. Considerando o eixo de inclinação da terra, em relação à sua posição na órbita solar (meses do ano), durante o solstício de verão Porto Alegre será uma das primeiras porções do território a receber incidência de luz solar, seguido de Brasília e Recife. Isso se deve à incidência de raios solares primeiro sobre o Trópico de Capricórnio, nas regiões de maior latitude sul.

    GABARITO: A.

67. A Dorsal Mesoatlântica consiste em uma enorme cadeia de montanhas subaquáticas, formada a partir do movimento de afastamento entre a Placa Africana (movimenta-se no sentido Leste) e a Placa Americana (movimenta-se no sentido Oeste).

    GABARITO: C.

68. I: Localizados em zonas desérticas do continente, o acesso à água do Nilo é crucial para muitos países do continente africano, em atividades essenciais como a agricultura. Dada essa importância, projetos de barragens podem representar o comprometimento do fluxo das águas no rio e, consequentemente, o impedimento de acesso a outras nações. Por essa razão, esse tipo de projeto é causa de situações hidroconflitivas entre nações como Sudão e Egito.

    II: Esta não se trata de uma situação hidroconflitiva.

    III: A justante do rio Ganges se desloca no sentido Leste, nascendo na Índia e passando por Bangladesh, até desaguar no Golfo de Bengala.

IV: O aspecto hidroconflitivo da tensão entre Israel e palestina se deve ao controle israelense sobre a nascente do rio Jordão, nas Colinas de Golã (assegurado através da Guerra dos Seis Dias, em 1967), e sobre os aquíferos da região. Assim como a Palestina depende das mesmas fontes de água, seu acesso é condicionado ao intermédio israelense.

GABARITO: D.

69. Os argumentos de João e José são os mais plausíveis do ponto de vista científico. Atualmente se tem conhecimento do funcionamento dos fenômenos geológicos responsáveis pela formação do relevo através das forças internas à crosta terrestre. Os estudos da geomorfologia da Terra também definem a existência de diferentes camadas (Crosta, Manto e Núcleo). E sismógrafos são ferramentas capazes de detectar e medir ondas sísmicas que comprovam estes fatos.

Por outro lado, o argumento de Carlos não é plausível, já que somente o núcleo terrestre é composto exclusivamente de ferro e níquel, enquanto 80% do volume terrestre é representado pelo manto, composto por diversos minerais, em estado pastoso graças às altas temperaturas.

GABARITO: E.

70. O climograma Z indica grande amplitude térmica e índices de pluviosidade bem distribuídos ao longo dos meses. Esses aspectos representam o clima subtropical, predominante na região sul do país, onde se localiza a cidade de Porto Alegre, capital do Rio Grande do Sul.

GABARITO: C.

71. I: Tanto na China quanto na Índia o carvão representa a principal fonte de energia elétrica, um dos fatores principais que contribuem para os enormes índices de poluição atmosférica em ambos os países

II: O programa de controle de natalidade na China, denominado "política do filho único", determinava o limite de um filho permitido por casal, prevendo a penalização por multas no caso do descumprimento da lei. Essa medida tinha como objetivo conter o crescimento populacional descontrolado no país, que já representa a maior parte da população mundial. Por outro lado, a Índia não instituiu políticas estatais intensivas de controle de natalidade. Espera-se que em breve sua população ultrapasse a da China.

III: A população indiana é heterogênea, com enorme diversidade étnica, linguística e religiosa. Embora o idioma oficial seja o hindi, outros 14 idiomas são nacionalmente reconhecidos. Coexistem entre a população diferentes religiões como o budismo, o hinduísmo e o islamismo.

IV: Desde sua abertura econômica na década de 1970 a China passou por um intenso

processo de industrialização que hoje a tona predominante no mercado mundial. Na Índia, apesar da indústria em desenvolvimento e das enormes taxas de atividade na agropecuária, o crescimento econômico se deve em maior parte ao setor de serviços que abastece o mercado mundial de tecnologia da informação.

GABARITO: D.

72. I: Os paralelos, linhas entre Leste e Oeste em relação ao Equador (paralelo principal), têm a função de medir a latitude através da distância em graus entre os paralelos. A redução do distanciamento entre os paralelos proporcionalmente à aproximação dos polos serve ao propósito de adequar fielmente a representação à curvatura terrestre.

II: Representações em pequena escala compreendem áreas menores e, por isso, acarretam menor riqueza de detalhes.

III: Projeções afiláticas causam a distorção dos ângulos e das proporções.

IV: A representação cartográfica através da anamorfose tem como objetivo destacar a área dos territórios geográficos proporcionalmente aos critérios estatísticos utilizados. Em outras palavras, quanto mais predominante for um determinado índice em uma região, maior será a representação de sua área no mapa.

GABARITO: C.

73. I: A maior incidência de raios solares sobre o Equador provoca o aquecimento atmosférico na Célula de Tropical, que gera o deslocamento de massas de ar quente em direção aos polos (ventos contra-alísios). Quando resfriadas, as massas de ar se deslocam novamente em direção ao Equador (ventos alísios).

II: Para as áreas pesqueiras do Pacífico leste, como Peru, Chile e Canadá, o El Niño pode ser dramático, diminuindo consideravelmente a quantidade de peixes de acordo com o nível de aquecimento das águas.

III: No regime de monções, durante o verão, massas de ar úmido, provenientes do Oceano Índico, se deslocam em direção ao continente, precipitando e causando fortes tempestades. Durante o inverno, massas de ar frio e seco continental deslocam-se em direção ao Oceano, tornando o clima seco. Assim, a agricultura tradicional é diretamente afetada por enchentes durante o verão, e períodos de seca durante o inverno.

IV: O clima Mediterrâneo compreende, sim, a ocorrência de somente duas estações bem definidas. Porém os verões são quentes e secos, e os invernos úmidos e chuvosos, com baixas temperaturas. A umidade neste clima é condicionada por influências marítimas.

GABARITO: B.

74.   I: Atualmente, o maior fenômeno migratório mundial são as migrações pendulares, que compreendem o deslocamento diário de indivíduos entre a região em que habitam e a região em que trabalham.

II: Os asiáticos representam a maior parte do contingente de emigrantes mundial.

III: Os países citados apresentam enorme desenvolvimento e econômico e grande oferta de empregos em função dos rendimentos das atividades na indústria do petróleo. Atraídos pela oferta de empregos e melhores condições de vida, estas nações recebem muitos imigrantes, oriundos predominantemente do sul e sudeste asiático.

IV: A "drenagem de cérebros" compreende o processo de emigração de estudiosos, cientistas e pensadores, que representa um enorme prejuízo para o desenvolvimento tecnológico e científico em seus locais de origem.

   GABARITO: E.

75.   I: O solo amazônico é caracterizado principalmente pela pobreza de nutrientes. A dimensão e exuberância da Floresta Amazônica se explica pela serrapilheira, a formação de uma camada superficial de solo rico em nutrientes graças a decomposição de elementos orgânicos provenientes da própria floresta.

II: O fenômeno que se observa atualmente no domínio das pradarias do Sul do Brasil é a arenização do solo, fenômeno distinto da desertificação.

III: A vegetação latifoliada é típica da Mata Atlântica.

IV: A Mata dos Cocais se localiza sobretudo entre o Norte e o Nordeste, caracterizada pela vegetação intermediária entre domínios distintos.

   GABARITO: C.

76.   Explicando os itens corretos:

I: O crescente consumo de combustíveis e outros produtos derivados do petróleo, em contraste ao esgotamento deste recurso em determinados territórios, impulsionou a prospecção de novas fontes de extração de petróleo no mundo e o desenvolvimento de fontes alternativas de energia como o biocombustível.

III: O uso de biocombustíveis implica em menores taxas de emissão de poluentes na atmosfera. Além disso, são uma fonte de energia renovável cujo processo produtivo implica o empreendimento no agronegócio, gerando oferta de empregos e desenvolvimento econômico em zonas rurais.

V: O uso de energia nuclear como matriz energética implica em problemas como o descarte de resíduos radiativos e ameaças à segurança relacionadas ao risco de acidentes nucleares. Todavia, alguns países mantêm seu uso por diversas razões, entre elas a escassez de fontes energéticas alternativas em função de condições geográficas desfavoráveis.

GABARITO: B.

HISTÓRIA

77. Dentro da classe de trabalhadores do campo na sociedade estamental da Idade Média, encontram-se duas categorias:
    - Servos: são trabalhadores impreterivelmente vinculados à terra, a um território, em que vivem e trabalham, tanto para a subsistência quanto para o pagamento dos tributos devidos à nobreza e ao clero.
    - Vilões: ocupam a mesma condição de trabalhadores subordinados à nobreza e ao clero, igualmente obrigados ao pagamento de tributos. Todavia, eram livres, sua relação com a terra não prevê uma vinculação direta em uma relação de servidão. Portanto, podem transitar de uma terra para outra, apesar de ainda estarem submetidos à mesma autoridade.

    GABARITO: D.

78. Luís XIV, o Rei Sol, foi responsável por levar o poder monárquico absolutista ao seu auge no Reino da França. Seu governo configurou a centralização máxima do poder político na figura do monarca. A autoridade e a soberania do Estado eram expressos em sua própria imagem enquanto rei soberano. Está autoridade foi consolidada pela noção de direito divino, pela afirmação do poder através de rituais e pela estruturação burocrática do Estado sob o poder máximo do monarca.
    Jean-Baptiste, escolhido por Luís XIV, foi o administrador financeiro responsável por construir o modelo mercantilista francês por meio do favorecimento ao comércio internacional.

    GABARITO: E.

79. I: A tomada de Constantinopla pelos turcos otomanos acarretou o bloqueio das rotas de acesso terrestre ao Oriente que sustentavam as relações comerciais da Europa medieval. Assim, os esforços direcionados à expansão marítima tinham como propósito a consolidação de rotas comerciais marítimas de acesso ao Oriente.
    II: A Companhia das Índias Ocidentais foi criada pelos holandeses no século XVII.

III: O Estado unificado na figura de uma monarquia centralizada permitiu que o Reino de Portugal mobilizasse a economia no sentido do favorecimento do comércio e investisse no desenvolvimento de tecnologia naval. Graças a essas medidas, Portugal foi pioneiro na expansão marítima mercantil.

IV: A mina de Potosí foi descoberta e explorada pelo Reino da Espanha no século XVI.

V: A bússola é um invento chinês do século I. Foi aperfeiçoada na Europa por volta do século XIII.

GABARITO: B.

80. Martinho Lutero foi um monge agostiniano que se rebelou contra a Igreja Católica fundando o Protestantismo. Entre os preceitos que definem a doutrina protestante, destaca-se a oposição à venda de indulgências praticada no catolicismo, que associava o perdão divino e a salvação a doações monetárias à Igreja.

GABARITO: D.

81. As reformas pombalinas expressam a adoção de princípios iluministas, favoráveis ao desenvolvimento mercantil e à administração econômica de Portugal. Assim, compreenderam a intensificação das atividades econômicas ligadas à burguesia mercantil. Na administração colonial do Brasil, foi intensificado o pagamento de taxas e o sistema de divisão do território em capitanias foi abolido, elevando toda a colônia à condição de vice-reino e transferindo a capital para o Rio de Janeiro, novo centro da administração metropolitana.

GABARITO: C.

82. Voltaire foi um filósofo Iluminista defensor da liberdade individual e da tolerância. Suas ideias se opunham ao absolutismo, à noção de direito divino da monarquia, ao poder político e à autoridade da Igreja. Pregava a separação entre o Estado e a Igreja. Segundo ele, os indivíduos deveriam ser livres para expressar suas ideias sem intervenções de autoridades políticas ou religiosas.

Adam Smith foi um economista iluminista, considerado o principal teórico do sistema Capitalista. Suas ideias defendiam o estímulo à liberdade do indivíduo também no âmbito econômico. Através da livre concorrência entre os interesses financeiros dos indivíduos, sem a intervenção do Estado, a economia seria capaz de se autorregular, favorecendo o desenvolvimento e o progresso.

GABARITO: A.

83. O Tratado de Methuen definiu um acordo comercial entre o Reino da Inglaterra e o Reino de Portugal. Nesse acordo, ficou determinada a compra de tecidos ingleses por Portugal e de vinho português pela Inglaterra. Esse acordo expressa a crescente preeminência da indústria inglesa e, em contrapartida, o desenvolvimento industrial defasado em Portugal, ainda mais acentuado pelo Tratado.

GABARITO: B.

84. As Leis Intoleráveis foram um conjunto de medidas restritivas instituídas pelo reino inglês contra as treze colônias, limitando sua liberdade política e intensificando os tributos coloniais. Foram realizadas como represália à Revolta do Chá, realizada em Boston em 16 de dezembro de 1773, contra os impostos metropolitanos. O resultado foi a inflamação de um forte sentimento de revolta contra as condições impostas pela metrópole, que se expressou na organização do Congresso Continental de 1774. Mais tarde, sem alterações no quadro exploratório imposto pela metrópole, decidiu-se pela independência das Treze Colônias, proclamada em 4 de julho de 1776.

GABARITO: C

85. I: Desfrutando de maior visibilidade na política do país, a insatisfação dos militares brasileiros com a monarquia crescia cada vez mais, tanto por sua afinidade com os ideais republicanos e positivistas quanto pela carência de reconhecimento e valorização do exército pelo governo. Neste cenário, conforme o governo empreendia medidas desfavoráveis e limitadoras ao exército, os militares manifestavam-se publicamente de modo mais intenso contra a monarquia. A crescente tensão entre o exército e a monarquia culminou em um golpe em novembro de 1889, que destituiu o Imperador D. Pedro II e instaurou a República no Brasil.

II: A Proclamação da República se deve a um cenário de fragilização do poder monárquico cujos pontos mais significativos foram a tensão política com os militares e a perda do apoio da Igreja e da elite escravagista, em função da Abolição da Escravatura.

III: Mesmo após a independência, perdurou a vinculação entre o Estado e a Igreja que conferia ao Imperador o poder sobre a hierarquia eclesiástica (padroado) e sobre a adesão às bulas papais (beneplácito). Nesse quadro, mediante a intervenção de D. Pedro II invalidando determinações papais, parte do Clero desrespeitou as determinações régias. Mediante a punição desmedida à insubordinação dos clérigos, a monarquia perdeu o apoio político da Igreja.

IV: Por meio da Guerra da Cisplatina (1825-1828), ainda sob a liderança de D. Pedro I no Brasil, a Cisplatina desanexada do território brasileiro, assumindo sua independência.

V: A Abolição da Escravatura, em 1888, acabou por prejudicar os proprietários de escravos que compunham a principal base de apoio ao regime monárquico. Por outro lado, favoreceu os produtores de café sulistas que empreendiam a mão de obra assalariada fortaleceu, assim, a adesão ao republicanismo.

GABARITO: C.

86. A Crise de 1929 foi ocasionada pelo desajuste entre o ritmo de produção e a capacidade de consumo. Mediante a liberdade financeira e a grande oferta de crédito barato, a especulação financeira cresceu de modo desenfreado. Uma vez que a recessão passou a afetar a economia devido ao baixo consumo interno e externo, o valor das ações caiu vertiginosamente, ocasionando a quebra da Bolsa de Valores em Nova Iorque, em outubro de 1929.

Entre os graves efeitos da crise, a derrocada do mercado exportador afetou brutalmente a produção cafeeira do Brasil, levando à queima dos enormes estoques de produção excedente.

GABARITO: B.

87. A Conferência de Bandung, em 1955, ocorreu visando a determinação de um compromisso mútuo entre nações africanas e asiáticas em não ceder à bipolarização ideológica da Guerra Fria, mantendo sua neutralidade. A despeito de seus modelos de governo, era compreendido que ambas as influências internacionais (EUA e URSS) representavam forças imperialistas descomprometidas com as soberanias nacionais e interessadas em modelos de exploração aos moldes coloniais.

GABARITO: A.

88. I: O Real só foi instituído como a moeda nacional com o Plano Real, em 1994.

II: Na tentativa de conter a inflação e estimular o consumo, o governo determinou uma política de congelamento dos preços que impedia o ajuste dos valores à inflação e concedia à população o direito de fiscalizar e denunciar estabelecimentos.

III: A regulamentação do ajuste salarial tinha o propósito de reduzir os efeitos negativos da enorme inflação, concedendo maior capacidade de compra à população.

IV: A moeda corrente foi alterada do Cruzeiro para o Cruzado.

V: A URV foi instituída a partir do Plano Real, em 1994.

GABARITO: C.

INGLÊS

89. A expressão "overcome" significa "superar, controlar", portanto a alternativa C é a correta: Control a problem (Controlar um problema).

Sobre as alternativas incorretas:

A: Aumentar um problema.

B: Esconder um problema.

D: Começar um problema.

E: Negligenciar um problema.

GABARITO: C.

90. O enunciado pede para escolher a alternativa que se relaciona corretamente com o pronome. De acordo com o texto, no parágrafo 1: "In Brazil, countryside youth want to learn about new places, new cultures and people. However, they think their everyday lives are an obstacle to that", o pronome "they" se refere à juventude (youth), portanto a alternativa A é a correta.

Sobre as alternativas incorretas:

B: "His" se refere ao Rafael.

C: "Us" se refere ao repórter.

D: "Their" se refere aos pais.

E: "Them" se refere às crianças.

GABARITO: A.

91. De acordo com o texto, no parágrafo 1:

"In Brazil, countryside youth want to learn about new places, new cultures and people. However, they think their everyday lives are an obstacle to that, because they imagine that country life has nothing to do with other parts of the world".

O texto do parágrafo 4:

"Integrating relevant topics about countryside living can be transformative in the classroom. The local regional and cultural aspects are a great source of inspiration and learning not only for the young, but for us all."

E com o texto do parágrafo 3:

"The program intends to show them that by means of a second language they can travel, communicate with new people and learn about new cultures as a means of promoting

and selling what they produce in the country, and that includes receiving visitors in their workplace from abroad."

Assim, podemoas afirmar que estão corretos os itens I, III e IV, apontando como correta a alternativa C.

GABARITO: E.

92. De acordo com o texto do parágrafo 1: "Italian children have been told not to turn up to school unless they can prove they have been properly vaccinated.", o título que melhor se encaixa é o da alternativa A: "Italy bans unvaccinated children from school."

   GABARITO: A.

93. De acordo com o texto do parágrafo 1: "Children must receive a range of mandatory immunisations before attending school.", o substantivo "range" é usado como significado para "série, gama". Portanto, a afirmação da alternativa D, faz o mesmo uso do substantivo: "There is a wide range of opinions on this issue.", que significa: "Existe uma ampla gama de opiniões sobre este assunto.".

   Quanto às demais alternativas:

   A: Range = Campo.

   B: Range = Alcance.

   C: Range = Variar.

   E: Range = Fogão.

   GABARITO: D.

94. De acordo com o texto do parágrafo 3: "...while still others have been given a grace period of a few days...", a expressão "grace period" significa período/prazo de carência, e é corretamente substituída pela alternativa C: "Extra time", que significa tempo extra.

   Quanto ao significado das alternativas incorretas:

   A: Desempate.

   B: Fim da linha.

   D: Alvo, objetivo.

   E: Calendário.

   GABARITO: C.

95. O substantivo "carbon footprint", do parágrafo 4 do texto: "Changing the raw material could have a large effect on Lego's carbon footprint...", significa "pegada de carbono (a quantidade de dióxido de carbono e outros compostos de carbono emitidos devido ao consumo de combustíveis fósseis por uma determinada pessoa, grupo etc.)", sendo a alternativa C a correta.

   GABARITO: C.

96. No caso (1), estamos tratando sobre o futuro, sendo correto o uso do Simple future "will be". No caso (2) estamos tratando de uma ação inacabada, que começou no passado e tem relação com o presente, sendo correto o uso do Present perfect "have been".

    No caso (3) também estamos tratando de uma ação inacabada, que começou no passado e tem relação, sendo correto o uso do Present perfect "has".

    GABARITO: D.

97. De acordo com o texto do parágrafo 5: "The company has already taken steps to lower its carbon footprint, including a reduction of packaging size and an investment in an offshore wind farm.", é correto afirmar que "Lego has already reduced the size of their packaging.", sendo a alternativa B a correta.

    GABARITO: B.

98. A preposição que corretamente preenche o espaço (1) é "by", que significa "pela" (Lima acabava de ser transferida de uma prisão do sistema penitencial convencional para uma instalação administrada pela Associação para a Proteção [...]).

    A preposição que corretamente preenche o espaço (2) é "on", que significa "na" (Os presos são conhecidos como recuperandos (pessoas em recuperação), refletindo o foco da APAC na justiça restaurativa e na reabilitação).

    GABARITO: E.

99. De acordo com o texto do parágrafo 2: "But the difference between the regimes is far more than skin-deep.", o termo "skin-deep" significa "superficial". Portanto, a alternativa E é a correta.

    Sobre o significado das incorretas:

    A: Protetora, protetor.   C: Chocante.

    B: Extremo.   D: Profundo.

    GABARITO: E.

100. De acordo com o texto do parágrafo 3: "All APAC prisoners must have passed through the mainstream system and must show remorse", é correto afirmar que "The prisoners must regret their previous crimes to be relocated to an APAC jail.". Portanto, a alternativa B é a correta.

    GABARITO: B.

Respostas - Simulado 3 - 2018 ESPCEX

PORTUGUÊS

01. Uma maneira de compreender o sentido de todo um texto é analisar como ele é iniciado, pois dessa forma irá norteá-lo por todo desenvolvimento e conclusão. Sendo assim, a fundamentação que desencadeou o debate foi o "reconhecimento em 2010 do direito ao esgotamento sanitário como indispensável à vida.".
    GABARITO: E.

02. A gênese do Plano Nacional para o setor de saneamento ocorreu devido ao debate popular, como no trecho "construído com amplo debate popular, legitimado pelos Conselhos Nacionais das Cidades, de Saúde e de Meio Ambiente, e aprovado por decreto presidencial".
    GABARITO: C.

03. A transparência nos processos até chega a ser citada, mas o foco é o "estabelecimento de relações entre as políticas de habitação, de combate à pobreza e de proteção ambiental e a política de saneamento", para que o acesso ao saneamento básico seja possível também às pessoas de baixa renda.
    GABARITO: D.

04. Teoricamente o saneamento é direito de todos, mas, na prática, a população mais carente não tem acesso devido aos valores elevados, se comparados à renda de até meio salário-mínimo da parcela da população citada no texto.
    GABARITO: D.

05. A palavra "planejamento" é formada por sufixação, porque é formada pelo radical [planeja] e pelo sufixo [mento] e "combate" é formada por derivação regressiva, pois deriva de [combater] e ocorreu a diminuição do vocábulo.
    GABARITO: E.

06. Há emprego correspondente do "que" em "(...) o que significa que os usuários estão submetidos às atividades de um único prestador.", porque marca, assim como no trecho "A Assembleia Geral da ONU reconheceu em 2010 que o acesso à água potável (...)" uma Oração Subordinada Substantiva.
    GABARITO: C.

07. É importante considerar que estão sendo solicitados apenas os vocábulos acentuados. Os acentuados pela mesma regra são "sólidas" e "econômicos", porque são proparoxítonas, mas há nesse mesmo trecho "população", que não é considerado, porque o [~] é apenas um marcador de nasalização.

GABARITO: A.

08. É importante considerar o contexto a fim de compreender a quem se refere o pronome oblíquo em cada frase. Em I, "nos" está se referindo a eles, os que estão roubando, sendo assim, um pronome oblíquo da 3ª pessoa do plural. Em II, "nos" refere-se a nós, os assaltantes, sendo assim, um pronome pessoal oblíquo da 1ª pessoa do plural.

GABARITO: D.

09. No período "Desde 2007, quando foi criado o Ministério das Cidades, identificam-se avanços importantes na busca de diminuir o déficit já crônico em saneamento", o sujeito "Ministério das cidades" está sendo precedido por "foi criado", ou seja, verbo auxiliar + verbo principal no pretérito, sendo assim, o sujeito é paciente. O sujeito "avanços importantes" também é passivo, porque é precedido de voz passiva pronominal.

GABARITO: E.

10. Uma voz passiva pronominal pode ser conhecida também como voz passiva sintética e pode-se reconhecê-la pela presença do pronome apassivador "se".

É importante lembrar que o verbo não pode precisar de preposição para ter voz passiva pronominal, que mesmo quando a preposição está elíptica ainda é considerada e que, invertendo a sintaxe, haverá alguma forma do verbo "ser". Sabendo disso, seria a "Identificou-se importante avanço na questão do saneamento", ou "Foi identificado importante avanço na questão do saneamento".

GABARITO: D.

11. As Orações Subordinadas Substantivas Objetivas Diretas (OSSOD) são iniciadas pelas conjunções integrantes "que" ou "se" e funcionam como objeto do verbo da oração principal. Sendo assim, a oração sublinhada no enunciado tem a função sintática de OSSOD.

GABARITO: A.

12. "Em boca fechada não entra mosquito." apresenta sentido denotativo, porque é única alternativa na qual "boca" possui sentido literal.

GABARITO: A.

13. No fragmento citado, o pronome relativo presente é o "que" e está se referindo a "conferências das Cidades e a criação da Secretaria de Saneamento e do Conselho Nacional das Cidades", tendo a função sintática de sujeito e introduzindo a explicação de que "deram à política urbana uma base de participação e controle social".
    GABARITO: E.

14. Sabendo que a oração "para que a gestão (...)" é uma Oração Subordinada Adverbial Final, ou seja, que expressa finalidade sobre "Esse marco (...)", podemos reconhecer que a oração "para que possam ser acessados recursos do governo federal." exerce a mesma função sintática, porque expressa finalidade sobre "A definição de um (...)".
    GABARITO: D.

15. "Mais da metade da população" é sujeito simples, porque se refere a um grupo, mas possui apenas um núcleo e como quem não acessa, não acessa a algo, porque "acesso" é Verbo Transitivo Indireto, "à coleta de esgoto" é um Complemento Nominal.
    GABARITO: E.

16. A crase ocorre pela contração da preposição "a" com o artigo feminino "a" ou "as", com o pronome demonstrativo "a" ou "as" ou com o "a" inicial de "aquele(s)", "aquela(s)" ou "aquilo" e sabe-se que boa parte dos pronomes demonstrativos não admite crase, como é o caso do "essa". Sendo assim, em "(...) garantir que a essa tarefa (...)" não ocorre crase.
    GABARITO: C.

17. Em "trama viva se construa/De tal modo, que a imagem fique nua/Rica, mas sóbria" há um apelo pela sensatez, o que contrapõe "os exageros da emoção" tão presentes nos ideais românticos.
    GABARITO: D.

18. No trecho há a preocupação de explicar o olhar de Capitu, mas não a fim de reforçar ideais românticos. O narrador se esforça para apresentar a verdade sobre o olhar.
    GABARITO: D.

19. O poema I-Juca-Pirama, de Gonçalves Dias, é um poema épico, porque celebra um herói, nesse caso, o índio. No trecho é possível perceber essa exaltação, e também coragem, especialmente em "Sou bravo, sou forte, sou filho do norte, Meu canto de morte, Guerreiros, ouvi.".
    GABARITO: B.

20. No trecho "Meu Deus, por que me abandonaste / se sabias que eu não era Deus / se sabias que eu era fraco" de "O poema de sete faces", de Carlos Drummond de Andrade, o eu lírico está em tanta melancolia que chega a fazer referência ao sofrimento de Jesus Cristo, questionando o porquê de ter sido abandonado.

Durante a fase social da obra de Drummond, estavam em vigor regimes totalitários, como o nazismo e o Estado Novo, que trouxeram uma preocupação com a vida da população, como pode ser percebido no fragmento *"Provisoriamente não cantaremos o amor, / que se refugiou mais abaixo dos subterrâneos. / Cantaremos o medo, que esteriliza os abraços, não cantaremos o ódio porque esse não existe, / existe apenas o medo, nosso pai e nosso companheiro"*, do poema "Congresso Internacional do Medo".

GABARITO: C.

FÍSICA

21. Toda transformação de energia há perdas e, essas perdas que foram para o ambiente, dizemos que foi para a fonte fria.

$$\eta_x = \frac{40}{100} \cdot \eta_y \, \text{(I)}$$

Se a máquina y funciona segundo o ciclo de Carnot, temos:

$$\eta_y = 1 - \frac{T_1}{T_Q}$$

Transformando as temperaturas de Kelvin para Celsius:

$T_1 = 27 + 273 = 300^{\circ}C$

$T_Q = 327 + 273 = 600^{\circ}C$

$$\eta_y = 1 - \frac{300}{600}$$

$$\eta_y = 1 - \frac{1}{2} = \frac{1}{2} \, \text{(II)}$$

Substituindo II em I:

$$\eta_x = \frac{40}{100} \cdot \frac{1}{2} = \frac{2}{10} = 0{,}2$$

Utilizando relação de trabalho com rendimento, temos:

$$\eta = \frac{\tau}{Q_Q}$$

$$\eta = \frac{Q_Q - Q_F}{Q_Q}$$

Encontrando Q_Q:

$$0,2 = \frac{Q_Q - Q_F}{Q_Q}$$

$$0,2 = \frac{Q_Q - 500}{Q_Q}$$

$$0,2 Q_Q = Q_Q - 500$$

$$0,8 Q_Q = 500$$

$$Q_Q = 625\,J$$

Substituindo na equação:

$$0,2 = \frac{\tau}{625}$$

$$\tau = 625 \cdot 0,2 = 125\,J$$

GABARITO: B.

22. Há um triângulo retângulo e ao aplicar a regra da mão direita, temos que as correntes estão para o mesmo sentido. Com isso é possível encontrar os vetores B_1 e B_2.

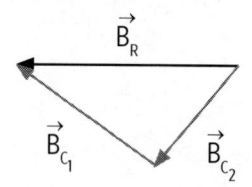

Como se trata de um triângulo retângulo, o vetor resultante será calculado aplicando Pitágoras:

$$B_R = B_1 + B_2$$

Para calcular, antes precisamos calcular os vetores:

$$B_1 = \frac{\mu_0 \cdot i_1}{2\pi \cdot d_1}$$

$$B_1 = \frac{4\pi \cdot 10^7 \cdot 6}{2\pi \cdot 6}$$

$$B_1 = 2 \cdot 10^{-7} T$$

$$B_2 = \frac{\mu_0 \cdot i_2}{2\pi \cdot d_2}$$

$$B_2 = \frac{4\pi \cdot 10^{-7} \cdot 8}{2\pi \cdot 8}$$

$$B_2 = 2 \cdot 10^{-7} T$$

Substituindo em Pitágoras:

$B_R = B_1 + B_2$

Como $B_1 = B_2$, então vamos chamar de B

$$B_R = \sqrt{2B^2}$$

$$B_R = \sqrt{2} \cdot 2 \cdot 10^{-7}$$

GABARITO: E.

23. Montando o esquema do circuito:

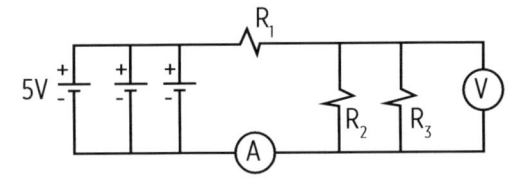

Resolvendo os paralelos, temos:

$$R_{eq} = \frac{R_2 + R_3}{2} = \frac{10 + 10}{2} = 10\Omega$$

Aplicando a lei de Ohm:

$U = R_{eq} \cdot i$

$25 = 10 \cdot i$

$i = 1{,}25\ A$

Aplicando Lei de Ohm para calcular U:

$U = R_3 \cdot i$

$U = 10 \cdot 1{,}25$

$U = 12{,}5\,V$

1,25 A e 12,5 V

GABARITO: D.

24. Se a haste está em equilíbrio, então a soma dos momentos 20 N, 40 N e 60 N é igual a força elástica aplicada pela mola.

$M = F \cdot d$

$M_1 + M_2 + M_3 = M_{el}$

$20 \cdot 1 + 40 \cdot 3 + 60 \cdot 4 = M_{el}$

$M_{el} = 380\,N \cdot m$

$F \cdot d = 380\,N \cdot m$

A distância a ser utilizada é aquela entre o ponto C e o ponto A. Como o braço está inclinado, não podemos utilizar a distância da haste.

Veja o esquema:

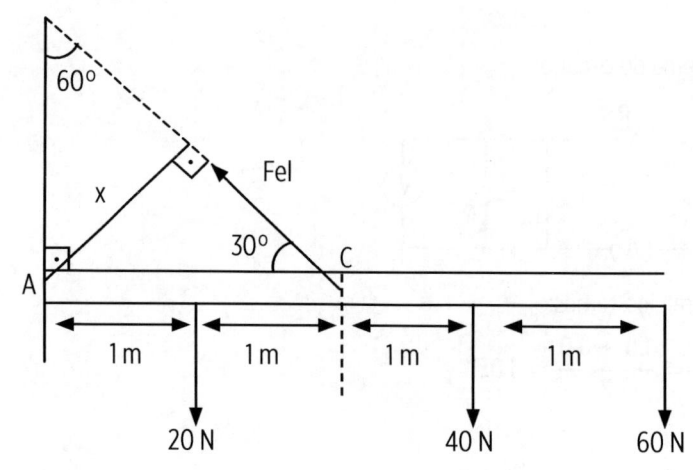

Vamos calcular o valor de x:

$\operatorname{sen} 30^\circ = \dfrac{x}{2}$

$$\frac{1}{2} = \frac{x}{2}$$

$$x = 1\,m$$

Aplicando em:

$F_{el} \cdot d = 380\,N \cdot m$

$F_{el} \cdot 1 = 380$

$F_{el} = 380\,N$

Aplicando na fórmula da força elástica, sendo x a deformação da mola, consideramos o valor em metros, logo:

x = 0,1 m.

$F_{el} \cdot = k \cdot x$

$380 = k \cdot 0,1$

k = 3800 N/m

GABARITO: C.

25. Utilizando a conservação da quantidade de movimento:

Q = m . v

$Q_{Antes} = Q_{Depois}$

$m_p \cdot v_p = (m_p + m_b) \cdot v$

$0,1 \cdot v_p = 10,1\,v$

Aplicando energia mecânica:

$$Em_i = Em_f$$

$$\left(m_p + m_{b)}\right) \cdot v^2 = (m_p + m_b) \cdot g \cdot h$$

$$(10,1) \cdot v^2 = 10,1 \cdot 10 \cdot 0,8$$

$$v^2 = 16$$

$$v = 4\,m/s$$

Substituindo na equação:

$0,1 \cdot v_p = 10,1\,v$

$0,1 v_p = 10,1 \cdot 4$

$v_p = 404\,m/s$

GABARITO: E.

26. Quando um objeto alcança a altura máxima sua velocidade será 0.

Sendo a carga (q) positiva, sua força elétrica e campo elétrico possuem a mesma direção e sentido. Quando a carga (q) for negativa, a força elétrica e campo elétrico possuem mesma direção, mas sentidos opostos.

Calculando o peso (P):

$P = m \cdot g$

$P = 10^{-6} \cdot 10$

$P = 10^{-5} N$

Calculando força elétrica:

$F_e = q \cdot E$

$F_e = 10^{-3} \cdot 10^{-2}$

$F_e = 10^{-5} N$

Calculando Segunda Lei de Newton:

$$F_R = m \cdot a$$
$$10^{-5} + 10^{-5} = 10^{-6} \cdot a$$
$$a = \frac{2 \cdot 10^{-5}}{10^{-6}}$$
$$a = 2 \cdot 10^{-5} \cdot 10^{6}$$
$$a = 20 \, m/s^2$$

Aplicando em Torricelli:

$v = (v_0)^2 + 2 \cdot a \cdot \Delta h$

$0 = 50^2 - 2 \cdot 20 \cdot \Delta h$ (aceleração negativa por momento retardado)

$$\Delta h = \frac{250}{4}$$
$$\Delta h = 62.5 \, m$$

GABARITO: C.

27. Sabendo que a imagem é maior, não podemos ter espelho convexo, logo eliminamos as alternativas B e E.

Pela fórmula do aumento linear transversal:

$$A = \frac{p'}{p}$$

$$3 = -\frac{p'}{30}$$

$$p' = -90 \, cm$$

Pela equação de Gauss:

$$\frac{1}{f} = \frac{1}{p} + \frac{1}{p'}$$

$$\frac{1}{f} = \frac{1}{30} + \left(\frac{1}{-90}\right)$$

$$\frac{1}{f} = \frac{1}{30} - \frac{1}{90}$$

$$\frac{1}{f} = \frac{90 - 30}{30 \cdot 90}$$

$$\frac{1}{f} = \frac{1}{45}$$

$$f = 45$$

Sendo f = 45 cm, o raio será o dobro, logo r = 90 cm.

GABARITO: A.

28. Como as esferas estão em equilíbrio, a soma das forças contrarias devem ser iguais.

Veja o esquema:

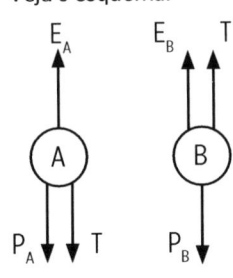

$E_A = P_A + T$

$T = P_A - E_A$

$E_B = P_B + T$

Substituindo T na equação B:

$E_B = P_B + P_A - E_A$

$E_B + E_A = P_B + P_A$

Calculando os pesos:

$P_A = 1 \cdot 10 = 10 \, N$

$P_B = 5 \cdot 10 = 50 \, N$

Calculando o volume de B:

$5 = 2,5 \cdot V_B$

$V_B = 2 \, dm^3$

Calculando os valores do empuxo:

$E_B = 1 \cdot V_B \cdot 10$

$E_B = 1 \cdot 2 \cdot 10 = 20 \, N$

Substituindo na equação:

$E_A + E_B = P_B + P_A$

$E_A + 20 = 50 + 10$

$E_A = 60 - 20 = 40 \, N$

Calculando o volume de A:

$E_A = d_{liq} \cdot V_A \cdot g$

$40 = 1 \cdot V_A \cdot 10$

$V_A = 4 \, dm^3$

GABARITO: C.

29. Aplicando a fórmula do rendimento:

$$\eta = \frac{P_{útil}}{P_{total}}$$

$$\eta = \frac{P_{útil}}{1500}$$

Aplicando a fórmula da potência:

$$Pot = \frac{\tau}{\Delta t}$$

$$Pot = \frac{m \cdot g \cdot h}{\Delta t}$$

$$Pot = \frac{d \cdot V \cdot g \cdot h}{\Delta t}$$

$$Pot = \frac{1.90000 \cdot 10 \cdot 5}{5 \cdot 3600}$$

$$Pot = \frac{9\,000}{12} = 750\,W$$

Substituindo na primeira equação:

$$\eta = \frac{P_{útil}}{1500}$$

$$\eta = \frac{750}{1500} = 0,5 \cdot 100\% = 50\%$$

GABARITO: B.

30. I: As ondas necessitam de um meio material para se propagarem. (V)

II: As ondas eletromagnéticas também se propagam em meios materiais (F)

III: Se são ondas eletromagnéticas sabemos que se propagam em meios materiais e no vácuo. (F)

GABARITO: A.

31. Analisando as afirmações:

I. A motocicleta possui velocidade de 60 km/h e constante, logo trata-se de um movimento uniforme. (F)

II. Calculando Δs do carro e da moto:

$$\Delta S_{carro} = \frac{2 \cdot 60}{2} = 60 \ Km$$

$$\Delta S_{motocicleta} = 2 \cdot 60 = 120 \ KM$$

Logo, a afirmativa está correta. (V)

III. Analisando o gráfico é possível ver que a aceleração é 30 km/h². (V)

IV. Utilizando o cálculo da distância que foi utilizada na afirmativa II, percebemos que a posição será diferente no instante 2h. (F)

Logo, a afirmativa correta é D: II e III.

GABARITO: D.

32. Veja as seguintes afirmações:

– Um ponto material oscila em torno de uma posição de equilíbrio;

– Nesse caso há transformação de energia mecânica em energia cinética, portanto a energia mecânica se conserva.

*O período t é INVERSAMENTE proporcional à frequência.

$$T = \frac{1}{f}$$

– A energia mecânica é soma da energia cinética com a potencial. E a energia potencial é

$\dfrac{k.A^2}{2}$, logo não é inversamente proporcional a amplitude.

–O período é calculado por $T = 2\pi \cdot \sqrt{\dfrac{m}{k}}$, logo não depende da amplitude.

Portanto, a alternativa correta é E, uma vez que o período não depende da amplitude de seu movimento.

GABARITO: E.

QUÍMICA

33. Analisando as afirmações:

I: Incorreta, pois, a geometria molecular da água é angular, já a do gás carbônico é linear. Sendo assim, podemos eliminar as alternativas A e C, que contêm esta possibilidade como correta.

II: Correta.

Observe como é percebido:

F O N Cl Br I S C P H (Eletronegatividade).

Elementos muito eletronegativos quando estão ligados ao hidrogênio, realiza ligação de hidrogênio, esta interação intermolecular é extremamente intensa. Com essa conclusão, é possível eliminar a alternativa D, que não possui a afirmação II relacionada como resposta correta.

III: Incorreta.

Sabe-se que moléculas de geometria linear como é o caso do gás carbônico são apolares, enquanto as angulares que é o caso da água são polares. Logo, a afirmação é incorreta, eliminando a alternativa B nos restando somente a correta que é a E.

GABARITO: E.

34. Analisando a equação dada, temos:

$CaC_2 + 2H_2O \rightarrow C_2H_2 + Ca(OH)_2$

I: Correta.

Vamos analisar a afirmação:

$Ca^{2+} \; C_2^{2-} = CaC_2$

Metal+Ametal = Forma ligação iônica.

Sendo assim, por eliminação, podemos desconsiderar as alternativas B e D que não relacionam esta afirmação como resposta.

Agora, observe as informações da afirmação V: "Todos os reagentes e produtos são classificados como substância simples". Incorreto!

Por exemplo, CaC_2 e H_2O não são substâncias simples, logo, a afirmação V é falsa.

Portanto, é possível eliminar as alternativas A e E que trazem essa afirmação como sendo correta e, assim, nos resta somente a alternativa C para acertar mais uma questão da ESPCEX.

GABARITO: C.

35. Analisando a estrutura, temos:

$$Na^+O^- \quad N \quad O$$

$C_3 C\ell_2 N_3 NaO_3$

De início percebemos que a afirmação III está correta, eliminando as alternativas A, B e E que não relacionam a fórmula como sendo verdadeira.

A afirmação II podemos deduzir que está correta por estar relacionada nas duas que ainda restam. Então, vamos analisar a I para concluirmos:

"em sua estrutura encontra-se o grupo funcional representativo da função nitrocomposto".

Exemplos de nitrocompostos:

$H_3C - NO_2$ $H_3C - CH - CH_3$ (com NO_2)

Nitrometano   2-nitropropano   nitrobenzeno   2, 4, 6-trinitrotolueno (TNT)

Perceba NO_2 (grupo nitro) nos compostos presente e ausente em que está descrito na questão. $C_3 C\ell_2 N_3 NaO_3$ é um composto nitrogenado, devido ao fato da presença dos N na molécula. Então, o que se afirma em I é incorreto, nos direcionando a alternativa correta que é a alternativa C.

GABARITO: C.

36. Fazendo as operações químicas e considerando o dado "log 4 = 0,60", temos:

$HCl + NaOH \rightarrow NaCl + H_2O$ M = 0,75 mol/L V = 400 mL

M = 1 mol/L

V = 100 mL

   HCl + NaOH

1 mol HCl --------- 1 mol NaOH

1 L ----- 1 mol 1 L ----- 1 mol $V_1 + V_2 = V_f$

0,1L --- X 0,4L --- Z   100 + 400 = 500 mL = 0,5L

X = 0,1 mol 0,2 mol excesso Z = 0,3 mol

$\dfrac{0,2}{0,5}$ = 0,4 mol/L (concentração da base).

NaOH = 0,4 mol/L "a solução básica foi parcialmente neutralizada":

$NaOH \rightarrow Na^+ + OH$

0,4 -------------- 0,4

Determinação de PH da base:

POH = -log[OH⁻]

$POH = -\log 4 \cdot 10^{-1}$

$POH = -(\log 4 + \log 10^{-1})$

POH = - (-0,6-1) = 0,4

PH + POH = 14

PH + 0,4 = 14

PH + 14 – 0,4 = 13,6

  GABARITO: A.

37. Partindo da análise da tabela periódica, temos:

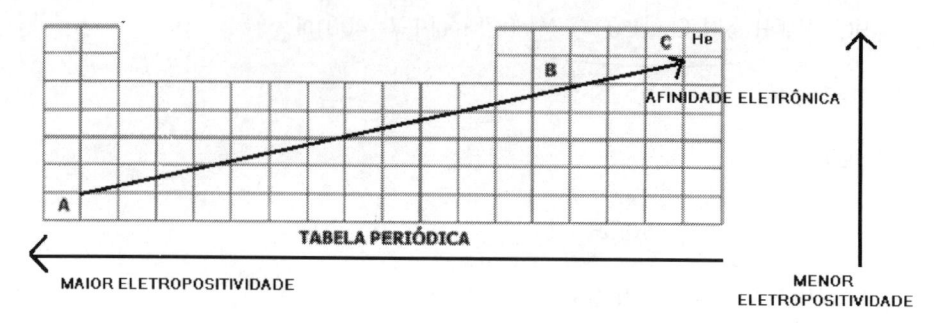

Analisando as afirmações:

I: Quando tratamos de afinidade eletrônica, o Hélio (He) é aquele que possui a maior afinidade eletrônica, o mesmo requer muita energia para retirar elétrons (e⁻) em seu estado gasoso. Logo, essa afirmativa está incorreta, pois afirma que "A" é o que possui a maior afinidade eletrônica. Dessa forma, conseguimos eliminar as alternativas A e E, que trazem essa informação como correta.

II: Não podemos considerar "B" como o maior eletropositivo, sendo assim, se eliminam B e D, que apresentam essa afirmação como verdadeira.

GABARITO: C.

38. $+2 + 6 - 8 = 10$

$CaWO_4$

$+2 \mid -2$

$(+6)$

Analisando as afirmações, temos:

I) NOX: A afirmação é verdadeira. Assim, podemos eliminar as alternativas B e C que não apresentam a tal como correta.

II) "O composto $CaWO_4$ é considerado peróxido.". Os peróxidos são compostos binários, ou seja, possuem apenas dois elementos químicos e o oxigênio terá como NOX -1, não condizente com o que a questão apresenta. Logo, se elimina as alternativas A e E restando somente a alternativa correta que é a D.

GABARITO: D.

39. Ao analisar a estrutura, temos:

| Ácidos orgânicos | Carboxila | Ácidos inorgânicos |

CARBOXILA

$H_3C -- C \overset{O}{\underset{OH}{}}$

Ligação simples

HO — C = O

BENZENO

H_3PO_4 H_3BO_3

(1)   (2)   (3)   (4)

Ácido Etanóico   Ácido Benzóico

(1) Ácido + et (dois carbonos C,C) + na (ligação simples C-C) + oico (presença da carboxila

$-C \overset{O}{\underset{OH}{}}$) = Ácido etanoico.

(2) Ácido + benz (presença do benzeno) + oico (presença da carboxila $-C \overset{O}{\underset{OH}{}}$) = Ácido benzoico.

Com essas duas informações já é o suficiente para chegar à alternativa correta que é a alternativa B.

Porém, eis aqui a relação dos outros dois ácidos:

(3) Ácido fosfórico.

(4) Ácido bórido.

GABARITO: B.

40. Analisando as informações dadas, temos:

245g   100g

$H_2SO_4 + 2NaOH \rightarrow Na_2SO_4 + 2H_2O$

Massas atômicas: H = 1; O = 16; S = 32; Na = 23.

Assim,

1. H_2SO_4: H = 2 · 1 + S = 1· 32 + O = 4 · 16

1. H_2SO_4 = 2 + 32 + 64 = 98g/mol

2: NaOH: Na = 1· 23 + O = 1· 16 + H = 1; 1 = 80g

2. NaOH: 23 + 16 + 1 = 40

NaOH: 40 · 2 = 80g/mol

A seguir vamos identificar qual o maior e qual o menor, assim, é possível descobrir o reagente limitante e o reagente em excesso. Os valores descobertos não farão parte do nosso cálculo:

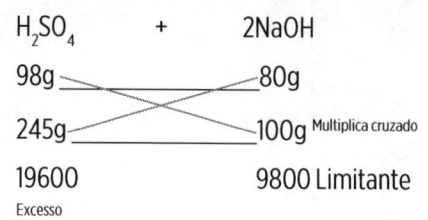

H_2SO_4 + 2NaOH

98g ⟍ 80g

245g ⟍ 100g Multiplica cruzado

19600   9800 Limitante

Excesso

Agora que identificamos o reagente que está em excesso e aquele que se encontra como limitante, temos:

98g ------- 80g

x --------- 100g

80 · x = 9800

$x = \dfrac{9800}{80} = 122,5g$

Atenção: Quanto está em <u>excesso</u>? Realize a subtração pelo valor do reagente em excesso (H_2SO_4):

245g – 122,5g = 122,5g

GABARITO: D.

41. Analisando os dados, temos:

$CuSO_4 \rightarrow Cu^{2+} + SO_4^{2-} \rightarrow$ (Dissociação).

Se depositado, irá sofrer redução!

$Cu^{2+} + 2e^- \rightarrow 1Cu^0$

2 · 96500 --- 64g

12 --- X

Corrente.

Q = i. T ➡ Tempo em segundos (seg).

Quantidade de carga.

$$Q = 0{,}1 \text{ (conversão } \frac{100}{1000}) \cdot 120 \text{ (conversão: } 60{\cdot}2)$$

Q = 12

Continuando:

$\cancel{12} \cdot 96500$ --- 64g

$^{6}\cancel{12}$ --- X

$$X = \frac{384}{96500} = 0{,}00398g \text{ (Converter } \cdot 1000) = 3{\cdot}88mg.$$

GABARITO: E.

42. Reação elementar ocorre em uma única etapa. Analisando os dados da tabela e aplicando a fórmula, temos:

$\alpha A + \beta B + xC \rightarrow D + E$

Experimento	[A]	[B]	[C]	Velocidade (mol $\cdot$ L^{-1} $\cdot$ s^{-1})
1	0,10	0,10	0,10	$4 \cdot 10^{-4}$
2	0,20	0,10	0,10	$8 \cdot 10^{-4}$
3	0,10	0,20	0,10	$8 \cdot 10^{-4}$
4	0,10	0,10	0,20	$1{,}6 \cdot 10^{3}$

$$V = K \cdot [\text{reagentes}]$$

$$V = k \cdot [A]^{\alpha} \cdot [B]^{\beta} \cdot [C]^{x}$$

Para determinar o expoente de "A", as concentrações de "B" e "C" não podem interferir na reação.

Observe que nos experimentos "1" e "2" que as concentrações de "B" e "C" estão constantes e não estão interferindo. Repare também que o valores de "A" em concentração e velocidade dobraram. Basta dividir o que ocorreu com a velocidade (valor dobrado) e, pelo que ocorreu com a concentração (dobrou também), ou seja, 2 dividido por 2 que é igual a 1. O expoente de "A" é 1! Sendo assim, se eliminam as alternativas B, C e E. O expoente de "B" não necessita de investigação, pois aparecem com o valor 1 nas duas alternativas que ainda restam. Analisando "C":

Experimento	[A]	[B]	[C]	Velocidade (mol · L⁻¹ · s⁻¹)
1	0,10	0,10	0,10	$4 \cdot 10^{-4}$
2	0,20	0,10	0,10	$8 \cdot 10^{-4}$
3	0,10	0,20	0,10	$8 \cdot 10^{-4}$
4	0,10	0,10	0,20	$1,6 \cdot 10^{3}$

Para determinar o expoente de "C", as concentrações de "A" e "B" não podem interferir na reação.

Perceba que a concentração de "C" dobrou. Se deslocarmos a vírgula para a direita no valor da velocidade do experimento "4": 16.10^{-4}. Sendo assim, divida o que ocorreu com a velocidade (valor quadruplicou) e pelo que ocorreu com a concentração (dobrou), ou seja, 4 dividido por 2 que é igual a 2. O expoente de "C" é 2! Logo, restará somente a alternativa correta que é a alternativa A.

GABARITO: A.

43.

Composto	ΔH_f^0 (KJ · mol⁻¹) (25°C, 1 atm)
C_2H_5OH (I)	−278
CO_2(g)	−394
H_2O (I)	−286

Analisando as informações dadas, temos:

$$C_2H_6O + 3O_2 \rightarrow 2CO_2 + 3H_2O$$

NOX O: 0   -2   -2

Diminui. Agente oxidante.

Sendo assim, a afirmação I da questão é verdadeira, eliminando as alternativas A, C e D que não possuem a afirmação como sendo correta.

A II afirma o seguinte: "o coeficiente estequiométrico da água, após o balanceamento da equação é 2". Observando a balanceamento já realizado, notaremos que o coeficiente da água é 3 e não 2. Tal afirmação sendo falsa, nos leva a alternativa E como a correta já que a restante apresenta como sendo verdadeira.

GABARITO: E.

44. Reação de oxirredução:

$$+1 \quad -6 \qquad\qquad +2 +10 -12$$

$$Cu + HNO_3 \rightarrow NO + H_2O + Cu(NO_3)_2 \qquad NOX$$

$$0 \quad -1+5-2 \quad +2-2 \quad +1-2 \quad +2 \quad +5-2$$

Oxidação/Agente redutor

Redução/Agente oxidante

Δ Oxi: $2 \cdot 1 = 2$

Δ Red: $3 \cdot 1 = 3$

Sempre na frente daquele que possui o maior número de átomos. Continuando:

$$3Cu + 8HNO_3 \rightarrow 2NO + 4H_2O + 3Cu(NO_3)_2$$

Soma dos menores coeficientes = $3 + 8 + 2 + 4 + 3 = 20$

Logo, se eliminam as alternativas A, C e E devido ao fato de que não apresentam esse valor como opção.

Analisando a massa de cobre (Cu) consumida:

$3 \cdot 64$ ------- $2 \cdot 22,7$

$192\,g$ ------- $45,7\,L$

X ------- $181,6\,L$

$X \cdot 45,7 = 34867,2$

$X = \dfrac{34867,2}{45,7}\ 768g$

GABARITO: B.

MATEMÁTICA

45. O volume do cubo é $216\ cm^3$, portanto a aresta é $6\ cm$.

$V = a^3$

$216 = a^3$

$a = \sqrt[3]{216} = 6\ cm$

A aresta é o diâmetro da esfera, portanto:

$A = 2 \cdot r$

$r = \dfrac{6}{2}\ cm$

$r = 3\ cm$

Aplicando a fórmula do volume da esfera temos:

$$V = \frac{4}{3}\pi r^2$$

$$V = \frac{4}{3} \cdot \pi \cdot 3^3$$

$$V = 36\pi \text{ cm}^3$$

GABARITO: B.

46. Resolvendo por substituição prática, temos:

$x = 0$, $f_{(x)} = 2$ (ponto $(0, 2)$ do gráfico)

Substituindo nas alternativas:

$1 - \text{sen}(\pi - 0) = 1 - 0 = 1$ (F)

$1 + \cos(\pi - 0) = 1 + (-1) = 0$ (F)

$2 - \cos(\pi + 0) = 2 - (-1) = 3$ (F)

$2 - \text{sen}(\pi - 0) = 2 - 0 = 2 = $ (V)*

$1 - \cos(\pi - 0) = 1 - (-1) = 2$ (V)*

Analisando um segundo ponto $(\pi, 0)$ temos:

$x = \pi$, $f_{(\pi)} = 0$

Substituindo nas alternativas validas no ponto anterior:

$2 - \text{sen}(\pi - \pi) = 2 - 0 = 2 = $ (F)

$1 - \cos(\pi - \pi) = 1 - (-1) = 2$ (V)*

Como os dois pontos são validos na função, a alternativa E é a correta.

$1 - \cos(\pi - x)$

GABARITO: E.

47. Fatorando a função, temos:

$$f_{(x)} = \sqrt{\frac{x^2(x-5) - 25(x-5)}{x+5}}$$

$$f_{(x)} = \sqrt{\frac{(x-5) \cdot (x^2 - 25)}{(x+5)}}$$

$$f_{(x)} = \sqrt{\frac{(x-5) \cdot (x+5)(x-5)}{(x+5)}}$$

Aplicando condição de existência:

x + 5 ≠ 0

x ≠ - 5,então R- {- 5}

Encontrando os possíveis valores de x:

$$f_{(x)} = \sqrt{(x-5)^2}$$

x – 5 ≥ 0

x ≥ 5, então R₊

A = R-{-5} e B = R₊

GABARITO: B.

48. Analisando as afirmações I e II:

Se a probabilidade de retirar uma moeda de R$0,50 é x, então a probabilidade de tirar uma de R$0,25 é 3x (o triplo).

R$ 0,50 = x   R$ 1,00 = y

R$ 0,25 = 3x

O total de moedas será 4x + y.

Analisando a afirmativa III:

Retirando 21 moedas de R$ 0,25 temos:

$3x - 21$

A probabilidade será:

$$P_{(0,50)} = \frac{x}{4x+y-21} = \frac{9}{40}$$

$40x = 9(4x+y-21)$

$40x = 36x+9y-189$

$4x = 9y - 189 \ (I)$

Analisando a afirmativa IV:

Retirando 9 moedas de R$ 0,50 temos:

$$P_{(1,00)} = \frac{y}{4x+y-9} = \frac{1}{4}$$

$4y = 4x + y - 9$

$4x = 3y + 9 \ (II)$

Igualando as equações I e II temos:

$4x = 4x$

$9y - 189 = 3y + 9$

$6y = 198$

$y = 33$

Substituindo na I, encontramos x:

$4x = 9y - 189$

$4x = 108$

$x = 27$

Sendo R$ 0,25 = 3x, temos:

$3 \cdot 27 = 81$

81 moedas

GABARITO: D.

49. Resolvendo a equação, temos:

$$\log_3 x = 1 + 12 \cdot \log_{x^2} 3$$
$$\log_3 x = 1 + 12 \cdot \frac{1}{2} \cdot \log_x 3$$
$$\log_3 x = 1 + 6 \cdot \log_x 3$$

Se $\log_3 x = y$ e $\log_x 3 = \dfrac{1}{y}$

Substituindo na equação logarítmica:

$$y = 1 + 6 \cdot \frac{1}{y}$$
$$y - 1 = \frac{6}{y}$$
$$y^2 - y = 6$$
$$y^2 - y - 6 = 0$$

Resolvendo a equação:

$$y' = 3 \text{ e } y'' = -2$$

Substituindo no logaritmo, temos:

$$\log_3 x = y$$
$$\log_3 x = 3$$
$$x = 3^3 = 27$$
$$\log_3 x = -2$$
$$x = (3)^{-2} = \left(\frac{1}{3}\right)^2 = \frac{1}{9}$$

Calculando o produto das raízes:

$$27 \cdot \frac{1}{9} = 3$$

GABARITO: D.

50. Considerando $y = f_{(x)} = ax + b$ e substituindo pelo ponto $(4, -7)$:

$-7 = 4a + b$

$b = -4a - 7$

Substituindo na função:

$y = ax + (-4a - 7)$

$y = ax - (4a + 7)$

Se a reta é tangente ao gráfico, as funções são iguais:

$ax - (4a + 7) = x^2 - 6x + 1$

$x^2 - 6x + 1 - ax + (4a + 7) = 0$

$x^2 - (a + 6)x + (4a + 8) = 0$

Para ter um único valor para x, devemos ter $\Delta = 0$.

$(a + 6)^2 - 4 \cdot 1 \cdot (4a + 8)$

$a^2 - 4a + 4 = 0$

$(a + 2)^2 = 0$

$a = 2$

Substituindo na função da reta:

$y = ax - (4a + 7)$

$y = 2x - (4 \cdot 2 + 7)$

$y = 2x - 15$

GABARITO: E.

51. Aplicando equação da circunferência:

$x^2 + y^2 = r^2$

Se $r^2 = 3$, então $r = \sqrt{3}$.

Considerando a figura MNPO temos:

$MO = \sqrt{3}$

Traçando uma reta NO obtemos um triângulo equilátero, logo:

$MN = MO = \sqrt{3}$

Calculando a altura PO:

$$PO = \frac{l\sqrt{3}}{2} = \frac{(\sqrt{3})^2}{2} = \frac{3}{2}$$

A altura total do cone será $\frac{3}{2} \cdot 2 = 3$

$h = 3$

Pela regra do triângulo egípcio temos:

$$NP = \frac{MO}{2} = \frac{\sqrt{3}}{2}$$

Se a razão entre as bases é $\frac{1}{2}$, então a razão será $\frac{1}{2}$ também.

Como queremos o volume, então essa razão de semelhança será $\left(\frac{1}{2}\right)^3 = \frac{1}{2}$. Logo, o volume do tronco do cone será $\frac{7}{8}$ do volume total.

Aplicando a fórmula do volume do cone temos:

$$V = \frac{\pi r^3 h}{3}$$

Como queremos $\frac{7}{8}$ do volume, fazemos a multiplicação:

$$V = \frac{\pi r^3 h}{3} \cdot \frac{7}{8}$$

$$V = \frac{7}{8} \cdot \frac{\pi (\sqrt{3})^2 . 3}{3}$$

$$V = \frac{21\pi}{8}$$

GABARITO: B.

52. Traçando uma semirreta paralela ao eixo das abscissas a partir do centro da circunferência, temos um triângulo retângulo.

A altura desse triângulo será a diferença entre as ordenadas de N e C:

$h = 4 - 2 = 2$

Aplicando a equação da reta temos:

$x^2 + y^2 = r^2$

$(\sqrt{3})^2 + 2^2 = r^2$

$r = \sqrt{7}$

Se $r = \sqrt{7}$, então o ponto M é $(0, 2 + \sqrt{7})$

Se os pontos P e M possuem mesma ordenada, então no ponto P temos:

$f_{(x)} = \sqrt{x} + 2 = 2 + \sqrt{7}$

$\sqrt{x} + 2 = 2 + \sqrt{7}$

$\sqrt{x} = \sqrt{7}$, logo:

$x = 7$

GABARITO: C.

53. Dada a função $f_{(x)} = |x - 2| + |x + 3|$, temos que $f_{(0)} = c$.

$f_{(0)} = |0 - 2| + |0 + 3|$

$f_{(0)} = c = 5$

Sabendo que a e b são raízes dos termos da função, temos:

$x - 2 = 0$

$x = 2 (a)$

$x + 3 = 0$

$x = -3 (b)$

$a + b + c = 2 + (-3) + 5 = 4$

GABARITO: C.

54. Basta resolver a equação: $2\cos^2 x + 3\cos x + 1 = 0$:

$\Delta = 1$

$\cos x = -\dfrac{1}{2}$

$\cos x = -1$

$\cos x = -1$ em $180°$ (1 raiz)

$\cos x = -\dfrac{1}{2}$ em $120°$ e $240°$ (2 raízes)

3 raízes

GABARITO: D.

55. Utilizando os pontos do gráfico $(0, 3)$ e $(-2, 6)$, temos:

$f_{(x)} = a^x + b$

$f_{(-2)} = a^{-2} + b \ (I)$

$f_{(0)} = y = 3 \ (II)$

$a^0 + b = 3$

$1 + b = 3$

$b = 2$

Substituindo b na primeira função:

$f_{(-2)} = a^{-2} + 2$

$a^{-2} + 2 = 6$

$a^{-2} = 4$

$\left(\dfrac{1}{a}\right)^2 = 2^2$

$a = \dfrac{1}{2}$

Calculando e $f_{(-2)}$ e $f_{(2)}$:

$f_{(-2)} = \left(\dfrac{1}{2}\right)^{-2} + 2$

$f_{(-2)} = 6$

$f_{(2)} = \left(\dfrac{1}{2}\right)^2 + 2$

$f_{(2)} = \dfrac{9}{4}$

$f_{(2)} - f_{(-2)} = \dfrac{9}{4} - 6$

$f_{(2)} - f_{(-2)} = -\dfrac{15}{4}$

GABARITO: B.

56. Calculando o valor de $f_{(x)}$:

$f_{(x)} = 4 + 2sen3x = 4 + 2\cdot(-1) = 2$

Valor mínimo de senx = –1.

$f_{(x)} = (\sqrt{3})^2 = 3$

Calculando valor máximo de $g_{(x)}$:

$g_{(x)} = 1 + 3cos2x = 1 + 3\cdot(-1) = -2$

Como $\dfrac{\sqrt{3}}{3}$ está entre 0 e 1, trata-se de uma função decrescente.

Expoente valor mínimo:

Valor mínimo de cos2x = –1

$$g_{(x)max} = \left(\frac{\sqrt{3}}{3}\right)^{-2} = \left(\frac{3}{\sqrt{3}}\right)^{2} = \frac{9}{3} = 3$$

Calculando o produto $f_{(x)} \cdot g_{(x)}$:

$3 \cdot 3 = 9$

GABARITO: D.

57. Como o aumento na produção é constante, trata-se de uma PA:

Calculando, a razão r:

$r = 790 - 720$

$r = 70$

$a_1 = 720$

$n = 2025 - 2010 + 1$

$n = 16$

$a_n = a_1 + (n-1)\cdot r$

$a_{16} = 720 + (16-1)\cdot 70$

$a_{16} = 1770$

Fazendo a soma até 2025:

$$S_n = \frac{(a_1 + a_n) \cdot n}{2}$$

$$S_n = \frac{(720 + 1770) \cdot 16}{2}$$

$$S_n = 19.920$$

A meta era 20.000, mas chegou apenas em 19.920, ou seja, 80 tratores a menos.

Não deverá ser atingida, pois serão produzidos 80 tratores a menos.

GABARITO: E.

58. Pelo enunciado chegamos na figura:

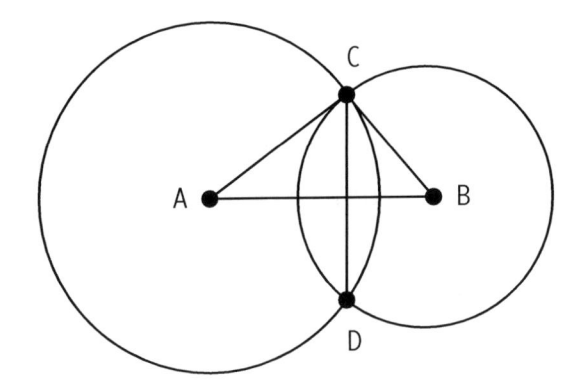

O triângulo ABC é retângulo e trata-se de um triângulo 3, 4, 5.

AB = 25 cm

AC = 20 cm

BC = 15 cm

A corda comum aos círculos é o segmento CD.

Para calcular basta aplicar relações métricas do triângulo retângulo:

$a \cdot h = b \cdot c$

$25h = 20 \cdot 15$

$h = 12$ cm

Se a corda CD é 2h, então:

CD = 2 · 12

CD = 24 cm

GABARITO: B.

59. Pelo enunciado temos:

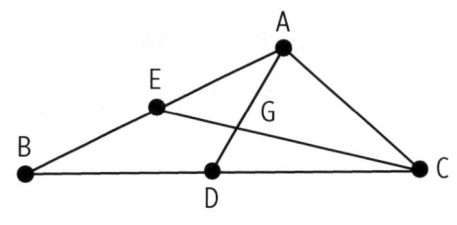

AD = 6 cm

AB = 9 cm

BC = 12 cm

Sendo G o ponto de baricentro. Utilizando sua característica, temos que:

GD = 2 cm

GE = 3 cm

Utilizando radical de Heron:

$$S = \sqrt{p \cdot (p - a) \cdot (p - b) \cdot (p - c)}$$

Utilizando o perímetro do triângulo CGD, temos:

P = 6 + 6 + 2 = 14

Semiperímetro: S' = 7

$$S' = \sqrt{7 \cdot (7 - 6) \cdot (7 - 6) \cdot (7 - 1)}$$
$$S' = \sqrt{35}$$

Se o triângulo ABC é formado por seis triângulos congruentes temos:

A = 6 · $\sqrt{35}$ cm^2

GABARITO: C.

60. Pelas fórmulas de hipérbole temos:

$$c^2 = a^2 + b^2$$

$$\frac{x^2}{a^2} - \frac{y^2}{b^2} = 1$$

Pelo enunciado:

$c = 5$

$a = 3$

Base do triângulo: $x_p - x_n = 3 - (-5) = 8$

Aplicando nas fórmulas:

$5^2 = 3^2 + b^2$

$b = 4$

Utilizando o ponto :

$$\frac{4^2}{3^2} - \frac{y^2}{4^2} = 1$$

$$\frac{16}{9} - \frac{y^2}{16} = 1$$

$$\frac{7}{9} = \frac{y^2}{16}$$

$$y = \sqrt{\frac{16 \cdot 7}{9}}$$

$$y = \frac{4\sqrt{7}}{3}$$

Calculando a área:

$$S_\Delta = \frac{\frac{8 \cdot 4\sqrt{7}}{3}}{2}$$

$$S_\Delta = \frac{16\sqrt{7}}{3}$$

GABARITO: A.

61. No conjunto de 15 números temos:

8 – pares (P)

7 – ímpares (I)

As possibilidades de ter uma soma ímpar:

3 números ímpares

1 número ímpar e 2 números pares.

Para escolher os números na possibilidade I basta calcular $C_{8,3}$

$$C_{8,3} = \frac{8!}{(8-3)!\,3!} = \frac{8!}{5!\,3!} = 56$$

Para escolher os números na possibilidade II fazemos 8. $C_{7,2}$

$$8 \cdot \frac{7!}{(7-2)!\,2!} = 8 \cdot \frac{7!}{5!\,2!} = 8 \cdot 21 = 168$$

Para finalizar, basta somas os resultados:

168 + 56 = 224

GABARITO: C.

62. Fatorando $p_{(x)}$:

$x^4(x-2) - (x-2)$

$(x^4 - 1) \cdot (x - 2)$

$(x^2 + 1) \cdot (x^2 - 1) \cdot (x - 2)$

$(x^2 + 1) \cdot (x - 1) \cdot (x + 1) \cdot (x - 2)$

Calculando as raízes temos:

$x^2 + 1 = 0$

$x = \sqrt{-1}$

x = i ou x = -1

x − 1 = 0

x = 1

x + 1 = 0

x = −1

x − 2 = 0

x = 2

Dessa forma, temos três raízes reais e duas raízes complexas.

GABARITO: D.

63. Calcular o argumento do complexo:

ρ = raio = 2

$cis\theta = cos\theta + sen\theta$

$\theta = 120°$

$\rho \cdot cis\theta$

$2 \cdot (cos120° + sen120°)$

$2 \cdot \left(-\dfrac{1}{2} + \dfrac{\sqrt{3}}{2} i \right)$

$-1 + \sqrt{3}i$

GABARITO: C.

64. Pelo enunciado formamos a figura:

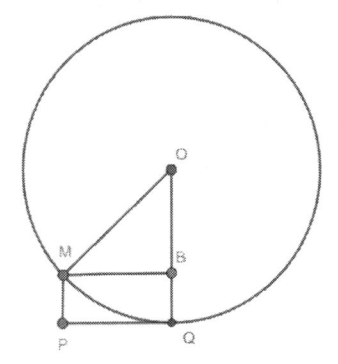

r = 1

Aplicando sen30° e cos30° obtemos MP e MB:

$$\text{sen}30° = \frac{1}{2}$$

$$\cos30° = \frac{\sqrt{3}}{2}$$

$$MP = 1 - \frac{\sqrt{3}}{2}$$

Calculando área do trapézio:

$$A = \frac{(B + b) \cdot h}{2}$$

$$A = \frac{\left(1 + 1 - \frac{\sqrt{3}}{2}\right) \cdot \frac{1}{2}}{2}$$

$$A = \left(2 - \frac{\sqrt{3}}{2}\right) \cdot \frac{1}{4}$$

$$A = \frac{1}{2} - \frac{\sqrt{3}}{8}$$

GABARITO: A.

GEOGRAFIA

65. Analisando as informações, temos:

I: Incorreta. As reservas mundiais de água doce apropriadas para uso e consumo correspondem a somente 1% da água no mundo.

II: Correta. A distribuição dos recursos hídricos é determinada por condições geográficas que não permitem um acesso igualitário. Além disso, o acesso e uso desse recurso muitas vezes exige condições econômicas de investimento.

III: Correta. Certas atividades, sobretudo as ligadas à indústria, causam a inutilização dos recursos hídricos através da poluição e do desperdício, intensificando os efeitos da escassez de água já existente.

IV: Correta. A crescente urbanização tem efeito direto sobre a capacidade de drenagem e infiltração de água no solo, responsável pelo abastecimento de aquíferos. Com a impermeabilização do solo o escoamento superficial é intensificado, impedindo a continuidade do ciclo hidrológico.

V: Incorreta. As condições geográficas desiguais de distribuição dos recursos hídricos tornam a escassez de água um problema pré-existente que é intensificado pelo mau uso.

Portanto, a partir dessas análises, temos como resposta a alternativa D.

GABARITO: D.

66. As cadeias orogenéticas são agentes de formação do relevo de tipo interno. São fenômenos de formação de relevo por meio de atividades tectônicas na crosta terrestre, responsáveis pela formação de dobras.

GABARITO: A.

67. I: Incorreta. O mercado do mundo globalizado mostra-se adepto a não intervenção do Estado na economia, a fim de condições favoráveis de investimento e organização da produção.

II: Incorreta. A tendência na verdade tem sido a organização da produção no Sistema *Just in Time*, limitando a produção à demanda.

III: Correta. No Sistema *Just in Time* o nível de produção é constantemente regulado pela demanda, visando a eliminação de custos para o favorecimento no mercado competitivo.

IV: Correta. Em função do crescimento da competitividade, no mundo globalizado as condições produtivas tendem a se instalar nos locais em que as condições de investimento forem mais favoráveis ao capital. Entre os elementos que influenciam estas condições, destacam-se as leis trabalhistas que influenciam as condições de exploração da mão de obra e seus respectivos custos.

Portanto, a partir dessas análises, temos como resposta a alternativa E.

GABARITO: E.

68. I: Incorreta. O aumento da participação de adultos e idosos no conjunto da população é resultado da redução da taxa de natalidade.

II: Incorreta. A queda da proporção de crianças na população está associada à redução da taxa de fecundidade, associada à mudança de condições sociais e culturais.

III: Correta. Os dados apresentados indicam a redução do número de crianças e o aumento do número de idosos e jovens adultos, sugerindo a gradual predominância de indivíduos economicamente ativos na população.

IV: Correta. O gráfico indica que em 2030 o número de crianças na população se igualará ao número de idosos, tendendo a diminuir ainda mais a partir de então, indicando o envelhecimento populacional e a eventual superação da taxa de natalidade pela taxa de mortalidade.

V: Incorreta. Pelo contrário, o gráfico indica a progressiva redução do crescimento populacional.

Portanto, a partir dessas análises, temos como resposta a alternativa C.

GABARITO: C.

69. I: Incorreta. A segurança e o policiamento das fronteiras são responsabilidade do Governo Federal.

II: Correta. O exercício da soberania sobre o território marítimo prevê a permissão de passagem inofensiva de embarcações internacionais, assegurada pela legislação brasileira.

III: Correta. A ampliação da ZEE por intermédio da plataforma continental e vigente e permite acesso a áreas de riquíssima biodiversidade e forte potencial econômico através da prospecção de petróleo.

IV: Incorreta. Na ZEE a liberdade de exploração de recursos é restrita ao Brasil.

Portanto, a partir dessas análises, temos como resposta a alternativa C.

GABARITO: C.

70. I: Incorreta. O crescimento econômico da China está diretamente relacionado ao desenvolvimento da indústria através do investimento financeiro

II: Incorreta. O processo de crescimento econômico da China privilegiou as Zonas Econômicas Especiais localizadas sobretudo na costa, agravando as desigualdades regionais.

III: Correta. Incentivos fiscais e baixíssimos custos de mão de obra são os principais fatores que atualmente tornam a China o principal foco de investimento do mercado internacional, responsável pelo seu crescimento econômico.

IV: Correta. As Zonas Econômicas Especiais foram planejadas e criadas com o intuito de proporcionar boas condições fiscais e baixos custos de mão de obra capazes de atrair os investimentos do mercado estrangeiro e assim impulsionar o desenvolvimento industrial e econômico do país. Este fator destacou a China como principal polo de investimento no mercado.

Portanto, a partir dessas análises, temos como resposta a alternativa E.

GABARITO: E.

71. As baixas temperaturas registradas nas regiões de Canela e Gramado se devem à sua latitude, localizada mais ao Sul, e à sua altitude elevada em relação ao nível do mar.

GABARITO: A.

72. I: Incorreta. As usinas hidrelétricas são a principal fonte de energia elétrica no Brasil. Hoje, o Sudeste é responsável pela produção da maior parte da energia elétrica consumida pelo país e concentra a maior parte das usinas hidrelétricas, graças à geografia da região.

II: Correta. Fatores como a crescente urbanização e industrialização do país, aliados a uma capacidade geograficamente desigual de produção de energia, tornaram necessário integrar o sistema de energia elétrica brasileiro, a fim de garantir a melhor distribuição de acordo com as necessidades de consumo regionais.

III: Correta. O aumento da capacidade de produção de energia elétrica no Brasil ocorreu por intermédio da expansão do número de usinas hidrelétricas.

IV: Incorreta. A demanda de energia elétrica no Brasil foi suprida através do investimento em fontes de energia hidrelétrica que, ainda hoje, representam a principal fonte de energia elétrica disponível.

Portanto, a partir dessas análises, temos como resposta a alternativa B.

GABARITO: B.

73. I: Correta. A porção norte do território representado no esquema topográfico apresenta um maior distanciamento entre as curvas de nível, indicando um relevo menos íngreme e, assim, mais adequado ao emprego de mecanização agrícola.

II: Incorreta. As menores altitudes estão representadas na porção Centro-Oeste do mapa.

III: Correta. Na porção esquerda da representação topográfica, principalmente ao Sul, podemos observar que as curvas de nível se encontram mais próximas e, por isso, indicam um relevo mais íngreme.

IV: Correta. A topografia do território indica um declive no sentido oeste, consequentemente a justante (o sentido do fluxo da água) do rio está no mesmo sentido.

V: Incorreta. Na escala cartográfica indicada, a distância de 3 cm indicada entre os pontos X e Y corresponde à distância real de 1,5 km.

Portanto, a partir dessas análises, temos como resposta a alternativa C.

GABARITO: C.

74. I: Correta. Os dados da tabela indicam um decréscimo que se inicia ao final dos anos 1970 e culminam no valor de 62,2% em 2008, confirmando o processo de perda de participação do Sudeste.

II: Incorreta. Sem envolvimento significativo com a indústria, a região Centro-Oeste é tradicionalmente marcada pela predominância de atividades econômicas ligadas ao agronegócio.

III: Correta. Os dados demonstram uma concentração significativa da industrialização no Sudeste em relação às outras regiões do país. Um dos efeitos da concentração industrial é o fomento à pesquisa e ao desenvolvimento de tecnologias.

IV Incorreta. Ainda hoje, as montadoras de automóveis, em sua maior parte, permanecem concentradas no Sudeste do Brasil.

Portanto, a partir dessas análises, temos como resposta a alternativa A.

GABARITO: A.

75. O Maciço Urucum é uma formação geológica localizada no estado do Mato Grosso do Sul, município de Corumbá. Se caracteriza por ser muito rica em minerais metálicos, entre eles o manganês, conferindo ao Brasil a condição de um dos maiores produtores de manganês do mundo.

GABARITO: B.

76. I: Incorreta. A monocultura da soja para exportação está concentrada principalmente na região Centro-Oeste.

II: Correta. O Centro-Oeste se consolidou como o grande polo do Agronegócio brasileiro. Nessa região, a agropecuária foi favorecida pelas grandes extensões de terra disponíveis nos planaltos e chapadas do cerrado.

III: Incorreta. A Região Centro-Sul ainda é a maior produtora de cana-de-açúcar no Brasil.

IV: Correta. A produção de fumo e de laranja no Brasil está associada à atuação majoritária de pequenos e médios proprietários, todavia, sua produção está efetivamente integrada ao mercado global, uma vez que o Brasil é um dos maiores produtores de fumo no mundo e um dos maiores exportadores de suco concentrado de laranja.

V: Correta. O crescimento do agronegócio implica na implementação de tecnologias, no abastecimento de matérias-primas e no emprego de mão de obra especializada. Assim, com o crescimento a cadeia produtiva do agronegócio passa a movimentar um mercado amplo e diferentes setores da economia, ao envolver também a indústria e conhecimentos técnicos sobre o processo produtivo.

Portanto, a partir dessas análises, temos como resposta a alternativa D.

GABARITO: D.

HISTÓRIA

77. Desde o final do século XIII, com a efetiva reconquista de seus territórios a despeito dos mouros, os reinos ibéricos passaram a configurar o poder político de modo centralizado, constituindo reinos nacionais unificados. Em Portugal, já ao final do século XIV, com a morte de D. Fernando I, a anexação ao Reino de Castela tornou-se uma possibilidade graças à lógica do sistema de sucessão atrelada às alianças dinásticas. Visando não perder sua autonomia, a nobreza de Portugal entra em conflito com o Reino de Castela, perpetrando a Revolução de Avis que cora rei D. João I, em 1385, e consolida Portugal como uma monarquia nacional.

    GABARITO: B.

78. I: Incorreta. Apesar de ter sido desenvolvida por Nicolau Copérnico durante o Renascimento, a teoria do Heliocentrismo não foi aceita pela Igreja Católica no contexto do século XVI, em que vigorava a crença no Geocentrismo.

    II: Correta. A imprensa, desenvolvida por Johann Gutemberg no século XIV, foi fundamental para o renascimento em função de seu papel na disseminação do conhecimento e dos ideais renascentistas. A imprensa permitiu pela primeira vez a produção de cópias de escritos em larga escala, tonando os livros mais acessíveis economicamente e socialmente, em comparação com os tradicionais manuscritos. Em decorrência disso, a livre comunicação de ideias fora do domínio católico libertou o exercício intelectual e contribuiu significativamente para importantes revoluções culturais como a Reforma Protestante.

    III: Incorreta. A estratificação da sociedade é uma característica social diretamente relacionada à herança medieval. Não está relacionada às revoluções culturais provocadas pelo Renascimento.

    IV: Correta. O desenvolvimento comercial na península itálica favoreceu o crescimento de uma classe comerciante enriquecida que se dedicou ao mecenato, o financiamento de artistas em prol da dedicação exclusiva à produção cultural. Almejando a ascensão de seu *status* social e político, os mecenas utilizaram a prática do financiamento cultural como uma forma de alcançar reconhecimento social e favorecimentos políticos. Como resultado grandes artistas tiveram seus nomes marcados na História e a cultura europeia se distanciou da tendência teocêntrica medieval.

    Portanto, a partir dessas análises, temos como resposta a alternativa D.

    GABARITO: D.

79. O regime administrativo das Capitanias Hereditárias foi responsável pela divisão do território brasileiro em porções de terra que foram concedidas pela coroa à iniciativa privada na intenção de incentivar a colonização. Seus proprietários eram independentemente responsáveis pelo investimento, administração e segurança das capitanias. Assim, diante das dificuldades de efetivar o domínio sobre o território e consolidar atividades econômicas eficientes, a maior parte das capitanias fracassaram ou nunca receberam intervenção efetiva. As capitanias de Pernambuco e São Vicente mostraram-se exceções graças à bem-sucedida implementação da monocultura de cana-de-açúcar como atividade econômica a partir de 1530. Este sucesso se deve em grande parte às condições favoráveis a este tipo de cultura no nordeste brasileiro.

GABARITO: E.

80. Portugal e Holanda nutriam boas relações econômicas no mercado do açúcar até antes da constituição da União Ibérica (1580-1640), em decorrência da sucessão da sucessão do rei espanhol Felipe II ao trono português. A unificação acarretou a proibição das relações comerciais entre Portugal e Holanda em decorrência do conflito vigente entre Espanha e Holanda (Guerra dos Oitenta Anos). Visando seus interesses econômicos, os holandeses então invadem o território brasileiro, culminando na ocupação de Salvador, em 1624.

GABARITO: B.

81. Thomas Hobbes foi um filósofo do século XVII que defendeu o exercício do poder político por meio de um governo centralizado e soberano como a única forma de governo efetiva. Segundo ele, a soberania deveria ser centralizada na figura de um único governante. Assim, os súditos não deveriam deter qualquer poder político, caso contrário, pela divergência de interesses seria instaurado o caos.

Este posicionamento se mostrou favorável ao Regime Absolutista, como pode ser observado com facilidade em suas manifestações na ocasião do conflito entre a monarquia e o parlamento na Inglaterra em 1628, ao tomar partido de Carlos I.

GABARITO: A.

82. As assim chamadas "Leis Intoleráveis" foram um conjunto de medidas restritivas instituídas pelo reino inglês contra as treze colônias em represália à Revolta do Chá, realizada em Boston em 16 de dezembro de 1773. O resultado foi a inflamação de um forte sentimento de revolta contra as condições impostas pela metrópole, que se expressou na organização do Congresso Continental de 1774. Mais tarde, sem alterações no quadro exploratório imposto pela metrópole, decidiu-se pela independência das Treze Colônias, proclamada em 4 de julho de 1776.

GABARITO: A.

83. O Congresso de Viena (1814-1815) expressou o esforço das principais nações monárquicas europeias, vitoriosas contra a França Napoleônica, em reestabelecer a paz no continente europeu por meio da supressão das tensões sociais e políticas provocadas pelos ideais liberais, observados em especial nos 25 anos de conflitos sucedidos por efeito da Revolução Francesa.

    A Santa Aliança expressa, em essência, este mesmo propósito. Constituída pelo Império da Rússia, o Império da Prússia e o Reino Austríaco, a Aliança previa o compromisso com a manutenção da soberania das monarquias europeias, o combate a movimentos naciona-listas e liberais, e o domínio sobre as colônias.

    GABARITO: C.

84. A mudança da corte portuguesa para o Brasil em 1808 acarretou significativas mudanças na política administrativa da colônia. Medidas como a abertura dos portos em 1808 (fim do monopólio comercial português sobre o Brasil) apontaram para o abrandamento da exploração econômica e a desestabilização do caráter colonial da administração. Ape-sar dessas mudanças, a administração foi centralizada e a tributação intensificada. Neste sentido, as relações com o Nordeste conservavam um caráter exploratório e monopolista, comprometendo a relativa autonomia administrativa existente até então. Este cenário foi então agravado pela grande seca de 1816, que abalou fortemente a produção, tornando as condições econômicas ainda mais desfavoráveis, o que levou à realização da Revolução Pernambucana de 1817.

    GABARITO: B.

85. I: Incorreta. O Conselho de Estado na verdade foi criado por força do imperador D. Pedro I. Foi responsável pela Constituição Brasileira de 1824.

    II: Correta. As Assembleias Legislativas Provinciais foram instituídas como parte do Ato Adicional com o objetivo de conferir certa autonomia política para as províncias e assim frear sua oposição à dominação política centralizada no Centro-Sul.

    III: Correta. A Regência Trina Provisória, vigente até então, tinha como objetivo comandar o Império até que o herdeiro do trono, Pedro II, alcançasse a maioridade e assumisse o governo. O Ato Adicional modificou essa organização para um modelo de Regência Una, agradando também a ala conservadora, comprometida com um poder político centralizado.

    IV: Incorreta. O Clube da Maioridade representou uma manobra política, perpetrada pelos liberais, a fim de antecipar a maioridade de D. Pedro II e a sua ascensão ao trono.

    Portanto, a partir dessas análises, temos como resposta a alternativa C.

    GABARITO: C.

86. I: Correta. A hegemonia paulista no governo federal permitiu o fortalecimento de políticas econômicas favoráveis ao agronegócio exportador, extremamente benéficas para as elites cafeicultoras do estado de São Paulo.

II: Correta. Instituída no governo de Campos Sales (1898-1902), a Comissão Verificadora de Poderes se constituiu em órgão federal de regulação da validade da eleição dos deputados federais. Seu objetivo era impedir que lideranças políticas estaduais opositoras assumissem posições na Câmara dos Deputados.

III: Incorreta. A política de nomeação de interventores estaduais, os "tenentes", foi uma medida do Governo Provisório (1930-1934) liderado por Getúlio Vargas.

IV: Incorreta. Durante a Primeira República, tanto nas indústrias do Rio de Janeiro, quanto no processo de industrialização em São Paulo, a enorme oferta de mão de obra imigrante foi duramente explorada por baixos salários, marcando o período com vários movimentos operários.

Portanto, a partir dessas análises, temos como resposta a alternativa A.

GABARITO: A.

87. I: Incorreta. Pelo contrário, os anarquistas defendem a eliminação do Estado.

II: Correta. Em vias gerais, a ideologia Anarquista entende que o Estado e a Religião representam forças autoritárias coercitivas que subjugam o povo a serviço do capital, da propriedade privada. Assim, este modelo propõe uma organização da sociedade livre de qualquer autoridade.

III: Incorreta. Os anarquistas se opõem diretamente à criação de partidos políticos para a luta por direitos, porque entendem que estas formas de organização funcionam segundo a lógica institucional do sistema de dominação vigente.

IV: Correta. De acordo com o Anarquismo, a democracia só é efetiva em um sistema direto, em uma administração autogerida sem a autoridade do Estado. Isso porque as eleições sob o sistema capitalista estariam necessariamente a serviço dos interesses das elites.

Portanto, a partir dessas análises, temos como resposta a alternativa B.

GABARITO: B.

88. I: Incorreta. A intervenção estatal na economia do país, com o controle do investimento estrangeiro, foi parte da política econômica de Getúlio Vargas.

II Correta. Em oposição à postura do projeto nacionalista vigente no segundo governo de Getúlio Vargas (1951-1954), o Liberalismo Conservador, representado por Carlos Lacerda, defendia a abertura da economia para o livre investimento estrangeiro, sem intervenção do Estado.

III: Correta. O Liberalismo Conservador mostrou-se completamente comprometido com os EUA, não somente no âmbito de uma política econômica aberta para o investimento estadunidense na economia nacional, mas inclusive em relação a uma participação mais ativa do Brasil no contexto da Guerra Fria, apoiando os EUA no combate à União Soviética.

IV: Incorreta. O investimento na indústria nacional, na infraestrutura e na energia foi parte da política de desenvolvimento nacional de Getúlio Vargas que, em 1953, correspondeu à criação da Petrobras.

Portanto, a partir dessas análises, temos como resposta a alternativa C.

GABARITO: C.

INGLÊS

89. A expressão "gave some brief thoughts" é utilizada para dar opiniões e compartilhar pensamentos, sendo a única alternativa possível para essa tradução a alternativa E: "The tech leader stated his opinion about education."

    GABARITO: E.

90. O enunciado pede para apontar qual dos verbos sublinhados no texto não está no mesmo tempo verbal, no caso o Simple Present. O verbo "made", da alternativa B, está no Simple past, portanto é a alternativa correta.

    GABARITO: B.

91. De acordo com o texto do parágrafo 4, é correto afirmar que a alternativa D está correta: "Cook and people in general can benefit from coding."

    GABARITO: D.

92. De acordo com o texto do parágrafo 1, o único título possível para o texto é o da alternativa C: "Discovery of unexploded bomb in German financial capital forces evacuation.".

    GABARITO: C.

93. De acordo com o texto do parágrafo 3, é correto afirmar que o pronome "They" se refere aos Serviços dos bombeiros, sendo a alternativa D a correta. Analisando as demais alternativas, temos:

    A: Se refere a: tens of thousands of people   C: Se refere a: The residents.

    B: Se refere a: Bomb   E: Se refere a: 1.5 million tonnes of bombs

    GABARITO: D.

94. De acordo com o texto do parágrafo 5, o termo "was left behind" significa "ser deixado para trás". Portanto, é correto afirmar que a alternativa A, "remained in the evacuation area", corretamente substitui o termo referido.

   GABARITO: A.

95. De acordo com o título do texto: "Many graduates earn 'paltry returns' for their degree", a palavra "Paltry" significa "Insignificante", portanto a alternativa C, "very small", é a correta.

   GABARITO: C.

96. As preposições que corretamente completam os espaços são respectivamente "With", "Of" e "As", sendo a alternativa E a correta. Geralmente o verbo "Obsessed" é seguido por "with". Um número "DE" pessoas, a number "OF" people. E o conectivo "such" é seguido por "as".

   GABARITO: E.

97. De acordo com os textos dos parágrafos 2 e 3 é possível dizer que as afirmações da alternativa D estão corretas:

   II. Having a degree doesn't necessarily mean having great salaries.

   III. The labour market lacks intermediate skills.

   IV. Many people would rather not spend £50,000

   GABARITO: D.

98. De acordo com o texto do parágrafo 4, "It's a book for people who want to take more photos and increase their satisfaction from doing so.", é correto afirmar que o texto é uma Resenha, sendo a alternativa B a correta.

   GABARITO: B.

99. A questão a que o autor se refere quando diz "...I was asked if I'd like to have a look at Bert Krages' book."?" é "Você gostaria de dar uma olhada no livro do Bert Krages?", sendo a alternativa D a correta: "Would you like to have a look at Bert Krages' book?"

   GABARITO: D.

100. De acordo com o texto do parágrafo 3 "... the author didn't fall into the trap of only including perfect photos..." a expressão "Fall into the trap" significa "Cair na armadilha". Sendo correta a alternativa A, "make a mistake."

   GABARITO: A.

Respostas - Simulado 4 - 2017 ESPCEX

PORTUGUÊS

01. Em "a vingança é uma festa", "festa" representa o que traz alegria e satisfação, porque para o senso comum, os presos devem sofrer para que sejam realmente punidos, ao invés de receberem boas condições de sobrevivência.

    GABARITO: A.

02. As retóricas constituem estratégia argumentativa, porque introduzem a análise do autor sobre o assunto.

    GABARITO: E.

03. Em "(...) uma sinistra cultura de que bandido bom é bandido morto.", "sinistra" possui o mesmo significado de "maligna", por serem sinônimos.

    GABARITO: B.

04. O trecho que provoca ambiguidade é "produzido dentro dos presídios", porque "produzido" parece se referir tanto a "massacre" quanto a "preso".

    GABARITO: B.

05. O agente da passiva sempre começará com uma preposição e apresentará verbo ser+verbo no particípio, como vemos nos trechos "é oferecida pela" e "é preparada pelos" do período "A comida é oferecida pela prisão, mas é preparada pelos próprios presos".

    GABARITO: C.

06. Na maioria das vezes "haver" é impessoal e não passará para plural, por não fazer concordância de número. Nesses casos, o verbo pode ser substituído por existir, acontecer ou ocorrer. Em "Haverá nove dias que ela visitou os pais.", o uso do verbo "haver" está correto, porque nove dias depois de visitar os pais, haverá nove dias que os visitou.

    GABARITO: A.

07. O particípio pode ser regular ou irregular que seria, por exemplo, respectivamente, entregado ou entregue.

    Utilizamos o particípio regular com os verbos ter e haver, enquanto utilizamos o particípio irregular com o verbo ser. Logo, em "Foi terrível o juiz ter aceitado aquela denúncia", o emprego do particípio está correto, porque é precedido por "ter" e está em forma regular.

    GABARITO: D.

08. Pronomes relativos são palavras que representam substantivos que já foram citados anteriormente. Em "Uma cultura sinistra, mas que diverte muitas pessoas." podemos questionar: o que diverte muitas pessoas? Uma cultura sinistra. Sendo assim, o "que" está se referindo a "uma cultura sinistra" e é um pronome relativo.

    GABARITO: C.

09. Indicativo é sobre o que temos certeza. Sabendo disso e considerando que os verbos "perguntariam" e "pergunto" estão, respectivamente, no futuro do pretérito, porque poderia ter ocorrido, mas não ocorreu, e no presente, sabemos que "perguntariam" está no futuro do pretérito do indicativo e "pergunto" está no presente do indicativo.

    GABARITO: A.

10. Sendo necessário que o sentido fosse mantido na substituição, é necessário que o trecho fosse concessivo, assim como o "mas nada oferece". Nesse caso, o único trecho que se aplica é "embora nada ofereça", que apresenta, inclusive, um sinônimo de "mas", o "embora".

    GABARITO: E.

11. Os fonemas são sons produzidos pelos falantes e é possível que um mesmo fonema seja representado, em forma escrita, por diferentes letras.
    Em "presídio", "lazer" e "execução" o fonema [z] é um som comum, mas representado, respectivamente pelas letras "s", "z" e "x".

    GABARITO: C.

12. Para que uma oração seja subordinada substantiva predicativa, é necessário que possua verbo de ligação. Em "A diferença do sistema de execução penal norueguês em relação ao brasileiro é que ele é pautado na reabilitação." há o verbo de ligação "é" e "que ele é pautado na reabilitação" tem função de predicado sobre "sistema de execução penal norueguês".

    GABARITO: D.

13. Consideremos as duas frases, que são parte do período, destacadas "Para controlar o ócio, oferecer muitas atividades" Para classificar as orações, é útil ordenar a frase novamente. Sendo "A estratégia é, para controlar o ócio, oferecer...", uma construção possível seria "A estratégia é 'isso', sendo assim uma oração substantiva subjetiva, por ter verbo de ligação. "Para controlar o ócio" tem função de demonstrar finalidade, sendo assim, uma oração adverbial final.

    GABARITO: B.

14. Em "O detento é obrigado a mostrar progressos, para provar que pode ser reincluído na sociedade.", há uma oração subordinada adverbial, na qual vírgula é opcional.

   GABARITO: B.

15. O termo "contra o preso" é um complemento nominal, porque se refere a "massacre", representa o recebedor e o alvo da declaração.

   GABARITO: E.

16. Para que uma oração seja subordinada adjetiva explicativa, é necessário ter a palavra "que" com função de pronome relativo. Em "...detentos, que podem comprar alimentos no mercado interno para abastecer seus refrigeradores." há o pronome relativo "que", precedido por vírgula e que se refere a "detentos", porque o referencial sempre estará próximo devido a uma oração subordinada adjetiva explicativa ser, também, um aposto.

   GABARITO: A.

17. No Parnasianismo uma das maiores preocupações era a beleza das obras. O uso da norma culta e o perfeccionismo na construção das obras dessa escola literária foram essenciais para os autores da época, assim como a descrição detalhada de formas físicas e estéticas.

   GABARITO: E.

18. O Gongorismo ficou conhecido pelos exageros. As obras possuíam linguagem altamente rebuscada, contando com metáforas, hipérboles, repetições, sonoridade complexa, anáforas, dentre outros, o que, muitas vezes, tornava as obras incompreensíveis ao leitor comum.

   GABARITO: D.

19. A sátira é um estilo literário que tem como característica a crítica a instituições, costumes, políticas ou morais. O gênero pode ser escrito em prosa ou versos.

   GABARITO: C.

20. No período de 1500 a 1835, os movimentos literários vigentes foram o Quinhentismo, o Barroco e o Arcadismo, que carregavam fortes conceitos clássicos, épicos e religiosos, dentre outros. O Romantismo trouxe os conceitos do índio herói e exaltação da terra e da natureza, mas também o pessimismo e o egocentrismo.

   GABARITO: A.

FÍSICA

21. A corrente sai do polo positivo da maior, malha 1 (esquerda) e gira em sentido anti-horário. Fazendo o cálculo de ambas as malhas:

$$\sum U = \sum R_i$$

Montando o sistema:

$$\begin{cases} (8-4) = (2+4) \cdot i_1 - 4 \cdot i_2 \\ \quad\; 4 = (4+4)i_2 - 4 \cdot i_1 \end{cases}$$

$$\begin{cases} 4 = 6i_1 - 4 \cdot i_2 \\ 4 = -4 \cdot i_1 + 8i_2 \end{cases}$$

Simplificando a 1ª linha por 2, e a 2ª por 4:

$$\begin{cases} 2 = 3i_1 - 2i_2 \\ 1 = -1i_1 + 2i_2 \end{cases} +$$

$$3 = 2i_1$$

$$i_1 = \frac{3}{2} = 1,5$$

Calculando a ddp do voltímetro, entre os pontos F e G:

$U_{FG} = E\text{-}r \cdot i$

$U_{FG} = 8\text{-}2 \cdot 1,5$

$U_{FG} = 5V$

GABARITO: D.

22. Sendo o movimento retilíneo e uniforme, a velocidade é constante.
Logo, a aceleração será 0 e a força resultante será nula.

Decompondo as forças:

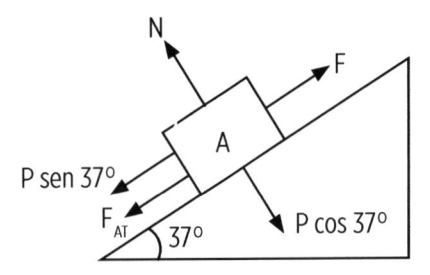

Pela Segunda Lei de Newton:

$$N = P \cdot \cos x$$

$N = 1000 \cdot 0,8$

$N = 800 \, N$

$F = P \cdot \sin x + F_{at}$

$F = 1000 \cdot 0,6 + 0,5 \cdot 800$

$F = 1000 \, N$

Como se trata de um sistema de três roldanas, somando todas as forças, temos:

$$8F = \frac{1\,000}{8}$$

$F = 125 \, N$

GABARITO: A.

23. Um espelho convexo sempre irá projetar uma imagem virtual, menor e de mesma orientação (imagem direita).

Esquema do espelho:

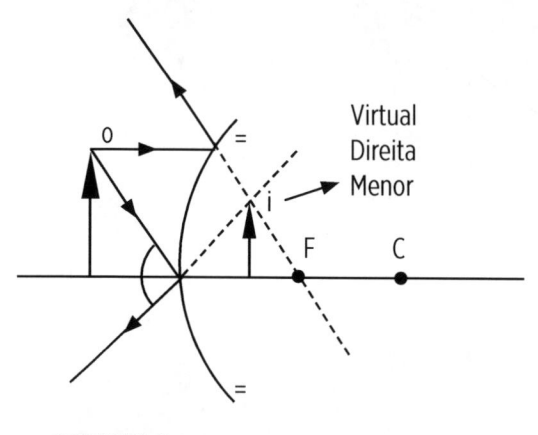

GABARITO: B.

24. Como o peso da barra é homogêneo, está concentrado no centro da barra.

Decompondo as forças:

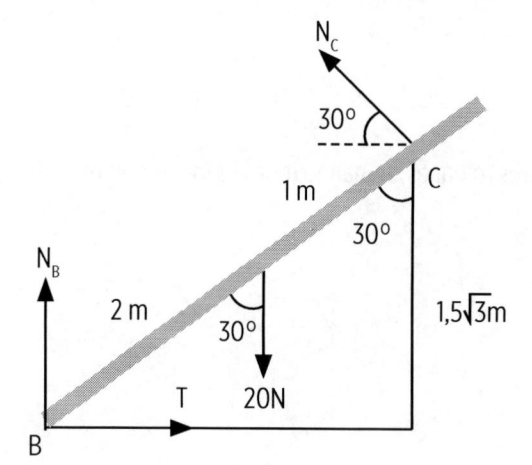

Considerando o triângulo de hipotenusa $\overline{BC}$, vamos aplicar a fórmula do cosseno:

$$\cos 30° = \frac{1,5\sqrt{3}}{\overline{BC}}$$

$$\frac{\sqrt{3}}{2} = \frac{1,5\sqrt{3}}{\overline{BC}}$$

$$\overline{BC} = \frac{3\sqrt{3}}{\sqrt{3}}$$

$$\overline{BC} = 3 \text{ m}$$

Calculando a somatória dos momentos das forças com relação a B (é nula) e considerando a força aplicada no chão como N_C:

$$\sum Mo_B = 0$$

Na parede também existe uma força aplicada na haste, que será N_P. Para calcular o valor de N_P, faremos:

$$Mo_{peso} = M_P$$

$$20 \cdot 1 = N_P \cdot 3$$

$$N_P = \frac{20}{3} N$$

Calculando a tração:

Com relação ao eixo x, só existem duas forças, tração e $N_P \cdot \cos 30°$.

$$T = N_P \cdot \cos 30°$$

$$T = \frac{20}{3} \cdot \frac{\sqrt{3}}{2}$$

$$T = \frac{10}{3} \cdot \sqrt{3} N$$

GABARITO: C.

25. A quantidade de movimento antes e depois da explosão é igual.

$$Q_{antes} = Q_{depois}$$

Como as massas 1 e 2 são perpendiculares, podemos formar um triângulo retângulo e aplicar o Teorema de Pitágoras:

$$(Q_3)^2 = (Q_1)^2 + (Q_2)^2$$

$$\left(\frac{m}{2} \cdot v_3\right)^2 = (m \cdot v_1)^2 + (m \cdot v_2)^2$$

Simplificando a equação por m:

$$\left(\frac{v_3}{2}\right)^2 = v^2 + v^2$$

$$\frac{v^2}{4} = 2v^2$$

Tirando a raiz quadrada de ambos os lados:

$$\frac{v}{2} = \sqrt{2}v$$

$$v = 2 \cdot \sqrt{2}v$$

GABARITO: E.

26. Aplicando a fórmula da energia armazenada no capacitor, temos:

$$E = \frac{CV^2}{2}$$

$$E = \frac{2 \cdot 10^{-6} \cdot 3^2}{2}$$

$$E = 9 \cdot 10^{-6} J$$

GABARITO: C.

27. Aplicando o Teorema do Trabalho, temos:

$$\tau = \Delta E_C$$

$$\tau = \frac{m \cdot v^3}{2}$$

$$\tau = -\frac{1,5 \cdot 6^2}{2}$$

$$\tau = -1,5 \cdot 18$$

$$\tau = -27$$

Como queremos o $|\tau|$:

$$|\tau| = 27 \; J$$

GABARITO: D.

28. Se a carga está em repouso não existe velocidade. Logo, pela equação da força magnética, temos que:

$F_{mag} = |q| \cdot v \cdot B \cdot \operatorname{sen} \theta$

Logo, a força será nula se a carga estiver em repouso.

GABARITO: B.

29. Transformando a massa do corpo em g para aplicar calcular o calor específico:

$m = 1000 \, kg \cdot 1000 = 10^6 \, g$

Calculando o calor útil:

$C_U = m \cdot c \cdot \Delta \theta$

$C_U = 10^6 \cdot 4 \cdot 12$

$C_U = 4{,}8 \cdot 10^7 \, J$

Fazendo regra de três para calcular a quantidade total de energia solar:

$$\frac{4{,}8 \cdot 10^7}{E_{Solar}} = \frac{60\%}{100\%}$$

$$E_{Solar} = \frac{4{,}8 \cdot 10^7 \cdot 100\%}{60\%}$$

$$E_{Solar} = 8 \cdot 10^7 \, J$$

GABARITO: E.

30. Por haver movimento circular, a força elétrica é a força centrípeta.

$$F_E = F_{cp}$$

$$\frac{k \cdot Q_1 \cdot Q_2}{R^2} = \frac{m \cdot v^2}{R}$$

$$\frac{9 \cdot 10^9 \cdot 10^{-8} \cdot 10^{-8}}{(10^{-1})^2} = \frac{10^{-4} \cdot v^2}{10^{-1}}$$

$$v = 0{,}3 \, m/s$$

GABARITO: A.

31. Utilizando o princípio da conservação da energia mecânica podemos calcular a velocidade no ponto mais baixo da trajetória.

$Em_1 = Em_2$

Por ter sido abandonado não terá energia cinética, mas terá energia potencial por ter altura.

$$m \cdot g \cdot h = \frac{m \cdot v^2}{R}$$

Simplificando:

$$10 \cdot 1,2 = \frac{v^2}{2}$$

$$v^2 = 24$$

Por se tratar de um movimento curvilíneo, existe uma força resultante centrípeta em atuação no corpo.

$$F_{CP} = T - P$$

$$T = F_{CP} + P$$

$$T = \frac{m \cdot v^2}{R} + m \cdot g$$

$$T = \frac{50 \cdot 24}{3} + 50 \cdot 10$$

$$T = 900 \, N$$

GABARITO: E.

32. Como estão em equilíbrio, o peso é igual ao empuxo sobre cada um deles.

$E = P$

$\mu_{água} \cdot g \cdot v_i = m \cdot g$

Simplificando g:

$\mu_{água} \cdot v_i = m$

Sendo:

$m_a > m_B$

$m_B = m_C = m_D$

$m_a > m_D$, logo:

$Vi_A > Vi_D$

Se o Vi_A é maior que Vi_D, então o volume total é $Vt_a > vt_D$.

Se $m_B = m_C$ então seus volumes também são iguais.

Como $m_a > m_B$, então os volumes também seguem essas proporções, logo:

$Vt_a > Vt_B = Vt_C$

Como $Vt_a > Vt_D$, então $Vt_A > Vt_D > Vt_B = Vt_C$.

GABARITO: C.

QUÍMICA

33. I: Correta, pois toda combustão trata-se de uma reação química exotérmica.

II: Incorreta. Observe como percebemos isso no balanceamento da reação química:

$$1C_8H_{18} + \frac{25}{2}O_2 \rightarrow 8CO_2 + 9H_2O$$

1 mol de n-octano produz 8 mols de gás carbônico.

III: Correta. Com a afirmativa I correta e a II incorreta já eliminamos as alternativas A, C e D. Assim, podemos considerar a III correta automaticamente, pois consta nas 2 alternativas restantes (B e E).

IV: Incorreta. Considerando, por exclusão, a III correta, vamos utilizar o valor da entalpia fornecida por ela para investigar esta afirmativa:

$C_8H_{18} = C = 8 \cdot 12 + H = 18 \cdot 1$

$C_8H_{18} = 96 + 18 = 114g/mol$

Continuando após encontrar a massa:

$$114g\ \text{-------}\ 5080\ KJ$$
$$\div 2 \qquad\qquad \div 2$$
$$57g\ \text{--------}\ X$$

X = 2580 KJ. Sendo assim, confirma que a alternativa D também é incorreta.

Utilizamos essa linha de raciocínio para mostrar que é possível "trabalhar" menos e encontrar a resposta correta da questão.

GABARITO: E.

34. $SO_2 + \dfrac{1}{2}O_2 \rightarrow SO_3$

$SO_3 + H_2O \rightarrow H_2SO_4$

$H_2SO_4 + CaCO_3 \rightarrow CaSO_4 + H_2O + CO_2$
$$\overline{SO_2 + \dfrac{1}{2}O_2 \rightarrow CaCO_3 \rightarrow CaSO_4 + CO_2}$$

Calcule a massa de SO_2 $S = 1 \cdot 32 + O = 2 \cdot 16$

Massa de $SO_2 = 32 + 32 = 64g$

Continuando:

$$64g\ \text{-------------}\ 24{,}6\ L$$

2T convertidas em g

$$2 \cdot 10^6 g\ \text{---------}\ X$$

$64 \cdot X = 49{,}2 \cdot 10^6$

$X = \dfrac{49{,}2}{64}\, 10^{-6} = 0{,}76875 \cdot 10^6 = 7{,}69 \cdot 10^5$

GABARITO: E.

35. Uma combustão gera novos produtos. Logo, ao final do processo não estará recuperada intacta. O contato dos reagentes em uma reação de combustão aumentará a energia, consequentemente aumentando a temperatura. A centelha elétrica fornece a energia de ativação para que a reação (combustão) aconteça.

GABARITO: C.

36. Observe:

$$2NO \rightarrow N_2 + O_2$$

+2 -2   0   0   NOX

Oxidação

Redução

A afirmação I está correta. Sendo assim, eliminam-se as alternativas B, C e E.

Agora vamos trabalhar com a afirmação II:

$CO_2 + H_2O \rightarrow H_2CO_3$ (ácido carbônico).

Tal afirmação estando correta nos leva diretamente a alternativa A, porque na alternativa D a afirmação II não está relacionada.

GABARITO: A.

37. Analisando o gráfico:

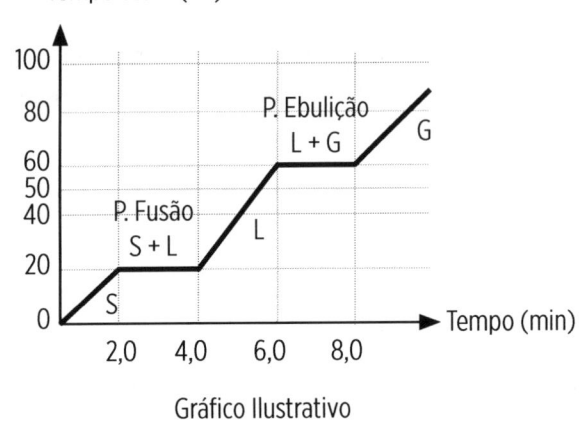

Gráfico Ilustrativo

A afirmação I está correta, pois, entre 0° e 19°, "X" ainda se encontra em seu estado sólido conforme o gráfico. Sendo assim, eliminamos as alternativas B e D, que não apresentam a afirmação.

A afirmação II diz que o intervalo de tempo entre 2,0 e 4,0 minutos "X" está em condensação, um erro quando sabemos que neste intervalo de tempo conforme o gráfico a substância se encontra em ponto de fusão. Portanto, eliminou A e C que, em suas alternativas, apresentam essa afirmação, restando somente a alternativa correta, que é a E.

GABARITO: E.

38. I   II   III   IV   V   VI

$_{20}Ca^{2+}$ $_{16}S^{-2}$ $_{9}F^{-1}$ $_{17}Cl^{-1}$ $_{38}Sr^{2+}$ $_{24}Cr^{3+}$

Distribuição eletrônica: $1s^2, 2s^2, 2p^6, 3s^2, 3p^6 = 18e^-$

Concluindo: $_{20}Ca$ perdeu ($^{2+}$) $2e^-$, logo, $20-2 = 18e^-$

$_{16}S$ ganhou ($^{-2}$) $2e^-$, logo, $16+2 = 18e^-$

$_{17}Cl$ ganhou ($^{-1}$), logo, $17+1 = 18e^-$

Afirmações I, II e IV.

GABARITO: D.

39. Analisando as afirmações:

$K^+ + NO_3^{-1} \rightarrow$ Sal. Não é uma base, devido ao fato da ausência de OH (hidroxila) na fórmula química. Logo, afirmação I é falsa, assim, se elimina as alternativas A e D.

Afirmativa II: Quatro elementos formam alotropia: carbono (C), enxofre (S), oxigênio (O) e fósforo (P). Então, o que se afirma neste item do exercício está correto, eliminando também a alternativa C pela ausência do item na alternativa.

A afirmação III diz: "a fórmula do nitrato de potássio é KNO_2". Está incorreta, pois a fórmula correta é KNO_3. Portanto, eliminando a alternativa E por conter esta informação como correta, nos resta somente a correta, que é a B.

GABARITO: B.

40. Analisando as afirmações:

I: Verdadeira, pois, verificando as estruturas podemos perceber que os carbonos são do

tipo sp^2 $\overset{\overset{\displaystyle \|}{C}}{\diagup \quad \diagdown}$. Sendo assim, irá eliminar as alternativas A, B e D pela ausência da afirmativa nas alternativas.

IV: podemos deduzir que é verdadeira por estar presente em C e E.

Trabalhando com a afirmação II, notamos as seguintes informações: "a reação de obtenção do poliparafenileno de tereftalamida é classificada como de *substituição*, por *adicionar* uma molécula de água à estrutura do polímero". Se está sendo *adicionada* uma molécula de água à estrutura do polímero, será classificada como uma reação de *adição* e não de substituição. Logo, a afirmação é falsa e, na alternativa E, está inclusa como correta, nos levando a confirmar que a alternativa correta na verdade é a C.

GABARITO: C.

41. Reação de combustão é uma reação exotérmica, logo, podemos eliminar as alternativas A e C, pois neste caso o resultando será em –KJ.

Continuando:

Trioxano	Energias de Ligação (kJ/mol)	
	$C - H \rightarrow 413$	$O = O \rightarrow 495$
	$O - C \rightarrow 358$	$C = O \rightarrow 799$
	$H - O \rightarrow 463$	

$C_3H_6O_3$ (Trioxano)

Massas atômicas: $O = 16$ u; $H = 1$u e $C = 12$u.

Conferindo:

$C_3H_6O_3 \rightarrow C = 3 \cdot 12 + H = 6 \cdot 1 + O = 3 \cdot 16 = 12$

$C_3H_6O_3 = 36 + 6 + 48 = 90$g/mol.

Reação de combustão completa:

$C_3H_6O_3 + 3O_2 \rightarrow 3CO_2 + 3H_2O$

Energias de ligações reagentes e produtos:

$C - H = 6 \cdot 413 = 2478$

$C - O = 6 \cdot 358 = 2148$

$O = O = 3 \cdot 495 = 1485$

Somatório dos reagentes: $2478 + 2148 + 1485 = +6111$

$C = O = 6 \cdot 799 = 4794$

$H - O = 6 \cdot 463 = 2778$

Somatório dos produtos: $4794 + 2779 = -7572$

No caso de energia de ligação:

↓ Entalpia do reagente

$\Delta H = +HR -HP \rightarrow$ Entalpia do produto

↑ Variação da entalpia

Calculando: $\Delta H = +6111 -7572 = -1461$

GABARITO: D.

42. Analisando as afirmações:

$Al^3 + (aq) + 3e^- \rightarrow Al(s)$ $\Delta E°_{red} = -1,66\ V$

$Au^3 + (aq) + 3e^- \rightarrow Au(s)$ $\Delta E°_{red} = +1,50\ V$

$Cu^3 + (aq) + 2e^- \rightarrow Cu(s)$ $\Delta E°_{red} = +0,34\ V$

I)

ddp = E°maior – E°menor

ddp = +0,34 – (-1,66) = 0,34 + 1,66 = 2,00 V

Afirmação falsa, logo, as alternativas A, D e E podem ser desconsideradas por trazerem tal afirmação nas mesmas.

A afirmação III se apresenta nas duas alternativas restantes; sendo assim, podemos deduzir que está correta.

Verificando a II, trata do ouro (Au) e do cobre (Cu).

②· $Au^{3+}(aq) + 3e^- \rightarrow Au(s)$ (Maior valor redução. Mantém a equação).

$\Updownarrow$ Elétrons diferentes pedem a multiplicação para poder cancelar.

③· $Cu^{2+}(aq) + 2e^- \rightarrow Cu(s)$ (Menor valor oxidação. Inverte a equação).

$3Cu(s) \rightarrow 3Cu_2 + 6e^-$

$2Au^{2+} + 6e^- \rightarrow 2Au$

$3Cu(s) + 2Au^{3+} \rightarrow 3Cu^{2+} + 2Au$

Ou seja, $Cu/Cu^{2+}//2Au^{3+}/2Au$

Verdadeira a informação, descartando a alternativa C, que não a possui.

GABARITO: B.

43. Calculando a diluição:

M1 · V1 = M2 · V2

1,25 · 100 = 0,05 · V2

125 = V2 · 0,05

$V2 = \dfrac{125}{0,05} = 2500\ mL$

A alternativa A é o valor próximo ao que obtemos.

GABARITO: A.

44. "Meia vida" cai sempre pela metade da amostra inicial!

^{18}F

⇕

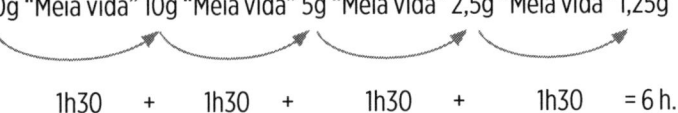

20g "Meia vida" 10g "Meia vida" 5g "Meia vida" 2,5g "Meia vida" 1,25g

1h30 + 1h30 + 1h30 + 1h30 = 6 h.

GABARITO: D.

MATEMÁTICA

45. O quociente entre dois valores só é negativo quando os valores possuem sinais opostos. Por estudo de sinais podemos ver que os sinais são opostos nos intervalos:

$]+\infty, -3[$

$]-1, 6[$

$]8, +\infty[$

Todos os pontos com intervalo aberto, pois são raízes das funções. Logo, temos que h assume valores negativos nos intervalos: $]-\infty, -3[\cup]-1, 6[\cup]8, +\infty[$

GABARITO: B.

46. População de mulheres: $\dfrac{3P}{5}$

População de homens: $\dfrac{2P}{5}$

Vegetarianos:

Mulheres: $\dfrac{3P}{50}$

Homens: $\dfrac{P}{50}$

Calculando a probabilidade de se selecionar uma mulher vegetariana, temos:

421

$$P_{(A)} = \frac{\frac{3P}{50}}{\frac{P}{50} + \frac{3P}{50}}$$

$$P_{(A)} = \frac{\frac{3P}{50}}{\frac{4P}{50}}$$

$$P_{(A)} = \frac{3P}{4P}\frac{3}{4} = 75\%$$

GABARITO: C.

47. Aplicando a fórmula de Moivre:

$$\frac{a}{3} - \frac{b}{5}i = \left(\cos\left(\frac{4\pi}{6}\right) + sen\left(\frac{4\pi}{6}\right)i\right)$$

$$\frac{a}{3} - \frac{b}{5}i = (\cos 120° + sen120°i)$$

$$\frac{a}{3} - \frac{b}{5}i = -\frac{1}{2} + \frac{\sqrt{3}}{2}i$$

Igualando as partes real e imaginaria:

$$\frac{a}{3} = -\frac{1}{2}$$

$$a = -\frac{3}{2}$$

$$-\frac{b}{5} = \frac{\sqrt{3}}{2}$$

$$b = -\frac{5\sqrt{3}}{2}$$

Calculando o quociente, temos:

$$\frac{-\frac{3}{2}}{-\frac{5\sqrt{3}}{2}} = -\frac{3}{2} \cdot \left(-\frac{5\sqrt{3}}{2}\right) = \frac{\sqrt{3}}{5}$$

GABARITO: A.

48. Efetuando a soma dos ângulos para saber o valor de x:

$x + 45° + 120° = 165°$

$x = 15°$

$tg(15°) = tg(60° - 45°)$

Aplicando a relação:

$$\frac{tg(60°) - tg(45°)}{1 + tg(60°) \cdot tg(45°)}$$

Sendo:

Tg(45°) = 1

Tg(60°) = $\sqrt{3}$

$$\frac{\sqrt{3} - 1}{1 + \sqrt{3} \cdot 1} = \frac{\sqrt{3} - 1}{1 + \sqrt{3}} \cdot \frac{1 - \sqrt{3}}{1 - \sqrt{3}} = -2 + \sqrt{3}$$

Tg(15°) = $-2 + \sqrt{3}$

$tg^2(15°) = (-2 + \sqrt{3})^2$

$tg^2(15°) = 7 - 4\sqrt{3}$

GABARITO: C.

49. O total de senhas possíveis nas instituições devem ser calculadas separadamente:

1ª) $9 \cdot 8 \cdot 7 \cdot 6 \cdot 5$

2ª) Vogais: $5 \cdot 4$

Números: $7 \cdot 6 \cdot 5 \cdot 4$

Calculando a razão entre as possibilidades, temos:

$$\frac{N_2}{N_1} \frac{9 \cdot 8 \cdot 7 \cdot 6 \cdot 5}{5 \cdot 4 \cdot 7 \cdot 6 \cdot 5 \cdot 4} = \frac{10}{9}$$

$9N_2 = 10N_1$

$N_1 = 0,9N_2$

Logo, se a força da senha é considerada pelo total de senhas possíveis de serem criadas, então a 2ª instituição é 10% mais fraca que a primeira.

GABARITO: A.

50. Utilizando a fórmula de volume da esfera:

$$V = \frac{4}{3}\pi r^3$$

Isolando o r:

$$r^3 = \frac{3V}{4\pi}$$

$$r^3 = \frac{3.500}{4\pi}$$

$$r^3 = \frac{1500}{4\pi}$$

$$r = \sqrt[3]{\frac{1500}{4\pi}}$$

$$r = \sqrt[3]{\frac{375}{\pi}} = 5\sqrt[3]{\frac{3}{\pi}}$$

Se o raio aumenta a uma constante de 0,5 mm³ por segundo, temos:

$$\frac{1s}{xs} = \frac{0,5}{5\sqrt[3]{\dfrac{3}{\pi}}}$$

GABARITO: E.

51. 7 · A (1, 0)

r = 1

Cada ângulo mede 30°

| E | = 1 (raio)

Argumento = 120°

Considerando $\sqrt[4]{E}$ = R, temos que R⁴ = E

$R^4 = 1 \cdot (\cos 120° + \sin 120° i)$

$[|R| \cdot (\cos\theta + \sin\theta i)]^4 = 1 \cdot (\cos 120° + \sin 120° i)$

$[|R|^4 \cdot \cos(4\theta) + \sin(4\theta)i] = 1 \cdot (\cos 120° + \sin 120° i)$

$|R|^4 \cdot = 1$

$4\theta = 120° + 360°k$

$\theta = 30° + 90°k$

Se:

k = 0

θ = 30° + 90° · 0

θ = 30° (B)

k = 1

θ = 30° + 90° · 1

θ = 120° (E)

k = 2

θ = 30° + 90° · 2

θ = 210° (H)

k = 3

θ = 30° + 90° · 3

θ = 300° (K)

O polígono formado será BEHK.

GABARITO: A.

52. Aplicando a fórmula do volume do cilindro.
Sólido 1:

$$V_1 = \pi r^2 h$$

$$V_1 = \pi r^2 \cdot \frac{a}{2} + \pi r^2 \cdot \frac{a}{2} \cdot \frac{1}{2}$$

$$V_1 = \frac{\pi r^2 a}{2} + \frac{\pi r^2 a}{4}$$

$$V_1 = \frac{2\pi r^2 a}{4} + \frac{\pi r^2 a}{4} = \frac{3\pi r^2 a}{4}$$

Sólido 2:

$$V_2 = \pi r^2 \cdot \frac{a}{2} + \pi r^2 \cdot \frac{a}{2} \cdot \frac{1}{3}$$

$$V_2 = \frac{3\pi r^2 a}{6} + \frac{\pi r^2 a}{6} = \frac{4\pi r^2 a}{6}$$

Somando os dois volumes:

$$V_1 + V_2 = \frac{3\pi r^2 a}{4} + \frac{4\pi r^2 a}{6}$$

$$V_1 + V_2 = \frac{9\pi r^2 a}{12} + \frac{8\pi r^2 a}{12}$$

$$V_1 + V_2 = \frac{17\pi r^2 a}{12}$$

Comparando com a fórmula:

$$V_1 = \pi r^2 h$$

$$V_1 + V_2 = \frac{17a}{12}\pi r^2$$

$$h = \frac{17a}{12}$$

GABARITO: E.

53. Sabendo que as diagonais do quadrado são semelhante, temos que x = y.

Aplicando na fórmula da equação da elipse:

$$\frac{x^2}{(2a)^2} + \frac{y^2}{a^2} = 1$$

Substituindo x por y:

$$\frac{y^2}{4a^2} + \frac{y^2}{a^2} = 1 - \text{Multiplicamos por } 4a^2 \text{ para simplificar as frações:}$$

$$y^2 + 4y = 4a^2$$

$$5y^2 = 4a^2 \text{ (I)}$$

Sendo a área do quadrado $A = l^2$, temos:

$$A = (2y)^2 = 4y^2$$

Para calcular a área podemos utilizar a equação I, multiplicando por $\frac{4}{5}$ para facilitar:

$$5y^2 = 4a^2 \cdot \frac{4}{5}$$

$$4y^2 = \frac{16a^2}{5}$$

Se $A = 4y^2$, então $A = \frac{16a^2}{5}$.

Área do quadrado é $\frac{16a^2}{5}$.

GABARITO: A.

54. Retas paralelas em planos distintos forma um plano paralelo ao eixo de intersecção dos planos perpendiculares.

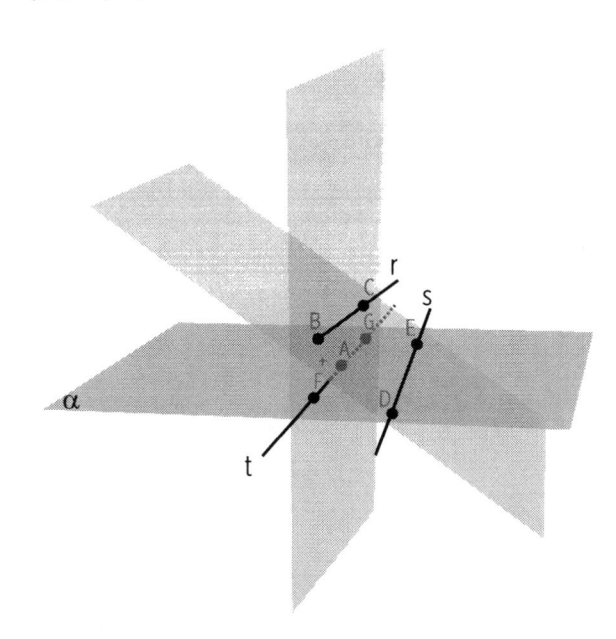

GABARITO: B.

55. Resolvendo o logaritmo:

$\log_3(x^2 - 2x - 3) + \log_{3^{-1}}(x - 1) = \log_3(x + 1)$

$\log_3(x^2 - 2x - 3) - 1 . \log_3(x-1) = \log_3(x+1)$

$\log_3(x^2 - 2x - 3) + \log_3(x - 1)^{-1} = \log_3(x+1)$

$\log_3(x^2 - 2x - 3) + \log_3\left(\dfrac{1}{x-1}\right) = \log_3(x+1)$

$\mathrm{Log}_3[(x^2 - 2x - 3) \cdot \dfrac{1}{x-1} = \log_3(x+1)$

$\dfrac{x^2 - 2x - 3}{x - 1} = (x+1)$

$x^2 - 2x - 3 = (x+1) \cdot (x-1)$

$x^2 - 2x - 3 = x^2 - 1$

$x = -1$

Condição de existência:

$x + 1 \neq 0$

$-1 + 1 \neq 0$

$0 \neq 0 \,(F)$

$S = \emptyset$

GABARITO: D.

56. Sendo $sen^2\, x - cos^2\, x = 1$, temos:

$sen^2\, x = 1 - cos^2\, x$

Substituindo na equação:

$2 \cdot (1 - cos^2\, x) - cos x - 1 \geq 0$

$2 - 2\,cos^2 x - cos x - 1 \geq 0$

$-2cos^2 x - cos x + 1 \geq 0$

Calculando Δ:

$\Delta = (-1)^2 - 4 \cdot (-2) \cdot 1$

$\Delta = 9$

$Cos\, x = \dfrac{-(-1 \pm \sqrt{9})}{2 \cdot (-2)}$

$Cos\, x' = \dfrac{1 + 3}{-4} = -1$

$Cos\, x'' = \dfrac{1 - 3}{-4} = \dfrac{1}{2}$

$-1 \leq x \leq \dfrac{1}{2}$

$60° \leq x \leq 300°$

Passando para radianos:

$$\dfrac{\pi}{3} \leq x \leq \dfrac{5\pi}{3}$$

$$\left[\dfrac{\pi}{3} ; \dfrac{5\pi}{3}\right]$$

GABARITO: C.

57. Se o centro é no eixo das abscissas, temos:

C $(a, 0)$

Ponto $(4, 4) \in$ circunferência

A área do círculo é 17π, então $r^2 = 17$

Substituindo as informações na equação da reta, temos:

$(x - a)^2 + (y - 0)^2 = 17$

$(4 - a)^2 + (4 - 0)^2 = 17$

$(4 - a)^2 = 1$

$a = 3$ ou $a = 5$

Substituindo a na equação da circunferência:

$(x - 3)^2 + (y - 0)^2 = (\sqrt{17})^2$

$\sqrt{17} \cong 4,1$

Se o centro $C(3, 0)$ 4 raio $r = 4,1$ a circunferência interceptaria o eixo das ordenadas.

Portanto, a abscissa do centro é 5.

$a = 5$

GABARITO: C.

58. Para se obter solução na inequação precisa-se que o valor esteja entre – 2 e 2.

$-2 \le |x - 4| + 1 \le 2$

Separando as inequações simultâneas:

$-2 \le |x - 4| + 1$ (I)

$|x - 4| + 1 \le 2$ (II)

Resolvendo a inequação I:

$-2 \le |x - 4| + 1$

$-3 \le |x - 4|$

$x \in R$

Resolvendo a equação II:

$|x - 4| + 1 \le 2$

$|x - 4| \le 1$ (qualquer valor que esteja entre – 1 e 1 pode ser solução dessa inequação)

Obtemos inequações simultâneas novamente:

$-1 \le |x-4| \le 1$

Desmembrando, temos:

$-1 \le |x-4|$ (I)

$|x-4| \le 1$ (II)

Resolvendo I:

$-1 \le |x-4|$

$-1+4 \le x$

$3 \le x$

Resolvendo II:

$|x-4| \le 1$

$x \le 1+4$

$x \le 5$

A solução está no intervalo $[3,5] = [a,b]$, logo $3+5=8$

$a+b=3+5=8$

GABARITO: E.

59. Montando a matriz de ordem 3, temos:

$$A = \begin{bmatrix} a_{11} & a_{12} & a_{13} \\ a_{21} & a_{22} & a_{23} \\ a_{31} & a_{32} & a_{33} \end{bmatrix} = \begin{bmatrix} (-1)^2 & (-1)^3 & (-1)^4 \\ 2-1 & (-1)^4 & (-1)^5 \\ 3-1 & 3-2 & (-1)^6 \end{bmatrix} = \begin{bmatrix} 1 & -1 & 1 \\ 1 & 1 & -1 \\ 2 & 1 & 1 \end{bmatrix}$$

Calculando o determinante por Sarrus:

$\det(A) = 1+2+1-(-1-1+2)$

$\det(A) = 4$

$$\det(A^{-1}) = \frac{1}{\det(A)\det(A)} = \frac{1}{4}$$

$$\det(A^{-1}) = \frac{1}{4}$$

GABARITO: D.

60. $2^{3x} - 7.2^x + 6 = 0$

$(2^x)^3 - 7 \cdot 2^x + 6 = 0$

Sendo $2^x = y$, temos:

$y^3 - 7 \cdot y + 6 = 0$

Como a soma dos coeficientes é 0, então $y = 1$ é raiz.

Efetuando a divisão entre $y^3 - 7 \cdot y + 6 = 0$ e $y - 1$:

$(y^3 - 7 \cdot y + 6 = 0)/(y - 1) = y^2 + y - 6$

Resolvendo a equação $y^2 + y - 6 = 0y^2 + y - 6 = 0$ temos como raízes:

$y' = 2$ e $y'' = -3$

Substituindo as raízes em $2^x = y$:

$2^x = 2$

$x = 1$

$2^x = 1$

$2^x = 2^0$

$X = 0$

$2^x = -3 \nexists$, pois é função estritamente positiva.

Portanto, as raízes são: 0 e 1.

GABARITO: A.

61. Resolvendo os logaritmos:

Ponto A:

$y = \log_4 x$

$yA = \log_4 2 = \log_{2^2} 2$

$yA = \frac{1}{2} \log_2 2$

$yA = \frac{1}{2}$

Ponto B:

$y = \log_4 8$

$yB = \log_{2^2} 2^3$

$yB = 3 \cdot \dfrac{1}{2} \log_2 2$

$yB = \dfrac{3}{2}$

Fazendo a diferença entre A e B:

$\dfrac{3}{2} - \dfrac{1}{2} = \dfrac{2}{2} = 1$

Calculando a área do retângulo ABCD:

$A = 6 \cdot 1$

$A = 6$

GABARITO: B.

62. Ligando o centro das circunferências, obtemos quatro triângulos equiláteros no centro da figura.

$1 = \sqrt{3} \cdot x$

$x = \dfrac{\sqrt{3}}{3}$

Calculando PQ:

$PQ = \sqrt{3} + 4 + \dfrac{\sqrt{3}}{3}$

$PQ = \dfrac{12 + 4\sqrt{3}}{3}$

$MQ = \sqrt{3} + 2 + \dfrac{\sqrt{3}}{3}$

$MQ = 2 + \sqrt{3}$

Calculando a área x:

$x = PQ \cdot MQ$

$x = \dfrac{12 + 4\sqrt{3}}{3} \cdot (2 + \sqrt{3})$

$x = \dfrac{36 + 20\sqrt{3}}{3}$

GABARITO: E.

63. Substituindo x por 89:

$P(89) = 89^4 + 4 \cdot 89^3 + 6 \cdot 89^2 + 4 \cdot 89 + 2017$

$P(89) = 62\,742\,641 + 2\,819\,876 + 47\,526 + 356 + 2017$

$P(89) = 65\,612\,416$

GABARITO: D.

64. M = arc tg(x)

$N = \text{arc tg}\left(\dfrac{1}{x}\right)$

P = tg (M – N)

tg M = x

$\text{tg } N = \dfrac{1}{x}$

Aplicando relação de adição e subtração de arcos:

$$P = \text{tg}(M - N) = \frac{tgM - tgN}{1 + tgM.tgN}$$

$$P = \frac{x - \frac{1}{x}}{1 + x.\frac{1}{x}}$$

$$P = \frac{x^2 - 1}{2x}$$

Calculando 30P e substituindo x = 15:

$$30P = 30 \cdot \left(\frac{15^2 - 1}{30}\right)$$

30P = 225 – 1

30P = 224

GABARITO: D.

GEOGRAFIA

65. O conceito de Desenvolvimento Sustentável prevê um modelo de produção regido por níveis de consumo regulados. Seu propósito é a racionalização do consumo e da produção, visando a configuração de normas para a exploração de recursos que permitam conciliar o desenvolvimento econômico e social com a preservação e conservação do meio ambiente. Assim, atualmente a principal ameaça ao ambiente global são os níveis desmedidos dos padrões de consumo e produção, que levam a uma exploração descontrolada de recursos.

    GABARITO: C.

66. As coordenadas do ponto B indicam que sua localização tem latitude ao Norte e longitude ao Leste, sendo assim para alcançar o ponto B é necessário seguir na direção Nordeste.

    GABARITO: D.

67. Se o horário de Moscou está 3 horas adiantado em relação a Greenwich (Longitude 0°), quando for 20h em Moscou será 17h em Greenwich. Cada hora adiantada ou atrasada equivale a 15° de longitude. Então, se a localização de Los Angeles é na longitude de 118° (a Oeste de Greenwich), seu horário está aproximadamente 7 horas atrasado em relação a Greenwich. Sendo assim, quando for 20h em Moscou, será aproximadamente 09h em Los Angeles.

    GABARITO: B.

68. I: Os dados atuais indicam a redução da taxa de fecundidade, não o aumento da mortalidade infantil, que tem caído cada vez mais.

    II: O número de jovens não sofreu redução, somente a taxa de fecundidade.

    III: A redução da taxa de fecundidade indica a diminuição progressiva do número de crianças na população, favorecendo o prevalecimento de jovens adultos economicamente ativos na população.

    IV: Em função da diminuição do número de crianças na população, a taxa de reposição populacional é comprometida. Assim, a população tende ao envelhecimento e ao eventual aumento do número de óbitos em relação ao crescimento populacional.

    V: A redução dos níveis de fecundidade, associado ao aumento da expectativa de vida, apontam o envelhecimento populacional.

    GABARITO: E.

69. A Rodada Doha definiu, em 2001, o compromisso entre nações desenvolvidas e nações em desenvolvimento para a diminuição das restrições protecionistas contra o comércio internacional. Apesar disso, mesmo após tantos anos, as relações diplomáticas exercidas na Organização Mundial do Comércio evidenciaram que ainda prevalece uma postura protecionista de ambos os lados, configurando um impasse. Assim, a liberalização do comércio permanece um projeto pendente, explicitando a ineficácia das determinações acordadas na Rodada Doha.

    GABARITO: C.

70. Chuvas orográficas: são fenômenos de precipitação observados em regiões de relevo. Esse tipo de precipitação ocorre a partir da condensação de massas de ar quando estas ganham grandes altitudes pelo choque com elevações no relevo.

    Tropical atlântica: massa de ar originária do Oceano Atlântico, caracterizada por alta umidade e temperatura quente.

    Em síntese, a massa de ar tropical atlântica se desloca em direção ao continente e, ao se chocar com montanhas, se eleva, condensa e precipita, causando a chamada chuva orográfica.

    GABARITO: A.

71. I: O projeto de implantação da ZFM tinha como principal propósito a afirmação da soberania nacional sobre esta porção do território da Amazônia. Para isso, o caminho encontrado foi a valorização da região através de sua integração à economia nacional, estimulando a industrialização e o crescimento demográfico.

    II: Parte significativa do processo de industrialização na ZFM ocorreu através da aplicação de incentivos fiscais destinados à atração do investimento de capital estrangeiro. Assim, as indústrias ali estabelecidas são, em sua maioria, empresas multinacionais que produzem tecnologia a partir de matéria prima importada.

    III: As mercadorias da ZFM não se destinam prioritariamente ao mercado externo e ainda há dificuldades para se consolidar como um Polo Industrial Exportador.

    IV: A implantação da política de abertura da economia nacional na ZFM contribuiu, em maior medida, para as vendas destinadas ao mercado externo.

    GABARITO: A.

72. I: Os investimentos foram diversificados, beneficiando não somente a indústria, mas também a agropecuária e o turismo.

II: A economia do nordeste foi alvo de um grande fluxo de recursos financeiros nos últimos anos. Por meio destes investimentos, a economia da região hoje é diversificada, abrangendo a agropecuária, a indústria e o turismo. Além disso, sua produção não está vinculada ao consumo do sudeste do país, mas sim vinculado ao mercado internacional através da exportação.

III: As atividades econômicas ligadas à agropecuária representam a principal fonte de crescimento econômico do Nordeste. Neste mercado, as regiões citadas se destacam como grandes centros produtores vinculados ao mercado exportador.

IV: Ainda hoje a distribuição da terra é desigual no Nordeste. Prevalecem as propriedades latifundiárias associados à elite uma elite econômica tradicional.

V: O turismo no Nordeste se desenvolveu e hoje exerce grande importância na economia da região. O foco de suas atividades se concentra principalmente no litoral. Os principais atrativos para o turismo na região são as belezas naturais e a herança histórica.

GABARITO: D.

73. I: O subdesenvolvimento econômico e industrial dos países da CEI torna sua vinculação ao mercado consumidor russo essencial para sustentar suas economias.

II: O Tratado de Segurança Coletiva determina uma aliança militar entre os países membros da CEI e a Rússia. O caráter exclusivista desta aliança e a hegemonia militar russa definem uma relação de dominância.

III: Desde o fim da URSS os países da CEI são politicamente independentes.

IV: A Rússia e os Estados da CEI são culturalmente e linguisticamente diversos

V: O caráter das relações econômicas entre a Rússia e os países da CEI atualmente remonta à estrutura Soviética, que integrava essas regiões economicamente e politicamente. Apesar do fim da dominação soviética, estes países continuam dependentes economicamente da Rússia pela importação de produtos manufaturados e matérias primas.

GABARITO: B.

74. I: Os movimentos migratórios que ocorrem nos temos do Acordo de Schengen não possuem relação com o atual quadro migratório europeu envolvendo a entrada de imigrantes provenientes da África, da Ásia e do Leste Europeu.

II: A livre circulação entre os países da UE é prevista exclusivamente para os cidadãos de países membros da UE.

III: Tendo em vista a ocorrência de atentados terroristas em Estados Europeus nos últimos anos, a comunidade franco-magrebina logo se tornou alvo de posturas xenofóbicas que a colocou na posição de ameaças em potencial. A postura xenofóbica passa pela associação estereotipada entre a prática da fé islâmica e a relação com organizações terroristas.

IV: De modo geral a Europa ocidental tem enfrentado desafios econômicos decorrentes do significativo envelhecimento da população. Integrados à população, os imigrantes suprem a carência por mão de obra existente no continente, contribuindo para o seu crescimento econômico.

V: Os baixos índices de fecundidade no continente europeu têm contribuído para o envelhecimento da população e ocasionado baixas taxas de reposição populacional. As ondas migratórias proporcionam um crescimento populacional que o crescimento vegetativo é atualmente incapaz de suprir.

GABARITO: E.

75. I: A OTAN foi formada no contexto da bipolaridade global entre capitalismo e socialismo. Foi formada pela iniciativa estadunidense em aliança com o Canadá e demais países da UE. Ainda hoje, mesmo após o fim da Guerra Fria, os EUA mantêm sua hegemonia na aliança, distribuindo postos militares em suas zonas de influência.

II: Durante a Guerra Fria, as forças militares estadunidenses foram distribuídas pelo globo de modo a configurar uma posição estrategicamente vantajosa sobre a URSS. Neste esquema, os territórios na Europa e na Ásia se destacam como as principais frentes ofensivas contra a Rússia.

III: Os EUA não possuem bases militares estabelecidas no Vietnã.

IV: As principais intervenções estadunidenses no Oriente Médio, em decorrência à "Guerra ao Terror", foram no Afeganistão (2001) e no Iraque (2003).

V: Desde 1959 o Hawaí é considerado um estado dos EUA e abriga importantes bases militares estadunidenses no pacífico, entre elas a base de Pearl Harbor. Já a Ilha de Diego Garcia pertence ao domínio político do Reino Unido, porém a base militar que abriga é alugada para ser utilizada pelo exército estadunidense.

GABARITO: B.

76. I: Os dados informados no climograma 1 sugerem que as baixas temperaturas ocorrem no meio do ano, principalmente entre os meses de junho e setembro, período de inverno no hemisfério sul.

II: Os dados do climograma 2 apresentam uma amplitude térmica maior, com temperaturas variando de menos de 10°C até mais de 20°C.

III: O climograma 2 apresenta volume de chuvas menor durante o verão.

IV: O índice pluviométrico e as temperaturas registradas no climograma 2 não condizem com as características do clima tropical litorâneo.

GABARITO: A.

HISTÓRIA

77. A existência de um Estado Nacional monárquico centralizado permitiu a unificação econômica dos territórios de Portugal. Deste modo, as atividades mercantis foram favorecidas e proporcionaram o crescimento de uma burguesia mercantil que contribuiu para o empreendimento das grandes navegações através de investimentos financeiros.

Em síntese, a expansão marítima portuguesa é resultado da mobilização do Estado monárquico centralizado, motivado pelo desejo reconquista, e da burguesia mercantil interessada nos rendimentos financeiros das atividades comerciais.

GABARITO: E.

78. A Guerra dos Mascates expressa o quadro de divergência entre a elite colonial local e os comerciantes, representantes dos interesses do poder metropolitano. A crise do açúcar fragilizou economicamente os senhores de engenho locais, a despeito de sua supremacia política na Capitania de Pernambuco. Na posição de dependência econômica aos comerciantes, a intervenção régia agiu em favor destes, induzindo o enfraquecimento político das elites locais.

GABARITO: B.

79. Os Tratados de Ultrech foram instituídos como forma de garantir a sucessão de Felipe de Anjou ao trono da Espanha, renunciando à sucessão ao trono francês e cedendo territórios da França e da Espanha a outros reinos. Entre estes, os territórios coloniais ao norte do Brasil cedidos a Portugal.

GABARITO: E.

80. I: A criação do Index foi a instituição de uma lista oficial de livros proibidos pela doutrina católica por serem considerados subversivos aos seus dogmas. Foi mais uma das medidas que integram a Contrarreforma.

II: O Protestantismo, sobretudo o Calvinismo, contrariou a noção católica de salvação pela virtude e pelo arrependimento, dando lugar à predestinação, noção em que a condenação ou salvação estaria previamente determinada pela misteriosa vontade divina, independente da ação humana.

III: Instituição criada por Inácio de Loyola em 1534 como parte da Contrarreforma. Exercia função missionária nos territórios coloniais a fim de expandir o catolicismo.

IV: A Reforma Protestante ocorreu nos reinos cujos territórios correspondem a atual Alemanha. Lutero traduziu pela primeira vez a Bíblia do latim para o idioma alemão.

V: A Reforma rompe com a função da Igreja e dos eclesiásticos como intermediários entre os fiéis e Deus através do controle das escrituras sagradas. No Protestantismo o acesso dos fiéis à Bíblia tornou-se irrestrito, visto que sua compreensão e interpretação estariam a serviço do exercício da fé.

VI: A hierarquia eclesiástica acabou por se constituir em um sistema de obtenção de privilégios econômico e exercício de poderes políticos. A autoridade espiritual da Igreja era utilizada para enriquecimento, através da venda de indulgências e os cargos eclesiásticos eram muitas das vezes comprados e ocupados sem qualquer apego à doutrina católica. Daí a razão para a oposição ao poder político acumulado pela Igreja Católica.

GABARITO: C.

81. Durante a República de Weimar o cenário foi de grande fragilidade política, intensa crise econômica, agravada pelas enormes dívidas decorrentes da guerra, e de debilidade da soberania nacional, devido as humilhantes condições impostas pela Tríplice Entente no Tratado de Versalhes. Este cenário criou um terreno forte para a emergência de movimentos políticos totalitários de cunho ultranacionalista. O Nazismo exerceu este papel.

GABARITO: B.

82. A Balaiada (1838-1841) foi uma revolta empreendida pela população do Maranhão contra a elite local, a fim de reivindicar melhores condições de vida e frear o autoritarismo das lideranças políticas.

A Guerra dos Farrapos (1835-1845) foi um conflito casado pela insatisfação dos estanceiros do Rio Grande do Sul quanto à política fiscal do Império sobre a venda do charque, principal atividade produtiva da região. A revolta logo se converteu em uma guerra separatista.

Em ambos os casos Luis Alves de Lima e Silva cumpriu o importante papel de suprimir as revoltas regionais que se opunham à legitimidade do poder central do Império.

GABARITO: E.

83. Rousseau foi um filósofo iluminista que se destacou pela defesa da soberania da vontade do povo na política, determinando a escolha de seus governantes e participando do governo. Seus pensamentos foram cruciais tanto na luta da Revolução Francesa contra o Antigo Regime, quanto na luta da Inconfidência Mineira por independência.

GABARITO: A.

84. Ironicamente, Woodrow Wilson foi o responsável por sugerir a criação da Liga das Nações, visando estabelecer um órgão diplomático internacional que, justamente, determinaria os decretos apropriados para o cenário pós-guerra e se ocuparia de garantir a paz no mundo. Entretanto os EUA não participaram da Liga das Nações (1919) por conta do veto do Senado Americano, que visava uma política externa diferente.

GABARITO: A.

85. A resposta correta contém elementos da Revolução Francesa que tenham alguma relação com o barrete frígio.

I: Denominação utilizada para especificar o período de governo do Jacobinos (1793-1794), marcado por extrema violência, perseguição aos opositores, criação de um governo central e instituição de direitos constitucionais. Alguns de seus elementos foram posteriormente consolidados como símbolos da revolução e da república, entre eles o barrete frígio.

II: A nobreza. A revolução agiu para destituir seu poder político.

III: O Clero. A estrutura hierárquica eclesiástica que em grande medida conferia legitimidade religiosa à autoridade política da monarquia absolutista.

IV: Ala mais radical e violenta do movimento revolucionário. Defendiam um governo republicano forte e aliavam-se aos interesses populares expressos pelos *sans-culottes* e pelos camponeses. Estão diretamente associados ao uso corrente do barrete frígio entre as multidões revoltosas.

V: Ala moderada, conservadora, do movimento revolucionário. Eram compostos por membros da alta burguesia e representavam seus interesses. Defendiam a reforma do Antigo Regime na forma de uma Monarquia Constitucional, sem destituir o poder monárquico efetivamente. Integraram ativamente o movimento revolucionário que o barrete frígio simboliza.

VI: Instituição responsável por governar e administrar a nação durante o Período do Terror.

GABARITO: D.

86. A Guerra do Vietnã durou de 1959 a 1975, com o envolvimento direto dos EUA no conflito a partir de 1964. Com o fim do domínio colonial francês sobre a Indochina, a independência do Vietnã foi reconhecida com a divisão entre o Norte socialista, apoiado pela União Soviética, e o Sul, apoiado pelos EUA (ambos governos autoritários). Logo, a tensão política entre os dois grupos levou ao conflito que contou com a intervenção norte-americana anos depois. Apesar da superioridade bélica, os EUA fracassaram em derrotar o Vietnã do Norte, assinando um cessar fogo em 1973 que culminou na vitória do Vietnã do Norte em 1975.

GABARITO: A.

87. Sob o governo Vargas, o Brasil manteve-se isento durante boa parte da Segunda Guerra Mundial. Isto mudou em 1942 quando, em função do ataque alemão a navios brasileiros, o Brasil se envolve no conflito integrando os aliados, tendo papel significativo na ofensiva Aliada sobre a Península Itálica junto ao exército estadunidense.

    GABARITO: E.

88. Aliando a insubordinação ao poder vigente com um discurso de natureza religiosa, Antônio Conselheiro atraiu a fidelidade de sertanejos socialmente desamparados e explorados, de um lado pela elite local (o clero e os coronéis), e do outro o poder centralizado do Estado. Essa relação de fidelidade logo se converteu em uma próspera e crescente comunidade em território baiano, no local denominado Canudos. A partir de 1896 seus habitantes resistiram com admirável sucesso a poderosas ofensivas do Estado, o que logo tornou o movimento ameaçador à República. Até que em 1897 uma nova ofensiva foi feita, com número e força consideravelmente maior, dizimando a população de Canudos.

    GABARITO: E.

INGLÊS

89. A resposta para a pergunta da alternativa B "Who studied about socially diverse groups?" é encontrada no parágrafo 1: "Decades of research by organizational scientists, psychologists, sociologists, economists and demographers show [...]". Nenhuma das demais alternativas se encontrada no parágrafo 1.

    GABARITO: B.

90. A: "Yet" é um conectivo de contraste e significa "mas". A alternativa que substitui "Yet" corretamente como conectivo de contraste é "however", que significa "contudo".

    B: for (por, como, visto que, desde que). Está incorreta. É um conectivo de causa.

    C: such as (tal como). Está incorreta. É um conectivo de exemplificação.

    D: thus (portanto). Está incorreta. É um conectivo de causa.

    E: because (porque). Está incorreta. É um conectivo de causa.

    GABARITO: A.

91. De acordo com o texto do parágrafo 2 "It is less obvious that social diversity should work in the same way – yet the science shows that it does", é correto afirmar que "According to science, social diversity works just like diversity of expertise". Portanto, a alternativa C é a correta.

    GABARITO: C.

92. De acordo com o texto do parágrafo 4 "What makes this story so interesting is the han-dwritten note." a alternativa correta é a D "Frank and Chip relied on pen and paper to communicate."

    GABARITO: D.

93. A tradução para "Robust" é robusto, forte e resistente. Portanto, a alternativa correta é a B: "capable of performing without failure under a variety of conditions."

    GABARITO: B.

94. O enunciado pede para escolher a alternativa com os tempos verbais corretos. No primeiro caso, se trata de uma narrativa em um tempo definido e acabado do passado, portanto usamos o Simple past "Happened".

    No segundo caso, se trata de uma ação inacabada que começa no passado e tem relação com o presente, portanto usamos o Present perfect "has collected".

    GABARITO: D.

95. O verbo "lies", no parágrafo 1, é usado como "reside, está". A alternativa que faz o mesmo uso de "lie" é a B: Sua habilidade está (reside) na destreza de se comunicar".

    Quanto às demais alternativas:

    A: Lies como verbo repousar, ficar.

    C: Lies como verbo mentir.

    D: Lies como verbo ficar.

    E: Lies como verbo ficar.

    GABARITO: B.

96. As palavras corretas que respectivamente preenchem os espaços são:

    (1) Do, pois é uma interrogativa do Simple present na terceira pessoa do plural "They" (language communities).

    (2) Are, pois é uma voz passiva no Simple present, sendo necessário o uso do Verb to be na terceira pessoa do plural.

    (3) Does, pois é uma interrogativa do Simple present na terceira pessoa do singular "it" (language).

    GABARITO: E.

97. De acordo com o texto do parágrafo 2 "In megacities, language, culture, and regional context go hand in hand and often reach beyond ethnic identities." é possível afirmar que o idioma é uma grande preocupação para os militares, sendo a alternativa C a correta.

    GABARITO: C.

98. O termo "highlight" usado na frase tem como significado "destacar", corretamente substituído pela alternativa A "Emphasize", de enfatizar.

    Quanto às demais alternativas:

    B: observe (observar).

    C: implement (implementar).

    D: diminish (diminuir).

    E: console (consolar).

    GABARITO: A.

99. Ms. Lovén faz um uso metafórico do verbo "Freeze", de congelar. Quando diz "My whole body froze" quer dizer que "she became suddenly paralysed with shock.". Portanto, a alternativa correta é a E.

    GABARITO: E.

100. De acordo com o texto do parágrafo 1 "A woman who rescued a two-year-old boy who had been cast out by his own community for being a "witch-child" has been recognised in an international list of the most inspiring people of the year." com o texto do parágrafo 3 "He was the size of a little baby, my whole body froze. I was thinking of my own son when I saw the boy.", É correta a alternativa, já que as afirmativas I e V estão corretas.

    GABARITO: C.

Respostas – Simulado 5 – 2016 ESPCEX

PORTUGUÊS

01. O enunciado explica que um dígrafo é o grupo de duas letras formando um só fonema e que um ditongo é a combinação de uma vogal com uma semivogal, ou vice versa. Partindo desse princípio, entende-se que é necessário analisar cada vocábulo foneticamente.

    Pronunciamos "também" como [tẽb'ẽj], logo, temos o dígrafo [ẽ], porque a consoante "m" nasaliza a vogal "a" na sílaba "tam", e temos o ditongo nasal [ẽj], porque é produzido som de "ei".

    Pronunciamos "ontem" como "õte~j" e temos, respectivamente, dígrafo e ditongo nasal pelas mesmas razões. No dígrafo [õ] a consoante "n" nasaliza a vogam "o" e no ditongo nasal, "em" possui som de "ei", como é demonstrado pelos fonemas [e~j], conforme transcrição.

    GABARITO: E.

02. Um predicado verbal não possui tanto verbo de ligação quanto predicativo do sujeito; um predicado nominal possui tanto verbo de ligação quanto predicativo do sujeito; e um predicado verbo-nominal não possui verbo de ligação, mas pode, ou não, ter predicativo do sujeito ou predicativo do objeto direto. Sabendo disso, seria necessário analisar as orações sintaticamente, a fim de classificar os predicados.

    Em "Soa um toque áspero de trompa." há o adjetivo "áspero", mas não há tanto verbo de ligação quanto predicativo do sujeito, sendo assim um predicado verbal.

    Em "Os estudantes saem das aulas cansados.", não há verbo de ligação, mas há o predicado verbal "cansados" que afirma como os estudantes ficam após as aulas, sendo assim um predicado verbo-nominal.

    Em "Toda aquela dedicação deixava-o insensível." não há verbo de ligação, mas há o predicativo do objeto "insensível", sendo assim um predicado verbo-nominal.

    Em "Iporanga existem belíssimas grutas." não há tanto verbo de ligação quanto predicativo do sujeito, ou do objeto, sendo assim, um predicado verbal.

    Em "Devido às chuvas, os rios estavam cheios" há o verbo de ligação "estavam" e o predicativo do sujeito "cheios", sendo assim um predicado nominal.

    E em "Eram sólidos e bons os móveis." há o verbo de ligação "eram" e o predicativo do sujeito "sólidos e bons", sendo assim um predicado nominal.

    GABARITO: A.

03. Em "A velha disse-lhe que descansasse." a oração grifada é uma subordinada substantiva objetiva direta, porque "disse" é um verbo transitivo direto, "lhe" é um pronome oblíquo que significa "a ele" e é introduzida por "que".

GABARITO: E.

04. Dentre todos os conectivos apresentados, o "e", de fato, introduz uma oração coordenada sindética aditiva.

Coordenada, porque são independentes uma à outra; sindética, porque há conectivo e aditiva porque tem função de complementar a informação de que os pesquisadores, além de projetar o genoma, conseguiram instalá-lo com sucesso em uma célula.

GABARITO: B.

05. O termo "cujo" presente na frase "Em Mariana, a igreja, cujo sino é de ouro, foi levada pelas águas." tem função sintática de adjunto adnominal, porque é precedido e sucedido por substantivos concretos.

GABARITO: A.

06. As palavras são antônimas quando possuem significados opostos uma à outra. Uma pessoa ambiciosa é alguém que deseja mais do que possui, como conquistar algo ou alcançar uma meta, por exemplo, enquanto uma pessoa modesta é despretensiosa, sem vaidades e simples.

GABARITO: B.

07. Na oração "Meus olhos, devido à fumaça intensa, ardiam muito." a pontuação está correta, porque "devido à fumaça intensa" é um ajunto adverbial.

GABARITO: E.

08. Na oração "Refiro-me ao livro que está sobre a mesa." o pronome relativo "que" se refere ao substantivo "livro" e introduz uma oração subordinada adjetiva restritiva.

GABARITO: C.

09. Na oração "Mãe e filho põem as roupas para lavar aqui." há o sujeito composto "mãe e filho", que pede que o verbo esteja no plural, sendo "põem" a conjugação correta.

GABARITO: B.

10. Nessa questão é pedida a interpretação do trecho de um texto. Já no início lemos "Vocês tem só uma bala na agulha para capturar a atenção dos leitores: as primeiras linhas de um texto.", ou seja, se o leitor não for cativado no início, todas as demais escolhas ao longo dele podem falhar.

GABARITO: C.

11. A ordem direta ocorre quando há sujeito + verbo + complemento verbal + adjunto adverbial, como vemos no período "Um grande incêndio reduziu a floresta a cinzas mês passado." [Um grande incêndio] – sujeito | [reduziu] – verbo [a floresta] – objeto direto | [a cinzas] – objeto indireto [mês passado] – adjunto adverbial de tempo.

GABARITO: E.

12. Os termos essenciais em uma oração são verbo e predicado. A palavra "o" é um pronome demonstrativo, que pode ser substituído por "aquele", sem mudança de sentido, por ser um termo integrante da oração.

GABARITO: D.

13. Para essa questão é essencial o conhecimento semântico, ou seja, conhecer o significado dos vocábulos, porque ela pede que sejam atribuídos os devidos adjetivos aos substantivos. Seguem os adjetivos referentes a cada um dos substantivos apresentados:

• Cobre: cúprico.

• Pele: epidérmico e cutâneo.

• Braço: braçal e braquial.

• Bode: hircino.

• Cobra: ofídico e colubrino.

• Prata: argênteo e argentino.

GABARITO: B.

14. Na primeira lacuna, o correto é "estupro", que é o termo registrado na norma-padrão; na segunda lacuna, o correto é "flagrante"; na terceira, "inquirido"; na quarta, "inserta", porque é o particípio de inserir; e na quinta "rubrica", porque a sílaba "ru" é átona.

GABARITO: D.

15. De acordo com a norma culta, apenas a palavra "análogo" não pode ser admitida sem acentuação. Na palavra "dialogo" há apenas a mudança fonética, admitida pela norma padrão; em "ate" seria uma conjugação do verbo "atar"; "e" é conjunção; e "musica" é conjugação do verbo "musicar".

    GABARITO: C.

16. O discurso indireto livre é, de certa forma, a mistura de um discurso indireto com discurso direto. Em "Omar queixou-se ao pai. Não era preciso tanta severidade. Por que não tratava os filhos com o mesmo rigor?" podemos ver esse discurso, porque ele, Omar, se pronuncia, mas não anuncia a ação.

    GABARITO: B.

17. Na passiva o sujeito recebe a ação e, para esse fim, é necessário o uso de pronome apassivador e é essencial que todos os termos estejam igualmente na voz passiva. O único pronome oblíquo possível na voz passiva é "lhe" e, sendo assim, a oração com o emprego correto da passiva é "Notou-se-lhe no rosto algo de estranho.", porque há o pronome apassivador "se", o pronome oblíquo "lhe" e nenhum dos demais termos da oração estão em outra forma.

    GABARITO: D.

18. O Simbolismo foi um movimento focado no "eu", ou seja, no interior do indivíduo, que valorizou a sensibilidade. Nas obras desse movimento há forte presença da espiritualidade, dos sonhos, da imaginação, e são utilizadas muitas metáforas quando trabalhada a subjetividade.

    GABARITO: B.

19. "Carpe Diem" é um conceito que, em sua definição mais simples, aconselha o indivíduo a viver o hoje, sem preocupações com o futuro, de forma a resistir a todas as inquietações que o futuro reserva.

    GABARITO: D.

20. No soneto, a visão adotada é a racionalista, porque o eu-lírico busca, por meio da razão, definir seus sentimentos.

    GABARITO: C.

FÍSICA

21. Utilizando o triângulo retângulo formado, temos:

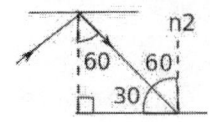

Aplicando a Lei de Snell:

$n_1 \cdot sen\ i = n_2 \cdot sen\ r$

$n_1 = ar$

$i = 60°$

$r = 30°$

$1 \cdot \dfrac{\sqrt{3}}{2} = n_2 \cdot \dfrac{1}{2}$

$n_2 = \sqrt{3}$

GABARITO: C.

22. Por M.U.:

$\Delta S = v \cdot \Delta t$

$\Delta S = 150 + x$

$150 + x = 16.500$

$x = 800 - 150$

$x = 650\ m$

GABARITO: B.

23. As barras estão em equilíbrio, logo as forças verticais aplicadas são iguais.
Na barra II existem três forças aplicadas: F_c, F_d e F_m.

Como a força F_c é comum para as duas barras, utilizando o ponto D, vamos calcular:

A somatória dos momentos do ponto D será 0, pois o sistema está em equilíbrio:

$$\sum Mo_D = 0$$

$200 \cdot 3 = F \cdot 4$

$F = 150N$

Como o sistema está em equilíbrio, pela barra I temos que:

$$\sum F = 0$$

$F_A + 150 = F_N$

Calculando a força F_A pelo ponto N:

$$\sum Mo_N = 0$$

$F_a \cdot 4 = 150 \cdot 3$

$F_A = 75\,N$

Substituindo:

$F_A + 150 = F_N$

$75 + 150 = F_N$

$F_N = 225\,N$

GABARITO: D.

24. Existem forças importantes no cubo.

Como a roldana A está sendo puxada para cima e tem uma força F puxando para baixo, cada força que puxa para cima ser metade de F.

$\dfrac{F}{2} + E = P + E_{El}$

$F = 2(P - E + E_{El})$

$F = 2(m \cdot g - \mu_{liq} \cdot g \cdot V + k \cdot x)$

$F = 2(\rho \cdot V \cdot g - \rho_0 \cdot g.V + k \cdot x)$

$F = [2 \cdot g \cdot V(\rho - \rho_0) + k \cdot x]$

GABARITO: E.

25. Utilizando a 1ª lei de Kirchhoff, também conhecida como lei dos nós, temos:

$$\sum U = \sum R.i$$

8 – 6 = (3 + 4 + 3)i

4 = 10i

i = 0,4 A

Calculando a potência dissipada:

$P_{ot} = R.i_2$

$P_{ot} = 4.0,2^2$

$Pot_{4\Omega} = 0,16W$

GABARITO: A.

26. Aplicando a equação do espaço para calcular a aceleração, temos:

$$S = S_0 + V_0 t + \frac{at^2}{2}$$

Como a velocidade inicial é 0, temos que:

$$\Delta S = \frac{at^2}{2}$$

$$9 = \frac{a.3^2}{2}$$

$a = 2m/s^2$

Calculando a força F:

F = m.a

F = 4.2

F = 8N

Aplicando a fórmula do Impulso:

I = F . Δt

I = 8 . 3

I = 24Ns

Utilizando a fórmula da velocidade:

$v = v_0 + a \cdot t$

$v = 0 + 2 \cdot 3$

$v = 6 m/s$

Aplicando a fórmula da quantidade de movimento:

$Q = m.v$

$Q = 4.6$

$Q = 24 \, km.m/s$

GABARITO: C.

27. Como o campo das duas correntes, i_1 e i_2 está entrando na espira, para o campo ser nulo, o campo da espira deverá sair.

Para o campo magnético resultante (B_{res}) ser nulo, devemos ter:

$B_1 + B_2 = (B_E)$

$$\frac{\mu_0 \cdot i_1}{2\pi \cdot 3R} + \frac{\mu_0 \cdot i_2}{2\pi \cdot 3R} = \frac{\mu_0}{2R}$$

Simplificando a equação por $\dfrac{\mu_0}{2R}$:

$$i = \frac{i_1 + i_2}{3\pi}$$

Aplicando a regra da mão direita:

O sentido da corrente será anti-horário.

GABARITO: E.

28. Como o enunciado diz que o gás foi comprimido, sabemos que o mesmo foi comprimido, ou seja, diminuiu.

O processo é adiabático, logo mão existe troca de calor, sendo $Q = 0$.

Utilizando a 1ª Lei da Termodinâmica, temos:

$Q = \tau \cdot \Delta u$

$\tau = -\Delta u$

Como o trabalho foi realizado <u>sobre</u> ele, temos: $\tau = -800J$

Se $\Delta u = 800$, a temperatura irá aumentar.

Como se trata de uma transformação adiabática, teremos o gráfico:

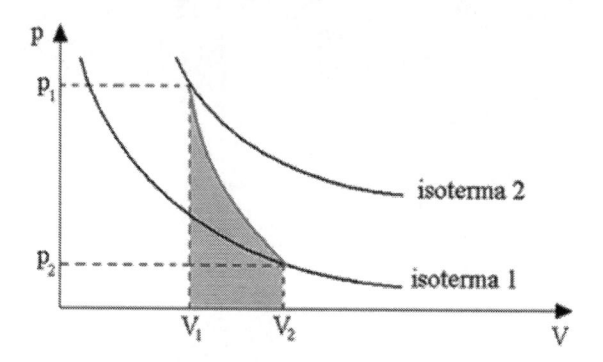

Logo, sabemos que a pressão irá aumentar.

GABARITO: D.

29. Como se trata de um elevador e o mesmo irá subir até a altura de 20 m, temos que a energia utilizada será a energia potencial gravitacional.

$$P_{ot} = \frac{m.g.h}{\Delta t}$$

$$P_{ot} = \frac{6000.10.20}{10}$$

$$P_{ot} = 120\,000W$$

Como a resposta é solicitada em kW: $1k = 1\,000$, logo: $P_{ot} = 120\,kW$

GABARITO: A.

30. Calculando a corrente máxima que cada lâmpada suporta:

L_1:

   $U = 30\,V$

Calculando a resistência:

$P_{ot} = 60W$

$P_{ot1} = U.i$

$60 = 30.i$

$i = 2A$

Calculando a resistência:

$$R = \frac{U}{i}$$

$$R = \frac{30}{2} = 15\Omega$$

L_2:

$$U = 30\ V$$

$$P_{ot} = 30W$$

$$Pot_1 = U.i$$

$$30 = 30.i$$

$$i = 1A$$

Calculando a resistência:

$$R = \frac{U}{i}$$

$$R = \frac{30}{1} = 30\Omega$$

Como a lâmpada L_1 precisa de uma passagem de corrente de 2a, porém tem resistor de 15Ω. Como a lâmpada L_2 tem um resistor e o enunciado diz que no circuito tem um resistor de , se a lâmpada L_2 for colocada em paralelo com o resistor, teremos um resistor de 15Ω, que é o mesmo valor da resistência da L_1.

Como os resistores serão iguais entre L_1 e L_2 mais o resistor, a ddp distribuída será igual para ambos os resistores.

Logo, se a lâmpada L_2 estiver em paralelo com o resistor, mas após a L_1, ambas terão o brilho máximo.

GABARITO: C.

31. Se a esfera é abandonada (chamaremos de ponto 1), sua velocidade inicial é 0. Ao atingir a mola (ponto 2) e a comprimir, sua velocidade ainda não sofre variação, logo, neste segundo ponto a velocidade também será 0.

Aplicando conservação de energia, temos:

$$E_{M1} = E_{M2}$$

$$m.g.h = \frac{k.x^2}{2}$$

$$0,8.10.4 = \frac{400.x^2}{2}$$

$$32 = 200x^2$$

$$\frac{32}{100} = x^2$$

$$x = \frac{4}{10} = 0,4m = 40cm$$

GABARITO: E.

32. Se a partícula está em equilíbrio as forças verticais opostas são iguais, logo:

$P = F_E$

$m.g = |q|.E$

$|q|.10^5 = 10^{-6}.10$

$|q| = 10^{-10} C = 10^{-4}.10^{-6}$

$|q| = 10^{-4} \mu C$

Como o campo elétrico é ascendente e a F_E também está voltada para cima, a carga será positiva.

GABARITO: D.

QUÍMICA

33. O nitrato de cobre II é o composto iônico produzido "$Cu(NO_3)_2$". Sendo assim, já eliminamos as alternativas A, C e E. O agente redutor é aquele que oxida. Neste caso, analisando o reagente cobre (CU), notaremos seu NOX zerado. Já como produto, o mesmo deixa de ser composto simples passando a "nitrato de cobre II", possuindo +2 de NOX. Tal aumento justifica a ocorrência de oxidação, já apontando que a alternativa correta é a B.

GABARITO: B.

34. Reação de combustão balanceada:

$$C_3H_8O + \frac{9}{2}O_2 \rightarrow 3CO_2 + 4H_2O$$

Observe no exercício que os valores das entalpias foram fornecidos: $H_2O = 242$, $CO_2 = 394$ e $C_3H_8O = 163$.

↓ Entalpia do produto

$\Delta H = HP - HR \rightarrow$ Entalpia do reagente

↑ Variação da entalpia

Calculando:

$\Delta H = [3.(-394) + 4.(-242)] - (-163) = -1182 - 968 + 163$

$\Delta H = -2150 + 163 = -1987$ KJ de 1 mol do álcool isopropílico.

Combustão de 10L do composto de acordo com o exercício, onde, ele trás dados no exercício referentes à densidade (d= 0,78 g/mL). Prosseguindo:

1 mL ------- 0,78g

10000 mL --- X

X = 7800g

Massa do composto:

C_3H_8O C = 12.3 = 36 H = 8.1 = 8 O = 16.1=16

36+8+16= 60g/mol.

Logo, se temos 1 mol do composto possuindo 1987 KJ de energia, 60g do composto (1 mol) apresenta a mesma significância de energia. Sendo assim:

60g ------- 1987 KJ

7800g ----- X

60.X = 15498600

$$X = \frac{15498600}{60} = 258310 \text{ KJ}$$

GABARITO: E.

35. 1 L ------- 0,1 mol de $AgNO_3$

0,02 L ----- X

X = 0,002 mol. Para facilitar, utilize em notação científica 2.10^{-3} mol de $AgNO_3$.

Equação química já balanceada! Siga com os cálculos estequiométricos:

1 mol de $AgNO_3$. ------- 58,5 g de NaCl (Na = 23 + Cl = 35,5 = 58,5 g)

2.10^{-3} mol de $AgNO_3$. --- X de NaCl

$X = 117.10^{-3} = 0,117$ g de NaCl.

GABARITO: B.

36. Utilize as informações presentes no item "II" da questão: "o átomo (X) de espécie responsável pela coloração do traço possui <u>massa</u> (A) de 137u e número de <u>nêutrons</u> (n) 81". Aplique a fórmula:

$A = Z + N$

$137 = Z + 81$

$Z = 137 - 81 = 56$

Com o número atômico agora descoberto realize a distribuição eletrônica para encontrar a alternativa correta:

K	$1s^2$			
L	$2s^2$	$2p^6$		
M	$3s^2$	$3p^6$	$3d^{10}$	
N	$4s^2$	$4p^6$	$4d^{10}$	$4f^{14}$
O	$5s^2$	$5p^6$	$5d^{10}$	$5f^{14}$
P	$6s^2$	$6p^6$	$6d^{10}$	
Q	$7s^2$	$7p^6$		

$1s^2 \, 2s^2 \, 2p^6 \, 3s^2 \, 3p^6 \, 4s^2 \, 3d^{10} \, 4p^6 \, 5s^2 \, 4d^{10} \, 5p^6 \, 6s^2$

GABARITO: B.

37. Atenção! Observe o que se pede no exercício: "Após esse tempo, a massa aproximada de cobre depositada sobre a superfície do clipe foi de", ou seja, no seu resultado final você irá deparar-se com um número não exato.

Cu = 64g/mol $\qquad$ $Cu^{2+} + 2e^- \rightarrow Cu^0$

1 mol e⁻ = 96500 C $\qquad$ 2e⁻. 96500 = 193000 C ------- 64g

$\qquad\qquad\qquad\qquad\qquad\qquad$ 30 C ----- X

$\qquad\qquad\qquad$ ↓ corrente

$\dfrac{100}{1000}$ mA = 0,1 A $\quad$ Q = i. t → tempo em segundos $\quad$ Q = 0,1. 300 (5 min em seg)

$\qquad\qquad$ ↑ Quantidade de carga $\qquad\qquad$ Q = 30 C

Dando continuidade:

193000 C ------- 64g

$\quad$ 30 C ------- X

19300.X = 192

X = $\dfrac{192}{19300}$ = Atenção! Aqui o resultado seria 0,00099, onde seria necessário você perceber que trabalhando com esse número arredondando-o. A única alternativa que se aproximara do tal é a alternativa E ou, pelo fato do exercício solicitar um número aproximado, existe aqui a possibilidade de trabalhar desta forma: $\dfrac{192}{19300}$ = 0,001, número que, por fim, também lhe remeteria à alternativa E como resposta final.

GABARITO: E.

38. Observe que a questão faz duas perguntas, mas os valores nas alternativas não são repetidos. Sendo assim, opte pelo caminho mais fácil para encontrar a resposta que, neste caso, é encontrar o volume de CO_2.

No exercício, o valor descrito do mol de CO_2 é de 24,5 L.

Calcule a massa do carbonato de cálcio:

$2Na_2CO_3$ = 2. (Na = 23.2 + C = 12.1 + O = 16.3 = Na = 46 + C = 12 + O = 48)

$2Na_2CO_3$ = 2. 106

Compreenda:

$2Na_2CO_3$ = 2. 106g ------ 24,5 L de CO_2

5 vezes de aumento!-------Logo, o volume também será 5 vezes aumentado!

$\qquad\qquad\qquad$ ↕ $\qquad\qquad\qquad\qquad$ ↕

$2Na_2CO_3$ de 1060g ------ X de volume de CO_2

X = 122,5 L – o rendimento foi de 90%:

$$\frac{90}{100} \text{ de } 122,5 = \frac{90}{100} \cdot 122,5 = 110,25 \text{ L}$$, já o suficiente para encontrar a alternativa correta.

GABARITO: D.

39. Reação exotérmica, pois, trata-se de uma explosão:

$$\downarrow -353,6 \quad \downarrow 0 \quad \downarrow -394 \quad \downarrow 0 \quad \downarrow -286$$
$$4C_3H_3N_3O_9 \rightarrow 6N_2 + 12CO_2 + O_2 + 10H_2O$$
$$\downarrow \text{Entalpia do produto}$$

$\Delta H = HP - HR \rightarrow$ Entalpia do reagente

$\uparrow$ Variação da entalpia

Calculando:

$\Delta H = [12. (-394) + 10. (-286)] - [4. (353,6)] = -4728 - 2860 + 1414,43$

$\Delta H = -7588 + 1414,43 = -6173,6$ KJ

Calcule a massa da trinitroglicerina:

$4C_3H_3N_3O_9 = 4. C = 3.12 + H= 3.1 + N = 3.14 O = 16. 9 = 36 + 3 + 42 + 144$

$4C_3H_3N_3O_9 = 4.225$ g/mol $= 900$g/mol.

Antes de prosseguir irá perceber que o exercício forneceu o dado que utilizaremos em miligramas (0,6), necessitando de conversão. Trabalhe com notação científica para facilitar! Neste caso teríamos $0,6.10^{-3}$ g, porém, para facilitar ainda mais, trabalhe com 6.10^{-4}:

900g -------- 6173,6 KJ

$6. 10^{-4}$ g ----- X

X.900 = 3,70416

$$X = \frac{3,70416}{900} = 0,004115 \text{ KJ}$$

Observe aqui que as alternativas D e E já podem ser descartadas, pois este valor obtido até aqui em KJ não se enquadra nas alternativas. Sendo assim, necessita a conversão:

1 KJ ------- 10^3 J Simples, multiplicando 0,004115 KJ por mil (10^3) precisará deslocar a vírgula para a direita três vezes 4,1 J aproximadamente.

GABARITO: A.

40. Atenção às informações da questão e faça a análise das cadeias carbônicas de trás para frente para facilitar:

"I) o composto apresenta 7 átomos de carbono em sua cadeia carbônica, classificada como <u>aberta</u>, <u>ramificada</u> e <u>insaturada</u>;

II) a estrutura da cadeia carbônica apresenta apenas 1 carbono com hidridização tipo sp, apenas 2 carbonos com hidridização tipo sp^2 e os demais carbonos com hidridização sp^3;

III) o composto é um álcool terciário".

Lembre-se que o álcool tem sua hidroxila ligada ao carbono, e para ser um álcool terciário, como a questão solicita, a mesma estará ligada com um carbono que faz ligação simples com outros 3 carbonos. Logo, já eliminamos a alternativa A devido ao fato de que se trata de uma cadeia de álcool primário!

Já na alternativa B, a hidroxila apresenta-se no segundo carbono, e este realiza uma dupla ligação com o terceiro carbono, característica essa de um enol, que faz com que também eliminemos a alternativa.

Na alternativa C todos os itens solicitados na questão são atendidos, chegando à resposta correta sem a necessidade de analisar as outras 2 alternativas:

```
      CH₃ RAMIFICAÇÃO INSATURADA
       |
H    C - C - C ═ C ═ C - C      7 CARBONOS
I      |
D     OH  HIDROXILA - ÁLCOOL TERCIÁRIO
R     └──────────── CADEIA ABERTA
I
D    (1 sp) CARBONO 4 "═C═"
I    (2 sp²) CARBONO 3 "─C═" e CARBONO 5 "═C─"
Z                     |                    |
A                                              |
Ç    (3 sp³) OS DEMAIS CARBONOS (1, 2, 6 E RAMIFICAÇÃO) "═C─"
Ã                                                          |
O
```

GABARITO: C.

41. Alterando a concentração dos reagentes, se alteram as concentrações dos produtos proporcionalmente, com a finalidade de se atingir o equilíbrio químico e gerando deslocamentos. Logo, eliminam-se as alternativas A, B, D e E, pois realizam afirmações sobre deslocamentos simultâneos, inversos ao sentido do aumento da concentração aplicada na reação e até mesmo que alterando a concentração de alguma molécula não causará deslocamento de equilíbrio. Se o exercício não solicita assinalar as incorretas, restará apenas a alternativa C como correta.

GABARITO: C.

42. I) $2NO \rightarrow N_2 + O_2$

$ +2\text{-}2 \quad 0 \quad 0$

 Oxidação

Redução

Ocorre a variação do NOX!

Atenção! Os itens I e II da questão estão corretos. Repare que a única alternativa que apresenta os dois itens corretos na alternativa é a A.

GABARITO: A.

II) $CO_2 + H_2O \rightarrow H_2CO_3$

 Ácido Carbônico

43. As alternativas A, B e C já podem ser desconsideradas, pois a afirmação I é incorreta: $\alpha < \beta < \gamma$
Atenção! A afirmação II já pode ser considerada correta por se apresentar nas duas alternativas que restaram: D e E.

$^0_0\gamma$ = alto poder de penetração. Não altera o número de massa (A) e não altera o número atômico (Z).

Se as afirmações II e III estão corretas, logo a nossa resposta é a alternativa D, pois a E não apresenta a III como correta e sim a IV.

GABARITO: D.

44.

K	$1s^2$			
L	$2s^2$	$2p^6$		
M	$3s^2$	$3p^6$	$3d^{10}$	
N	$4s^2$	$4p^6$	$4d^{10}$	$4f^{14}$
O	$5s^2$	$5p^6$	$5d^{10}$	$5f^{14}$
P	$6s^2$	$6p^6$	$6d^{10}$	
Q	$7s^2$	$7p^6$		

$_{16}S = 1s^2, 2s^2 2p^6, \boxed{3s^2, 3p^4}$ $\qquad$ $_8O = 1s^2, \boxed{2s^2, 2p^4}$

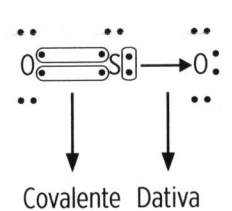

$O=S$
$O \quad O$ Angular

Covalente Dativa

POLARES

GABARITO: A.

MATEMÁTICA

45. $x^2 + y^2 + 2x + 4y + 2 = 0$

Por produto notável temos:

$(x + 1)^2 = x^2 + 2 \cdot 1 \cdot x + 1^2$

$(y + 2)^2 = y^2 + 2 \cdot 2 \cdot y + 2^2$

Substituindo na equação, temos:

$(x + 1)^2 + (y + 2)^2 + 2 = 5$

$(x + 1)^2 + (y + 2)^2 = 5 - 2$

$(x + 1)^2 + (y + 2)^2 = 3$ (Equação reduzida da circunferência)

Pela equação, obtemos:

$C(-1, -2)$ e $RC(-1, -2)$ e $R = \sqrt{3}$

Pelo enunciado, temos:

$P_m = (-1, -1)$

$Y_m = Y_n = -1$

Substituindo na equação da circunferência, temos:

$(x+1)^2 + (-1+2)^2 = 3$

$x^2 + 2x + 1 + 1 = 3$

$x^2 + 2x - 1 = 2$

Resolvendo a equação, temos:

$x' = -1 + \sqrt{2}$ e $x'' = -1 - \sqrt{2}$

Pela distância entre dois pontos temos:

$D = MN = \sqrt{(x'-x)^2 + (y'-y)^2}$

$MN = \sqrt{([-1+\sqrt{2}-(-1-\sqrt{2})]^2 + [-1+(-1)]^2)}$

$MN = \sqrt{(2\sqrt{2})^2}$

$MN = 2\sqrt{2}$

GABARITO: C.

46. $a_1 = \dfrac{3}{2} = 1{,}5 = 1 + 0{,}5$

$a_2 = \dfrac{5}{2} = 2{,}5 = 2 + 0{,}5$

Sendo assim, 0,5 é constante (razão)

$a_n = b_n + c_n$

$c_n = PA\ (0{,}5;\ 0{,}5;\ ...;\ 0{,}5)$

$b_n = PG\ (20,\ 2^1,\ 2^2,...,29)$

Efetuando o cálculo de soma da PA, temos:

$S_n = \dfrac{(a_1 + a_n)}{2} \cdot n$

$S_{10} = \dfrac{(0{,}5 + 0{,}5)}{2} \cdot 10$

$S_{10} = 5$

Efetuando o cálculo de soma da PG, temos:

$$S_n = a_1 \frac{q^n - 1}{q - 1}$$

$$S_{10} = 2^0 \cdot \frac{2^{10} - 1}{2 - 1}$$

$$S_{10} = 1 \cdot (1024 - 1)$$

$$S_{10} = 1023$$

Substituindo os valores encontrados:

an = bn + cn

$a_{10} = 5 + 1023$

$a_{10} = 1028$

GABARITO: E.

47. $(x+a)^n = \displaystyle\sum_{k=0}^{n} \binom{n}{k} x^k a^{n-k}$

$(a + b)5 = a^5 b^0 + 5a^4 b^1 + 10a^3 b^2 + 10a^2 b^3 + 5ab^4 + a^0 b^5$

Sendo 1, 5, 10, 10, 5 e 1 os índices, tem-se que:

$E = (999)^5 (1)^0 + 5(999)^4 (1)^1 + 10(999)^3 (1)^2 + 10(999)^2 (1)^3 + 5(999)(1)^4 + (999)^0 (1)^5$

Entende-se que:

$(a + b)^5 = (999 + 1)^5 = (1000)^5 = (10^3)^5 = 10^{15}$

Portanto: $E = 10^{15}$

GABARITO: C.

48. $S = \displaystyle\sum_{n=1}^{2016} n! = 1! + 2! + 3! + \ldots + 2016!$

$1! + 2! + 3! + \ldots + 2016! = 1 + 2 + 6 + 24 + 120 + \ldots$

Sabendo que:

$5! = 24 \cdot 5 = 120$

$6! = 120 \cdot 6 = 720$ (a partir do 5! O último algarismo será sempre 0.)

Como se pede apenas a soma do último algarismo efetua-se a soma apenas das unidades:

$1 + 2 + 6 + 4 + 0 = 13$

Portanto, o algarismo das unidades será 3.

GABARITO: D.

49. $\cos(2x) - \cos(x) = 0$ (I)

Aplicando a fórmula de prostaférese:

$\cos(2x) = \cos(x+x) = \cos(x) \cdot \cos(x) = -\operatorname{sen}(x) \cdot \operatorname{sen}(x) = \cos^2(x) + \operatorname{sen}^2(x)$

Relação Fundamental da Trigonometria (RFT):

$\cos^2(x) + \operatorname{sen}^2(x) = 1$

Aplicando RFT na equação I:

$\cos^2(x) - \operatorname{sen}^2(x) - \cos(x) = 0$ (II)

Se $\cos^2(x) + \operatorname{sen}^2(x) = 1$, isolando $\operatorname{sen}(x)$ tem-se:

$-\operatorname{sen}^2(x) = -1 + \cos^2(x)$

Substituindo na equação II:

$\cos^2(x) - 1 + \cos^2(x) - \cos(x) = 0$

$2\cos^2(x) - \cos(x) = 0$

Considere $\cos(x) = R$ e substituindo na equação:

$2R^2 - R - 1 = 0$

Resolvendo a equação, tem-se:

$x' = 1 \text{ e } x'' = -\dfrac{1}{2}$

Se $\cos(x) = 1$, então refere-se a 0^0 ou 2π.

2π

GABARITO: B.

50. $N_{(t)} = (2,5)^{1,2t}$

$N_{(T)} = 10^{84}$

Substituindo na fórmula inicial:

$10^{84} = (2,5)^{1,2t}$

Resolvendo por logaritmo:

$$\log\left(\frac{5}{2}\right)^{1,2t} = \log 10^{84}$$

$$1,2t \cdot \log\left(\frac{5}{2}\right) = 84 \cdot \log 10$$

$$\frac{12}{10} t \cdot 0,4 = 84$$

$$4,8t = 840$$

$$t = 175$$

GABARITO: C.

51. Estudando cada possibilidade:

1ª) Nenhum filho ter olhos claros:

$$P_{(A)} = \left(\frac{1}{3}\right)^0 \cdot \left(\frac{2}{3}\right)^4 = \frac{16}{81}$$

2ª) Um filho ter olhos claros:

$$P_{(B)} = \left(\frac{1}{3}\right)^1 \cdot \left(\frac{2}{3}\right)^3 = \frac{4!}{(4-1)!\,1!} \cdot \frac{8}{81} = 4 \cdot \frac{8}{81} = \frac{32}{81}$$

(Calcular combinatória, pois não se sabe qual filho terá olhos claros.)

$C_{4,1} = 4$

3ª) Dois filhos terem olhos claros:

$$P_{(C)} = \left(\frac{1}{3}\right)^2 \cdot \left(\frac{2}{3}\right)^2 = \frac{4!}{(4-2)!\,2!} \cdot \frac{4}{81} = 6 \cdot \frac{4}{81} = \frac{24}{81}$$

(Calcular combinatória, pois não se sabe qual filho terá olhos claros.)

$C_{4,2} = 6$

Somando todas as possibilidades:

$$P_{(A)} + P_{(B)} + P_{(C)} = \frac{16}{81} + \frac{32}{81} + \frac{24}{81} = \frac{72}{81} = \frac{8}{9}$$

GABARITO: C.

52. Calculando o determinante por Sarrus:

$$\begin{bmatrix} a & a^3 - b^3 & b \\ a & a^3 & 0 \\ 2 & 5 & 3 \end{bmatrix} \begin{matrix} a & a^3 - b^3 \\ a & a^3 \\ 1 & 5 \end{matrix}$$

$3a^4 + 0 + 5ab - (2a^3 b + 0 + 3a^4 + 3ab^3) = 0$

$3a^4 + 5ab - 2a^3b - 3a^4 + 3ab^3 = 0$

$5ab - 2a^3 b - 3ab^3 = 0$

$ab(5 - 2a^2 - 3b^2) = 0$

$ab \neq 0$, pois o enunciado diz que a e b são reais não nulos.

$5 - 2a^2 - 3b^2 = 0$

$2a^3 - 3b^2 = 5$

Multiplicando $2a^3 - 3b^3 = 5$ por 7, obtém-se:

$14a^3 - 21b^2 = 35$

GABARITO: C.

53. $f(x) = g(x)$

$2 = x^2 - |x|$

$|x|^2 - |x| - 2 = 0$

Considerando $y = |x|$, tem-se:

$y^2 - y - 2 = 0$

Resolvendo a equação:

$y' = 2$ e $y'' = -1$

Substituindo em y = |x|:

|x| = 2|x| = 2 ou |x|= - 2

|x| = -1 $\nexists$

Efetuando a soma:

2 + (- 2)= 0

GABARITO: A.

54. Como as 5 mulheres ocuparão os 5 primeiros lugares basta permutar:

5! = 120

Como tem 8 homens para ocupar 3 posições faz-se combinatória:

$$C_{8,3} = \frac{8!}{(8-3)!\,3!} = \frac{8!}{5!\,3!} = 56$$

Como serão apenas 3 lugares faz-se também o fatorial de 3:

3! = 6

Para saber o total de possibilidades basta multiplicar os três resultados:

120 · 56· 3 = 40.320

GABARITO: C.

55. Trata-se de um sistema homogêneo, então os termos independentes são sempre iguais a 0.

Para o sistema ser possível indeterminado Δ = 0.

**Esse sistema nunca será impossível.*

Calculando o determinante por Sarrus:

$$D = \begin{vmatrix} 1 & -3 & k \\ 3 & k & 1 \\ k & 1 & 0 \end{vmatrix} \begin{matrix} 1 & -3 \\ 3 & k \\ k & 0 \end{matrix}$$

$D = 0k - 3k + 3k - (0 + 1 + k^3)$

$D = -k^3 - 1$

$k^3 = -1$

$k = -1$

$(-2,1]$

GABARITO: B.

56. s: $2x - 3y + 12$

$y = \dfrac{2}{3}x + 4$

A(-6,0)

B(0,4)

C(-3,2)

A mediatriz é perpendicular e passa por P_M.

Coeficiente angular de s = $m_s = \dfrac{2}{3}$

Coeficiente angular da mediatriz = m_t

Sendo $m_s \cdot m_t = -1$

$m_t = -\dfrac{3}{2}$

Aplicando a fórmula da Equação Fundamental da Reta:

$y - y^0 = m(x - x^0)$

$y - 2 = -\dfrac{3}{2} \cdot (x - (-3))$

$y - 2 = -\dfrac{3}{2} \cdot (x + 3)$

$2(y - 2) = -3(x + 3)$

$3x + 2y + 5 = 0$

Calculando a distância entre ponto e reta:

$$D_{M,Y} = \frac{|ax_0 + bx_0 + c|}{\sqrt{a^2 + b^2}} = \frac{|3 \cdot 1 + 2 \cdot 1 + 5|}{\sqrt{3^2 + 2^2}}$$

$$D_{M,Y} = \frac{10\sqrt{13}}{13}$$

GABARITO: B.

57. Sendo as coordenadas do afixo iguais ao argumento, será $\theta = 45°$

$$45° = \frac{\pi}{4}$$

$$|z| = 1|$$

$$|v| = \sqrt{\left(\frac{\sqrt{2}}{2}\right)^2 + \left(\frac{\sqrt{2}}{2}\right)^2} = \sqrt{\frac{2}{2}}$$

$$|v| = \sqrt{1}$$

$$|v| = 1$$

$$z \cdot v = |z| \cdot |v| \cdot (cis\theta_1 + \theta_2)$$

$$z \cdot v = 1 \cdot 1 \cdot (cis\frac{\pi}{4_+} \theta_2)$$

Sendo $|z| = 1$ seu afixo pode ser encontrado em qualquer um dos quatro quadrantes, e sendo $\theta_2 = [0, 2\pi]$ torna as alternativas A, B, C e E falsas, pois a equação da reta é $x^2 + y^2 = 1$, ou seja, raio igual a 1, que é igual a $|z \cdot v|$.

Pertence à circunferência: $x^2 + y^2 = 1$.

GABARITO: D.

58. $(t)y = x + n$

Equação da elipse: $2x^2 + 3y^2 = 6$

Substituir y na equação da elipse pela reta (t):

$$2x^2 + 3(x + n)^2 = 6$$

$$2x^2 + 3(x^2 + 2xn + n^2) = 6$$

$$2x^2 + 3x^2 + 6xn + 3n^2 = 6$$

$$5x^2 + 6xn + 3n^2 - 6 = 0$$

Para (t) ser tangente, apenas enconta em um único ponto, logo $\Delta = 0$

$\Delta = (6n)^2 - 4 \cdot 5 \cdot (3n^2 - 6)$

Resolvendo a equação de 2º grau:

$(6n)^2 - 4 \cdot 5 \cdot (3n^2 - 6)$

$36n^2 - 60n^2 + 120 = 0$

$-24n^2 + 120 = 0$

$24n^2 = 120$

$n^2 = \dfrac{120}{24}$

$n^2 = 5$

$n = -\sqrt{5} \text{ e } \sqrt{5}$

GABARITO: A.

59. $\sqrt[3]{\dfrac{25}{8} + \dfrac{11\sqrt{2}}{4}} + \sqrt[3]{\dfrac{25}{8} - \dfrac{11\sqrt{2}}{4}}$

Igualando os denominadores:

$\sqrt[3]{\dfrac{25}{8} + \dfrac{22\sqrt{2}}{8}} + \sqrt[3]{\dfrac{25}{8} - \dfrac{22\sqrt{2}}{8}}$

Tirando a raiz dos denominadores:

$\dfrac{1}{2} \cdot \left(\sqrt[3]{25 + 22\sqrt{2}} + \sqrt[3]{25 - 22\sqrt{2}} \right)$

Considerando:

$x = 25 + 22\sqrt{2}$

$y = 25 - 22\sqrt{2}$

Substituindo na equação:

$$\frac{1}{2} \cdot (\sqrt[3]{x} + \sqrt[3]{y}) = k$$
$$2k = \sqrt[3]{x} + \sqrt[3]{y}$$

Elevando os dois membros ao cubo:

$$(2k)^3 = (\sqrt[3]{x} + \sqrt[3]{y})^3$$
$$(\sqrt[3]{x} + \sqrt[3]{y})^3 = x^3 + y^3 + 3xy(x + y)$$
$$8k^3 = (\sqrt[3]{x}) + (\sqrt[3]{y}) + 3\sqrt[3]{xy} \cdot (\sqrt[3]{x} + \sqrt[3]{y})$$
$$8k^3 = x + y + \sqrt[3]{xy} \cdot (\sqrt[3]{x} + \sqrt[3]{y})$$

Considerando $\left(\sqrt[3]{x} + \sqrt[3]{y}\right) = 2k$

Calculando xy por produto notável:

xy = (25+22√2) · (25-22√2)

xy = 25² - (22√2)² = 625- 968

xy = - 343

Substituindo x e y:

8k³ = 25+22√2 + 25-22√2 + 3$\sqrt[3]{-343}$ ·2k

8k³ = 50 + 3· (- 7)· 2k

8k³ + 42k - 50 = 0

A soma dos coeficientes é igual a 0, então valor de k é 1.

K = 1

GABARITO: D.

60. Proporção: 6, 4 e 2.

$a + b + c = 36$

$ma + mb + mc = 36$

$m(6 + 4 + 2) = 36$

$m = 3$

$a = 3a$

$b = 3b$

$c = 3c$

Seguindo as proporções:

$a = 3 \cdot 6 = 18$

$b = 3 \cdot 4 = 12$

$c = 3 \cdot 2 = 6$

$A_b = b \cdot c$

$A_b = 12 \cdot 6 = 72$

$a = h = \text{altura}$

Aplicando a fórmula de volume da pirâmide:

$V = \dfrac{1}{3} A_b \cdot h$

$V = \dfrac{1}{3} \cdot 72 \cdot 18$

$V = 432 \, cm^3$

GABARITO: D.

61. Primeiro encontrar a raiz real pelo Teorema das raízes reais:

$D_{(16)} = \{-1; 1; -2; 2; -13; 13; -26; 26\}$

$x^3 - 6x^2 + 21x - 26 = 0$

$x = 2$ é raiz.

Aplicando Briot – Ruffini:

2	1	-6	21	-26
	1	-4	13	0

$x^2 - 4x + 13 = 0$

Resolvendo por Bhaskara:

$\Delta = -36$

Aplicando Teorema das raízes complexas, temos:

$x' = 2 - 3i$

$x'' = 2 + 3i$

Substituindo:

$m^2 + n^2$

$(2 + 3i)^2 + (2 - 3i)^2 = 4 + 12i - 9 + 4 - 12i - 9$

$8 - 18$

-10

GABARITO: B.

62. No triângulo equilátero a altura também é mediana.

Ortocentro e baricentro são o centro da circunferência.

Se o perímetro é 3 cm, então o lado (l) é 1 cm.

h = diâmetro

$$h = \frac{l\sqrt{3}}{2}$$

$$h = \frac{1\sqrt{3}}{2}$$

$$r = \frac{2}{3}h$$

$$r = \frac{2}{3} \cdot \frac{\sqrt{3}}{2}$$

$$r = \frac{\sqrt{3}}{3}$$

Calculando a área do círculo:

$A_c = \pi r^2$

$A_c = \pi \cdot \left(\dfrac{\sqrt{3}}{3}\right)^2$

$A_c = \dfrac{3\pi}{9}$

$A_c = \dfrac{\pi}{3}$

GABARITO: A.

63. Sendo MNP triângulo retângulo inscrito, temos:

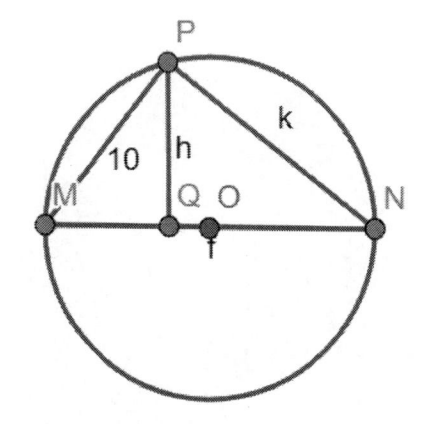

$r = \dfrac{25}{2} = 2r = 25$

$MP = 10$

$OQ = x$

$PN = k = 5\sqrt{21}$

$PQ = h$

$QM = OM - OQ$

$QM = \dfrac{25}{2} - x$

Aplicando Pitágoras nos triângulos MPQ, NPQ e MPN:

Triângulo MPN: $(2r)^2 = 10^2 + k^2$

$25^2 = 100 + k^2$

$k = 525$

$k = 5\sqrt{21}$

Triângulo PQN:

$$(5\sqrt{21})^2 = h^2 + \left(\frac{25}{2} + x\right)^2$$

$525 = h^2 + x^2 + 25x + 163$

$h^2 + x^2 + 25x = 362 \text{ (I)}$

Triângulo PQN:

$$10^2 = h^2 + \left(x - \frac{25}{2}\right)^2$$

$100 = h^2 + x^2 - 25x + 163$

$h^2 + x^2 - 25x = -63 \text{ (II)}$

Resolvendo o sistema de equações:

$$\begin{cases} h^2 + x^2 + 25x = 362 \\ h^2 + x^2 - 25x = -63 \cdot (-1) \end{cases}$$

$$\begin{cases} h^2 + x^2 + 25x = 362 \\ -h^2 - x^2 + 25x = 63 \end{cases}$$

$50x = 425$

$x = 8,5$

Substituindo na equação:

$$10^2 = h^2 + \left(\frac{25}{2} + x\right)^2$$

$100 = h^2 + (12,5 - 8,5)^2$

$100 - 16 = h^2$

$h = \sqrt{84}$

$h = 2\sqrt{21}$

GABARITO: E.

64. Comprimento total da circunferência: $2\pi r$

Fazendo regra de três com o setor hachurado:

$$\frac{2\pi \cdot 4}{l} = \frac{360°}{90°}$$

$l = 2\pi$

Calculando o raio do cone:

$2\pi r = 2\pi$

$r = 1$

Aplicando Pitágoras:

$4^2 = h^2 + 1^2$

$16 = h^2 + 1$

$h = \sqrt{15}$

Calculando o volume do cone:

$$V = \frac{1}{3}\pi r^2 h$$

$$V = \frac{1}{3}\pi \cdot 1^2 \cdot \sqrt{15}$$

$$V = \frac{\sqrt{15}}{3}\pi$$

GABARITO: C.

GEOGRAFIA

65. I: Terremotos são eventos geológicos comumente provocados na colisão entre placas tectônicas. Tendo em vista que a formação da Dorsal Mesoatlântica foi causada pelo afastamento entre placas tectônicas, a ocorrência de atividades sísmicas provenientes deste ponto é improvável.

II: O terremoto que atingiu o Japão em 2011 foi ocasionado pela colisão entre a Placa Tectônica do Pacífico e a Placa Tectônica Norte-americana. O epicentro desta atividade sísmica foi a 130 km da costa nordeste do Japão. Assim, a chegada do tsunami, provocado pelo terremoto, atingiu mais gravemente esta região.

III: Movimentos orogenéticos são movimentos tectônicos horizontais que podem ocasionar a formação de cadeias de montanhas, formas de relevo como os Alpes e os Andes.

IV: Esta alternativa não trata da "dinâmica do relevo terrestre", mas sim de fenômenos hidrográficos.

V: Esta alternativa não trata da "dinâmica do relevo terrestre", mas sim da decomposição das rochas por meio do intemperismo.

GABARITO: A.

66. I: Mares de Morro – são uma categoria de domínio morfoclimático caracterizado por relevo intensamente acidentado, na forma de morros arredondados. Se localizam predominantemente ao longo da costa brasileira associados a zonas de planalto. Sua vegetação é a Mata Atlântica e seu clima é essencialmente tropical litorâneo. É o domínio morfoclimático com maior densidade populacional no Brasil e, consequentemente, o que mais sofreu degradação pela ação humana.

II: Amazônico – corresponde ao maior domínio morfoclimático encontrado no território brasileiro, localizado predominantemente ao norte. Seu relevo caracteriza-se pela forte presença de depressões, variando entre baixos planaltos e planícies fluviais. Apresenta clima equatorial, com altas temperaturas e intensa umidade. Sua vegetação, a densa floresta amazônica, é ameaçada por atividades extrativistas degradantes de grande interesse econômico.

III: Cerrado – encontra-se no centro-oeste do território brasileiro. Sua vegetação predominante é a savana, em suas variações. O clima é tropical, marcado por menores taxas de umidade e temperatura que varia ao longo do ano, mediante as estações. O relevo do cerrado é caracteristicamente plano, variando entre planaltos e chapadas. Geralmente possui grandes extensões territoriais planas, fator que favorece as atividades econômicas ligadas à agropecuária, principalmente de monocultura.

GABARITO: C.

67. A projeção cartográfica representada na imagem é chamada cilíndrica equivalente. Cilíndrica, devido ao formato cilíndrico da superfície de projeção utilizada para a planificação do globo terrestre (uma superfície cilíndrica que circunda o globo), e equivalente, porque a representação da área dos continentes é proporcionalmente fiel, mas os ângulos são gradualmente distorcidos no sentido dos trópicos, alterando o contorno dos continentes. Este tipo de projeção cartográfica também é chamado de Projeção de Peters.

GABARITO: D.

68. I: Em um mapa de escala 1:25.000.000, as distâncias representadas no mapa serão equivalentes a uma distância real de 25.000.000 km.

II: Uma escala maior corresponde a uma proporção menor e, consequentemente, uma representação menos detalhada de um local no mapa.

III: Uma escala maior corresponde à representação de um território maior em menores proporções, dificultando o detalhamento da representação.

IV: A escala cartográfica pode ser indicada em escala numérica, por variadas unidades de medida, ou em escala gráfica, por equivalência das distâncias do mapa em relação às distâncias indicadas na escala gráfica.

GABARITO: E.

69. I: A atual crise migratória mundial tem com suas principais causas as guerras civis, o genocídio e a busca por melhores condições econômicas.

II: A descoberta de petróleo no Golfo Pérsico levou ao forte desenvolvimento econômico de Nações como o Catar, os Emirados Árabes e o Kuwait a partir dos anos 1970. Esse desenvolvimento, por sua vez, provocou grande oferta de empregos e melhores condições de vida, atraindo muitos imigrantes provenientes principalmente do sudeste asiático.

III: Apesar das consequências do envelhecimento demográfico nas principais nações europeias, políticas migratórias restritivas, como o fechamento de fronteiras, têm perdurado na Europa.

IV: Os EUA efetivamente ocupam o posto de país com maior população de imigrantes entre os países desenvolvidos que são foco de imigração. Já quanto à emigração, o *ranking* é liderado pela Ásia, onde quase todos os países do continente têm participado dos processos migratórios.

V: Imigrantes irregulares, como a nomenclatura sugere, são imigrantes cuja permanência em território estrangeiro não possui autorização legal. Sendo assim, geralmente não são beneficiados pelos direitos providos pelo Estado aos cidadãos.

GABARITO: B.

70. I: Atualmente, a maior causa do aumento dos movimentos migratórios inter-regionais é a expansão da fronteira agrícola nas regiões Centro-Oeste e Norte. Além disso, o surgimento de novos polos industriais também tem favorecido o crescimento de movimentos migratórios intrarregionais em diferentes regiões do país.

II: Graças ao crescimento da indústria agropecuária, a região Centro-Oeste passou por um significativo desenvolvimento econômico que se refletiu em uma maior oferta de

empregos. Por outro lado, a estagnação do crescimento econômico nas metrópoles industrializadas diminuiu o seu crescimento populacional. Assim, captando ondas emigrantes, provenientes do sudeste e nordeste em maioria, a região Centro-Oeste apresentou grande crescimento populacional desde o início do século XXI.

III: O sudeste brasileiro, em especial a cidade de São Paulo, recebeu grandes ondas migratórias até a década de 1970, em função da grande oferta de empregos gerados pelo processo de industrialização em curso na região. Uma vez que o crescimento econômico atingiu um estado de estagnação e a oferta de empregos deixou de ser tão abundante, a emigração para outras regiões em processo de desenvolvimento econômico tornou-se comum. De modo que, em função da expansão da fronteira agrícola no Norte e no Centro-Oeste, muitos habitantes emigraram de São Paulo para seus locais de origem.

IV: A expansão da fronteira agrícola foi causa de ondas migratórias direcionadas ao Centro-Oeste ao Norte, não para o Sul.

V: O fenômeno das migrações pendulares pode ocorrer também no caso de núcleos não integrados fisicamente, mas somente funcionalmente.

GABARITO: A.

71. I: Menores taxas de fecundidade não correspondem necessariamente a um decréscimo da população ou aumento na taxa de mortalidade.
II: Taxas menores de fecundidade indicam a diminuição da proporção de jovens na população, ao diminuir as taxas de reposição populacional.

III: A taxa de fecundidade indica a quantidade de nascimentos em proporção a 1.000 mulheres em idade fértil. É um indicador da média de nascimentos por mulheres. Não necessariamente corresponde a taxas maiores de mortalidade infantil.

IV: O crescimento vegetativo é a diferença entre a taxa de natalidade e a taxa de mortalidade. Menores taxas de natalidade resultam em um crescimento vegetativo menor.

V: Baixas taxas de fecundidade podem indicar níveis insuficientes para reposição populacional.

GABARITO: E.

72. I: O transporte hidroviário é a categoria que oferece melhores condições de carga e menores níveis de poluição. Todavia, seu uso no Brasil é limitado por condições geográficas e pela demanda econômica necessária.
II: O transporte rodoviário é ineficiente em termos de capacidade de transporte de carga. Além disso, o sistema rodoviário brasileiro encontra-se majoritariamente precarizado.

III: Majoritariamente, o atual sistema ferroviário brasileiro foi elaborado a fim de estabelecer um sistema eficiente de transporte entre o Centro-Oeste e o Sudeste do país. Esta interligação serve ao propósito econômico de facilitar o transporte dos gêneros agrícolas produzidos no Centro-Oeste para os portos do Sudeste utilizados para exportação.

IV: O uso de redes de transporte intermodal permite a superação de desafios geográficos que comprometem a comunicação entre regiões. Elas proporcionam a coordenação entre diferentes modais de transporte, cada qual adequado'às necessidades de cada região.

V: Na verdade, o transporte aéreo de cargas ainda é pouco utilizado no Brasil, em comparação a outros modais. Prevalecem pequenos índices de transporte de cargas valiosas por via aérea.

GABARITO: B.

73. I: Apesar de ter iniciado um processo de reabertura econômica em 1978, abrindo à iniciativa privada inclusive setores da indústria leve, parte da indústria pesada, voltada para os valiosos recursos energéticos e minerais da China, permanece sob controle do Estado.

II: A abertura de Zonas Econômicas Especiais atraiu interesses de muitos investidores internacionais do ramo da tecnologia. Porém, atraídos pelas condições fiscais e pela mão de obra barata, as indústrias que se estabeleceram na China destinaram sua produção para a exportação.

III: A abertura econômica através da criação de Zonas Econômicas Especiais concentradas nas zonas litorâneas do país, paralelamente ocasionou a intensificação da desigualdade econômica em relação ao interior, onde a economia é essencialmente agrícola.

IV: O investimento econômico concentrado nas Zonas Econômicas Especiais acabou por gerar a valorização destas regiões, e o aumento do nível de escolaridade dos habitantes tem induzido a diminuição da oferta de mão de obra operária para as fábricas. Mediante este cenário, os valores reduzidos de terras e mão de obra tornam atrativa a migração das indústrias para o interior da China, menos desenvolvido economicamente.

V: A China participa da Organização Mundial do Comércio desde 2001, resultado do processo de abertura econômica orientado pela política de portas abertas, iniciado ainda na década de 1970.

GABARITO: B

74. I: Muito além de fenômenos naturais, a grave condição das economias no continente e as sucessivas crises políticas são efeito das ações do imperialismo.

II: Muitos Estados Nacionais africanos lidam com violentos conflitos armados contra milícias orientadas pelos interesses de diferentes grupos étnicos. Este cenário, aliado a

precedente condição precária do Estados, impossibilita a constituição de uma unidade política efetiva.

III: A descolonização tardia do continente africano fez ainda mais significativos os efeitos prejudiciais de séculos de exploração colonial. Além da constante instabilidade política, os Estados africanos sofrem com a fragilidade de economias desamparadas por uma industrialização precária. Os esforços produtivos ainda são concentrados às atividades agrícolas, divididas entre a produção para a subsistência e as monoculturas destinadas ao abastecimento de mercados externos. Em suas relações comerciais, os Estados africanos ainda são condicionados aos interesses do mercado externo, condição ainda mais agravada por sua fragilidade, que os coloca à mercê da assistência internacional, tanto no âmbito da fome e da saúde pública, quanto das guerras.

IV: A presença dos colonizadores não corresponde a qualquer contribuição à estabilidade política. Pelo contrário, a atual condição das crises políticas, motivadas por conflitos de natureza étnica, foram geradas pela intervenção colonial no sentido da intensificação das tensões étnicas a fim de favorecer seus interesses econômicos.

V: A atual divisão do território africano remonta à Partilha da África pelas nações imperialistas europeias ainda no século XIX, na Conferência de Berlim (1884-1885). Neste contexto, a divisão do território foi pautada pela delimitação das fronteiras dos territórios coloniais sob posse de cada império, ignorando a distribuição étnica e linguística dos povos africanos. Assim, os territórios dos atuais estados nacionais africanos abrangem múltiplas etnias e línguas, não correspondendo às reais territorialidades das populações do continente.

GABARITO: C.

75. I: Segundo dados informados pelo Governo Federal em 2020, atualmente, 83% da matriz elétrica brasileira é gerada por fontes de energia renovável. A capacidade de recorrer a fontes de energia renovável se deve principalmente às favoráveis condições geográficas do país, que dispõe diferentes fontes de energia sustentável, ainda com muito potencial de exploração.

II: No Brasil, a energia hidrelétrica se destaca como a principal fonte de energia elétrica. Todavia, apesar de ser uma fonte de energia limpa, a construção de hidroelétricas implica em uma intervenção com impactos ambientais potencialmente prejudiciais para as regiões em que são construídas. Ainda assim, o uso dessa fonte de energia tem sido ampliado.

III: A produção de biocombustíveis prevê o uso de largas extensões de terra para o cultivo. Assim, consequentemente implica na prática do desmatamento para adequação de terras para o plantio.

IV: Embora a produção de biocombustíveis gere efeitos prejudiciais ao ambiente, relacionados ao cultivo da cana-de-açúcar, seu consumo tem apresentado crescimento.

V: A ampliação do uso de energia eólica no Brasil tem o importante potencial de reduzir os impactos decorrentes do eventual uso de usinas termoelétricas. Apesar de seu uso ainda não ter alcançado níveis significativos, o investimento nesta fonte de energia tem crescido e apresenta grande potencial de exploração em nosso território.

GABARITO: C.

76. O Brasil integra o grupo de países em desenvolvimento que compõe o G20. Sua participação é significativa para a condução dos rumos da política econômica mundial, contribuindo para a discussão de temas relevantes à realidade econômica de países emergentes dentro do quadro mundial.

GABARITO: D.

HISTÓRIA

77. A Revolução Gloriosa (1688-1689) favoreceu o capitalismo e, consequentemente, a ocorrência da Revolução Industrial, na medida em que foi capaz de promover modificações fundamentais na estrutura política do Reino da Inglaterra no sentido de condições propícias para uma participação mais direta da burguesia no governo.

Preocupadas com as instabilidades econômicas decorrentes de um modelo de governo absolutista e com o risco de uma nova revolta civil, em 1688 as elites inglesas se mobilizaram para invalidar o poder monárquico depondo o rei Jaime II. Assim, por força do Parlamento, Guilherme de Orange foi declarado rei e foi promulgada a Carta de Direitos em 1689, estipulando a tolerância ao protestantismo e definindo um modelo de governo representativo burguês. A partir de então, o poder político passou a ser exercido conjuntamente pelo monarca e pelo Parlamento que, representando a elite econômica mercantil, propiciou a liberdade econômica favorável ao acúmulo de capital, essencial para as mudanças da Revolução Industrial.

GABARITO: E.

78. Os conflitos entre Holanda e Espanha compõem o cenário da "Guerra dos Oitenta Anos" (1568-1648), ocasionada pela ruptura da Holanda com o Império Espanhol em função do processo de independência Holandês e por disputas de ordem religiosa entre católicos e protestantes.

Sendo assim, quando a União Ibérica foi formada, colocando Portugal sob o reinado do rei espanhol Filipe II, consequentemente a Holanda se tornou inimiga de Portugal, pondo fim a um histórico de boas relações comerciais no mercado colonial de açúcar, culminando na invasão de territórios coloniais portugueses no Brasil, em ataques a Recife em 1595 e à Bahia em 1599, até a dominação de Pernambuco em 1630.

GABARITO: A.

79. O Sistema Colonial foi pautado fundamentalmente pelo propósito de exploração econômica. Para este fim, a administração portuguesa dos territórios coloniais teve como critérios primordiais o monopólio das relações comerciais, que garantia exclusividade à metrópole, e a restrição da produção colonial à monocultura de gêneros de luxo, valiosos para o mercado metropolitano. Este é o caráter exploratório da relação entre colônia e metrópole, determinada pelo pacto colonial.

Nesta relação, por um lado o Reino de Portugal produzia gêneros de subsistência – para consumo interno – e produtos manufaturados para serem vendidos a altos preços nas colônias. Por outro, seus domínios coloniais no Brasil consumiam seus produtos manufaturados e dedicavam-se exclusivamente à produção de mercadorias como o açúcar, destinadas à venda somente ao Reino de Portugal, por preços baixíssimos.

GABARITO: C.

80. A sociedade feudal da Idade Média nasce essencialmente da fusão entre as heranças do Império Romano e os conceitos provenientes da tradição germânica. Os principais elementos desta tradição eram: a economia agropastoril (atividade econômica tipicamente rural); o *comitatus* (estabelecimento de laços de fidelidade entre lideranças tribais e hierarquização política com base em juramentos de fidelidade); e o *beneficium* (concessão de terras aos líderes militares em troca de fidelidade política).

GABARITO: A.

81. A resposta correta prevê a ordenação cronológica de todos os planos econômicos citados:
    • Plano Cruzado (28/02/1986 – governo de José Sarney).
    • Plano Bresser (12/06/1987 – governo de José Sarney).
    • Plano Verão (14/01/1989 – governo de José Sarney).
    • Plano Collor (16/03/1990 – governo de Fernando Collor de Mello).
    • Plano Real (27/02/1994 – governo de Itamar Franco).

GABARITO: E.

82. Até fevereiro de 1917 os EUA não participaram diretamente da Primeira Guerra Mundial, limitando-se à produção e ao suprimento de recursos bélicos às forças da Tríplice Entente, visando benefício econômico próprio. Todavia, o ataque de submarinos alemães a navios norte-americanos (ocorrido em fevereiro de 1917, em desrespeito às leis de não agressão marítimas), além da possibilidade de aliança entre Alemanha e México, colocaram os EUA sob ameaça, induzindo sua entrada no conflito em junho de 1917.

    GABARITO: B.

83. A alternativa correta é a B, correspondendo aos seguintes princípios:
    • Nobreza: de acordo com a organização estamental da sociedade medieval, a nobreza exercia a função de governar e batalhar em defesa de seus reinos.
    • Diretório: período de vigência do governo republicano, liderado pelos girondinos, que se dedicou a reverter a instabilidade gerada pelo terror jacobino e conter as reações monarquistas, enquanto buscava regularizar novamente as propriedades burguesas e recuperar a economia francesa.
    • Jaqueries: revoltas camponesas ocorridas na França desde o século XIV. Reivindicavam melhores condições de vida e se opunham aos abusos da nobreza. Evidenciaram a crise do sistema feudal e sinalizaram a culminação da Revolução Francesa.
    • Jacobinos: grupo revolucionário de tendência mais radical e violenta. Defendiam a instituição de um governo central voltado sobretudo aos interesses dos camponeses e dos *sans-culottes* (baixa burguesia), recorrendo ao exercício da violência por esses grupos como ferramenta de luta política.

    GABARITO: B.

84. Graças ao crescimento do comércio e dos centros urbanos, mercadores e artesãos desenvolveram-se progressivamente através do acúmulo de capital, formando a burguesia. Essa nova classe social representou uma mudança fundamental nas estruturas da sociedade medieval. As rotas de comunicação com o Oriente tiveram papel primordial nesse processo.

    GABARITO: D.

85. As Forças Expedicionárias Brasileiras tiveram participação crucial na ofensiva norte-ameri-cana sobre o continente europeu. Em sua atuação na guerra, desempenharam importante papel na investida contra os Nazistas em território italiano, em 1944. Lutando ao lado dos norte-americanos, os bravos soldados brasileiros foram cruciais na conquista de territó-rios como o de Monte Castelo, batalha que perdurou de 24 novembro de 1944 até 21 de fevereiro de 1945.

    GABARITO: C.

86. No quadro das mudanças culturais ocasionadas pelo advento da burguesia, a doutrina católica representou um forte entrave a essa classe ao determinar a usura (cobrança de juros sobre empréstimo de dinheiro) como uma prática pecaminosa condenável. Neste contexto, a ética do Protestantismo surge como uma doutrina cristã alternativa que solucionava essa incompatibilidade, rompendo com a condenação da usura. Logo o Protestantismo tornou-se a religião predominante entre a burguesia, favorecendo mais tarde a implementação de uma lógica capitalista na sociedade.

    GABARITO: E.

87. O Iluminismo se destacou no processo de constituição dos Estados Unidos da América pela forte influência de tendências ideológicas de cunho liberal. Assim, a estruturação política dos EUA foi marcada pela elaboração de um sistema político equilibrado entre poderes, comprometido em assegurar a soberania e autonomia de cada estado, ao mesmo tempo em que os unificava sob um governo central. Esse modelo político é denominado federalismo.

    GABARITO: E.

88. Tendo observado que a desigualdade perdurava apesar do fim do Antigo Regime, alguns pensadores do século XIX passaram a idealizar modelos sociais e produtivos voltados à constituição de uma sociedade igualitária a partir da reforma do capitalismo. Entretanto, sua atuação não culminou na elaboração de fundamentos teóricos destinados à organização de tais mudanças. Esses pensadores ficaram conhecidos como socialistas utópicos.

    GABARITO: B.

INGLÊS

89. O enunciado pede para escolher o tempo verbal apropriado para preencher o espaço (1) do parágrafo 3, que começa com uma referência de tempo passado (In 1945) e se trata de uma ação definida e completa no passado, portanto o tempo verbal correto é o Simple Past, sendo a alternativa D, "There were", a correta. A alternativa A está no infinitivo (there to be), com o verbo não conjugado. A alternativa B está no Simple future (there will be). A alternativa C está no Simple present (there are). E a alternativa E está no Present perfect (there have been).

    GABARITO: D.

90. "For instance" é um conectivo de exemplificação que significa "Por exemplo". Portanto, a única alternativa correta é a A (for example), já que a alternativa B (such as) siginifica "tal como", a C (On the other hand) significa "por outro lado", a D (however) significa "contudo", e a E (no exception) significa "sem exceção".

    GABARITO: A.

91. O enunciado pede para escolher as afirmações que estão corretas.

    I: Incorreta, pois o texto começa dizendo sobre as notícias de 2015 que foram dominadas durante meses por "fotos de grandes multidões se arrastando pelas fronteiras de mais um país europeu".

    II: Incorreta, pois no parágrafo 3 se contextualiza o fenômeno dos antigos migrantes "alemães étnicos, forçados a deixar suas casas na Polônia, Tchecoslováquia e Rússia, obrigados a buscar abrigo em uma Alemanha despedaçada e dividida."
    III: Correta. Podemos entender pelo parágrafo 3 que a Europa está mudando muito rápido como resultado da Imigração.

    IV: Incorreta, pois o texto não demonstra nenhuma "preocupação" em aprender novas línguas.
    V: Correta. No parágrafo 4 podemos entender pelas frases "Other powers are rising," e "Syria is an example of this".

    VI: Correta. No parágrafo 4 podemos entender pela frase "and the cause is always the same - conflict and bad government."

    Portanto, a alternativa correta para essa questão é a C: III, V and VI are correct.

    GABARITO: C.

92. O termo "crowdsource" significa, de acordo com o dicionário, "obter informações ou contribuições para uma tarefa (ou projeto específico) contratando os serviços de um grande número de pessoas, pagas ou não, normalmente pela Internet". Portanto, a única alternativa correta é a A.

    GABARITO: A.

93. O verbo Bypass significa "Evitar", portanto a única alternativa correta é a D, "Avoiding". Quanto às demais, "offending" significa ofendendo, "destroying" destruindo, "praising" elogiando e "accepting" aceitando.

    GABARITO: D.

94. O enunciado pede para escolher a alternativa correta de acordo com o texto, sendo:

    A: Incorreta. A resposta é encontrada no parágrafo 4 "Whether it would succeed was far from certain.".

    B: Correta. Também no parágrafo 4, "This experience could transform the way we discuss not just legislation about the Internet, but also the way we discuss other bills in Brazil, and, in so doing, reconfigure our democracy."

    C: Incorreta. Encontramos a resposta no parágrafo 1: "The law is important not only for its content, but for the innovative and participatory way it was written".

    D: Incorreta, pois de acordo com o parágrafo 1: "Brazil's example makes an argument that democracy offers a way forward."

    E: Incorreta, pois de acordo com o parágrafo 2: "The bill was acclaimed by activists as an example the rest of the world should follow."

    GABARITO: B.

95. O enunciado pede para mudar a frase "Operation Desert Storm was not won by smart weaponry", que está na voz passiva, para a voz ativa.

    Como a voz passiva se encontra no Simple past "was not won", ao mudar para a voz ativa precisamos manter o tempo verbal, no caso o Simple past, sendo a única alternativa correta a B: Smart weaponry didn't win operation desert storm.

    A alternativa A está no Present perfect "Hasn't won". A C no Simple present "Doesn't win". A D no Present continuous "Isn't winning". E a E no Simple future "Won't win".

    GABARITO: B.

96. De acordo com o texto, no parágrafo 2, o termo "Dumb weapons" é "The bombs, which weren't guided by lasers or satellites". Portanto, a alternativa correta é a C.

    GABARITO: C.

97. O termo "rather than" significa "Ao invés de", portanto a alternativa E é a correta "Instead of". Quanto às demais alternativas:

A: "as well as" significa "assim como".

B: "besides" significa "além do mais".

C: "in addition to" significa "além do que".

D: "aside from" significa "além de".

   GABARITO: E.

98. A alternativa correta é a C, que se encontra no parágrafo 4 "Mosquitoes, which mostly feed on plant nectar, are important pollinators."Quanto às demais alternativas:
A: Incorreta, pois de acordo com o parágrafo 1 "but only the females from just 6% of species draw blood from humans".

B: Incorreta, pois de acordo com o parágrafo 2   "mostly from poorer nations".
D: Incorreta, pois de acordo com o parágrafo 3 "scientists at Oxford University and the biotech firm Oxitec have genetically modified (GM) the males of Aedes aegypti".

E: Incorreta, pois de acordo com o parágrafo 4 "Mosquitoes also have limited the destructive impact of humanity on nature."

   GABARITO: C.

99. O termo "Offspring" significa "filho, filha, descendente". Portanto, a alternativa correta é a E, "babies". A alternativa A significa "útero"; a B "vírus"; a C "doenças"; e a D "cérebros".
   GABARITO: E.

100. Na frase "This could have an effect further ahead in the food chain." o termo "further" indica "isto pode ter um efeito <u>mais a frente</u> na cadeia alimentar". Portanto, a alternativa correta é a D, "Time".
Quanto às demais alternativas que estão incorretas:

A: não se trata de uma adição.

B: não se trata de distância.

C: não se trata de contraste.

E: não se trata de uma conclusão.

   GABARITO: D.